高等法律职业教育系列教材
审定委员会

主　　任　　张文彪

副主任　　张友生　　万安中

委　　员　　（按姓氏笔画排序）

王　亮　　王冰路　　刘　洁　　刘晓辉

李雪峰　　李忠源　　陈晓明　　周静茹

项　琼　　盛永彬　　黄惠萍

高等法律职业教育系列教材

犯罪学原理与实务

FANZUIXUE YUANLI YU SHIWU

主　审○王　亮
主　编○张敏发　刘　洪
副主编○李文丽　李亚可
撰稿人○（以撰写内容先后为序）
　　　　李亚可　张敏发　刘　洪　周小凤
　　　　李　盼　李文丽　周亚萍　曾德梅

中国政法大学出版社

2015·北京

图书在版编目（CIP）数据

犯罪学原理与实务/张敏发，刘洪主编. —北京：中国政法大学出版社，2015.8（2023.8重印）
ISBN 978-7-5620-6210-3

Ⅰ．①犯… Ⅱ．①张… ②刘… Ⅲ．①犯罪学 Ⅳ.D917

中国版本图书馆CIP数据核字(2015)第173451号

出 版 者　　中国政法大学出版社

地　　址　　北京市海淀区西土城路 25 号

邮　　箱　　fadapress@163.com

网　　址　　http://www.cuplpress.com (网络实名：中国政法大学出版社)

电　　话　　010-58908435(第一编辑部) 58908334(邮购部)

承　　印　　北京鑫海金澳胶印有限公司

开　　本　　787mm×1092mm　1/16

印　　张　　19.00

字　　数　　394 千字

版　　次　　2015 年 8 月第 1 版

印　　次　　2023 年 8 月第 6 次印刷

印　　数　　16001～20000 册

定　　价　　43.00 元

总　序
Preface

　　高等法律职业化教育已成为社会的广泛共识。2008 年，由中央政法委等 15 部委联合启动的全国政法干警招录体制改革试点工作，更成为中国法律职业化教育发展的里程碑。这也必将带来高等法律职业教育人才培养机制的深层次变革。顺应时代法治发展需要，培养高素质、技能型的法律职业人才，是高等法律职业教育亟待破解的重大实践课题。

　　目前，受高等职业教育大趋势的牵引、拉动，我国高等法律职业教育开始了教育观念和人才培养模式的重塑。改革传统的理论灌输型学科教学模式，吸收、内化"校企合作、工学结合"的高等职业教育办学理念，从办学"基因"——专业建设、课程设置上"颠覆"教学模式："校警合作"办专业，以"工作过程导向"为基点，设计开发课程，探索出了富有成效的法律职业化教学之路。为积累教学经验、深化教学改革、凝塑教育成果，我们着手推出"基于工作过程导向系统化"的法律职业系列教材。

　　《国家（2010～2020 年）中长期教育改革和发展规划纲要》明确指出，高等教育要注重知行统一，坚持教育教学与生产劳动、社会实践相结合。该系列教材的一个重要出发点就是尝试为高等法律职业教育在"知"与"行"之间搭建平台，努力对法律教育如何职业化这一教育课题进行研究、破解。在编排形式上，打破了传统篇、章、节的体例，以司法行政工作的法律应用过程为学习单元设计体例，以职业岗位的真实任务为基础，突出职业核心技能的培养；在内容设计上，改变传统历史、原则、概念的理论型解读，采取"教、学、练、训"一体化的编写模式。以案例等导出问题，根据内容设计相应的情境训练，将相关原理与实操训练有机地结合，围绕关键知识点引入相关实例，归纳总结理论，分析判断解决问题的途径，充分展现法律职业活动的演进过程和应用法律的流程。

法律的生命不在于逻辑，而在于实践。法律职业化教育之舟只有驶入法律实践的海洋当中，才能激发出勃勃生机。在以高等职业教育实践性教学改革为平台进行法律职业化教育改革的路径探索过程中，有一个不容忽视的现实问题：高等职业教育人才培养模式主要适用于机械工程制造等以"物"作为工作对象的职业领域，而法律职业教育主要针对的是司法机关、行政机关等以"人"作为工作对象的职业领域，这就要求在法律职业教育中对高等职业教育人才培养模式进行"辩证"地吸纳与深化，而不是简单、盲目地照搬照抄。我们所培养的人才不应是"无生命"的执法机器，而是有法律智慧、正义良知、训练有素的有生命的法律职业人员。但愿这套系列教材能为我国高等法律职业化教育改革作出有益的探索，为法律职业人才的培养提供宝贵的经验、借鉴。

2010 年 11 月 15 日

前 言
Foreword

在汗牛充栋的各式各类犯罪学教材中，选取一本适合高职类学生使用的教材却不甚容易。在这种情况下，我们"斗胆"编写了本书。兹就本书的编写做如下说明：

关于内容的选取。本书有三个方面的特点：一是遵循高职教学要求，理论"够用"即可。二是考虑本教材主要使用于司法行政系统，为在内容上突出特色，特别选取了与监狱、戒毒工作密切相关的内容，比如：在犯罪类型上，我们选取了涉毒犯罪、未成年人犯罪、女性犯罪、狱内犯罪；在犯罪预防方面，选取了罪犯心理矫治、再犯罪的防控内容。三是选取了一些"有意思"的知识和理论内容放在"拓展阅读"中，供感兴趣的读者阅读并提供阅读线索。

关于案例、数据选择。本书主要体现了两个标准：一是典型，大多数案例是当年的"热点"；二是"新鲜"，案例、数据截至 2014 年 12 月 31 日，个别数据截至本书最终定稿前。

关于参考文献。本书在编写过程中，除数据或者重要资料用脚注标明出处以外，其他参考和借鉴的内容，均以参考文献的形式编排，在此对所有参考文献的作者致谢、致敬！本书的成果正是站在这些"巨人的肩膀上"得到的。

本书撰稿分工如下（以撰写内容先后为序）：

李亚可：项目一、项目九、项目十；

张敏发：项目二、项目六、项目八；

刘　洪：项目三、项目七之任务六；

周小凤：项目四；

李　盼：项目五、项目七之任务三；

李文丽：项目二、项目七之任务一、任务二、任务四、任务五；

周亚萍：项目十一、项目十二；

曾德梅：项目十三、项目十四。

本书由王亮先生担任主审，由张敏发统稿。

编者

2015 年 6 月

目录 Contents

学习模块三 为什么发生——犯罪原因分析

学习模块四 怎么办——犯罪预防分析

学习模块一
犯罪学是什么——基础知识认知

项目一

犯罪学的基本知识认知

任务一　认识犯罪学

 教学情境

教学情境一：　　　　　　　　　　**美国的犯罪问题**

根据美国司法部对犯罪案件受害者的统计，美国每年至少有 660 万犯罪案件（凶杀、强奸、抢劫、偷盗、蓄意伤害等）发生。根据联邦调查局的《统一犯罪报告（Uniform Crime Reports）》，美国在 2012 年有 14 827 人死于凶杀，有 84 376 人被强奸，另外根据联合国毒品和犯罪问题办公室的统计，2009 年在美国死于谋杀的人中有 20% 是被枪杀的。[1]

教学情境二：　　　　　　　　　　**张父大义灭亲杀亲儿**

四川省达州市大竹县一位二十余岁的男子张超，整日不务正业，只会管家里要钱，要不到就逼父母跪在地上并痛打之甚至还会当着自己 52 岁、几近失明的父亲的面猥亵母亲。终于，张父再也无法忍耐，邀两位朋友刘仁之、杨吉平以介绍朋友为由，将张超骗至僻静处打死。

教学情境三：　　　　　　　　　　**2014 年明星吸毒大盘点**

明星吸毒，逐渐成为娱乐圈罪不可逃避的话题，吸毒，似乎已成为娱乐圈新的"时尚"。盘点 2014 年演艺圈吸毒的明星，他们有：歌手李代沫，中国第六代著名导演张元，编剧宁财神（本名陈万宁），香港演员、模特张耀扬，演员何盛东，张国立之子、演员张默，演员高虎，台湾演员、歌手柯震东，成龙之子、演员房祖名，演员、歌手、模特胡东，主持人、歌手王婧，歌手、演员尹相杰……

---

〔1〕　资料来源：维基百科《美国的犯罪问题》，网址：http：//zh. wikipedia. org/wiki/% E7% BE% 8E% E5% 9B% BD% E7% 8A% AF% E7% BD% AA ，访问时间：2013 年 12 月 1 日。

▦ 工作任务

犯罪是一种严重危害人身和财产安全、侵害和平生活与经济发展的反社会行为，是当今世界普遍关注的一个重大的社会问题。近代以来，犯罪率居高不下，在有些国家和地区，甚至危及基本社会秩序的维系。因此，解释犯罪现象的原因、探究犯罪现象的规律以及设计预防犯罪的对策，便成为社会的迫切需要。而犯罪学正是这样一个学科。

认识犯罪学，首先需要认识什么是犯罪？大义灭亲杀亲儿，是否构成犯罪？一个个熟悉的明星的名字，他们吸毒是否需要判刑？下面我们将来认识：

1. 犯罪学是什么？
2. 犯罪学中的犯罪是什么？

 学习内容

一、犯罪学是什么

什么是犯罪学？顾名思义，即关于犯罪的学问。但是掌握一个学科的概念，望文生义显然是不可取的。

犯罪学作为一门独立的学科，是在19世纪中后期西方资本主义社会中形成和发展起来的。从词源上来看，"犯罪学"一词是由拉丁文"Crimen"（犯罪）和希腊文"Logos"（学说）构成的，意思是关于犯罪的学说和知识体系。"犯罪学"一词最早由法国人类学家托皮纳尔（Paul Topinard）1879年在巴黎出版的《人类学》中提出，意思是研究犯罪行为的科学。1885年，意大利犯罪学家加罗法洛（Raffaele Carofalo）出版了《犯罪学》一书，专门研究犯罪人和犯罪行为问题，此后，犯罪学这个术语就被普遍地采用了。

犯罪学自19世纪中后期产生以来，已经有一百多年的历史，但至今关于学科概念的定义仍然没有统一的界说。我国的犯罪学研究者对犯罪学的概念也从不同的角度提出了多种犯罪学的概念。大多数学者主张将其区分为广义犯罪学和狭义犯罪学。这种区分主要是由犯罪学的学者们对犯罪学的研究对象、范围的认识不同而产生的。一些学者认为犯罪学是研究犯罪现象、犯罪原因和犯罪对策的学科，而一些学者则认为犯罪学是研究犯罪现象和犯罪原因的学科。前者被称为广义犯罪学，后者则被称为狭义犯罪学。一般而言，大多数学者采用广义的犯罪学概念。

广义的犯罪学，是指关于犯罪现象的产生、发展和变化的规律，犯罪产生的原因以及预防对策的知识与理论体系。它的研究对象包括犯罪现象、犯罪原因和犯罪预防对策三个方面的内容。

二、什么是犯罪

犯罪概念是犯罪学研究的首要问题，是犯罪学理论体系的基础。只有对犯罪学中的犯罪作出一个科学的、明确的界定，才能更好地开展对犯罪学理论中其他诸如犯罪现象、犯罪原因和犯罪预防的研究，也唯有如此，对这些问题的研究才能得出科学的结论。研究犯罪的概念，主要就是回答"犯罪是什么"的问题。

我国学者对犯罪的概念主要有两种：①刑法学的概念；②犯罪学的概念。刑法学上对犯罪的定义以刑事实体法规范为出发点，即犯罪是违反刑事法律规范的行为。按照我国的刑法理论，刑法学上的犯罪具有三个基本特征，即严重的社会危害性、刑事违法性和刑罚当罚性。而犯罪学意义上的犯罪，是指严重危害社会应受制裁（或应受处罚）的行为。除了刑法意义上的犯罪行为之外，还包括违法和某些不良行为。两者的异同如下：

1. 两者的相同点。不管是刑法学还是犯罪学，对于犯罪的认识都离不开"社会危害性"，即两者都是把一定的反社会行为视为犯罪行为，所以，一般认为刑法学上的"犯罪"都属于犯罪学意义上的"犯罪"。

2. 两者的不同点：①从内涵上来看，刑法学是从法律的角度来界定犯罪的，因而，除了"社会危害性"之外，刑法学还受"刑事违法性"和"刑罚当罚性"的制约，即必须是刑法有明文规定并处罚的行为才能构成犯罪，这是罪刑法定原则的基本要求；而犯罪学是主要从社会学的角度来界定犯罪的，因此，任何行为，只要侵害了社会价值，破坏了社会利益，就应当纳入犯罪学的研究范畴。②从外延上看，犯罪学的外延比刑法学的要大，犯罪学意义上的犯罪概念中包含了没有"刑事违法性"的越轨和不良行为。

犯罪学上的犯罪要回答的是哪些行为应当被视为犯罪来研究，以期找到预防、控制这类行为的有效途径问题。因此，犯罪学的犯罪包括以下几个方面：

1. 刑法规定的大多数犯罪行为。对于刑法规定的大多数犯罪行为，由于其具有严重的社会危害性，会对社会正常秩序造成极大的破坏，因而将其纳入犯罪学的研究范围是无可争议的。这里应该注意的是，刑法中的大多数犯罪而不是全部的犯罪，这是因为刑法中的犯罪还包括一些"待非犯罪化"的犯罪。所谓"待非犯罪化"，是指不具有或者已经失去严重的社会危害性，应当非犯罪化为一般违法行为或者正当行为，但仍被犯罪化而具有刑事违法性的行为。这类行为既然不具有或者已经失去严重的社会危害性，犯罪学当然就没有必要去研究这类行为的形成原因、表现方式和预防对策。

2. 不可罚的犯罪行为。这是指那些因缺乏可罚资格或者条件，却具有严重社会危害性的行为。这类行为包括：未达到刑事责任年龄人实施的严重危害社会的行为，精神病人实施的严重危害社会的行为，中止且未造成严重后果而免罚的行为，等等。这些犯罪也应该为社会所关注，并逐渐减少甚至是消灭，其符合犯罪学的研究任务和研究目的。

3. 具有严重社会危害性的一般违法行为。这里主要包括依照《治安管理处罚条例》应当处罚的行为，以及我国新《刑法》第13条"但书"所指的行为等。对这些行为进行犯罪学的关注是因为其具有一定的社会危害性，如果不对其进行控制则有可能上升为犯罪行为而对社会秩序造成严重破坏。

4. 其他社会病态行为。这主要是指自杀、吸毒、卖淫等以自己为被害人的行为。这些行为之所以要纳入犯罪学的研究范围，是因为这些行为会对社会秩序造成不良的影响，容易因此而滋生一些不良的社会现象。因而必须探求其形成的原因，寻找预防此类行为发生的对策。

任务二　认识犯罪学与其他相关学科的关系

 教学情境

十八大以来落马"老虎"

十八大以来，中央领导人多次强调"老虎、苍蝇一起打"。2013年8月27日，中央政治局会议通过了《建立健全惩治和预防腐败体系2013～2017年工作规划》，强调"把坚决遏制腐败蔓延势头作为重要任务和工作目标，严肃查处党员干部违纪违法案件"。自十八大以来，"苍蝇"数不胜数，而截至2014年底，全国已有"大老虎"——省部级以上官员60人落马，按其落马的先后顺序，他们是：

四川省委原副书记李春城；广东省委原常委、统战部原部长周镇宏；中央编译局原局长衣俊卿；国家发改委原副主任刘铁男；安徽省原副省长倪发科；四川省原副省长、四川省文联原主席郭永祥；内蒙古自治区原党委常委、统战部原部长王素毅；广西壮族自治区政协原副主席、区总工会原主席李达球；中国石油天然气集团公司原副总经理兼大庆油田有限责任公司总经理王永春；中国石油天然气集团公司原副总经理、党组成员、股份公司副总裁兼董事会秘书李华林；国务院国资委原主任、党委副书记蒋洁敏；江苏省南京市市委原副书记、市长季建业；贵州省委原常委、遵义市委书记、遵义军分区党委第一书记廖少华；原湖北省政协原副主席陈柏槐；湖北省原副省长郭有明；中国铝业公司原董事、总经理、中国稀有稀土有限公司原董事长孙兆学；江西省人大常委会原副主任、省总工会主席陈安众；黑龙江省政府亚布力度假区领导小组原常务副组长付晓光；湖南省政协原副主席童名谦；公安部原党委副书记、副部长李东生；国家质检总局原副书记、副局长杨刚；四川省政协原主席李崇禧；海南省原副省长冀文林；陕西省政协原副主席祝作利；山西省委原副书记、山西省人大常委会副主任金道铭；云南省原副省长沈培平；解放军总后勤部原副部长谷俊山；中央军委原

副主席徐才厚；江西省人民政府原副省长姚木根；中国科协党组原书记、常务副主席申维辰；华润集团原董事长、党委书记宋林；青海省委原常委、西宁市委原书记毛小兵；重庆市人大常委会原副主任谭栖伟；湖南省政协原党组副书记、副主席阳宝华；江西省委原常委、省委秘书长赵智勇；十二届全国政协原副主席苏荣；山西省委原常委、副省长杜善学；陕西省政协原副主席令政策；广东省委原常委、广州市原市委书记万庆良；海南省委原常委、常务副省长谭力；云南省委原常委张田欣；安徽省政协原副主席韩先聪；天津市政协原副主席、市公安局原副局长武长顺；辽宁省政协原副主席陈铁新；十七届中央政治局委员、常委周永康；山西省委原常委、太原市委原书记陈川平；山西省委原常委、省委原秘书长聂春玉；山西省委原常委、统战部原部长白云；十二届全国人大环境与资源保护委员会原副主任（曾任云南省委书记）白恩培；山西省原副省长任润厚；内蒙古自治区党委原常委、自治区政协原副主席潘逸阳；河南省人大常委会原党组书记、副主任秦玉海；国家行政学院原常委副院长何家成（正部级）；江苏省委原常委、秘书长赵少麟；成都军区原副司令杨金山；河北省委原常委、组织部长梁滨；黑龙江省人大常委会原副主任、省农垦总局党委书记隋凤富；广东省政协原主席朱明国；十二届全国政协原副主席、中共中央统战部原部长令计划；山东省原常委、济南市原市委书记王敏；黑龙江省原常委韩学键；国家工商总局原副局长孙鸿志。

以上名单中，已有29名省部级官员、1名副国级（原中央政治局委员、中央军委副主席徐才厚）和1名正国级官员（十七届中央政治局委员、常委周永康）被移送司法机关处理。

从落马官员的分布看，山西成腐败重地，其次是四川和江西。北京、吉林、上海、浙江、福建、西藏、甘肃、宁夏、新疆等9个省份暂没有省部级官员被查的官方报道。

2014年年末，中共中央政治局突然召开会议，称"党内决不容忍搞团团伙伙、结党营私、拉帮结派"。随后，新华社披露，近年来落马的一些"大老虎"背后，多有一帮官员与之形成的利益"帮派"和"团伙"，比如"石油帮"、"秘书帮"、"山西帮"。

工作任务

上述一串腐败的名单，不禁会引发我们的思考：为什么会有如此之多的腐败？腐败的原因是什么？应该采取什么样的对策？——这正是犯罪学要关注的问题。而把他们移交司法机关处理，他们的犯罪有哪些证据？如何获得？——这是刑事侦查学要关注的问题。他们将会被定什么罪？受到什么处罚？——则是刑法学关注的问题。同一个有关"犯罪"的问题，不同学科的关注点是不一样的，本任务我们将要认识和分析：

1. 犯罪学的学科群体系是怎么样的？

2. 犯罪学与相关学科的关系如何？

 学习内容

一、犯罪学的体系

体系是指若干有关因素相互联系而构成的一个系统性的整体。犯罪作为一种社会现象，有其极为复杂的产生和变化原因，研究犯罪预防和控制对策因而是一个宏大的系统工程。这个特点决定了犯罪学是一个可用多学科（自然科学和社会科学）知识进行研究的交叉学科，是一门综合性学科。从研究的内容和方法上来说，犯罪学的学科群体系包括以下一些门类：

1. 犯罪学一般理论。作为整个学科的基础理论，旨在从较为纯粹的抽象理论层次研究犯罪现象、犯罪原因和犯罪预防对策，建立犯罪学的基本范畴体系，形成关于犯罪的一般观点和方法论。

2. 犯罪统计学。这是关于犯罪现象最具代表性的学科，以统计方法及原理来研究犯罪率变化和犯罪空间分布的规律。

3. 犯罪生物学。运用生理学原理和方法，研究犯罪的生物、生理原因及其表现，如人体结构、机理、遗传等因素与犯罪的关系，从而提出预防犯罪的对策。

4. 犯罪心理学。运用心理学原理和方法，研究犯罪人的心理特征和犯罪行为的心理机制，从而提出预防犯罪的对策。

5. 犯罪社会学。运用社会学的原理和方法，研究社会结构、社会生活过程和社会冲突等因素与犯罪的关系，从而提出防范对策。经过一百多年的发展，犯罪社会学形成了诸多理论学说。

6. 犯罪被害人学。从被害人与犯罪人互动的过程中，研习犯罪现象，探查犯罪原因，设计预防犯罪的对策。

二、犯罪学与相关学科的关系

（一）犯罪学与刑法学

刑法学是研究刑法及其所规定的犯罪、刑事责任和刑罚的科学，它与犯罪学的关系相当密切，两者之间既有联系又有区别。

1. 两者的联系。

（1）最终的目的、价值取向一致，均是为了防止和减少犯罪而与犯罪做斗争。

（2）关于犯罪的概念，犯罪学中的犯罪概念是以刑法学中的犯罪概念为基础的，刑法为犯罪学提供了研究犯罪概念的逻辑起点。

（3）刑法学中的刑罚制度和惩罚方法也是犯罪学研究的重要内容，不管刑法学上认为刑罚具有预防功能还是社会防卫功能，从犯罪学上来说，都是在强调刑罚预防犯罪的作用和功能。

2. 两者的区别。

（1）学科性质有别。刑法学是关于犯罪和刑罚的法律理论，是一门规范性法律科学，它以成文法为根据，对犯罪现象进行研究，注重揭示其犯罪的法律特征、罪与非罪、罪与刑之间的关系，而不研究犯罪现象本身；犯罪学以犯罪现象本身为研究对象，是一门事实性科学，它是以发生的犯罪现实为事实依据，研究犯罪的特点、规律、发生的原因和预防的对策等。

（2）研究的角度和重点不同。从研究对象来看，犯罪学研究犯罪现象、犯罪原因和犯罪对策，刑法学则研究犯罪与刑罚，二者虽有一定的交叉，但犯罪学着眼于犯罪的动态过程，注重揭示犯罪的实际状况、规律及预防等，而刑法学是静态的研究，揭示犯罪的构成要件、应判处的刑罚等。

（3）研究的内容不同。犯罪学研究视野更加广阔，不仅包括刑法所规定的犯罪行为，还包括其他法律所规定的违法行为以及其他不良行为等。

（4）关于犯罪的概念。刑法学上的犯罪概念应归纳为：犯罪是符合刑法规定，应当承担刑事责任的行为。该概念严格遵循罪刑法定原则，刑法上的犯罪不仅仅具有严重的社会危害性，还必须有刑法的明确规定。犯罪学是事实性科学，这就决定了犯罪学意义上的犯罪概念不同于刑法学意义上的犯罪概念，它不受制于规范，而具有开放性的体系，可以认为只要有社会危害性的行为就是犯罪，其核心是对社会危害性的界定。

（二）犯罪学与刑事政策学

刑事政策学是一门新兴的学科，是以运用刑罚及其有关制度惩治和防范犯罪为研究内容的科学。刑事政策学立足于刑事政策，探求犯罪与刑罚的相互关系，注重阐明采用何种刑罚方法及其制度才能最有效地防止犯罪。它不仅包括立法对策，也包括司法对策及行刑对策等。

犯罪学与刑事政策学有着密不可分的联系：①二者的研究目的一致，都是以制定预防犯罪的对策为其基本任务。②研究内容上也相互渗透，犯罪原因与刑事对策是二者研究的共同内容，刑事政策学要对犯罪原因、犯罪规律进行研究，才能提出科学的应对犯罪的刑事政策；而刑事政策正是犯罪学研究犯罪预防的基本内容。

二者的侧重点有所不同：犯罪学注重观察惩治犯罪对预防犯罪的影响，研究刑事政策在预防犯罪体系中的地位和作用；刑事政策学则要具体剖析每一个刑事政策的原则、内容及适用方法等。

（三）犯罪学与刑事侦查学的关系

刑事侦查学是一门研究收集、检验和运用证据，如何揭露犯罪和证实犯罪的技术和策略的科学。犯罪侦查学对犯罪学的发展有着重要作用，二者既有区别又有联系。

两者的联系：刑事侦查学以揭露和证实犯罪的方式与过程，为犯罪学研究犯罪现象提供生动的、具体的方法和可靠的事实材料；反之，犯罪学的一些原理、原则，也在宏观背景上为刑事侦查学提供理论指导。

两者的区别：①从研究的内容来看，刑事侦查学的任务是与具体的犯罪行为做斗争，故它注重什么人、什么时间、在什么地点实施了某一犯罪行为，其目的是再现已经发生过的犯罪，为侦破案件、查明犯罪人、获取证据材料服务；而犯罪学的任务是分析犯罪原因和提出犯罪预防对策，因此它首先把犯罪作为一种整体的社会现象来研究，通过揭示和消除犯罪的共同原因来实现普遍性的犯罪预防。②二者的研究方法不同。刑事侦查学主要采用技术和自然科学的方法；犯罪学则主要采用社会学、统计学、生理学、心理学等方法。

（四）犯罪学与犯罪心理学的关系

犯罪心理学是运用心理学的原理研究犯罪的心理现象及其变化规律的学科。犯罪行为的发生，实际是犯罪人心理活动的外在表现，是犯罪人主观心理的反映。犯罪心理学从犯罪心理结构、形成和变化的角度，考察犯罪生成的原因，探求犯罪心理的规律及矫治犯罪心理的方案。在犯罪学的研究中，从心理方面剖析犯罪产生的原因、分析犯罪心理形成和变化的外部条件、改善犯罪主体的内部条件，从而矫治人犯罪，是完全有必要的。可以说，犯罪学研究需要运用犯罪心理学的研究成果，犯罪心理学的研究成果深化了犯罪学的研究内容，开阔了犯罪学的研究视野。但是，犯罪心理学本身并不能说明犯罪的社会原因，不能科学地、全面地解释犯罪现象产生，及其发展、变化的规律和运动过程，因此，犯罪心理学仅仅是犯罪学的一个有机组成部分，是其一个分支学科。

（五）犯罪学与监狱学的关系

犯罪学与监狱学都是刑事科学的重要分支学科。监狱学是研究罪犯的行刑与改造的学科，它的主要任务是如何依据法律对犯罪人实施惩罚和改造。犯罪学和监狱学在研究对罪犯的劳动改造、教育改造的内容和措施，狱中犯罪和重新犯罪等方面互有交叉。犯罪学的研究成果，例如犯罪发生的原因和规律，特别是类型犯罪和个体犯罪的原因和规律，为监狱行刑对罪犯的改造和教育提供了科学的依据，为监狱学研究罪犯改造措施提供了理论依据。而监狱学对罪犯的个案研究和分类研究，以及对罪犯生理特征、心理特征和社会特征等方面的统计分析，为犯罪学研究犯罪提供了事实依据；同时，监狱学在提高刑罚功效、对犯罪人进行再社会化、预防重新犯罪等方面的研究，为犯罪学提供了信息和资料，使其更好地探索控制犯罪现象产生及其存在的途径。总之，这两门学科的互补性很强。

任务三　如何研究犯罪学

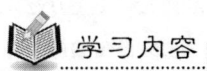 **教学情境**

教学情境一：　　　　　　　　　**孔子的言论**

工欲善其事，必先利其器。[1]

教学情境二：　　　　　　　**龙勃罗梭解剖死刑犯人**

　　意大利著名的犯罪学家龙勃罗梭，1863 年开始作为帕维亚医院的负责人，在其担任医院负责人的期间，他将人体测量、观相术和颅相学的观察方法与理论、解剖学方法等运用于研究犯罪人。龙勃罗梭和其他犯罪学家先后对 5907 名犯罪人进行了人体测量和观相术、颅相学研究，他还对 383 名死刑犯罪人的颅骨（头盖骨）进行了解剖检查，发现这些犯罪人具有不同的解剖学特征。1870 年 12 月，在意大利帕维亚监狱，龙勃罗梭打开了意大利著名的土匪头子维莱拉尸体的头颅，发现其头颅枕骨部位有一个明显的凹陷处，它的位置如同低等动物一样。得出结论：这种情况属于真正的小脑蚓部肥大，可以说是真正的正中小脑。这一发现触发了他的灵感，由此他认为，犯罪者与犯罪真相的神秘帷幕终于被揭开了，原因就在于原始人和低等动物的特征必然要在我们当代重新繁衍，从而提出了他的天生犯罪人理论。[2]

工作任务

　　了解和掌握科学的犯罪学研究方法，犹如工匠准备精良的工具，是我们认识、分析、研究犯罪原因、规律和犯罪预防对策的基本条件之一。下面我们将认识学习、研究犯罪学的"器"：

　　1. 了解什么是犯罪学研究方法。

　　2. 了解研究犯罪学的几种基本方法。

学习内容

一、犯罪学研究方法的含义

　　方法，是指人们在一切活动领域内从实践上或理论上把握现实，为达到目的而采用的途径、手段、工具和方式等的综合。科学研究的方法，就是研究主体认识、探索

---

　　[1]　《论语·卫灵公》。
　　[2]　吴宗宪：《西方犯罪学史》（第二卷），中国人民公安大学出版社 2010 年版，第 350 页。

研究客体的中介和桥梁。每个学科都有自己的研究方法，科学的研究方法是任何学科赖以建立和发展的工具，犯罪学作为一门社会科学，它也有自己的研究方法，而且犯罪学的研究方法呈现出多样化的特点。

犯罪学研究方法，是指收集、整理、分析犯罪现象，揭示犯罪原因，寻求犯罪对策而采用的途径、手段、技巧等各种方法的综合。犯罪学既是一门理论学科，又是一门应用学科，因而犯罪学考察犯罪问题的方式有以下两个鲜明的特点：

1. 犯罪学研究方法的多元整合性。犯罪是一种"人的现象"和"社会现象"，即它是由生活在一定社会环境中的人，在其一定心理因素和生理因素的共同作用下所实施的危害社会的行为。为此，只有超越于一般经验常识和意识偏见，立足于人和社会的复杂互动过程，创造性地引入"关于人的科学"和"关于社会的科学"的研究方法，如心理学、生物学、社会学、统计学、伦理学和医学方法等，才有可能透过各种表面现象全面认识犯罪的本质，并据此构建科学的犯罪原因论和犯罪预防论。

2. 犯罪学研究方法的价值中立。相对于刑法中的犯罪规定具有浓厚的意识形态色彩，犯罪学所追求的是一种尽可能不受价值观念影响的客观真实性。在犯罪学研究中，可供采用的研究方法和技术多种多样。但无论采用哪种研究方法，都要服从和服务于犯罪学研究应当努力揭示犯罪的真实这一目的。对研究者而言，这就要求自己尽量淡化原有的意识形态导向和伦理评价标准，努力坚持价值中立原则。对犯罪问题的研究，要特别强调研究者应秉持客观的研究态度和运用有助于揭示犯罪真实的研究方法。

二、研究犯罪学的具体方法

研究犯罪学的具体方法多种多样，实践中运用较多的有以下几种：

（一）犯罪调查研究法

1. 犯罪调查研究法的含义。所谓调查，就是通过对人类社会和自然界某一范围中的某一类或某一些对象进行直接接触、询问和现场观察，以了解对象的历史、现状和其他情况，从而获得事实材料的一种方法。犯罪调查研究法，是指研究主体根据打击、预防和控制犯罪的实际需要，以及犯罪学研究的目的要求，采取一定的科学调查方法，有组织、有计划、有步骤地获取一定时空范围内犯罪现象、犯罪原因和犯罪预防对策等方面原始数据资料的活动及其过程。

2. 犯罪调查的主要类型。

（1）全面调查。即对一定时期内的犯罪现象进行尽可能无遗漏的普查。其范围可以是全国性的，也可以是地区性或部门性的。全面调查的范围广、获取的资料全面，能够获得有关犯罪现象全面的、完整的了解，但这种调查投入巨大、组织复杂。

（2）抽样调查。即概率抽样，是从犯罪现象的总体中依照一定方式和规则抽取犯罪现象的部分作为样本进行调查，并以该调查结果推论犯罪现象的整体特征。抽样调

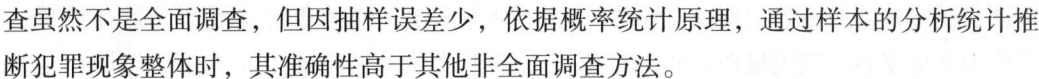

查虽然不是全面调查，但因抽样误差少，依据概率统计原理，通过样本的分析统计推断犯罪现象整体时，其准确性高于其他非全面调查方法。

（3）典型（重点）调查。即非概率抽样，是在对一定范围的犯罪现象进行初步全面了解的基础上，选取典型的或重点的犯罪行为、犯罪人或被害人，做进一步深入、细致的调查，借以把握整体犯罪现象的全部或一部。运用这种调查方式的关键是选取的典型或重点准确，真正具有代表性。否则，调查结论就难以反映所调查犯罪现象的整体情况。

（4）个案调查。即对特定犯罪人、被害人的特征或者某一特定案件发生的全过程进行详细描述和定性分析，据此推论其所代表的同类现象。实践中，个案调查多用于研究犯罪人的犯罪生涯或预测犯罪人未来的行为方向。例如，通过剖析一名惯偷的犯罪史，不仅可以发掘其步入犯罪之途并不断堕落的原因，而且也可据此推断出由初犯到惯犯的大致历程；通过追踪调查犯罪人在监禁场所和解除监禁后的行为轨迹，确定矫正的效果和预测其再犯的可能性。

3. 犯罪调查的具体方式。

（1）问卷法。即由研究人员依照调查目的，事先设计出以问答为主要形式的书面调查表，在调查对象填写或由调查者代为填写后，再对资料进行分析归纳，从中得出相关结论。

（2）访问法。即与调查对象直接交谈获取资料的方法。访问的形式可以是个别交谈，也可以是召开座谈会。如为了多方面了解犯罪人的社会背景和心理特点，可以访问犯罪人的亲属、朋友、同学、老师、案件承办人、监管人员或者同案犯。

（3）文献法。即通过阅读法院报告、司法统计资料、狱政档案、犯罪人日记和反省材料等，从中搜集、引证可用于分析研究对象的资料。

（二）观察法

这是主要围绕某一犯罪群体的正常活动进行连续性的系统观察，以获取用于分析犯罪心理、犯罪过程和犯罪亚文化的第一手材料。观察法又分为直接观察法和间接观察法。

在直接观察的场合下，研究者通过隐瞒自己的真实身份和研究目的，直接进入被观察者的社会环境和社会关系，取得被观察者的认同感，获得被观察者在自然状态下的事实材料。例如：1913 年 10 月，美国犯罪学家、监狱改革学家托马斯·莫特·奥斯本用汤姆·布朗为假名，装成罪犯进入奥本监狱，和其他犯人生活在一起，对犯人的生活和待遇进行了一个星期的考察。他的真实身份只有监狱长一个人知道。从监狱出来后，他将自己的观察结果和感受写成了著名的《监狱围墙之内》。

间接观察不要求研究者深入被观察者内部，而是在不被观察者知晓的情况下进行隐蔽观察。例如：美国犯罪学家伯纳德·科恩为了验证卖淫活动是一种杂乱无章的现象还是受一种有条不紊的亚文化调节，在一辆汽车中对纽约市的卖淫活动进行了长达两年的现场观察。我国早期的犯罪学家严景耀先生针对惯犯和土匪的生活经历和犯罪特点，也进行过类似的调查。

这种研究方法的最大优点在于：对所研究的对象，没有施加任何非正常的影响，能够在接近真实的状态下，掌握有关研究对象的稳定心理活动和行为方式等多方面的实际材料，并且资料的可靠性强，现实意义较大。

（三）统计研究法

1. 统计研究法的含义。统计研究法，是在科学的犯罪指标体系基础上，运用各种具体的统计分析方法，对犯罪现象的数量关系及数量特征进行研究的方法。

统计研究法具有标准化程度高、综合性强和时空涵盖面广的特点，对于犯罪学研究把握犯罪真实而言具有方法论上的意义。在犯罪学发展史上，正是统计研究推动了犯罪学研究由定性分析向定量分析的迈进。在这方面，近代统计学之父比利时学者阿道夫·凯特勒和意大利犯罪社会学大师菲利的研究充分说明了统计研究在犯罪学中的价值。凯特勒认为，犯罪现象中也有和人口统计中一样稳定的常数，在犯罪事件与人口因素（年龄、性别、季节、气候、职业、教育等）、社会因素（经济、政治、道德等）和自然环境因素之间存在着一定的统计规律，并据此在人类历史上第一次对犯罪趋势作出了准确预测。如果说凯特勒对犯罪统计研究的贡献主要表现在对犯罪现象的预测方面，菲利则借助于对19世纪初期至中后期欧洲主要国家近50年的犯罪统计资料的深入研究，在犯罪现象的原因和犯罪预防对策方面促进了犯罪学具有划时代意义的发展。

2. 统计研究的内容。统计研究的内容十分广泛，为了保证研究的规范性，统计研究的具体内容依据犯罪统计的指标体系而确定。犯罪统计指标体系按照其功能可以分为以下几类：

（1）描述犯罪现象的状态和结构。犯罪绝对数，犯罪率，犯罪成员的年龄比、性别比、职业比、受教育程度比等。

（2）分析犯罪现象的原因。能解释犯罪存在和变化根据的资料范围，一般包括五个方面：①犯罪人方面：生理、心理因素、家庭背景、婚姻状态、居住环境、学校和社会教育环境以及沾染恶习情况等方面的统计分析资料；②犯罪被害人方面：年龄、性别、职业、受教育程度的结构特征，以及不同类型犯罪中犯罪被害人的特点等；③影响犯罪的社会上层建筑因素：政治体制、公共权力的授予与运行机制、法律制度及运行环境、刑事政策导向，以及社会成员的法律意识等；④影响犯罪的经济因素：不同时期经济发展状况与犯罪的关系、经济结构与犯罪的关系、人口结构比例与犯罪的关系；⑤文化传播与犯罪的关系。

（3）分析、评价预防犯罪的对策。这方面的统计资料包括：犯罪的时间与空间分

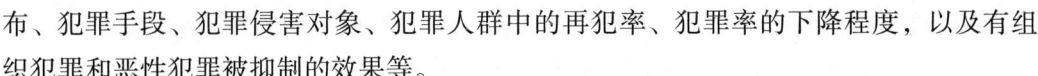

布、犯罪手段、犯罪侵害对象、犯罪人群中的再犯率、犯罪率的下降程度，以及有组织犯罪和恶性犯罪被抑制的效果等。

（4）分析犯罪危害。如经济损失、人身危害和公众安全感等。

（5）预测犯罪趋势。犯罪数量特征、犯罪结构特征及犯罪危害特征在未来一定时间段内的变化轨迹，以及受过刑罚处罚的人再犯罪的可能性分析。

（四）个案研究法

个案研究是指通过对单个犯罪人或者某种犯罪现象进行深入调查、收集资料的方法。在使用这种方法时，所选择的研究对象往往具有典型性，例如，某个臭名昭著的犯罪人或者犯罪组织、某个监狱、某个犯罪案件等。在个案研究中经常使用下列两种方法：

1. 生活史研究法。这是指深入调查和研究个人的整个生活经历的研究方法。使用这种方法时，要广泛收集个人的历史资料，包括早年的社会经历、遇到过的重大生活事件等，全面了解个人的发展成长历史。

2. 家谱法。这是指通过了解犯罪人的几代亲属的情况确定某些因素与犯罪的关系的方法。家谱法曾经被很多人应用于研究遗传与犯罪的关系。如"朱克家族"的研究。

（五）比较研究法

比较研究法是犯罪学研究中的重要方法，它是把不同时期、不同国家和地区的犯罪现象进行对比，进而了解其产生、发展和变化的因素，发现其内部变化和相互之间的联系，预测犯罪的发展趋势的研究方法。在犯罪学研究中经常使用的比较方法有两种：

1. 纵向比较法。这是对同一研究对象在不同时间阶段的具体特点进行比较的研究方法。例如，对不同历史时期犯罪数量、犯罪结构、犯罪人构成特征比较，对不同历史时期犯罪原因的比较，对不同历史时期犯罪控制措施的比较等。通过这些比较，可以发现共同起作用的规律性因素等。

2. 横向比较法。这是对同一时期存在的不同现象进行比较的研究方法。例如，比较在某一个时期内，城市和农村犯罪的人数、犯罪的类型、犯罪人的社会构成等特点，从而了解犯罪的原因等方面的规律。

 实训项目

项目一：

演艺圈中涉毒的演艺人员，有些被法院定罪判刑，比如李代沫、房祖名，有些则没有。

实训任务：

1. 请问为什么有些人会被法院定罪判刑，有些则没有？对于没有被定罪判刑的涉毒人员，根据现行的法律、法规，他们应该受到什么处罚？

2. 没有被法院定罪判刑的涉毒人员，是否属于我们犯罪学研究的对象？为什么？

项目二：

表1-1：2000~2012年全国法院审理青少年犯罪案件情况统计表

年份	刑事罪犯总数	其中青少年罪犯			
		不满18岁	18~25岁	青少年罪犯	占刑事罪犯（%）
2000	639 814	41 709	179 272	220 981	34.54
2001	746 328	49 883	203 582	253 465	33.96
2002	701 858	50 030	167 879	217 909	31.05
2003	747 096	58 870	172 845	231 715	31.02
2004	753 314	70 144	178 984	249 128	33.07
2005	829 238	82 721	203 249	285 970	34.49
2006	873 846	83 697	219 934	303 631	34.75
2007	916 610	87 525	228 872	316 397	34.52
2008	989 992	88 891	233 170	322 061	32.53
2009	979 443	77 604	224 419	302 023	30.84
2010	988 463	68 193	219 785	287 978	29.13
2011	1 032 466	67 280	215 149	282 429	27.35
2012	1 154 432	63 782	219 208	282 990	24.51

实训任务：

1. 请根据上表数据制作2000~2012年全国青少年犯罪趋势图。

2. 请根据上表数据和制作的趋势图，描述2000~2012年全国青少年犯罪的趋势和特点。

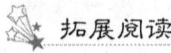 拓展阅读

实证学派关于犯罪学的观点[1]

19世纪后半期，利用实证主义方法进行犯罪学研究的一些学者及其理论学说，构成了犯罪学实证学派。这个学派的创始人是意大利犯罪学家龙勃罗梭，主要代表人物

————————
〔1〕 吴宗宪：《西方犯罪学史》（第二卷），中国人民公安大学出版社2010年版。

还有意大利犯罪学家菲利等。实证主义学派，突破了古典犯罪学派的束缚，从思辨的空论转向了现实。实证主义认为，一切关于事实的知识都必须以经验的实证材料为依据，只有以观察和经验为证的知识，才是可靠的、科学的知识。实证犯罪学派的基本观点有四个：排斥犯罪和刑事诉讼、排斥自由意志、排斥刑罚而要求矫正替代刑罚、排斥对刑罚的研究，而用心理学和医学来代替。这个学派将犯罪学的研究重点从犯罪行为转向犯罪人，从而开始了科学的探索讨论犯罪原因的时代。

龙勃罗梭提出了生来犯罪人理论，他认为犯罪人是出生在文明时代的野蛮人，他们的生物特征决定了他们从出生时起就具有原始野蛮人的心理与行为特征，这种行为必然不符合文明社会中的传统、习惯和社会规范，必定构成犯罪。犯罪人是一种自出生时就具有犯罪感的人，他们的犯罪性是与生俱来的，是由他们的异常的生物特征决定的，犯罪人是生来就会犯罪的人。龙勃罗梭对犯罪原因的认识是一个过程，从最初的只相信自然因素到后来的社会因素。自然因素中最有名的是隔代遗传原因，龙勃罗梭用隔代遗传原因解释人类心理的退化返祖，以至于退回到野蛮人心理，在文明社会中产生犯罪。龙勃罗梭晚年逐渐重视社会因素，其中最重要的就是文明程度，文明社会的犯罪与野蛮社会的犯罪的不同在于犯罪类型方面。社会原因中人口、环境、新闻传播、教育状况等也会对犯罪产生影响。在龙勃罗梭的各种理论中，总的来说，强调的是天生犯罪，具体指生来犯罪人理论。在犯罪预防中他也坚持惩罚不是解决犯罪问题的办法，预防人们转变为犯罪人，或者在犯罪后进行隔离、治疗才是有效途径。

菲利是实证主义犯罪学派的第二号人物，他不但发展了实证主义犯罪学理论，更重要的是将其运用于实践和法律制度改革。菲利的"犯罪原因三元论"的提出实际上是对龙勃罗梭天生犯罪论的完善和发展，更重要的是对其社会因素的重视。菲利在《犯罪社会学》提出"犯罪是特定生理和心理构成在特定自然和社会环境中作用的结果"。他认为犯罪是由人类学因素、自然因素和社会因素这三类原因引起的，在这里菲利扩大了犯罪原因的研究范围，将研究领域从龙勃罗梭的人类学因素扩展到自然和社会方面。菲利认为犯罪是各类因素相互作用产生的，并不是单纯一种因素的作用结果。不过，虽然是三类因素的混合作用，但各因素在犯罪产生过程中的作用是独立的。菲利提出了一个很重要的理论，即"犯罪饱和法则"。他认为，无论是自然犯罪还是法定犯罪，在总量上都是继续增加的，但每年的变化都是有时候增加有时候减少，在变化的一个较长的时期内，会累积一个犯罪浪潮。这种饱和法则表现为周期波动和周期增长。菲力还将龙勃罗梭的犯罪人类型增加了"习惯犯罪人"和"精神病边缘犯罪人"两种，突出了社会因素在犯罪过程中的重要作用。在犯罪预防方面，菲利明确提出了刑罚的替代措施，比如用经济领域、政治领域、科学领域、立法行政领域和教育领域的相关措施来替代，这种做法有很强的科学性，也大大发展了实证犯罪学派。犯罪学实证学派打破了古典学派的研究局限，否定了犯罪人自由意志理论，着重针对犯罪的主体犯罪人进行研究与思考，并且大量运用生物学、心理学、社会学理论对犯罪的原因进行了详细论述，由此得到了大量建立在实证基础上的预防犯罪的方法与手段，实证学派犯罪学极大地推动了犯罪学乃至整个刑事法律科学领域的发展。

朱克家族[1]

理查德·路易·达格代尔是在法国出生的美国社会学家和犯罪学家。1974年，当达格代尔到纽约州的几个县视察县看守所时，他在一个县看守所发现有6个因为多种犯罪而受到审判的人，这6个人虽然有亲属关系，但是有4个不同的姓氏。他对此很感兴趣，于是花时间研究了这几个人的家系。调查的结果使他发现了一个惊人的道德堕落的家族，于是，达格代尔将调查结果写成《朱克家族：对犯罪、贫穷、疾病和遗传的研究》。

达格代尔在书中描述的这个家族，其祖先是一个名叫马克斯（Max）的男人，居住在美国纽约州芬格湖群沿岸的林地中。那里岩石重叠，难以进入，被称为纽约州的犯罪发源地之一。许多朱克家族的成员散居在石头棚或小木屋中，一般以农业耕作、打猎或捕鱼生活。

马克斯的儿子中，有两个分别与另一家族姓"朱克"（Juke）的6个姐妹中的2个结了婚，其中一个叫艾达·朱克（Ada Juke），但是她在当地被称为"犯罪人之母玛格丽特"。到了1874年，马克斯的子孙后代已达709人，其中540人有朱克家的血统。在马克斯的儿子与艾达·朱克繁衍的540名后代中，180人是在济贫院或者其他福利机构领取救济的穷人，140人是犯罪人，60人是惯盗，7人是杀人犯，50人是卖淫者，40人是性病患者（并且已将性病传染给440人），30人被指控是私生子。

继达格代尔之后，美国犯罪学家埃斯塔布鲁克继续对朱克家族进行跟踪研究，在其《1915年的朱克家族》中指出：又发现了714名另外的后人，其中有170多人是贫民，118人是犯罪人，378人是卖淫者，86人是妓院老板和许多其他类型的越轨者。

参考文献

1. 张明楷：《外国刑法纲要》，清华大学出版社1999年版。
2. 康树华：《犯罪学通论》，北京大学出版社1996年版。
3. 张小虎主编：《犯罪学研究》，中国人民大学出版社2007年版。
4. 吴宗宪：《西方犯罪学史》（第四卷），中国人民公安大学出版社2010年版。
5. 王牧主编：《新犯罪学》，高等教育出版社2010年版。

---

〔1〕 吴宗宪：《西方犯罪学史》（第二卷），中国人民公安大学出版社2010年版，第662页。

6. 魏平雄、赵宝成、王顺安主编:《犯罪学教科书》,中国政法大学出版社 2008 年版。

7. ［荷］W. A. 邦格著,吴宗宪译:《犯罪学导论》,中国人民公安大学出版社 2009 年版。

8. 康树华:"论中国犯罪学研究现状",载《法学论坛》1997 年第 3 期。

9. 王牧:"学科建设与犯罪学的完善",载《政法学刊》1997 年第 4 期。

10. 刘广三:"犯罪学上的犯罪概念",载《法学研究》1998 年第 2 期。

项目二
了解西方犯罪学发展历史

任务一　了解18世纪中期以前的犯罪学思想

教学情境

在中世纪的欧洲，一些基督神学家认为，包括犯罪、精神病等各种异常行为在内的邪恶都源于魔鬼撒旦，犯罪人和精神病人等都是恶魔附体，才使他们的灵魂变得邪恶起来，并在邪恶灵魂的驱使下产生了邪恶的行为。对"中邪"的犯罪人和精神病人等必须"驱邪"，才能拯救他们的灵魂，"驱邪"的方法包括念经、咒语，甚至鞭笞、头颅开孔（以便魔鬼从孔中出去）、火烧和其他人身折磨活动。

工作任务

为什么会发生犯罪？这是犯罪学的一个中心任务。犯罪是因为魔鬼附体吗？在西方历史发展过程中，就是存在这样的"魔鬼学说"。

作为一门社会学科，犯罪学是在18世纪后期产生的。在此之前，只有分散的、不成体系的关于人类社会对于犯罪的认识。我们将了解18世纪以前有关人类认识犯罪问题的思想观点：

1. 古希腊、古罗马时期关于犯罪的认识有哪些？
2. 欧洲中世纪除了"魔鬼学说"，是否还有其他的学说？
3. 了解欧洲对犯罪的理解从神学到科学的历史变迁过程。

 **学习内容**

一、古希腊、古罗马时期

古希腊处于西方奴隶社会初期，当时社会发展和经济的繁荣，造就了很多著名的政治家、哲学家、思想家，他们在论治国之道和哲学时，涉及了有关犯罪的问题。例如著名的思想家柏拉图、亚里士多德等都研究、讨论过犯罪问题。

古罗马处于西方奴隶社会晚期，古罗马奴隶制国家产生了一整套完备的法律制度，对欧洲大陆封建社会、资本主义社会的法律制度的形成和发展，都产生了深远的影响。

柏拉图（Plato，公元前427～公元前347）在其著作《理想国》提及：人类的灵魂中，有善和恶两部分，而人的善恶归根到底都是由教育的好坏决定的。他还认为，人人都有像野兽那样的恶性和不应该具有的欲望，当其放松自己的控制时，兽性就会活跃起来，引起各种邪恶的行为。此外，金钱常常是许多犯罪的原因。

亚里士多德（Aristotle，公元前384～公元前322），柏拉图最得意的弟子，杰出的思想家，提出了更为系统的犯罪学思想。他分析了犯罪产生的原因，他在《政治学》中认为，犯罪既有生活条件方面的原因，也有人类本性方面的因素，许多犯罪的原因在于人类的邪恶本性。根据犯罪产生的原因不同，可以犯罪分为三类：①由于缺乏衣食而进行的犯罪，"贫穷会导致造反和犯罪"；②由于追求享乐而进行的犯罪，当人们在满足温饱之后，就会产生享乐的欲望，一些人会因为情欲的驱使，为了寻欢作乐而犯罪；③由于追求无穷的权威和肆意纵情享乐而进行的犯罪。

古罗马的著名政治活动家西塞罗（Marcus Tullius Cicero，公元前106～公元前43）在其著作《法律篇》中认为，具有"理性"是人的最大的特征，"真正的理性，才能使我们超越禽兽的水平，才能使我们进行推理、证明与反驳、讨论与解决，直至获得结论"。理性是一切人所共同具有的特征，因此，犯罪是由个人心理原因造成的，犯罪人应当受到良心的折磨，受到"懊悔的、极度痛苦的和问心自愧的折磨"。犯罪人有品德缺陷，他们"从来都是那样厚颜无耻以至于否认犯罪，不然便捏造一些所谓正当的令人发怒的事实为其犯罪进行辩解，或者在某些正当的自然权力的原则中为其犯罪寻找理由"。

二、欧洲中世纪时期

公元476年，西罗马帝国灭亡，标志着西欧奴隶制的结束和封建社会的开始，由此开始到1640年英国资产阶级革命爆发的1200多年，是欧洲封建社会的历史时期，史称"中世纪"。中世纪的重要特征是，基督教教会利用宗教把世俗的国家政权神圣化，宗教与王权结合一起统治，因此，基督教神学家的犯罪学说在中世纪占据着重要地位。中世纪后期，一些勇敢的人开始冲破基督教神学的束缚，从个人生活的社会和个人本身中探讨犯罪的原因问题。

（一）中世纪的神学犯罪论

欧洲中世纪早期，宗教神学占据统治地位，神学家们依据《圣经》来解释犯罪，极力宣扬"原罪"说。

奥古斯丁（Saint Augustine，354～430），他从《圣经》出发，认为人类的祖先犯了罪——人类的始祖亚当和夏娃在伊甸园里违背上帝的禁令，偷吃智慧果而犯了罪，这一罪过就传给了后代，成为人类一切罪恶和灾难的根源。即是说，人类与之俱来地有罪，因而人间生活就是接受上帝的惩罚和赎罪的过程，只有信仰上帝，"爱上帝，鄙视自己"，才能受到上帝的恩宠以得救。奥古斯丁从原罪说出发，分析了犯罪原因，他认为，虽然坏的意志是坏的行动的原因，但是，坏的意志本身并没有另外的动因，这种坏的意志本身就是犯罪的根源。

托马斯·阿奎那（Saint Thomas Aquinas，1224/1225～1274）是中世纪最有权威的神学家，经院主义哲学的代表人物。在犯罪原因问题上，他继承了奥古斯丁的原罪说，认为由于人自身的"罪恶"，所以上帝使人们沦为奴隶，作为对人的一种惩罚。同时，他还认为，人的身上存在着一种倾向为善的习性，但是必须经过磨炼才能至善。

（二）欧洲中世纪世俗的犯罪学思想

中世纪后期，人们对宗教的黑暗统治表示强烈的不满，14世纪，西方资本主义开始萌芽，14～16世纪是意大利文艺复兴时期，一些具有资本主义意识和空想社会主义的先驱人物，猛烈地批评和抨击残酷的社会现实，对犯罪问题的认识有了明显的进展，已经开始注意从社会、社会财产制度上分析犯罪的原因。

托马斯·莫尔（Thomas More，1478～1535），英国政治家、思想家，早期空想社会主义的杰出代表人物，亨利七世时期的大法官，1516年出版了其代表作《乌托邦》。莫尔从社会学的角度来研究犯罪问题，认为犯罪的原因在于社会本身，犯罪是对社会状况的一种反应。莫尔以财产犯罪（特别是盗窃罪）为例，论述了他的犯罪学思想。他认为，产生盗窃犯罪的原因有两个方面：①大批贵族"像蜂王一样，一事不做，靠别人的劳动来养活自己"。他们为了扩大收入，对佃农"敲骨吸髓，重重剥削"，使佃农无法生活，不得不去盗窃。同时，贵族豢养的一大批侍卫，缺乏生活技能，一旦主人死亡或者自己生病不能从事侍卫工作时，便无以为生，只有沦为强盗。②"圈地运动"是盗窃犯罪产生的另一种特殊原因。"圈地运动"的结果是"佃农从土地上被逐出"，被迫背井离乡，流浪乞讨，走投无路的农民只好进行盗窃、抢劫等犯罪。托马斯在他设想的"乌托邦"社会中，由于实行公有制，废除了私有制，一切归全民所有，人们各取所需，因而没有贫穷，盗窃等财产犯罪的原因既然已经消除，这些犯罪自然也就不存在了。

托马斯·霍布斯（Thomas Hobbes，1588～1679），英国著名的政治哲学家，自然法学派的重要代表人物。1651年出版的《利维坦》[1]是其最著名的著作之一，其中包含

---

[1] "利维坦"是《圣经》中一种铜头铁臂、形状像鳄鱼的怪兽，据说世界上没有比它更为强大和凶恶的动物，霍布斯用它来比喻国家。《利维坦》一书分为四个部分：论人类、论国家、论基督教体系的国家、论黑暗的王国。参看［英］霍布斯著，黎思复、黎廷弼译：《利维坦》，商务印书馆1985年版。

有丰富的犯罪学思想。霍布斯认为，人性本恶，人生来就是自私自利、残暴好斗的，当人们处于自然状态（即国家和社会产生之前的状态），不受任何约束地按其本性生存时，"人们便处于所谓的战争状态下，这种战争是每一个人对每个人的战争"。造成人们争斗的主要原因，是人类的三种天性：①竞争；②猜疑；③荣誉。由于人性是恶的，人们都有自私自利的天性，因此，犯罪、战争等都是人性的表现，是在人的本性推动下产生的。所以，为了结束这种状态，就必须在人们之间订立契约，建立国家，制定法律。

三、18 世纪中叶以前的启蒙运动思想

（一）孟德斯鸠的犯罪学思想

夏尔·德塞孔达·孟德斯鸠（Charles de Secondat Montesquieu，1689~1755），18世纪法国著名的政治哲学家、启蒙思想家，主要著作有《波斯人信札》、《论罗马盛衰的原因》、《论法的精神》，其犯罪学思想主要体现在《论法的精神》一书中。

孟德斯鸠将犯罪分为四类：危害宗教罪、危害风俗罪、危害公民安宁罪和危害公共安全罪。分析犯罪原因时，他认为气候像人们的体格、性格和道德风尚一样，能够对犯罪产生影响。在提到危害风俗罪时他指出，心理因素与这类犯罪关系密切。孟德斯鸠还分析了社会因素诸如社会风气、人口密度、政治制度和法律严苛程度与犯罪的关系。

（二）卢梭的犯罪学思想

让·雅克·卢梭（Jean-Jacques Rousseau，1712~1778）是18世纪欧洲最伟大的思想家之一，法国启蒙思想家。他的犯罪学思想主要体现在《论人类不平等的起源和基础》、《社会契约论》两部著作中。

卢梭认为处在自然状态中的人类，"既不可能是善的也不可能是恶的，既无所谓邪恶也无所谓美德"，促使人性变得邪恶，并且因此而引起犯罪的因素主要是：①贫富分化的产生和个人特征的不同；②科学和艺术的进步对风俗的破坏。此外，卢梭也注意到，人的各种情欲，特别是男女需要异性的那种情欲在引起犯罪行为中的作用，他指出："在激动人心的各种情欲中，使男女需要异性的那种情欲，是最炽热也是最激烈的。这种可怕的情欲能使人不顾一切危险，冲破一切障碍。当它达到疯狂程度的时候，仿佛足以毁灭人类，而他所负的天然使命本是为了保护人类。如果人们做了这种狂热的、残暴的、不知羞耻、毫无节制的情欲的俘虏"，就会每天不惜流血相互争夺他们所爱的对象，许多犯罪自然在所难免。

任务二　了解18世纪古典犯罪学学派

 **教学情境**

教学情境一：　　　　　　　　　**贝卡利亚的言论**

本书将从刑事制度方面，研究这些保留着最野蛮世纪痕迹的法律，并以那些愚昧而鲁莽的俗人所不具有的风度，向公共幸福的领导者勇敢地揭露这些法律的弊端。

预防犯罪比惩罚犯罪更高明，这乃是一切优秀立法的主要目的。[1]

教学情境二：　　　　　　　　　**边沁的功利主义**

边沁认为，人类的本性或人类的基本规律就是"求乐避苦"，"自然将人类置于两个至高无上的主宰——痛苦与快乐——的统治之下，只有它们两者才能够指出我们应该做什么，以及决定我们将要怎么做"。

"功利意味着对任何当事人来说，任何事物的性质都是产生福利、方便、快乐或幸福（所有这些都是指同一件事情），或者防止发生灾祸、悲痛、邪恶或不幸（所有这些也是指同一件事情）"。无论对社团还是对个人来说，情况都一样，都是在追求快乐和避免痛苦。

工作任务

18世纪中叶，是一个基督教神学和君权神授学说与社会契约论思想家们的理性主义相互斗争的年代，人们不再用超自然的力量（神的意志）而是用人本身的因素来解释人的行为。1764年意大利犯罪学家贝卡利亚《论犯罪与刑罚》一书的出版，标志着犯罪学的产生，而历史上第一个比较完整的犯罪学思想流派——古典犯罪学派也开始形成。古典犯罪学派的诞生标志着西方对人类犯罪行为开始进行自然主义的探讨。接下来我们要了解：

1. 什么是古典犯罪学学派？

2. 古典犯罪学派是如何认识和解释犯罪的？

3. 古典犯罪学派有哪些代表人物？有哪些观点？

学习内容

一、古典犯罪学学派的产生

古典犯罪学学派，又称犯罪学古典学派。1764年，意大利犯罪学家贝卡利亚的

---

〔1〕　〔意〕贝卡利亚著，黄风译：《论犯罪与刑罚》，中国法制出版社2002年版。

《论犯罪与刑罚》一书出版，随着这本书的出版，犯罪学史上的第一个比较完整的流派——古典犯罪学学派开始形成。古典犯罪学派抛弃了以前流行的把超自然力量和"上帝意志"作为人类行为，包括犯罪行为的原动力的观点，而代之以人的自由意志和人的意图的观点，开始了犯罪研究的新时代。

为什么叫"古典学派"呢？李·埃利斯（Lee Ellis）等人认为有两个原因：①这个学派代表了使用严格来说是世俗的方式（而非超自然的方式）处理犯罪的最早尝试；②古典学派依赖"纯理论思考"的思维模式，而这正是"古典"希腊哲学家苏格拉底、柏拉图和亚里士多德等人的传统。

古典犯罪学派的代表人物有意大利的贝卡利亚，英国的边沁、霍华德，德国的费尔巴哈等。

二、古典犯罪学派的基本观点

（一）关于犯罪原因方面的解释

古典犯罪学派的学者对于犯罪原因的研究相对而言比较少，总体来说，他们对犯罪的解释主要是：

1. 人性自私。他们普遍接受哲学家霍布斯"人性恶"的学说，认为人的本性是自私、邪恶的，犯罪就是人的本性的表现，任何人都可能将这种本性表现出来，所以任何人都有犯罪的可能。

2. 意志自由。"自由意志论"是古典犯罪学派的一个重要论点。他们认为，一个人只要达到一定的年龄，除精神病人外，都有认识和区分是非善恶的能力，任何人都有同样的意志自由，都能根据自己的意愿作出选择。由于个人意愿和外部条件的不同，人们既有可能选择犯罪行为，也有可能选择守法行为。犯罪行为是个人自由选择的结果。人与禽兽的区别在于，"禽兽是根据本能决定取舍，而人是通过自由意志决定取舍"。

3. 功利主义。具有意志自由的人为什么选择犯罪行为而不选择守法行为？古典犯罪学派学者们的回答是，他们之所以这么选择，是功利主义倾向所决定的。由于人人都想趋利避害，用最小的代价获取最大的利益，而与守法行为相比，犯罪行为正好符合这样的要求，因此，他们选择进行犯罪。

（二）关于预防犯罪方面的思想

古典犯罪学派对于犯罪原因的研究，总体而言不够具体深入，相比之下，他们对预防犯罪更加重视。古典犯罪学派所提出的预防犯罪思想，归纳起来，大致有以下几点：

1. 法律控制论。这一观点的基本思想是通过制定法律来预防犯罪，认为只有依靠制定法律，遵守法律，并在执行法律中贯彻人人平等的原则，才能预防犯罪。应该制定明确通俗的法律，使人们在打算犯罪时就想到犯罪带来的法律后果，从而打消犯罪念头，只有使每个公民都知道"在什么情况下才是有罪或无罪这一原则"，只有"使宫殿和茅舍，使显贵的人和最贫穷的人都同样有受到法律约束的义务"，才能"堵塞走向为所欲为的一切道路"，从而才能预防犯罪。

2. 心理强制论。这一理论认为，人与动物是有着根本的区别，人不但能区分是非善恶，而且在权衡利弊之后有选择的本性。比如，一个人知道实施一定犯罪后可以得到精神、财产或肉体等方面的快感，同时也知道实施犯罪后受到惩罚的痛苦。权衡利弊后，为了避免痛苦，他就可能放弃想要实施的犯罪活动，这样，通过心理强制可以使人们放弃犯罪从而达到预防犯罪的作用。但是，要达到预防犯罪的目的，必须要：①法律必须要有明文规定，对犯罪行为进行何种程度的惩罚；②法律对犯罪行为处罚带来的痛苦要大于实施犯罪所获得的快乐。否则，不能起到预防犯罪的作用。这是古典犯罪学派代表人物费尔巴哈等人提出的观点。

3. 刑罚威慑论。这一理论的基本观点认为，只有对实施犯罪的人给予有效的刑罚惩罚，才能维护法律的严肃性，才能发挥刑罚的威慑力量，从而才能抑制犯罪，预防犯罪。刑罚最终的目的，就是尽可能地预防犯罪，适当而及时的刑罚是预防犯罪的最好方法，这样可以使有理性的人们因为看到犯罪行为最终受到的惩罚而打消犯罪的念头。但是，对犯罪人施加的刑罚要以犯罪人实施的犯罪行为为基础，对犯罪人报应的程度要以犯罪行为的轻重而定，不能滥施刑罚。正如贝卡利亚所言："刑罚的目的仅仅在于：阻止罪犯再重新侵害公民，并规诫其他人不要重蹈覆辙。"

三、贝卡利亚及其犯罪学思想

切萨雷·博尼萨纳·贝卡利亚（Cesare Bonesana Becaria，1738～1794），意大利犯罪学家、刑法学家，古典犯罪学派创始人和最重要的代表人物，1738 年 3 月 15 日出生在意大利米兰的一个贵族家庭。贝卡利亚早年曾在帕尔马的耶稣学院接受教育，后来在帕维亚大学学习法律。1764 年，他出版了著名的《论犯罪与刑罚》一书，篇幅不大，影响却极为深远，成为犯罪学和刑法学中最重要的经典著作。《论犯罪与刑罚》是世界文明史上第一部明晰而系统地论述犯罪与刑罚问题的著作。

关于犯罪的原因问题，《论犯罪与刑罚》一书中，并没有专节论述，甚至在著作中也很少出现"犯罪原因"的字样。这是贝卡利亚乃至整个古典犯罪学派中比较薄弱的环节。不过犯罪原因问题是论述与犯罪有关的一切问题的逻辑出发点和前提，因此，在他的著作中贯穿着他对犯罪原因的看法。贝卡利亚指出，财产犯罪主要是由穷人实施的，而且主要是由贫穷产生的。他认为，抢劫和杀人犯罪是由于穷人和富人之间的贫富差别，以及一些人不甘心过贫穷的生活而发生的；盗窃犯罪是由于贫穷和绝望产生的犯罪。

贝卡利亚十分重视犯罪预防，在他的许多论述中都贯穿着"预防犯罪优于惩罚犯罪"的思想。在"如何预防犯罪"一节中，他提出了五种预防犯罪的手段：

1. 制定明确、通俗的法律。贝卡利亚认为，人都有理性，能够决定自己的行为和预测行为的后果，因此，明确的法律可以使人们在打算犯罪时就想到犯罪带来的不利后果，从而打消犯罪的念头，预防犯罪的发生。同时，法律应该尽量简单、通俗易懂，随着能够理解神圣的法典并能够使用法典的人数的增加，犯罪率就会降低，这是因为对刑罚的无知和刑罚的不明确，无疑会增加欲望的力量，使人们在欲望的作用下进行犯罪。

2. 思想启蒙与自由相结合。愚昧无知是犯罪产生的重要条件，因此，他主张大力开展思想启蒙和教育活动，启发人们的理性，使人们在自由状态下自觉地进行符合理性的行为。

3. 司法当局遵守法律。贝卡利亚认为，那种注意遵守法律而不是破坏法律的司法官员越多，权力被滥用的危险性就越小，因此产生的犯罪也就越少。

4. 奖励美德。同其他奖励的效果一样，奖励美德也会使美好的德行不断增加，而犯罪行为也就会相应地减少。

5. 改善教育。预防犯罪的最可靠但也是最困难的手段，是改善教育。

此外，贝卡利亚在著作中多次提到，要使用刑罚的威慑力量阻止人们去犯罪，所以，有效的刑罚威慑，也是预防犯罪的途径之一。

《论犯罪与刑罚》分析了法律和刑罚的基本特征，明确提出了后来为现代刑罚制度所确立的三大原则，即罪刑法定原则、罪刑相适应原则和刑罚人道原则，并且呼吁废除刑讯和死刑，实行无罪推定。

四、边沁及其犯罪学思想

英国功利主义哲学家、经济学家和法学家杰里米·边沁（Jeremy Bentham，1748～1832），是犯罪学史上仅次于贝卡利亚的古典犯罪学派的代表人物，著有《道德与立法原理导论》、《政府片论》等著作。边沁是功利主义理论的创始人，对于近代刑法学、犯罪学都产生了深远的影响。边沁学说的核心是功利主义理论，或称为"幸福计算"（felicific calculus）理论，他的犯罪学理论等都是以此为基础加以论述的。边沁的犯罪理论主要包括：

1. 犯罪原因。边沁功利主义理论的核心认为，人类的一切行为都受两种基本动力的驱使，即追求快乐和避免痛苦。求乐避苦是一切道德行为的原因和动力，也是一切不道德行为包括犯罪行为的原因和动力。边沁认为，所有的人都是在对各种情况加以理智地思考后，才追求其目标和进行其行为的。当人们产生动机时，就会对其行为可能产生的各种后果（分为快乐后果和痛苦后果）进行计算，当认为行为带来的快乐大于痛苦时，就会在这种动机的推动之下进行有关的行为。犯罪行为也是这样产生的。

2. 犯罪类型。在边沁看来，犯罪是对社会造成危害的、应受处罚的行为。他根据犯罪行为的不同形式和危害程度，将犯罪分成五类：①私罪，即侵害他人的犯罪；

②准公罪，即侵犯某个邻居或特定阶级的犯罪，这类犯罪既不同于纯粹侵害他人的私罪，也不同于侵害整个社会和国家的公罪，因而称为准公罪；③自我犯罪，即首先对自己造成损害的犯罪，这种犯罪对他人的侵害，也是通过首先损害自己造成的；④公罪，即侵犯不特定的多数人和社会的犯罪；⑤多重方式罪，即使用可以危害他人的多种方式中的一种造成损害的犯罪。

边沁还从衡量犯罪的严重性的角度，将被害人分成四类：①纯私人被害人，即仅仅个人遭受侵害的被害人；②反向被害人，即被自己的犯罪行为所侵害的被害人，也就是其犯罪行为侵害了本人的犯罪人；③准公共被害人，即遭受犯罪侵害的社会中的一部分人；④公共被害人，即遭受犯罪侵害的整个社会中的许多人。

3. 监狱建筑。边沁在监狱建筑设计上做了改革性的建议，他赞成把监禁作为一种对许多犯罪都适用的刑罚，但是，他对当时流行的监狱建筑提出批评，认为那些监狱使犯人与外界隔离，并且使犯人变得懒惰。边沁设计了一种"圆形监狱"，或称"监视监狱"，呈放射状，控制室在中央，从中央控制室可以看到所有监舍。

边沁主张，圆形监狱应当建造在靠近城市中心的地方，以便使圆形成为一个看得见的提醒物，对可能实施犯罪的每个人都起一种警诫作用。因此，圆形监狱既能威慑外面的公民，又不伤害里面的犯人，体现了对犯人的人道待遇。

五、古典犯罪学派的其他人物

古典犯罪学派除了贝卡利亚和边沁这样的创建者和代表人物外，还有一些地位不如他们重要，但对犯罪学的发展也起到了重要作用的人物。如英国的霍华德、德国的康德、费尔巴哈、黑格尔等。

约翰·霍华德（John Howard，1726~1790），英国慈善家、伟大的监狱管理及公共卫生领域的改革家。1777年出版了著名的监狱改革著作——《英格兰及威尔士的监狱状况》，在该书中，他毫不留情地报道、谴责了他在旅行中的见闻，罗列了大量表现监狱恶劣状况的数字和事实，揭露了监狱制度的弊端和丑闻，从而引起了改进监狱和管理制度的运动。他对监狱现状的批评，不但构成了监狱改革实际工作的基础，而且也构成了早期的监狱学理论学说。

保罗·约翰·安塞姆·冯·费尔巴哈（Paul Johann Anselm von Feuerbach，1775~1833），德国著名的刑法学家，被称为"近代刑法之父"。他的犯罪学思想主要是他的心理强制说。费尔巴哈受边沁关于人类追求快乐、避免痛苦的本能的思想的影响，认为犯罪行为是犯罪人在求乐避苦的动机支配下进行的。因此，预防犯罪的根本性方法，就是要让犯罪人知道，他的犯罪行为只能引起利小于害的结果，从心理上强迫个人抑制求乐避苦的本能冲动，防止犯罪行为的产生。但是，通过什么途径来达到人们产生心理强制呢？费尔巴哈提出，要通过法律明文规定犯罪与刑罚的方式来实现心理强制作用。费尔巴哈认为，如果国家制定明确的刑法，用法律明文规定什么是犯罪和犯罪

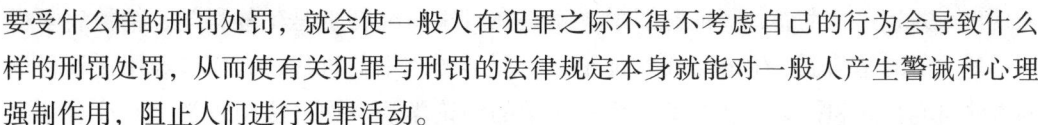

要受什么样的刑罚处罚，就会使一般人在犯罪之际不得不考虑自己的行为会导致什么样的刑罚处罚，从而使有关犯罪与刑罚的法律规定本身就能对一般人产生警诫和心理强制作用，阻止人们进行犯罪活动。

任务三　了解 19 世纪末实证犯罪学派

教学情境

在意大利，当古典学派理论发展到顶峰时，而这个国家却存在着过去前所未有的犯罪的严重状况，古典犯罪学派理论已经阻止不住上下波动的犯罪浪潮，因此需要一种更为科学的新理论来代替。[1]

工作任务

正如菲利所说，19 世纪末，欧洲国家的犯罪越来越严重，古典犯罪学派的理论在犯罪面前显得苍白无力。而自然科学和社会科学的发展，给人们研究犯罪人、解释犯罪行为，提供了科学、实证的研究方法，实证犯罪学派由此兴起了。接下来我们要认识几个问题：

1. 什么是实证犯罪学派？
2. 实证犯罪学派有哪些代表人物？他们的犯罪学思想有哪些？

 **学习内容**

一、实证犯罪学派的兴起与形成

实证犯罪学派，是对使用实证主义方法进行犯罪学研究的一些学者及其理论学说的统称。其又称实证主义犯罪学派，或者简称为实证主义。实证犯罪学派的诞生，一是社会现实的需要，二是自然科学和社会科学发展的结果。

19 世纪末，西方大多数国家完成资产阶级革命，随着科学技术的发展和第二次工业革命的兴起，欧洲资本主义社会城市进程化加快，贫富差距加大，社会矛盾增多。同时，犯罪也越来越严重，少年犯、累犯等大量增加，犯罪的浪潮一浪接一浪，在这种情况下，古典犯罪学派的理论在预防和控制犯罪方面在犯罪增长方面显得苍白无力，急需解决犯罪问题的新理论和新方法。这一时期，自然科学和社会科学的发展为犯罪学家寻求新方法和新理论提供了方法论和理论基础。实证犯罪学派的早期思想渊源，可以追溯到观相术和颅相学的研究。到 19 世纪时，科学研究更加发达，许多科学部门

---

〔1〕［意］恩里科·菲利著，郭建安译：《实证派犯罪学》，中国人民公安大学出版社 2004 年版。

涌现出来并且蓬勃发展，实证犯罪学派正是在科学研究特别是生物科学、精神病学得到迅速发展的基础上产生的。在实证主义犯罪学派产生的时代，人们已经用比较科学的方法研究自然和社会，创立了一系列科学的理论学说。如，法国哲学家、社会学家孔德（Auguste Comte，1798~1857）的实证主义哲学；英国人达尔文（Charls Robert Darwin，1809~1882）的进化论；马克思、恩格斯提出了辩证唯物主义等，为实证主义犯罪学派的产生奠定了理论基础。

在此背景下，意大利人龙勃罗梭首开先河，一改古典学派研究刑罚和刑事司法制度改革的思路，以社会的犯罪人为逻辑起点，运用科学、实证的研究方法研究犯罪人的特征，解释犯罪行为，提出了全新的人类学的犯罪观念，犯罪人类学派从此诞生。其后，他的学生菲利和加罗法洛将其思想进一步发扬光大，开启了实证犯罪学派的辉煌历史，他们三人也被称为"犯罪学三圣"。

二、切萨雷·龙勃罗梭

切萨雷·龙勃罗梭（Cesare Lombroso，1836~1909）是意大利精神病学家、犯罪学家、实证犯罪学派的创始人和主要代表人物。

（一）生平与著作

龙勃罗梭1836年11月出生于意大利维罗纳的一个犹太人家庭。1852~1856年，他先后在帕维亚大学、帕多瓦大学、维也纳大学求学。在学生时代，龙勃罗梭发现自己越来越对自由意志的哲学观点产生怀疑，因而逐渐接受了法国实证主义者孔德、英国进化论者达尔文等人的思想。龙勃罗梭于1858年获得了医学博士学位。

1859年，意大利和奥地利之间发生战争，龙勃罗梭从军担任军医。1862年，在担任军医的同时，他又兼任了帕维亚大学精神病学及病理学讲师。1863年他辞去军医职务。在战争结束后，龙勃罗梭开始对3000名士兵进行系统的观察和测量，试图用测量方法分析和表达他在意大利不同地区的居民中已经注意到的身体差异，同时，他对士兵的文身，特别是品质很差的士兵身上的淫秽标记做了观察。

1864年，龙勃罗梭被任命为帕维亚大学精神病学教授，在此期间，他也兼管帕维亚医学院的精神病人，这使他有机会用人类学方法观察和测量精神病人和在精神病院中关押的犯罪人。1870年，他被任命为佩萨罗地方的精神病院院长，当地有一个很大的监狱，为龙勃罗梭研究犯罪人提供了可能，他用1年的时间在监狱中精心研究，搜集了许多有关犯罪人的人类学资料。1872年龙勃罗梭发表了《对400名威尼斯犯罪人的人体测量》的论文，提出了一种关于犯罪人生来就具有犯罪本能的假说。1876年他又出版了《犯罪人论》一书，该书成为其犯罪学研究的代表著作。除此之外，龙勃罗梭的著作还有：《精神病临床诊断教程》、《天才与精神错乱》、《天才与堕落》、《古代与近代的犯罪》等。

（二）生来犯罪人论

生来犯罪人学说，是龙勃罗梭最重要、最有影响的犯罪学理论，也是龙勃罗梭费力最多、最富于创新精神的理论，也是后来最有争议的理论观点之一。

龙勃罗梭的教育和职业背景使他对犯罪问题产生了浓厚的兴趣，并且为其对犯罪问题进行研究提供了便利条件。他通过对士兵、精神病人、犯罪人等的观察，以及大量的身体测量、尸体解剖，发现正常的人和犯罪人不仅在性情方面，而且在身体结构方面，都有明显的差异。他由此提出了"生来犯罪人"的理论，认为犯罪人是出生在文明时代的野蛮人，他们的生物特征决定了他们从出生就具有原始野蛮人的心理和行为特征，这种行为特征必然不符合文明社会中的传统、习惯和社会规范，必定构成犯罪。龙勃罗梭通过大量的对比分析，发现罪犯在生理特征上表现出一种返祖现象。所谓返祖现象是指原始野蛮人的一些特质，经过一定的发展阶段后重新在后一代人中出现。隔代遗传者在生理方表现出来的特征，容易与猿和低等灵长类动物相类似，他们的心理与原始野蛮人的心理相一致。他们在生物学上是倒退到早期进化阶段的人。

龙勃罗梭总结出的生来犯罪人的生理特征有：面部不对称，耳朵大小异常，过度发育的颚部和颧骨，眼睛有缺陷和形状奇特，嘴唇肉感、膨胀和伸出，牙齿排列异常，下巴后缩或者过长，毛发异常，手臂过长，痛觉迟钝，等等。

在心理学特征方面，生来犯罪人表现出骄傲自满、虚荣心；冲动性；报复性，有超常的复仇欲望；残酷性，对别人的痛苦漠不关心；懒惰；纵情放荡；赌博冒险；等等。在道德感方面，生来犯罪人很少悔恨和自责；玩世不恭；背信变节；等。

（三）关于犯罪人的分类

龙勃罗梭按犯罪人是否具有天生特质及主观恶性程度将犯罪人分为四种类型：

1. 天生犯罪人。即指在生理及精神上具有多种人类异常的退化特征的犯罪人，是隔代遗传的结果。

2. 精神病犯罪人。即指因精神疾病的影响而实施犯罪的人，精神病犯罪人与天生犯罪人有许多相同的退化生理特征。

3. 激情犯罪人。即指因陷于极度不安或因情绪紧张、冲动而实施犯罪行为的人，激情犯罪人中妇女所占比例要远大于其他犯罪人类型中妇女所占的比例。

4. 偶发犯罪人。即指因无法抗拒的环境的不良影响，在偶然的机会下实施犯罪行为的人。

（四）关于犯罪原因

龙勃罗梭关于犯罪原因方面最初只承认犯罪的人类学原因——隔代遗传，随着他人的批评和研究的深入，龙勃罗梭逐渐认识到自然和社会因素对犯罪产生所起的一定作用。

1. 隔代遗传。龙勃罗梭认为生来犯罪人才是真正的犯罪人，而生来犯罪人是隔代遗传的结果。隔代遗传是龙勃罗梭用来解释生来犯罪人的犯罪行为产生原因的最重要的概念，是指倒退到原始人或者低于人类的人的一种返祖现象。他认为，隔代遗传的生理因素是影响生来犯罪人实施犯罪行为的最重要的原因。

2. 自然因素。龙勃罗梭指出，影响犯罪的自然因素主要有：气温、月份、季节等。

3. 社会因素。龙勃罗梭认为，一个社会的文明程度、人口过剩、新闻媒介、经济条件，以及个人的生活状况、家庭出身、酗酒、吸烟、教育、宗教信仰等社会因素，在一定程度上会影响犯罪。

（五）关于犯罪对策

1. 鉴别犯罪人。龙勃罗梭指出，犯罪人类学家们一致同意对犯罪人进行仔细的生理和心理鉴定是很重要的，这种鉴定结论可以用来确定犯罪人认罪的程度、重新犯罪的可能性，决定对犯罪人给予什么治疗或惩罚，为法官提供判决的根据，也为其他参与矫治人提供帮助。龙勃罗梭根据自己的研究，提出了鉴别犯罪人的心理和生理方法。

2. 犯罪预防。龙勃罗梭提出的犯罪控制思想是与其犯罪原因理论相对应的。他指出，处罚犯罪要与犯罪人的主观恶性程度相一致，要与不同类型的犯罪相适应。对那些由于遗传因素而天生具有犯罪倾向的人，不论其是否已经犯罪，都应采取终身监禁、割除生殖器官、流放甚至死刑等方法，以防止其危害社会。对由于气候炎热而引起的犯罪，如性犯罪、激情犯罪，可以推行冷水浴加以预防。由于人口稠密而引起的犯罪，应一方面设法控制人口增加，另一方面加强小城镇建设，以吸引人口稠密的大城市人口，同时还应宣传马尔萨斯的人口理论，以控制人口增长率。封建教会的婚姻观念是导致通奸犯罪的重要原因，预防通奸应提倡离婚自由并使妓院合法化，此法能预防因情欲无所发泄而产生的奸淫罪。

（六）刑罚思想

龙勃罗梭主张刑罚的目的不在报应而在于防卫社会，他反对短期监禁刑，认为监狱非但不能改造罪犯，反而会使其变得更坏；主张损害赔偿应成为轻罪的刑罚方式，应广泛适用罚金刑，因为它最经济、最有效，最易于代替其他制裁措施；主张应广泛适用缓刑、假释和其他"开放性"措施。

三、恩里科·菲利

（一）生平与著作

恩里科·菲利（Enrico Ferri，1856～1929），意大利社会学家、犯罪学家，实证犯罪学派的创建人之一。1874年，菲利进入博洛尼亚大学攻读法律，1877年毕业后到法国攻读犯罪学，1879年获得意大利都灵大学讲师职位，成为龙勃罗梭的同事和学生，跟随龙勃罗梭一起做研究，参观监狱、精神病院和实验室。菲利的代表作有《实证派犯罪学》和《犯罪社会学》，其中《犯罪社会学》被誉为犯罪社会学派的代表作。

菲利的重要贡献在于：①继承了龙勃罗梭的理论，又提出犯罪不仅仅是生理因素，还包括自然因素和社会因素；②在继承犯罪人类学的基础上，建立了一门新的学科——犯罪社会学。

（二）犯罪原因三元论

菲利对犯罪学研究的重要贡献之一，就是他有关犯罪原因的解释，一方面继承了龙勃罗梭的理论，另一方面又将其扩展到了自然和社会因素，把犯罪看成是一种自然、社会和个人因素相互作用的产物。他的学说被称为三因素说。

1. 人类学因素。人类学因素是指犯罪人生理、心理和个人状况这三个方面。生理状况包括颅骨异常、脑异常、感觉能力异常、相貌异常等所有的生理特征；心理状况包括智力和情感异常，尤其是道德情感异常及犯罪人的文字、行话（隐语、黑话）等；个人状况包括种族、年龄、行为、职业、住所、教育等生物社会学状况。

2. 自然因素。自然因素包括气候、土壤状况、昼夜的相对长度、四季、年平均气温和气象状况、农业状况等。菲利认为，犯罪的自然因素实际上是人们生活的物质环境，这种自然因素通过神经系统对人们的身体运动产生很大的影响。菲利通过引证刮风对情绪的作用（刮风时人们变得暴躁）、犯罪随季节的变化而变化（冬天财产犯罪增加、暴力犯罪在温暖的月份增加）等例证或统计资料，说明自然因素对犯罪的影响。

3. 社会因素。社会因素是指能够使人类社会不诚实、不完满的社会条件，包括人口密集、公共舆论、公共态度、宗教、家庭情况、教育制度、工业状况、经济政治状况、公共管理、司法、警察、一般立法情况、民事和刑事法律制度等。菲利所提到的经济因素，包括贫穷和富裕。贫穷会引起人的道德信念的动摇，导致道德堕落和反社会情感，当它们与其他因素相互作用时，就会引起犯罪行为的产生。富裕则可能使头脑空虚而又不从事体力和脑力劳动的人生活腐化，导致赌博、吸毒等"嬉戏式犯罪"。

（三）犯罪饱和法则

犯罪饱和法则，是菲利从犯罪统计资料中得出的最重要的犯罪社会学的结论，这一法则被称为菲利对犯罪学所作出的最重要的贡献之一。

任何一种犯罪行为或整个社会的犯罪现象都是人类学因素、社会因素和自然因素三种因素相互作用的结果。菲利认为，人之所以成为罪犯，并不是因为他要犯罪，而是由于他处于一定的物质和社会条件之下，罪恶的种子得以在这种条件下发芽、生长。菲利认真考察了1826～1888年欧洲主要国家的犯罪状况，认为每一个国家在客观上都存在着促使犯罪产生和变化的三种因素，这三种因素是不断变化的，并由此影响犯罪现象的变化，犯罪在各年度有升降波动，这种变化不是没有规律的，它也有年终平衡，每个国家始终都存在一定数量和一定种类的犯罪，犯罪始终处于与它的原因相适应的饱和状态。有时某个国家也可能出现超饱和的状态，不过最终还是会恢复到饱和状态。

菲利的这一法则是在化学中的饱和定律启发下提出的，他认为，就像一定量的水在一定的温度下会溶解一定量的化学物质，而且不多也不少那样，在有一定的个人和自然条件的特定社会环境中，也会发生一定量的犯罪，不多也不少。

（四）犯罪人的分类

菲利认为，由于犯罪的原因不同，对各种人格的罪犯需要采取不同的治疗方案。由于人类学因素而导致犯罪与由于社会环境而导致犯罪的行为人根本不同，菲利把犯罪人划分为五类：天生犯罪人、精神病犯罪人、习惯性犯罪人、偶犯和情感犯。菲利晚年在修订《犯罪社会学》时加上了第六类犯罪人，即过失犯。根据对犯罪人的分类，菲利提出，对不同类型的犯罪人应当施以不同的矫治对策。对天生犯罪人、精神病犯罪人和习惯性犯罪人实行不定期隔离；对轻微罪犯施以赔偿损失代替短期监禁；对精神病犯设立专门犯罪精神病院隔离。

（五）犯罪预防理论——刑罚替代措施

菲利认识到刑罚措施对抑制犯罪的作用是有限的，因而寻找能够替代刑罚并对减少犯罪产生更明显效果的间接性措施，他把这些间接性的防卫手段称为"刑罚替代措施"。这些措施实际上是对发生的犯罪具有预防作用的措施。刑罚替代措施包括五方面的内容：

1. 经济领域的刑罚替代措施。例如：自由贸易能消除许多像走私那样的犯罪。

2. 政治领域的刑罚替代措施。例如：言论自由可以减少对某种政治制度的攻击和触犯。

3. 科学领域的刑罚替代措施。例如：保险箱、门窗插销和警铃对预防盗窃有很大的作用。

4. 立法和行政领域的刑罚替代措施。例如：明智的遗嘱立法可以防止急于继承财产而产生的谋杀。

5. 教育领域的刑罚替代措施。例如：要提倡由各种社会机构、政府、新闻媒介、学校和公共娱乐场所进行广泛的道德与文化教育，以减少犯罪。

菲利提出，刑罚替代措施的目标不是使所有重罪和轻罪犯都不可能产生，而是在任何特定的自然和社会环境下都力争将他们减少到最小的数量。

四、巴伦·拉斐尔·加罗法洛

（一）生平与著作

巴伦·拉斐尔·加罗法洛（Baron Raffaele Garofalo，1851～1934），意大利法官、法学家、犯罪学家，实证派犯罪学代表人物，早年在大学接受法学教育，大学毕业后，成为一名法官，曾担任过意大利参议院的参议员，那不勒斯大学刑法副教授、教授。1885 年出版了他的代表作《犯罪学》，这是犯罪学史上第一次以"犯罪学"命名的著作。

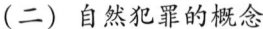

（二）自然犯罪的概念

加罗法洛在其《犯罪学》一书中，第一次提出了"自然犯罪"的概念，并将它与"法定犯罪"相区别，在犯罪的法律定义之外提出了一个新的犯罪定义和概念，这对以后的犯罪学产生了巨大的影响。"自然犯罪"的概念"存在于人类社会之中，并独立于所有地方和所有时间都适用的犯罪的概念"，是"违反了任何年龄的任何人都具有的两种基本的利他情操——正直情操和怜悯情操的犯罪行为"。在加罗法洛看来，"自然犯罪"是超越时空的概念，不论处在何种政治体制、何种地域范围，只要是违反人类道德正义的行为（如杀人、抢劫、放火、盗窃、强奸等），即便不具备法律知识的人，都可以判断出其就是犯罪。而"法定犯罪"则可因国家、地域或时空的不同具有不同的内涵，法律、政治、文明程度均可影响此类犯罪的成立与增减，如堕胎、重婚等行为。

（三）犯罪人分类

加罗法洛不同意龙勃罗梭和菲利对犯罪人的分类。加罗法洛根据犯罪人道德低劣的程度和性质，将真正的犯罪人（也就是自然犯罪人）分为四个类型：

1. 谋杀犯罪人。谋杀犯罪人是完全缺乏利他情操，把犯罪当成乐趣的犯罪人。这类犯罪人极端自私自利，缺乏任何仁爱或怜悯情操，丝毫没有正义情操。

2. 暴力犯罪人。即指那些为了获得自我满足而从事杀人或身体暴力行为的人。这类犯罪人又分为两种亚类型：地方性犯罪人和激情犯罪人。[1]

3. 缺乏正直的犯罪人。这类犯罪人的道德情操方面的问题虽不严重，但缺乏正直感，对他人的财产权不尊重。

4. 色情犯罪人。即指那些由于性冲动而犯罪的人和进行了侵犯一般贞操的犯罪的人。

（四）社会防卫理论

加罗法洛是社会防卫概念的最先倡导者之一。他认为刑罚的主要目的是阻止犯罪人重新犯罪，从而保卫社会，而不是改造或矫正犯罪人，使其变成一个更好的人。因此，不应从报应犯罪人或罪行相适应的角度出发，而应从预防社会可能遭受的侵害的角度出发来考虑刑罚问题，应使刑罚与犯罪人的人身危险性相适应。所以，对不同的犯罪人应适用不同的刑罚方法。诸如，对于缺乏道德意识和最低程度的怜悯感，具有先天的心理异常，不能同化在人类社会中，属于极端、典型的罪犯的谋杀犯，通常处置是适用死刑，将他们绝对消除，例外处置是禁闭于精神病院，并仅适用于精神错乱的罪犯；对于缺乏仁慈或怜悯感，不过在精神上和生理上又离常人不远的杀人犯，应当将这些罪犯流放到其所处的环境之外，例如岛屿或殖民地，在那里罪犯在监督下有一定的活动自由。刑罚所持续的时间不预先确定，而取决年龄、性别等情况。

---

〔1〕 参看吴宗宪：《西方犯罪学史》（第二卷），中国人民公安大学出版社 2010 年版，第 454 页。

任务四　了解 20 世纪以来当代西方犯罪学

教学情境

弗吉尼亚理工大学校园枪击案

2007 年 4 月 16 日在美国弗吉尼亚理工学院暨州立大学发生了两次枪击事件，连同凶手在内，共有 33 人死亡，并至少造成 23 人受伤。它是美国历史上死亡人数最多的校园枪击案，也是美国建国 200 多年来最严重的枪击事件。

枪击案的凶嫌为韩裔学生赵承熙，他在弗吉尼亚州长大，是弗吉尼亚理工大学四年级主修英文的学生。他最后在诺理斯教学大楼（Norris Hall）中自杀身亡。

他在作案当天寄给美国全国广播公司（NBC）的一个包裹成为调查其行凶动机的重要线索和证据。邮戳上的时间显示，这一包裹是赵承熙在宿舍楼内杀死 2 人后寄出的，里面包括录像带和照片，录像中充斥着仇视"富人"和扬言报复的话语，照片则是赵承熙持刀端枪的暴力形象。

事后的调查报告认为，弗吉尼亚理工大学官员如果在第一次枪击案发生后能及时通知学生和学校职员，受害者人数将会大大减少。而学校负责人知晓枪击案的严重性后，仍"例行警务公事般处理"，使学生们对枪击案的了解"大打折扣"。

报告还说，枪击案发生前，大学官员误解了美国联邦隐私法有关禁止交流学生心理健康信息的条文，从而忽略了赵承熙心理健康问题的诸多征兆。

工作任务

在弗吉尼亚理工大学的枪杀事件发生后，美国对精神病人可能的暴力行为的关注在全国范围内逐渐兴起。而美国频发的校园枪击案件，也让他们对枪支的管制问题进行了激烈的讨论。

事实上，进入 20 世纪以来，西方特别是美国，对于犯罪的认识、理论、学说、流派众多，百花齐放、异彩纷呈。以下我们将来了解 20 世纪以来犯罪学发展的一些概貌：

1. 了解犯罪社会学的兴起、重要的理论或流派。
2. 了解犯罪生物学是怎么去解释犯罪的。
3. 了解犯罪心理学对犯罪的解释。

 学习内容

一、当代西方犯罪学概况

当代西方犯罪学，是指在 20 世纪初意大利实证犯罪学之后的西方犯罪学。这一时期，西方犯罪学的研究重心逐步从意大利等欧洲国家转移到美国，美国的犯罪学研究在当代西方国家处于领先地位。由于当代自然科学、社会科学、人文科学的发展日新月异，使得当代西方各种犯罪学理论、流派、学说众多，可谓百花齐放、异彩纷呈，诸如犯罪社会学、犯罪心理学、犯罪经济学、犯罪生物学、多因素论、当代犯罪古典学派、恢复性司法理论等。其中，本书主要介绍犯罪社会学、犯罪生物学和犯罪心理学。

当代西方犯罪学的一个显著特征是广泛运用社会学科特别是社会学的理论和研究方法去研究犯罪问题，其中犯罪社会学理论处于主导地位，大多数犯罪学家认为生物学与心理学因素只有最终与社会因素相结合才能发挥作用。一些影响比较大的犯罪学理论几乎都是犯罪社会学理论。

二、犯罪社会学

（一）20 世纪以前犯罪社会学的研究

在 19 世纪后半期，很多学者开始关注社会与犯罪的关系，为犯罪社会学的创立做出了贡献。其中菲利、塔尔德和迪尔凯姆的贡献尤为突出。

1. 菲利的贡献。本书前面已经介绍了菲利的相关理论。菲利的贡献在于，他把犯罪学的研究范围由原来仅局限于人类学方面的探讨，扩大到了社会及自然方面，同时尝试性地应用了社会学的研究方法，其著作《犯罪社会学》奠定了西方犯罪社会学的理论基础，可以说，菲利是这一理论学派的创始人。

2. 塔尔德的贡献。塔尔德是 19 世纪后期法国的著名学者，他认为犯罪行为是人与人之间相互模仿而产生的，他把犯罪看成是一种社会现象，提出了关于犯罪原因的模仿理论，即认为犯罪是一种通过模仿他人而习得的行为。

3. 迪尔凯姆的贡献。迪尔凯姆是 19 世纪后期法国著名的社会学家，其主要著作有《社会分工论》、《自杀论》等，其提出关于犯罪的理论是著名的社会失范理论。所谓的"失范"是指社会或团体一种无规范或规范丧失的状态，他认为当现有的社会结构不能再对个人的需要和欲望加以控制时，失范的状态即产生。他认为社会越轨行为是正常现象，是不可避免的，因为社会创造了形形色色的行为方式，如果在某个社会里消灭了犯罪现象，那么在这个社会里也就不会有进步和社会变迁，社会组织的基本前提条件合乎逻辑地包含犯罪行为在内。迪尔凯姆的失范理论对西方犯罪学的影响巨大，促成了后来有关犯罪生态学理论、紧张理论和控制理论的产生。

（二）紧张理论

紧张理论认为，犯罪和少年犯罪是人们在不能获得合法的社会和经济成功时体验到的挫折和愤怒（即"紧张"）的产物。大多数人最初都有相似的价值观和目标，但是由于他们在社会经济地位方面的不同，使他们在遵从这些价值观和实现这些目标方面产生差别：在中产阶级和上流社会中，由于能够获得很好的教育和职业，很容易实现成功的目标和价值观念，因而不存在紧张（挫折感和愤怒）；但是，在下层阶级中，由于合法的成功道路被堵塞，很容易产生紧张情绪。因此，当无法用合法的手段获得成功而体验到紧张时，他们就有可能用越轨或犯罪的手段去实现成功的目标，或者排斥社会公众的目标，并用另一种目标去代替。

这一理论的主要代表人物为美国犯罪学家罗伯特·金·默顿（Robert King Merton，1910~2003）。默顿认为，当社会成员接受一个社会文化确定的传统目标，并且能够用制度性手段去实现目标时，就不会产生紧张及越轨行为。但是，当个人无法利用制度性手段去达到目标，或者对传统目标不感兴趣，又或者对传统目标和制度性手段都不感兴趣时，就会在传统目标和制度性手段之间失调或产生不平衡状态，默顿称之为失范。在这种失范状态下，个人会体验到心理压力或失范性紧张，就会采取一些社会适应方式来缓解压力和紧张，适应方式主要有五种：

1. 遵从。遵从意味着接受传统的文化目标并用制度性手段去实现这种目标。在稳定的社会环境中，大多数人都会选择这种方式去适应社会。

2. 创新。这是指接受社会认可的目标，但是拒绝使用制度性手段去实现目标的适应方式，他们会想出新的获取财物的方法，许多犯罪就是采用这种适应方式的结果。例如，商人发明的诈骗、逃避所得税等。

3. 形式主义。这是指人们拒绝接受传统的文化目标但是却接受社会认可的制度性手段的适应形式。这种人并不希望获取大量的财富，但是辛勤工作，为人诚实，接受教育，克制自己的欲望。这种社会适应方式并不意味着真正的越轨行为，更不会产生犯罪行为。

4. 退却。这是指有意识地拒绝社会中的文化目标和制度性手段，疏远社会，退出正常社会生活的适应方式。采取退却的适应方式，许多人会变成精神紊乱者、隐士和流浪汉，而另一些人则会变成吸毒者、酒精中毒者等与法律发生冲突的人。

5. 造反。这是指个人用新的价值观来取代现行社会的价值观的适应方式。采取这种适应方式的人，拒绝现有社会中的文化目标和制度性手段，用其他的目标和手段来代替，试图建立一种新的社会秩序，如试图变革社会制度，推翻现存政府。这种人通常会发生政治犯罪。

（三）文化冲突理论

索尔斯坦·塞林（Thorsten Sellin，1896~1994），瑞典出生的美国犯罪学家，他在1938年出版的《文化冲突与犯罪》一书中，论述了他的文化冲突理论。这一理论的基本观点认为，刑法是主流文化行为规范的表现，犯罪则是与主流文化相冲突的下层阶级和少数民族群体文化的产物；由于下层阶级和少数民族群体文化与主流文化相冲突，所以，遵从下层阶级和少数民族群体的文化，就必然会产生违反刑法的犯罪行为。

塞林认为，社会上存在着两种文化冲突，即基本文化冲突和从属文化冲突。而每一种冲突形式都可能与犯罪联系。

1. 基本文化冲突，就是同一时期两种不同文化之间发生的冲突，这种文化冲突通常会在三种情况下发生：

（1）具有不同文化的地区相互比邻接壤，在这两个区域的边界上会产生这种文化冲突，这是一种边缘文化冲突。例如，在印第安人居住区和白人居住区相邻接的地区的文化冲突。

（2）根据一种文化群体的行为准则制定的法律规范被扩展使用于另一种文化区域。例如，在殖民地发生的文化冲突。

（3）一种文化群体的成员移民到另一种文化群体，成为其中的成员。这是在新的移民中发生的文化冲突。美国是一个移民国家，这种情况所起的作用最为明显。

例如：通奸。维护家庭是一些东方国家的传统，在这些国家，如果一名妇女进行了通奸行为，那么，他的兄弟、父亲都可以理所当然地杀死她，而不会受到法律的追究。当具有这种文化传统的人移居到美国之后，他们也可能主动地这样去做，或是受到家庭或家族的压力被迫这样去做。但是，在美国，没有这样的文化传统，一名男性无论如何出于什么原因杀死一名女性，都可能被宣布构成谋杀罪而受到追究。

2. 从属文化冲突，是指一个文化组织、地域内部因社会分化和社会差别的产生所导致的冲突。塞林认为，从属文化冲突是社会分化的自然结果。随着社会的发展，价值规范由简单发展到多元，社会结构由简单趋于复杂化和分层化，从而使同一社区、同一文化集团内部发生冲突，产生新的不同社会集团或使原有的文化集团分化。由于这些新的社会集团、文化集团，以及原有的文化集团都有各自不同的文化标准和价值标准，所以就可能产生冲突，从而导致犯罪。

（四）社会学习理论

社会学习理论认为，犯罪是行为人学习与犯罪有关的准则、价值观念和行为的结果。社会学习理论源于法国著名犯罪学家塔尔德的模仿理论。半个世纪之后，社会学习理论有了很大的发展，其代表人物主要有美国犯罪学家埃德温·哈丁·萨瑟兰、罗纳德·艾克斯等人。

埃德温·哈丁·萨瑟兰（Edwin Hardin Sutherland，1883～1950），是美国最著名的

现代社会学家和犯罪学家之一，于 1924 年出版《犯罪学》，1934 年出版第 2 版并更名为《犯罪学原理》，随后多次修订。萨瑟兰逝世后，他的学生、助手和同事唐纳德·克雷西继续修订重版，1992 年已出版第 11 版。

萨瑟兰在《犯罪学》中提出了著名的"不同交往理论"（也有翻译为"不同接触理论"、"不同联系理论"等），这是他对现代犯罪学最重要的贡献之一。这一理论包括九个命题：

1. 犯罪行为是习得的。从反面来说，这意味着犯罪行为本身并不是通过遗传获得的。同样，没有受过犯罪训练的人不会创造出犯罪行为，正像一个没有受过机械训练的人不会发明机械一样。

2. 犯罪行为是在交流过程中通过与他人的相互作用而习得的。这种交流在许多方面是言语性的，但是也包括"体态交流"。

3. 对犯罪行为学习的主要部分发生在亲密人群中。从反面来讲，这意味着非人的交流媒介，如电影和报纸，在犯罪行为的产生中起着不太重要的作用。

4. 在学习犯罪行为时，学习内容包括：①实施犯罪的技术，这种技术有时非常复杂，有时非常简单；②动机、内驱力、合理化和态度的特定方向。

5. 犯罪动机和心态的习得，与赞同或不赞同法典的解释过程有关。在一些群体中，个人周围充满了总是把法典解释为应当遵守的规则的人，而在其他群体中，个人周围却充满了进行鼓励违反法典的解释的人。个人与后一种群体交往就会习得犯罪动机和心态。

6. 一个人之所以变成违法者，是因为赞同违法的解释超过了不赞同违法的解释。交往既涉及犯罪的交往，也涉及反犯罪的交往，还涉及相互对抗的力量。人们之所以变成了犯罪人，既是因为他们接触犯罪行为榜样的结果，也是因为他们与反犯罪行为榜样相隔离的结果。

7. 不同交往可能在出现频率、持续时间、优先性与强度方面有所不同。持续时间长、接触频繁的交往比偶有接触的交往影响大。

8. 通过与犯罪榜样和反犯罪榜样的交往来学习犯罪行为的过程，涉及在任何其他学习中所涉及的全部机制。从反面来讲，这意味着对犯罪行为的学习并不限于模仿过程。例如，一个受到诱惑的人可以通过交往学习犯罪行为，但是，通常不会把这种过程说成是模仿。

9. 尽管犯罪行为是一般需要和价值的表现，但是不能用那些一般需要和价值来解释，因为非犯罪行为也是同样的需要和价值的表现。小偷一般是为了获得金钱而盗窃，但是，诚实的劳动者同样也是为了获取金钱而工作。

萨瑟兰对犯罪学理论的重要贡献除了提出不同交往理论外，还体现在研究了职业犯罪人（盗窃犯）和提出并发展了白领犯罪的概念。

（五）社会控制理论

社会控制理论假定，每个人都是潜在的犯罪人，他们尝试回答的关键问题并不是人们为什么成为罪犯，而是为什么人们没有成为罪犯。社会控制理论认为，人们之所以不犯罪，是由于存在着抑制或控制我们不犯罪的各种力量的缘故；人们之所以犯罪，也是由于抑制或控制人们不犯罪的力量薄弱的缘故，而不是由于存在着驱使他们犯罪的力量。

沃尔特·凯德·雷克利斯（Walter Cade Reckless，1899～1988），美国的犯罪学家，他在 20 世纪五六十年代提出遏制理论。该理论的基本观点是，犯罪是个人内在的控制能力和社会中存在的外部因素缺乏的结果，是对推动和引诱个人进行犯罪的驱力和拉力缺乏遏制（或控制）引起的。雷克利斯认为，外部压力或拉力（包括贫穷和剥夺、冲突和倾轧、外部束缚等）和内部推力（包括挫折、不安、失望、敌意、自卑感等）使人产生越轨行为和犯罪行为，而外部遏制（包括社会道德状况、规范与责任、有效的监督和纪律等）和内部遏制（包括自我控制、良好的自我概念等）则阻止、中和、抵抗个人产生越轨行为和犯罪行为。当外部压力或拉力和内部推力比外部遏制和内部遏制软弱时，个人就不会产生越轨行为和犯罪行为。

特拉维斯·赫希（Travis Hirschi，1935～），美国社会学家、犯罪学家，赫希在 1969 年出版的《少年犯罪原因》一书中，系统论述了一种少年犯罪的社会控制理论，又称为"社会联系理论"（socail bond theory）或"社会纽带理论"。他认为人们为什么不去犯罪，是因为社会制度的纽带保证他们不去破坏法律。当那种纽带被弱化的时候，他们更容易越轨和犯罪。社会联系（或纽带）存在四种因素：一是依恋，依恋是个人对他人或群体的感情联系，包括对父母的依恋、对学校的依恋和对同辈的依恋，当人们越是在意包括父母、老师等人的意见，就可能更少地违反规范。二是投入（又称为"奉献"），是指将时间、精力和努力使用于传统的活动内容上，如果人们为了顺应传统的生活方式而花费时间和精力，致力于获得传统的生活、财产、教育、名誉等，也就不大可能从事少年犯罪及犯罪活动。三是卷入，是指花费时间和精力参加传统的活动，如果忙于各种传统事物，就会缺少从事越轨活动的时间和精力。四是信念，就是对共同的价值体系和道德观念的赞同、承认和相信，如果缺乏这样的信念或其受到削弱，个人就可能越轨和犯罪。

（六）标签理论

标签理论（labeling theory），也称标定理论，是一组试图说明人们在初次越轨或犯罪行为之后为什么会继续进行越轨或犯罪行为，从而形成犯罪生涯的理论观点。标签理论在 20 世纪 30 年代萌芽，20 世纪 60 年代开始形成，70 年代中期发展到高峰。标签理论的提出者是坦嫩鲍姆，重要的代表人物有利默特和霍华德·索尔·贝克尔。

标签理论认为，一个人变成罪犯，最初是因为他们的父母、学校教师、警察机关、司法机关和犯罪矫治机构等在处理违法行为时，给其贴上了坏的标签的结果，比如"坏人"、"犯罪者"等，而贴标签是违法犯罪的催化剂。一个人在初次实施了违法犯罪行为以后，如果被有权界定的机构贴上不道德或犯罪人的标签，就留下了一个污点，使行为人处处受到这种污点的影响：在家庭，为父母或其他家庭成员所厌恶；在学校，为老师和同学所歧视；在社会，找不到理想的工作。长此以往，被贴标签者便会认可这种标签，进而实施更加严重的违法犯罪行为，最终成为职业犯。

弗兰克·坦嫩鲍姆（Frank Tannenbaum, 1893~1969）是美国的历史学家、社会学家和犯罪学家，他在1938年出版的《犯罪与社区》一书中，论述了"邪恶的戏剧化"理论。这一理论的基本观点认为，犯罪人是由社会制造的，犯罪人的产生过程，是一个社区对有不良行为的少年给予消极反应，使其对这种消极反应产生认同，从而逐渐走上犯罪道路的互动过程。年幼的少年犯罪人之所以变坏是因为他被别人看成是坏的，即使他是好的别人也不会相信，因此，这些少年儿童就产生了一种新的、少年犯罪的自我意象。这样，最初有轻微的不良行为的少年儿童，由于对社区加给他们的坏名声（消极反应）产生认同而变得越来越坏，产生了与社会成员的期望（他们的本意是要控制少年儿童，防止他们进一步变坏）相反的戏剧性结果，因此，坦嫩鲍姆把这个过程称之为"邪恶的戏剧化"。

埃德温·利默特（Edwin M. Lemert, 1912~1996），美国社会学家、犯罪学家。他提出了一般越轨理论，并区分了两类越轨行为：初级越轨行为和次级越轨行为。初级越轨行为是指既没有被权威的人所发现，也没有受到惩罚的越轨行为。初级越轨行为对儿童少年的影响是很小的，他们不会形成一种越轨认同。由于其志向并没有被别人的标签所破坏，他们会保留一种遵纪守法的自我概念，避免了被人确定为"坏人"的标签所产生的消极后果。但是，如果初次越轨行为被人们发现，就可能会产生"邪恶的戏剧化"的现象。这些被标签确定为少年犯罪人的少年儿童，就会对与少年犯罪人、少年犯有关的烙印产生反应。所谓的次级越轨行为，是少年儿童在被人们贴上"坏"的标签之后，按照少年犯罪人的身份进行的更加严重的越轨行为。

三、犯罪生物学

20世纪的西方犯罪学理论中，虽然社会学理论居于主导地位，但犯罪生物学和犯罪心理学也有重大发展。就犯罪生物学而言，仍然是按照19世纪及其以前产生的体质生物学和遗传生物学两条线索发展的。

（一）体质生物学

体质生物学理论是通过犯罪人的身体素质方面来探讨生物、生理因素与犯罪人的关系。研究的内容包括生理结构方面的，如体型等，也包括特殊的生理功能或生理状态，如内分泌异常等。

1. 体型与犯罪。将体型与人的性格、行为、疾病等联系起来探讨的做法，早在 19 世纪初期就开始了。但是，将其与犯罪联系起来进行开创性研究的是克雷奇默。

恩斯特·克雷奇默（Ernst Kretschmer，1888～1964），德国精神病学家、犯罪学家。他最重要的著作是《体型与性格》，该书于 1921 年出版，到 1955 年出版第 21、22 版时，设置"体质与犯罪"一章，专门论述体型与犯罪的关系问题。克雷奇默把人的体型分为：瘦长型、健壮型、肥胖型、发育异常型、混合型。克雷奇默研究表明：①犯罪人的体型分布：20% 的是肥胖型，40～50% 是瘦长型和健壮型，5～10% 是发育异常型，不到 30% 的人是混合型。②不同体型的人的犯罪年龄分布：肥胖型的人在社会上比较容易适应，他们的犯罪行为开始得比较晚，一般 40～50 岁才达到犯罪生涯顶点，瘦长型的人的犯罪年龄在很早的时候就达到顶点，健壮型的人在 55 岁之前，一直保持着比较稳定的犯罪数量。③犯罪人体型与犯罪类型的相关性。瘦长型的人实施较多的犯罪是盗窃和欺诈；健壮型的人实施较多的犯罪是侵犯他人的犯罪以及性犯罪等；肥胖型体型的人容易实施诈骗；发育异常的体型的人容易实施性犯罪。

从犯罪学史来看，克雷奇默的主要贡献在于他在医学等方面的一般类型学的研究，而在他的研究启发下，美国心理学家威廉·谢尔登进行了有关体型与犯罪的更加精细的研究；格鲁克夫妇也做了关于体型与犯罪的进一步研究。

2. 激素与犯罪。性激素异常与犯罪。性激素是由性腺（睾丸、卵巢和胎盘等）分泌的、能够影响生物体的性特征和性功能的一类活性物质（激素），性激素分为雄激素和雌激素。在性激素与犯罪关系的研究中，一些人探讨了主要的雄激素——睾丸酮与犯罪的关系，并且普遍认为，睾丸酮的分泌情况与人的敌意、攻击行为和暴力犯罪有密切关系。

月经与犯罪。一些犯罪学家还研究了月经分泌与犯罪的关系，认为在月经之前和月经期间，女性容易进行犯罪行为。1931 年，弗兰克（R. Frank）将妇女月经前发生的精神障碍命名为"经前综合征"，认为这种综合征的主要表现是难以形容的紧张和情绪容易激动。许多人研究了妇女在经前和月经期间的犯罪行为，一般都得出了妇女在经前和月经期间犯罪行为增多的结论，并且把这种犯罪行为的增多主要归因于经前及月经期间内分泌失调的影响。

（二）遗传生物学

从遗传生物学的角度研究犯罪现象始于龙勃罗梭，他提出天生犯罪人是隔代遗传的结果。当代西方犯罪遗传生物学的研究表明，一些遗传负因，如父母或祖父母的精神病、智力低下、性格异常、性染色体异常等，对犯罪人的人格等个人素质的形成起着巨大的作用。犯罪遗传生物学研究涉及犯罪家族、孪生子、性染色体异常、身心条件等方面。这里主要介绍性染色体异常和孪生子的研究。

1. 性染色体异常研究。把性染色体异常与返祖联系起来的生物学研究，从 20 世纪

50 年代后期开始，并且在 20 世纪 60 年代达到了高潮。人体正常有 23 对染色体，其中 22 对是常染色体，1 对是性染色体。正常的染色体男性为 XY，女性为 XX。

所谓性染色体异常，是指一些人的性染色体数量多于正常数量，多出 1 个或者多个 X 或 Y，即 XYY、XXY、XXYY、XXXYY 等，其中比较常见的是 XYY 型。有研究认为，由于 XYY 型性染色体异常者中多余的 Y 性染色体大大增加了个人的攻击性，使人易于实施暴力犯罪，因而有人将这多余的 Y 性染色体称为"犯罪染色体"。但也有一些研究对此结论提出异议。

该领域的有些研究证明了性染色体异常与犯罪间的联系，但迄今未得出确定性的结论。尽管如此，该理论在西方仍有一定的影响。

2. 孪生子研究。为了研究犯罪与遗传的关系，一些研究者开展了孪生子女的研究。他们假设，孪生子具有很多相似的遗传特征，特别是同卵孪生子之间由于遗传上的相似性，他们的行为表现具有较多的相似性和较高的一致率，因此，通过比较同卵孪生子、异卵孪生子和同胞兄弟之间的犯罪的一致性，来证明犯罪是否与遗传有关。

约翰内斯·朗格（Johannes Lange，1891～1938）德国精神病学家，最早开展了此项研究。朗格对 13 对男性同卵孪生子和 17 对男性异卵孪生子进行了调查研究，研究发现，同卵孪生子的犯罪一致率为 77%，异卵孪生子的犯罪一致率仅为 12%。他还研究了 214 对年龄最接近的普通同胞兄弟，结果发现，这一对照组犯罪的一致率是 8%。朗格从这些研究中得出结论："在目前的社会条件下，遗传在制造犯罪人方面起着最重要的作用。"同时也指出："遗传本身不是犯罪的唯一的原因，我们必须承认一定数量的环境影响。……犯罪不仅仅是一种生物学现象，它也代表了一种社会现象，犯罪本身总有一定的社会背景。"

四、犯罪心理学

犯罪心理学，顾名思义，是主要研究犯罪心理的学科，特别是研究人格、精神状态、精神疾病、智力等与犯罪的关系。在犯罪学史上，犯罪心理学理论曾一度成为犯罪学理论的主干，吸引了许多的学者从事这方面的研究。从研究的内容来看，犯罪心理学大致有四个方面：①精神分析学理论；②精神病理学理论；③个性心理学理论；④社会心理学理论。这里简单介绍其中一些理论。

（一）精神分析学理论

西格蒙德·弗洛伊德（Sigmund Freud，1856～1939），奥地利精神病学家。自他在 19 世纪末 20 世纪创立精神分析学说以来，不少学者在他的理论基础上，运用精神学的概念、理论和方法，研究犯罪心理问题，发表了一些论著，提出了很多富有启发性的观点，形成了当代犯罪心理学的一个重要分支或研究领域，并且曾在一个时期成为当代犯罪心理学的主流。

弗洛伊德于 1856 年出生于奥地利摩拉维亚省（现捷克境内）的犹太人家庭中，1939 年在英国伦敦去世。弗洛伊德的主要著作有：《癔症研究》、《释梦》、《精神分析引论》等。精神分析学说的主要内容有：

1. 意识和潜意识。意识是人直接感知的心理部分，潜意识是人无法直接感知到的心理部分，它包括个人的原始冲动和本能欲望，以及出生后产生的与本能有关的欲望。由于这些冲动和欲望是社会风俗、习惯、法律、道德等所不允许的，因此被压抑或排挤到意识阀之下，使个人通常无法感知到他们的存在，但它并没有消失，而是潜伏在人的内心深处，通过神经症、精神病症状、梦等形式表现出来，并且寻求机会，不自觉地追求满足。

2. 快乐原则和现实原则。弗洛伊德认为，人的潜意识中的本能和欲望是按照追求享乐的原则行事的，即只进行能够获得快乐的活动而不管活动是否符合社会要求，婴儿的生活与行为就是这样。随着儿童年龄的增长，教育和习惯的影响，人逐渐了解了社会规范和禁忌，明白只有对本能冲动进行一定克制才能适应社会生活，否则不但得不到快乐，反而会得到痛苦的结果，这就是现实原则的意义。

3. 人格结构或心理结构。这个学说认为，成年人的人格或心理是由三部分组成的：①本我（Id）。本我即"潜在的我"，是指原始的、与生俱来的本能，完全处于潜意识之中。婴儿的整个心理都是由本我组成的。本我是按照快乐原则活动的，它要求立即满足肉体的需要。②自我（ego）。它是指从本我中分化出来的、把本我的意象与现实生活中的事物相配对的意识。当人感到饥饿时，自我就指引人寻找食物；当人的性欲发动时，自我就指引人寻找合适的性对象……自我是受现实原则控制的，它的很大能量被消耗在对本我的引导和控制上，它既力求使本我获得满足，又尽可能引导本我按社会准许的方法表现出来，避免本我的任意表现引起的痛苦。③超我（superego）。它是指道德化了的自我。如果人格中仅有本我和自我，那么个人就是快乐主义和兽欲主义的有机体，即当处于一种需求状态时，他就会从合适的环境对象中（自我）寻求能直接满足需要（本我）的对象。但实际情况并不是这样，在人格结构中还有更复杂的成分在起作用，这就是超我。超我是在人格道德方面，遵循至善原则，倾向于抑制本能的冲动，是人格道德的维护者。超我是儿童在早期对父母的奖赏和惩罚所体现的观念的内化，包括两部分：一是良心，这是儿童受惩罚而内化了的经验；二是自我理想，这是儿童时期获得奖赏而内化了的经验。良心负责对违反道德标准的行为进行惩罚，它使儿童不愿意进行这些违反道德标准的行为，并且会因为进行违反道德的行为而体验到内疚、不安等；自我理想确定道德行为的标准，使他愿意进行道德行为，并且因为进行道德行为而体验到成功和自豪感。

弗洛伊德对精神分析学的犯罪学理论的最大贡献，是他创立的精神分析学说本身；他之后的许多精神分析学家用他创立的学说、概念、方法等，分析和矫治犯罪人，取得了重要的成绩，如奥古斯特·艾希霍恩、弗兰茨·亚历山大、威廉·希利、本杰明·卡普曼、罗伯特·林德纳、戴维·亚伯拉罕森等人。

（二）攻击——挫折理论

"挫折——攻击"理论的基本观点认为，挫折容易引起攻击欲望和攻击行为，从而会导致大量犯罪，特别是暴力性犯罪行为的产生。

索尔·罗森茨韦克（Saul Rosenzweig, 1907~2004），美国心理学家，最先提出了"挫折——攻击"观点。1934年，罗森茨韦克在一篇论文中提出"挫折——攻击"观点，认为在挫折的情况下，由于引起挫折的障碍因素的不同，个人会有三种反应：

1. 外罚性反应。即把挫折引起的愤怒情绪向外界发泄，对外界的人或物进行言语的、身体的攻击行为。在这种情况下，个人从外界寻求引起挫折的原因，即使不存在客观的外部原因，也会归咎于外部。有时在极端情况下也会产生被害妄想。外罚性反应引起的攻击行为，往往构成暴力性犯罪。

2. 内罚性反应。即把挫折引起的愤怒情绪向自己发泄，对自己进行谴责、虐待。在这种情况下，个人从自己身上寻求引起挫折的原因，会产生不同程度的内疚感，会受到良心的责备。在极端的情况下，个人会产生抑郁状态，甚至会产生自杀的念头。

3. 无罚反应。即在产生挫折后没有惩罚性反应，将挫折局限于最小限度或者完全忽视它。在这种情形下，个人不想从任何其他人身上寻找引起挫折的原因，即不把攻击行为指向外界，同时，也不从自己身上寻找引起挫折的原因，不把攻击行为指向自身。这种反应要考虑两种情况：①个人客观地弄清并正确地判定他人应负的责任和自身应有的责任，从而能合理地认识和对待挫折；②巧妙地掩饰挫折，或者装模作样地逃避攻击。

美国耶鲁大学心理学家约翰·多拉德等人进一步发展了"挫折——攻击"理论。

 **实训项目**

项目一：

假如你可以挥舞一根魔杖，建造一个有着许多街头犯罪的社区，那么这种社区该是什么样的？它看起来如何？

实训任务：

1. 写下立刻出现在你头脑中的四个或五个特征？

2. 运用本项目的相关知识，解释为什么会有这样的特征？

项目二：

标签理论引起了人们对标签的消极后果，特别是对那些违反法律的青少年消极影响的担心。社会学家警告说用对待普通罪犯的方式对待青少年只会使他们投入到更多的违法行为中去。在20世纪六七十年代，美国各个州都注意到了这个警告并且开始从青少年司法系统中转移出那些罪行轻微或者只是角色错位（如离家出走、逃学等）的青少年。这些犯了错的青少年不再进入青少年法庭或者青年中心，而是待在这些系统之外并接受其他形式的制裁，例如参加心理咨询、补偿他们行为的受害者，或者在缓刑察看期间接受青少年缓刑监督官员（有时是其父母）的行为监督。

实训任务：

1. 请简述标签理论的基本内容。

2. 根据标签理论，你认为用对待普通犯罪的方式对待青少年，可能会产生什么消极影响？

3. 结合我国的实际情况，你认为应该如何处理青少年犯罪者？

项目三：

1. 搜集一个以上典型的犯罪案例。

2. 运用本项目有关犯罪学的理论分析该案例。

3. 讨论：该理论在分析、解释犯罪方面存在什么局限性？

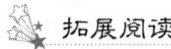 拓展阅读

龙勃罗梭与江洋大盗维莱拉[1]

在帕维亚时，龙勃罗梭认识了伦巴第省的一个江洋大盗——维莱拉，解剖维莱拉的尸体对龙勃罗梭生来犯罪人理论有重大的意义。龙勃罗梭在 1910 年为他的女儿吉娜·龙勃罗梭－费雷罗撰写的《犯罪人：根据切萨雷·龙勃罗梭的分类》一书的序言中，指出了这一点：

"因此，我开始研究意大利监狱中的犯罪人。在犯罪人中，我认识了著名的江洋大盗维莱拉。这个人异常敏捷，曾因背着一只绵羊爬上一座陡峭的山峰而闻名。他玩世不恭，厚颜无耻，竟然公开炫耀他的犯罪。他死于 11 月的一个寒冷阴沉的早上，我受委托给他做尸体解剖。一打开头颅，我就在枕骨部位，确切地说是在正常头颅中脊柱所在的那个点上，发现了一个明显的凹陷，我称为中央枕骨窝，因为它的位置正好在枕骨中间，就像低等动物，特别是啮齿动物那样。就像在动物中那样，这个凹陷与小脑蚓部的肥大有关，如同在鸟类的小脑中所见到的那样。

这不仅仅是一个念头，而且是一个意外的发现。在看到这个头颅时，我似乎站在火红的太阳照射之下的平坦旷野，突然发现了犯罪人的本质的问题——犯罪人是一种隔代遗传者，在犯罪人身上再现了原始人和低等动物野蛮的本能。因此，可以从解剖学上解释他巨大的颌骨，高大的颧骨，手掌中的孤立条纹，极大的眼眶，在犯罪人、野蛮人和类人猿中可以见到的柄形或者无柄耳朵，对疼痛的迟钝，极敏锐的视力，文

---

〔1〕 转引自吴宗宪：《西方犯罪学史》（第二卷），中国人民公安大学出版社 2010 年版，第 351 页。标题为编者所加。

身，极度懒惰，喜欢酗酒狂欢，以及为了自己而做坏事的不可遏制的欲望，不仅要夺去被害人的生命，而且要撕碎被害人的尸体，吃其肉、喝其血的欲望。"

多学科视野下的犯罪学观点[1]

犯罪学是对犯罪的多学科研究。关于犯罪行为的知识和理论，许多学科都会涉及，包括心理学、社会学、精神病学、人类学、生物学、政治学、神经病学、政治学及经济学等。这些年来，犯罪研究被三个学科所统领，即社会学、心理学和精神病学，但其他的学科和亚学科也日趋活跃，例如，犯罪人类学，它属于社会学的亚学科，现已迅速成为犯罪研究的重要一员。

一、社会学取向的犯罪学

社会学取向的犯罪学（sociological criminology）着重考察人口学变量和团体变量与犯罪的关系。像年龄、种族、性别、社会经济地位、人际关系及种族文化等变量都被认为与犯罪类型和犯罪方式有着显著的相关。例如，该取向允许我们作这样的推断：年轻的、从不利背景来的非裔美国男性会更大比例的成为罪犯或被害者。社会学取向的犯罪学还会证明情境或环境因素也能导致犯罪行为，如时间、地点、所使用的武器以及与实施犯罪相关的其他细节。

社会学取向的犯罪学的主要贡献是把注意的焦点指向于社会中不平等的权力分配。它通常要考量犯罪是怎样被界定的，法律是怎样被执行的。该取向还要说明潜在的社会条件会影响犯罪率并促使犯罪行为，如不平等的教育和就业机会。

二、心理学取向的犯罪学

心理学是研究行为和心理过程的科学。心理学取向的犯罪学（psychological criminology）也就是研究罪犯的行为及心理过程的科学。社会学取向的犯罪学聚焦于把群体和社会看成是一个整体以及它们怎样影响犯罪行为，而心理学取向犯罪学则聚焦于个体的犯罪行为，即犯罪是怎样被习得、唤起、维持和矫正。连同对犯罪行为起中介作用的心理过程，社会和人格因素对犯罪的影响都将被考察。人格涉及人类所有的生理因素、心理特质和认知特征，这些特征已被心理学家证实在控制和调节人类行为的过程中起重要作用。

在过去，心理学家假定通过研究行为发挥最广泛作用的、稳定而持久的人格倾向或特质，能够最好地理解人类的行为。特质是以独特的方式表现出来的相对稳定和持久的行为倾向，它在人与人之间存在着个体差异。例如，如果一个人是外倾的，他就有着持久而稳定的倾向去参与社会交往；而另一个人是害羞和内倾的，他的行为倾向是只与仅有的几个好朋友交往。特质理论认为人们表现出跨时间、跨情境都很稳定的

---

　　〔1〕　节选自［美］Curt R. Bartol, Anne M. Bartol 著，杨波等译：《犯罪心理学（第七版）》，中国轻工业出版社 2012 年版，第 4～8 页。标题为编者所加。

行为，而这些行为刻画了个体的人格特征。所以，许多心理学家研究犯罪行为，就会致力于寻找蕴藏于犯罪行为中的人格特质或人格变量，他们很少会关注个人所处的环境或情境。他们假定，一旦个人的人格特质或变量被确定，就有可能确定和预测什么样的个体最有可能去犯罪。

最近，心理学取向的犯罪学已经将其焦点转移到了犯罪的认知过程。认知是指个体对所处环境、环境与个人的相互关系以及个体自身所持的态度、信念、价值和思想。该取向也会考察和研究对犯罪行为的预防、干预和矫治策略，以图尽量减少犯罪行为。

三、精神病学取向的犯罪学

术语"心理学"和"精神病学"常常被人混淆。精神病学的概念和理论在心理学领域也常常被认为是可以接受的理念和原则。不过，这两个专业通常在看待事物上相当不同，在分析解释犯罪行为上也有着不同的路径。

在美国，精神病学取向的犯罪学有时也称为司法精神病学（forensic psychiatry），该取向在传统上遵循弗洛伊德主义，或者称为心理分析学或心理动力学的理论原则。人类行为的心理分析之父是著名的医生和神经学家弗洛伊德，它的追随者被称为弗洛伊德主义。

所有的心理分析学形成了心理动力学学派，该学派根据动机和驱力来解释行为，认为人性天生具有反社会性。因此，当个体欲望膨胀的时候，他们在生理上就会被驱使以谋求其需求，除非他们被内在（良心）和外在（社会）的力量所控制。如果没有一个讲原则、讲规范、法制健全的有序社会，人类（尤其是男人，因为其生物性）将会随意地攻击、抢劫、偷盗，甚至杀戮。心理分析的观点认为，我们必须深入研究人类人格的深层次问题，以发现人类行为，也包括犯罪行为的潜意识的决定因素。

弗洛伊德主义、心理分析或者心理动力学取向都特别认可这样的观点，即人类行为最主要的决定因素存在于个体的内部，在生命最初的几年之后，环境对行为的影响只起到很小的作用。因此，犯罪行为也被认为源于个体的内部，主要受到潜意识的生命驱动力的控制。环境、文化、社会不必对犯罪率负责，个体内部的生物心理需求和驱力才是犯罪的元凶。

犯罪学的主要取向

取向	学科	焦点
社会学取向的犯罪学	社会学	考察人口统计学及团体变量与犯罪的关系；聚焦于群体和社会是怎样影响犯罪行为的
心理学取向的犯罪学	心理学	聚焦于个体的犯罪行为；是关于犯罪的行为和心理过程的科学
精神病学取向的犯罪学	精神病学	当代的观点考察行为的心理生理因素与社会环境的交互作用；传统的观点则是寻求犯罪行为的潜意识和生理决定因素

参考文献

1. 吴宗宪：《西方犯罪学史》（第1～4卷），中国人民公安大学出版社2010年版。

2. 李明琪主编：《西方犯罪学概论》，中国人民公安大学出版社2010年版。

3. ［意］贝卡利亚著，黄风译：《论犯罪与刑罚》，中国法制出版社2002年版。

4. ［意］恩里科·菲利著，郭建安译：《实证派犯罪学》，中国人民公安大学出版社2004年版。

5. ［意］加罗法洛著，耿伟、王新译：《犯罪学》，中国大百科全书出版社1996年版。

6. ［英］吉米·边沁著，丁露等译：《立法理论》，中国人民公安大学出版社2004年版。

7. ［美］斯蒂芬·E.巴坎著，秦晨等译：《犯罪学：社会学的理解（第四版）》，上海人民出版社2011年版。

8. 许章润主编：《犯罪学》，法律出版社2007年版。

9. 魏平雄、赵宝成、王顺安主编：《犯罪学教科书》，中国政法大学出版社2008年版。

10. 王牧主编：《新犯罪学》，高等教育出版社2010年版。

项目三

了解中国犯罪学发展历史

任务一　认识中国古代的犯罪学思想

教学情境

教学情境一：　　　　　　　　　**孟子的犯罪学思想**

孟子说："夫物之不齐，物之情也；或相倍蓰，或相什百，或相千万。子比而同之，是乱天下也。"[1] 这句话的意思是说，财物的多少，出自自然，但占有的失衡，是引起犯罪和社会动乱的根源。

教学情境二：　　　　　　　　　**管仲的犯罪学思想**

管仲说："仓廪实，则知礼节；衣食足，则知荣辱。"因此，他教导统治者说："善为政者，仓廪实而图圄虚；不善为政者，图圄实而仓廪虚。"[2]

教学情境三：　　　　　　　　　**贾谊的犯罪学思想**

贾谊说："绝恶于未萌，而起教于微眇，使民日迁善远罪而不自知"[3]

工作任务

关于犯罪的问题，中国古代并没有形成系统的思想，对有关犯罪原因、犯罪治理的观点，主要分散在思想家们的各种学术思想中，并与国家的政治、法律及治国方略结合在一起。从发展历史来看，我们大体可以将其分为先秦时期、汉唐时期、宋明清时期。我们接下来的任务是：了解各个时期代表人物的代表性思想。

---

[1] 《孟子·滕文公上》。
[2] 《管子·牧民》。
[3] 《汉书·贾谊传》。

 学习内容

一、先秦时期

先秦时期，是中国社会由奴隶社会向封建社会转变的时代。社会的大动荡、大变革，使代表不同阶级、不同政治集团利益的思想家，为了本阶级、本集团的利益，提出了各种政治主张，形成了各种流派。其中诸子百家中的儒、道、墨、法四家尤为突出，在他们的各种政治主张中，都包含着对犯罪问题的见解和思想。

儒家学派最著名的代表人物是孔子、孟子和荀子。在有关犯罪思想方面，孔子主张以德去刑，用教化消除犯罪，反对不教而杀。而孟子认为，人的犯罪行为是由缺少恒产导致的；其另一被用于分析犯罪原因的重要思想是他的性善论。荀子则认为人性是恶的，犯罪是人性恶的具体表现。

道家的代表人物是李耳和庄周，史称老子和庄子。老子主张用愚民政策治理犯罪，他认为犯罪产生的原因是"慧智出"，巧和利的驱使，法令的滋彰，尚贤、贵货等措施会产生犯罪。而庄子则认为，明、聪、仁、义、礼、乐、圣、知八者是乱天下的祸首。

墨家的创始人墨翟，又称为墨子。墨子认为天下之害、一切祸乱的根源都在于人们的不能"兼相爱，交相利"。后期墨家发展了墨子的"利害"思想，相较前期墨家主张"众闻则非之，上为政者得则罚之"，后期墨家则主张"杀盗"。

法家的前期代表人物有李悝、商鞅、慎到、管仲等。后期法家的主要代表人物是韩非。由于他们把法治作为推行政治变革的重要手段和工具，所以在他们的学术思想中，对犯罪和法律的研究比儒、墨、道等诸子百家任何一派都多。李悝认为治理犯罪是国家行政的当务之急，犯罪是制定法律的前提与根据。管仲认为治国需用法，在犯罪对策上，主张"以杀去杀"、"以刑去刑"的重刑主义。

后期法家最著名的代表韩非，在谈到犯罪的起源和原因时说：人性是恶的，人的天性是自私自利、损人利己的。犯罪既是社会方面的物质生活资料供应不足造成的，又是人性的自私自利驱使的。另外，韩非还认为社会管理失常和赏罚不当，也会导致犯罪的发生。

二、汉唐时期

汉、唐时期的学术思想，继承并发展了先秦时期诸子百家的学术思想。

汉初，儒家的代表贾谊，主张采取礼义教化的政策，来防止战乱和犯罪的发生，认为实行教化政策，能够"绝恶于未萌，而起教于微眇，使民日迁善远罪而不自知"。但他并不完全否定法的作用。另一位儒家代表人物董仲舒认为，统治阶级无度的剥削，是犯罪发生和刑罚繁多的原因。但他又认为，犯罪也是由穷人的人性不良造成的，他调和了孟子和荀子的人性论，创立了"性三品"说，即把人性分为上、中、下三等。

后汉时期以王充为代表的一些思想家认为，治国之策有养德和养力之分。

而唐朝虽然在政治上采取了一些减轻剥削、缓和阶级矛盾的政策，但阶级斗争仍在激烈地进行着。韩愈主张对待上品者用教育，对待下品者用强制。柳宗元则认为人要生存，就必须生产，生产的所得引起人们争斗不止，刑罚的目的在于惩劝，赏罚必须迅速及时；如果不及时，就会使"为善者怠，为不善者懈"，等于驱使人犯罪。但是，过严的刑罚和过重的剥削都会造成造反和犯罪的发生。

三、宋明清时期

宋代思想家王安石认为贫富悬殊是犯罪发生的根本原因，这一原因不消除，就无法解决犯罪问题。因此，他提出变法，以求解决这一问题。而司马光则将民贫归于其愚蠢、懒惰，富人向穷人放高利贷，不是剥削榨取，而是恩惠，穷人犯罪是由其天性决定的。朱熹则认为，犯罪是人性中的气质之性受情欲影响所致。

明代思想家王守仁则认为人只要在性上用功夫，即能明理，就不会导致犯罪。而黄宗羲认为，自私自利是人的本性，原始社会的人君是为天下人之利而为君，他们为天下人的利益而牺牲自己的利益，是难能可贵的。而阶级社会的君主则相反，他们把天下当作自己的私有财产，对人民进行残酷的剥削和掠夺，从而成为犯罪产生的根源。

清代，龚自珍认为贫富不均是引起是犯罪的原因。康有为则提出实现"大同"来解决犯罪。严复则以进化论的观点解释犯罪和治罪问题。

任务二　了解近代以来中国的犯罪学研究

教学情境

教学情境一：　　　　　　　　　　**严景耀先生的研究**

我国早期的社会学者、犯罪学家严景耀先生，1924 年在燕京大学主修社会学时，基于"当时社会动乱不安，犯罪问题严重"，便"立志在社会学的领域中从事犯罪学研究；但当时有关犯罪学的著作十分缺乏，于是他决心为中国犯罪学开拓新的领域。为了搜集研究犯罪学的资料，他亲自去监狱进行实地调研。1927 年暑假经学校介绍进入北京京师第一监狱做一名志愿'犯人'，和犯人同住、同食、同劳动，亲尝铁窗风味。通过和犯人谈话，了解犯人的历史、家庭情况、社会背景及走上犯罪的过程，同时也体会到监狱管理的黑暗面。根据对犯人和对监狱的调查资料，写成《北京犯罪之社会分析》、《中国监狱问题》等多篇论文"[1]。1928 年大学毕业后，留校为研究生兼任助

---

〔1〕　民进中央宣传部编：《严景耀论文集》，开明出版社 1995 年版，第 1 页。

教，率领学生到 20 个城市的监狱进行调查，收集各种犯罪类型的个案资料 300 余件。严景耀先生通过对犯罪的研究，剖析了中国社会的变迁问题，1934 年在美国芝加哥大学留学期间，用英文撰写了《中国的犯罪问题与社会变迁的关系》一文，反映了现代犯罪学的经验研究和实证的特点，在中国犯罪学研究史上留下了光辉的一页。

教学情境二：　　　　　　　第三只眼看中国的犯罪学[1]

美国学者弗里德曼（Freedman）曾经对近代中国犯罪学作过这样的评价：犯罪学作为一门学科被介绍到中国的大学里发生（在）中国近代历史上的黄金建设时期，即 1927 年到 1937 年。在这个时期，日本、意大利和美国的一些犯罪学著作被翻译成中文出版，中国人自己写的一些犯罪学著作也在这一时期应运而生。当时中国的社会学以及犯罪学相当兴旺发达。这在非西方国家以外是罕见的。

工作任务

近代以来，中国的犯罪学研究几乎是从翻译西方犯罪学著作开始的，同时也出现了像严景耀先生等伟大的研究犯罪学的学者，接下来我们的任务是：

1. 了解近代中国有关犯罪学的研究。
2. 了解新中国成立以来中国犯罪学研究状况。

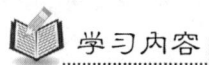 **学习内容**

一、近代中国的犯罪学研究

受清朝末年洋务运动的影响，中国的近代犯罪学，也是在西学东渐的影响下诞生和逐步成长起来的。中国近代犯罪学的起步，最早是从译介龙勃罗梭的著作和学说开始的。除了对龙勃罗梭著作的译介之外，近代中国翻译的还有意大利菲利、美国齐林等犯罪学家的作品。

1922 年 10 月，商务印书馆出版了刘麟生所译的《朗伯罗梭氏犯罪学》一书，这是中国翻译出版的第一本西方犯罪学理论著作。1929 年，徐天一又将日文版《伦勃罗梭犯罪人论》一书转译为中文，由"立法院"编译处出版[2]。

1936 年 5 月，许桂庭根据英文译本并参考日译本将菲利的《实证派犯罪学》一书转译为中文并由商务印书馆出版。1937 年 3 月，查良鉴将美国著名犯罪学家齐林的名著《犯罪学及刑罚学》翻译成中文，由上海商务印书馆出版。

---

〔1〕 引自［美］曹立群著，吴宗宪译："第三只眼睛看中国的犯罪学"，载《福建公安高等专科学校学报》2005 年第 1 期。

〔2〕 需要注意的是，意大利犯罪学家龙勃罗梭，早期对其名字的翻译不一，此处的朗伯罗梭、伦勃罗梭等均指龙勃罗梭。

除了上述著作外，民国时期还翻译了少量西方犯罪学论文。近代中国犯罪学就是以对西方犯罪学著作的译介为起点发展的。

1931年，李剑华出版了《犯罪学》一书，这是我国学者撰写的第一本犯罪学著作，标志着近代中国犯罪学的诞生。而许鹏飞于1934年出版的《犯罪学大纲》，堪称近代中国犯罪学的代表作，在民国时期的犯罪学著作中颇具代表性。

而近代中国犯罪学研究的先驱者之一严景耀先生，采用实证研究的方法，综合运用西方犯罪学说，剖析中国社会变迁问题和犯罪的关系，于1934年用英文撰写了博士论文《中国的犯罪问题与社会变迁的关系》。可以说，严景耀先生是近代中国犯罪学实证研究的最早倡导者和实践者。而另一位中国本土培养出来的犯罪学家的代表孙雄，编写了犯罪学经典著作《犯罪学研究》。

除上述著述之外，民国时期的还有其他一些重要犯罪学著作，在此不一一赘述。

二、新中国犯罪学的创立和发展

新中国成立后，犯罪学并没有成为一门独立学科，有关的研究被包含在不同的学科之中，但是这些研究很不系统。特别是"文化大革命"期间，不仅没有发展、前进，反而停滞、倒退。到了20世纪80年代，国家开始重视对犯罪问题的研究，我国的犯罪学才正式走向快速发展的道路，并取得了瞩目的成就。

（一）新中国犯罪学的创立

新中国犯罪学的创立，始于20世纪70年代末80年代初。面对青少年犯罪日益严重的局面，1979年中共中央转发了中宣部等八个单位《关于提请全党重视解决青少年违法犯罪的报告》，并要求社会科学研究部门和政法部门，加强对青少年违法犯罪问题的研究，力争发现青少年违法犯罪的原因与规律，更好地指导预防违法犯罪的工作。以此为契机，中国的犯罪学研究逐步开展起来，并迅速发展。从这个方面来说，新中国犯罪学是在研究青少年犯罪问题的基础上创立起来的。短短三十多年，大量犯罪学术专著的出版，大量调查报告、论文的发表，以及一大批研究犯罪学的专家和学者的涌现，使犯罪学学科体系逐步健全，中国犯罪学走过了创立到发展的阶段，正逐步走向成熟。

（二）新中国犯罪学的发展及成就

新中国犯罪学，尽管同其他国家的犯罪学相比，起步晚，时间短，但是其发展却非常迅速，短短三十余年取得了令人瞩目的成就，主要表现在以下几个方面：

1. 成立了许多全国性的学术团体及研究机构，创办了有关刊物。最早建立的全国性犯罪学研究方面的学术团体——中国青少年犯罪研究会，成立于1982年6月，原名中国青少年犯罪研究学会，1991年改为现名，下设若干分支机构。自该学会成立以来，召开了一系列全国性和地区性的学术会议，并组织力量对青少年犯罪问题开展了大规模的调查，承担了一系列重大项目的研究工作，组织出版了一批学术专著。此外，该学会还负责主办《青少年犯罪研究》杂志。

1992 年，中国犯罪学研究会成立，该学会下也设立了若干专业委员会。此外，一些政法部门成立了犯罪问题研究的专门机构，如司法部的预防犯罪研究所、司法鉴定科学技术研究所，公安部的公共安全研究所，部分省份也设立了犯罪学研究会等。另外，在一些政法院校建立了犯罪学研究机构，如北京大学犯罪问题研究中心、中国政法大学法社会学与青少年犯罪研究所、华东政法大学青少年犯罪研究所等。许多政法院校还成立了犯罪学教研室和犯罪学系，例如，北京大学法律系犯罪学教研室、中国人民公安大学犯罪学教研室、华东政法大学犯罪学系等。

对犯罪学的人才培养，也逐步从 20 世纪 90 年代的本科、硕士研究生发展到现在本科、硕士研究生、博士研究生的完整培养体系。

有关犯罪学研究的理论刊物，如《青少年犯罪研究》、《青少年犯罪问题》、《犯罪研究》、《犯罪与改造研究》等，在全国范围内已经取得一定影响。

2. 出版了大量学术著作，发表了大批研究论文。中国犯罪学成就另外的体现就是涌现出了大量的学术著作和论文，其中有多种版本的犯罪学教材、青少年犯罪学、犯罪心理学等专著，还有国外犯罪学研究的译作，有专门论述社会治安综合治理、青少年立法与司法、犯罪原因、犯罪现象、犯罪预防及各种类型犯罪的规律、特点与对策的论著和论文。这些著作和论文，标志着新中国犯罪学研究步入了繁荣阶段。

 实训项目

项目一：

先秦时期，孟子提出了"性善论"，同为儒家的另一代表荀子则提出了"性恶论"（参见拓展阅读部分）。

实训任务：

1. 请讨论：人性是"善"还是"恶"？

2. 思考：人性与犯罪有何关系？

项目二：

如同前面提及，新中国成立以来的犯罪学的创立和发展是从 20 世纪 80 年代开始的。

实训任务：

请查找并列出 20 世纪 80 年代以来我国有关犯罪学的代表性著作。

儒家、法家有关犯罪问题的思想〔1〕

一、儒家有关犯罪问题的思想

孔子所处的时代是"礼崩乐坏"的历史变革时期，这使他十分忧虑，因此他从政治和伦理道德上要求人们"克己复礼"、"吾日三省吾身"；提出治国方略应"修身、齐家、治国、平天下"；做人的道理是"己所不欲，勿施于人"，"非礼勿视、非礼勿听、非礼勿言、非礼勿动"；主张以德去刑，用教化消除犯罪；认为"礼之教也微，其止邪也于未形，使人日图善远恶而不自知"；〔2〕反对不教而杀"不教而杀谓之虐，不戒视成谓之暴"。〔3〕

孟子认为，人的"放辟邪侈"行为（包括犯罪）是由于缺乏恒产导致的，他说："有恒产者有恒心，无恒产者无恒心。苟无恒心，放辟邪侈，无不为矣。"〔4〕又说："夫物之不齐，物之情也；或相倍蓰，或相什百，或相千万。子比而同之，是乱天下也。"〔5〕孟子还提出了"性善论"，认为人生下来就有为善的因素，即"恻隐之心"、"羞恶之心"、"辞让之心"和"是非之心"。"四心"是仁义礼智四德的基础，说："恻隐之心，仁之端也；羞恶之心，义之端也；辞让之心，礼之端也；是非之心，智之端也。"〔6〕正因为人有这些"善端"，才不同于禽兽。

荀子则提出"性恶论"，认为人性是恶的，犯罪是人性恶的具体表现，说："今人之性，生而有好利焉，顺是，故争夺生而辞让亡焉；生而有疾恶焉，顺是，故残贼生而忠信亡焉；生而有耳目之欲，有好声色焉，顺是，故淫乱生而礼义文理亡焉。然则从人之性，顺人之情，必出于争夺，合于犯分乱理，而归于暴。故必将有师法之化，礼义之道，然后出于辞让，合于文理，而归于治。用此观之，人之性恶明矣，其善者伪也。"人性就是"目好色，耳好听，口好味，心好利，骨体肤理好愉逸，是皆生于人之情性者也"。〔7〕

二、法家关于犯罪和治罪的思想

法家把法治作为推行政治变革的重要手段和工具，所以在他们的学术思想中，对犯罪和法律的研究比儒、墨、道等诸子百家任何一派都多。他们认为治理犯罪是国家行政的当务之急，犯罪是制定法律的前提和根据。管仲认为：治国需用法，"不明于

---

〔1〕　节选自宋浩波、靳高风主编：《犯罪学》，复旦大学出版社 2009 年版，第 97~103 页。标题为编者所加。

〔2〕　《礼记·经解》。

〔3〕　《论语·尧曰》。

〔4〕　《孟子·梁惠王上》。

〔5〕　《孟子·滕文公上》。

〔6〕　《孟子·告子上》。

〔7〕　《荀子·性恶》。

法，而欲治民一众，犹左书而右息之……和民一众，不知法不可"。[1] 在犯罪对策上，法家主张"以杀去杀"、"以刑去刑"的重刑主义，如商鞅说："行罚，重其轻者，轻其重者，轻者不至，重者不来，此谓以刑去刑，刑去事成。"[2]

韩非是法家集大成者。他在谈到犯罪的起源和原因时说："古者丈夫不耕，草木之实足食也；妇人不织，禽兽之皮足衣也。不事力而养足，人民少而财有余，故民不争。是以厚赏不行，重罚不用，而民自治。今人有五子不为多，子又有五子，大父未死而有二十五孙。是以人民众而货财寡，事力劳而供养薄，故民争，虽倍赏累罚而不免于乱。"[3]

中央宣传部、教育部、文化部、公安部、国家劳动总局、全国总工会、共青团中央、全国妇联关于提请全党重视解决青少年违法犯罪问题的报告（摘录）

一、（略）

二、积极解决按政策留城回城青年、社会待业青年的就业问题。在各地党委领导下，劳动部门、知青办和城市街道组织，要实行统筹兼顾，全面安排，采取多种形式，积极安置就业，城市的生产和生活服务事业，特别是集体所有制的企事业用人潜力很大，要广开就业门路，把大批青年组织到市政工程、房屋修缮、短途运输、手工编制、生活服务等各种行业里去。并且结合就业，组织他们学业务，学技术，学科学，进行必要的思想政治教育。安置就业，要优先照顾那些家庭经济条件较差的青年，帮助他们解决生活困难。还要注意解决那些政治思想后进青年的工作安置问题，充分依靠集体的力量，在劳动生产中促进他们的思想改造，防止他们走上违法犯罪道路。对按政策应下乡而未下乡的知识青年和倒流回城的知识青年，应在党委领导下，积极做好工作，动员他们尽快下乡和返回农村。农村要欢迎他们，并切实安排好他们的生产、生活。

……

三、（略）

四、（略）

五、公安机关对少年犯管教所和劳动教养场所，要加强领导，调进一批懂得教育而又热心此项工作的干部，采取适应青少年特点的教育措施，改进管教方法，提高改造效果。少年犯解除管教后，要安排好他们的就学就业；解除劳教的，原工作单位要负责接收安置。只要他们改造好了，不再重犯，就不能因为"进过公安机关的门"而歧视他们，影响升学和就业，这要作为一个制度定下来。

1979 年 6 月 19 日

---

[1] 《管子·七法》。

[2] 《商君书·靳令》。

[3] 《韩非子·五蠹》。

参考文献

1. 宋浩波："中国古代的犯罪研究及犯罪学在中国的发展"，载《法治研究》2011年第8期。

2. 康树华、赵国玲："论新中国犯罪学的创立和发展"，载《公安学刊》1998年第5期。

3. 姚建龙："认真对待近代犯罪学"，载《现代法学》2007年第6期。

学习模块二
犯罪是什么——犯罪现象分析

项目四

犯罪现象基本知识认知

任务一　认识犯罪现象的概念、特征、构成及类型

教学情境

教学情境一： 　　　　　　　　　**你感到安全吗？**

自 2014 年 4 月 30 日云南昆明发生暴恐事件以来，先是湖南长沙发生砍人事件，紧接着四川成都又因为谣言"有人砍人"而发生公众逃跑事件，同一天，广州市一小偷因为偷窃被抓，难以脱身，竟然大呼"有人砍人"而致公众于惊恐状态。一时间，举国颇有草木皆兵的味道。

2014 年 3 月 7 日下午，李克强在参加全国人大云南代表团审议时，强调要坚决打击暴力恐怖犯罪，让人民群众有安全感、安宁感。

教学情境二： 　　　　　　　　　**安全感调查**

1. 你认为目前的社会治安环境如何？

A. 很安全　　　　B. 安全　　　　　C. 不太安全　　　D. 不安全

2. 你认为影响群众安全感的情况是什么？

A. 刑事犯罪　　　B. 公共秩序混乱　C. 火灾　　　　　D. 交通事故

3. 你所在地的社会治安状况如何？

A. 很好　　　　　B. 较好　　　　　C. 一般　　　　　D. 较差　　　　　E. 很差

4. 你认为以下几个特殊场所的治安秩序状况如何：学校周围、铁路车站码头、大企业周边和公共场所？

A. 很好　　　　　B. 好　　　　　　C. 一般　　　　　D. 差

工作任务

我们是如何感知犯罪的？上述的"安全感"便是其中之一的"指标"。犯罪是一

种客观存在的事实，一种社会现象，我们如何来认识犯罪现象：

1. 什么是犯罪现象？
2. 犯罪现象有哪些特征？
3. 通过什么来描述犯罪现象，也即是犯罪现象由哪些要素构成？
4. 犯罪现象的类型有哪些？

 学习内容

一、认识什么是犯罪现象

犯罪现象，一般来讲是指在一定时空条件下由犯罪原因所引起的有关犯罪、犯罪人、被害人诸客观事实的总和。

犯罪现象，可以从犯罪现象所具有的质的属性和量的属性两方面来加以认识。所谓质的属性，即一定犯罪数量汇集后通过分析得到的有关犯罪的状况分布、犯罪成员结构、犯罪动态和犯罪后果等。而犯罪现象的量的属性，即通过犯罪统计后表现出的犯罪状态及发展规律。

犯罪现象与犯罪原因的关系。犯罪现象中蕴含着诸多基本要素，如犯罪状况、犯罪结构、犯罪规律等，这些要素都能比较直观、具体地反映犯罪的基本情况。因此，可以通过对犯罪现象进行客观、具体、全面的描述，来比较准确地预测犯罪现象的基本态势，从而通过犯罪现象去分析、推知和探寻犯罪原因，为犯罪预防提供指导、借鉴，并为建立科学的犯罪学理论提供事实基础。

二、犯罪现象的特征

犯罪现象，是一个集合概念，它不是指单独的或极个别的具体犯罪行为，而是指一种群体犯罪现象或宏观犯罪现象。犯罪现象的特征，亦指各种犯罪现象、各类犯罪行为所共有的基本属性，而非个别犯罪行为所单独具有的特性。尽管各种类型犯罪的犯罪现象外在表现形式迥异，但在现象层面也具有共同的表现其质的规定性的一般特性，这些特性主要表现在下列几个方面：

（一）直观性

犯罪现象可以通过各种各样的丰富、具体、零星、浅显的基本犯罪要素反映出来，这些"明摆着的"事实现象能被人们直接而清晰地认识，无须通过理性思维即可感知，

属于客观的真实事实，具有直观性。如各种犯罪行为、犯罪的时空分布、发案率与被害状况、犯罪人的构成特征和犯罪亚文化现象等。如图 4 - 1，该图能直接反映出从 1981～2003 年我国的犯罪发案率，反映出我国犯罪的基本发生态势。

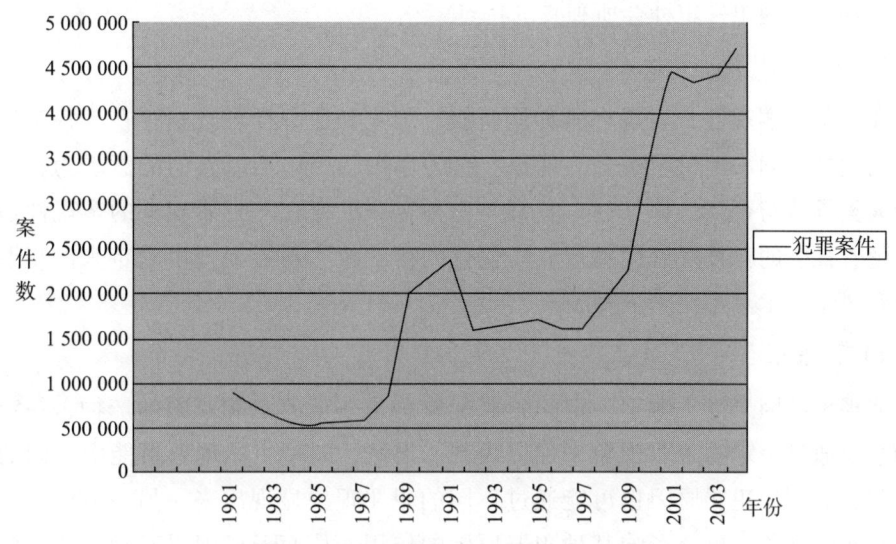

图 4 - 1：我国 1981～2003 年犯罪趋势图

（二）综合性

犯罪现象具有综合性：首先，犯罪现象具有丰富的内容，包括一切有关犯罪、犯罪人和被害人的各类客观事实的集合体。其次，犯罪现象的多样性原因会直接导致犯罪现象也呈现出多样性和多层次性。如犯罪原因能直接引起的主犯罪现象及围绕主现象派生的多侧面、多层次的副犯罪现象；既有以犯罪人及其行为所构成的加害现象，又有以被害人及被害行为所构成的被害现象；既有公开暴露的显性现象，又有像"犯罪黑数"这样的隐性现象；既有相对稳定的静态犯罪现象，如犯罪状态、犯罪结构，又有处于运动状态的"犯罪趋势"的动态犯罪现象。各种现象相互交叉、重叠，共同形成一种具有综合性的"犯罪现象群"。

（三）饱和性

犯罪现象具有饱和性，虽然犯罪呈现多种多样的形态，因为犯罪受一定的国家法律、刑事政策、社会经济、政治文化环境等因素的影响，其数量会相对趋于稳定，达到饱和。这正是菲利所说的犯罪饱和法则（详见本书"项目二、了解西方犯罪学发展历史"）。也就是说在一定时空中，犯罪现象的质、量及其变化，受制于并适应于特定的时空所提供的全部条件，不会超越这一时空条件所准允的最大限度。如犯罪高峰，就是一定的社会环境所能承受的最大限度的犯罪数量。

（四）社会性

犯罪现象具有社会性，是因为它是人类社会发展过程中一种违反了刑事法律，以及人类良知和道德规范的病态社会现象。这种现象是由社会的多种因素综合作用的结果，不同的社会状况，社会政治、经济和人的思维意识、管理意识等社会性质可能引起犯罪的原因、犯罪数量及犯罪性质的变化。因此即使是在不同的复杂社会条件下，犯罪现象都会表现出一定社会所独具的特点。

（五）客观性

犯罪现象的客观性，表现在其如同阶级、国家和法一样，必然存在于特定的历史阶段，它们处于同一逻辑层次上的现象。它的存在、变化不以人们的意志为转移，亦即无论人类承认与否，认识如何，它都是一种客观的存在。犯罪现象的客观性还表现在其会随着社会的科技发展而发展，现代化的科学技术不能无视由它带来的犯罪，犯罪现象和科学技术总是在同步发展。

（六）因果性

犯罪现象的因果性，由于一定的犯罪现象总是一定的犯罪原因的产物，一定的犯罪原因总要通过一定的犯罪现象来加以表现。当然，同一犯罪现象可能由不同的犯罪原因引起，而同一犯罪原因也可能通过不同的犯罪现象显现出来。另一方面，犯罪现象的量和质的变化，也会影响某种犯罪原因的作用，从而形成因果互动，使现象彼此之间由于互动易位而成为对方存在与运动变化的犯罪原因。另外，一定预防对策针对一定的罪因结构才有根本价值，它受犯罪现象、罪因结构的制约，现象、原因、预防三者的因果制约作用，被称为"三维因果思维法则"。

三、犯罪现象的构成

犯罪现象通过哪些方式让我们感知？它包含哪些因素？这些因素如何组合？这便是犯罪现象的构成。

犯罪现象的构成，是研究犯罪现象的基本因素及因素之间的组合方式。也就是说，复杂的犯罪现象到底包括了社会中的哪些犯罪相关因素，以及这些因素是按照怎样的标准组合而成的。犯罪现象是一种客观的社会存在，但犯罪现象存在的形式是十分复杂的。从广义来看，犯罪现象包括与犯罪相关的所有客观事实，这些现象事实是无法孤立存在的，而是各个环节的现象按照一定的有机联系而存在的。从狭义来看，犯罪现象只包括已经表现出来的犯罪行为的总和的许多事实，而不包括引起犯罪行为的原因事实和预防犯罪的事实。

为了认识犯罪现象的构成因素，我们把所有犯罪现象的构成因素分为两大类：①犯罪现象的生成性构成要素；②犯罪现象的表现性构成要素。

（一）犯罪现象的生成性构成要素

犯罪现象的生成性构成要素，是指所有犯罪行为发生时都具备的基本事实因素。离开这些因素，任何犯罪都不可能发生。这些事实因素具有阶段性、外在性的特点，能直观地为人们所认识，主要包括以下几个因素：

1. 犯罪人。犯罪人是犯罪现象的主体性要素，是以犯罪人为基点所确定的各种相关联的要素，如年龄、职业、性别、犯罪经历、生理与心理特征、受教育程度等。

2. 侵害对象。侵害对象是犯罪行为所指向的社会中的人或物，是犯罪现象客观方面的要素。它们是犯罪影响的载体，是犯罪侵害的承受者。没有犯罪侵害对象，犯罪的侵害性也就无从反映，犯罪也就无所谓是犯罪了。

3. 犯罪行为。作为犯罪现象的构成要素，犯罪行为是指依照一定标准确定的各种犯罪实施的方式在犯罪行为中所占的比例，主要是指犯罪行为的手段和方式。如从犯罪手段的角度，分析杀人、伤害、强奸等传统的暴力性犯罪与利用计算机等科技手段的现代智能性犯罪在犯罪类型、方式、规模、动态等方面的比例关系；从犯罪方式的角度，对比分析单个犯罪人与有组织犯罪的团伙犯罪人之间在实施犯罪的差异性。

4. 犯罪时空。犯罪时空即犯罪与地区和时间有一定的关系。一定国家内部不同地区的犯罪现象在规模、结构、动态等方面表现出来的犯罪分布有明显不同。另外，犯罪与时间也有一定联系，不同的犯罪类别及犯罪数量等犯罪相关因素在年、季度、月、周和日内有不同的分布，并且表现出一定的规律性。

例如：夜黑风高之夜，甲在一个偏僻的郊外把他的仇人乙杀死了。在这个"案件"中，包含了上述的所有的要素：犯罪人：甲；侵害对象：乙；犯罪行为：杀人；犯罪时间：夜晚；犯罪空间：偏僻的郊外。

（二）犯罪现象的表现性构成要素

犯罪现象的表现性构成要素是指客观地、综合地反映以往社会中的犯罪整体现象的态势等现实表现因素。与犯罪现象的生成性构成要素不同，犯罪现象的表现性构成要素是社会中已经产生的整体犯罪行为客观呈现出来的事实，而不是犯罪行为产生阶段的事实。

1. 犯罪状况。犯罪状况，又称犯罪状态，是指犯罪现象在数量方面的静态反映，即一定时间内犯罪的发生率及其比率。一个国家或地区的犯罪状态可以通过两种方式来表现：一种是用已知的犯罪绝对数表示，即某个国家或地区在一定时间内的犯罪总量来表示，如1998年我国犯罪案件总数221.7万起。另外一种是根据单位人口发生犯罪的比例来表现犯罪率（也叫发案率），即特定时期、特定区域已知犯罪案件总数与该区域人口总数之比，通常以万分比或十万分比来表示。犯罪率的计算公式如下：

犯罪率 ＝ 已知犯罪案件总数/特定区域人口总数×常数（10 000 或 100 000）

另外，犯罪状况会受一些外在因素的影响，主要来自两方面因素的影响，即对于犯罪规定的变化及犯罪黑数。

犯罪规定的变化，会直接影响犯罪行为的定性，如修改后的新法直接取消了旧法规定的某种罪行，这就直接影响了犯罪数量的变化。同时，刑事政策调整也可能会直接引起某些犯罪案件数量的上升和下降。

犯罪黑数这一客观存在的数据也会直接影响犯罪状况的准确性。犯罪黑数可以根据不同起因进行分类，分为绝对黑数、相对黑数、犯罪生涯黑数（详见本项目后"拓展阅读"部分）。

2. 犯罪结构。犯罪结构是依据犯罪学原理，通过对各种犯罪进行分类然后确定的某种比例关系。通过犯罪结构的测量、分析，我们就能够对类型犯罪的社会危害性进行比较，对犯罪成员的构成作出评价，在总体上把握犯罪活动的规律和特点，为某一类型犯罪的预防活动提供依据。犯罪结构包括诸多方面的对比关系，这些关系从不同侧面反映出犯罪现象的质的规定性。

反映犯罪性质的比例关系。犯罪根据其严重程度分为重罪和轻罪，我们可以根据重罪与轻罪分别所占的比重分析犯罪结构；另外，也可以从传统犯罪或新型犯罪所占比例、依据犯罪学原理所划分的各类犯罪的比重等来对犯罪结构进行分析。

反映犯罪成员身份结构的各类犯罪比例关系。由于犯罪成员里可能存在各个年龄结构的人，如青少年、成年人、老年人等，可以从青少年与老年人犯罪所占比重来分析各个年龄结构的人在犯罪结构中的分布；另外，也可以从男性犯罪与女性犯罪的比重、初犯与重新犯罪的比重、不同职业或社会阶层成员犯罪比重等来进行分析。

反映犯罪的实施方式。由于参与犯罪的组成成员结构可能是单一的或有组织的，也可能是自然人或单位，所以可以从单独犯罪和有组织犯罪分别所占比重；自然人犯罪和单位犯罪分别所占比重等来对犯罪进行定性分析。

犯罪的空间分布。由于不同的地理区域的犯罪率和犯罪类别的差异，农村与城市、沿海地区与内陆地区、经济发达地区与经济不发达地区等环境状况的不同就会造成各种犯罪类型及发案率都有所不同，因此可以对这些不同地理状况的犯罪分地区进行分析、研究，从而掌握犯罪规律。

犯罪的时间分布。由于在一天的不同时刻或一年的不同季节中，犯罪数量和犯罪类型的发生比率都会有所不同。因此，我们可以把不同时间段的犯罪情况进行统计分析，为不同时间段各种犯罪类型的犯罪高峰分析提供依据。

3. 犯罪动态。犯罪动态是指犯罪现象在时间上的发展和变动，是犯罪现象的状态和结构在未来某一时期内的变化趋势。它涉及许多变量的定性和定量分析，通过一些综合性的统计资料和典型调查，测定出犯罪现象的变化方向和范围，能够及时、主动地调整犯罪预防体系，为制定新的预防措施提供依据。

犯罪高峰期。在一定时期内，由于一定的社会条件必然只能引起一定量的犯罪，这就是社会环境所能容许的最多犯罪的阶段，即一段时间内的最高的犯罪绝对数量。

犯罪趋势。随着社会中的潜在致罪因素的变化，作为社会历史和现实的直接或间接的重要表现形式之一的犯罪现象，也必然在其结构和状态方面呈现出相应的变化。

4. 犯罪规律。犯罪规律，是指在一定的时空中犯罪数量的增减与犯罪人的变化发展的一般趋势或必然趋向。即犯罪及其主体的流量、流向性等一般性的运动过程。犯罪规律是最深层次的犯罪现象。犯罪规律包括宏观规律、中观规律和微观规律。

宏观规律，是指犯罪现象发展变化的基本规律在某一社会的较长时期内的体现，属于某一社会由其历史渊源与现实冲突的交叉互动而产生的政治、经济、人口、社会、人文环境等多方面的致罪因素同宏观犯罪变化之间的本质联系。如社会经济发展与特定犯罪类型、数量嬗变之间的内在关联。

中观规律，指某一区域的较短时期内的犯罪规律，属于特定区域与时期内各种致罪因素的综合作用同相应范围内的犯罪变化之间的本质联系。如某些国家在举办足球世界杯、奥运会期间往往是犯罪的高发期，此时大量的人财物高度集中于大型活动举办城市，各种侵犯财产犯罪、有组织犯罪甚至恐怖主义犯罪增幅明显。

微观规律，是指某一类型犯罪乃至具体个案的发生、运行过程之间的本质联系。如传统的黑社会性质的有组织犯罪往往从事赌博、走私、性交易等"地下经济"，但伴随着黑社会组织对政府的渗透和对不法官员的腐蚀，有的犯罪组织和首要分子在腐败官员的庇护下出现"漂白化"趋势：犯罪组织纷纷进入房地产、公交运输、零售、建材等合法领域，并在腐败官员的保护下大肆扩张。故此，与不法官员相勾结成为新时期黑社会性质的有组织犯罪的犯罪规律。

四、犯罪现象的类型

犯罪现象的类型，指根据各种犯罪现象的性质、特征及其表现方式等不同情况，按照一定的目的或标准对它们进行的划分和归纳。

从犯罪学研究角度讲，犯罪类型研究是揭示犯罪本质、把握犯罪规律的必要途径。在社会现实中，犯罪行为的表现形式纷繁复杂，要想掌握犯罪现象的本质及规律，查明各种犯罪现象产生的原因，只有首先将形态各异的犯罪行为按照一定的标准进行类型化，在分析不同类型犯罪的状态、结构、变化趋势和原因的基础上，才能把握犯罪现象整体。

根据不同的标准划分，犯罪现象的基本类型有：

（一）主犯罪现象与副犯罪现象

根据犯罪现象的地位，可分为主犯罪现象与副犯罪现象。

主犯罪现象，是指犯罪本体、犯罪行为，以及犯罪本体和犯罪行为所直接表现其特性的诸客观事实。犯罪本体指少年犯、青年犯、老年犯，男犯、女犯，偶犯、惯犯，机会犯、状态犯、杀人犯等；犯罪行为是指如杀人、抢劫、强奸、放火等具体犯罪行为或者贪利型、功利型、淫欲型、暴力型、智能型等各种犯罪类型；这些犯罪本体及犯罪行为所表现其特性的客观事实则更为多样，如犯罪的时空分布及规律，形形色色的犯罪主观构成，犯罪人的人格特征与犯罪经历等。

副犯罪现象，指犯罪行为所派生而表现其特性的诸多客观事实。其特点在于，它们并非犯罪行为所"直接具有"或"固有"，而只是他们的派生物，他们与本体的联系是间接的。如犯罪征兆、犯罪技术、犯罪指标、犯罪情景、犯罪的季节性与技术化，以及犯罪标签、犯罪的社会化和犯罪亚文化现象。

（二）显性犯罪现象与隐性犯罪现象

根据犯罪现象的显隐程度，可分为显性犯罪现象与隐形犯罪现象。

显性犯罪现象，指公开显现的犯罪或者犯罪的反社会性而表现为外化的社会生物的生理现象等诸客观事实。如"犯罪状况"范围的犯罪现象，即外在的、具象性的客观事实，无论主犯罪现象还是副犯罪现象。如有关犯罪的非精神形态的社会生物的生理现象，犯罪特征、犯罪标签、犯罪冲动等。这类犯罪现象比较直观而表浅，凭借人的感官就可感知。

隐性犯罪现象，指存在于犯罪人的精神领域或犯罪行为内部，具有抽象性结构，必须借助理性思维才能探知的犯罪现象，是犯罪内化并表现为精神形态的犯罪现象。如犯罪主观构成及其结构、犯罪的反社会性、犯罪习癖、犯罪倾向、犯罪的动力定型、犯罪遗传、犯罪本能、犯罪心理以及犯罪人的变态人格、"阴暗心理"等。

（三）静态犯罪现象与动态犯罪现象

根据犯罪现象的表现形态，可分为静态犯罪现象与动态犯罪现象。

静态犯罪现象，指反映犯罪与犯罪人的具有相对稳定的诸客观事实。如犯罪规律是一种反映犯罪的基本趋势、显现犯罪的一般倾向的犯罪现象，是有关犯罪和犯罪人的各种因素的必然或固定的联系，具有相对稳定不变的特点。

动态犯罪现象，是反映犯罪与犯罪人的具有不断变化特征的诸客观事实。如犯罪趋势、犯罪动态、犯罪征兆、犯罪冲动、犯罪过程等，均属于动态犯罪现象。如犯罪动态，泛指某一较大时空的总体犯罪态势，也可以用来描述特定时空、人群或犯罪类型的近期发展，还可以说明某一犯罪个体的行为状态与发展趋势，所展现的是一种波动变化的"动态"犯罪现象。

需要注意的是，从终极意义上说，任何犯罪现象都是"动态"犯罪现象，所谓的静态犯罪现象只是一种相对静止，是一种以静止的面目出现的运动过程。

（四）加害犯罪现象与被害犯罪现象

根据犯罪现象的依附倾向性，可分为加害犯罪现象与被害犯罪现象。

加害犯罪现象，是指由侵害他人权益的犯罪及其主体承受的诸客观事实。这些现象均由"加害"性质的犯罪及其主体一方造成，反映了具有"加害"性质的犯罪及其主体的多种直观形态，如犯罪倾向、犯罪技术、犯罪率，以及犯罪特征、犯罪亚文化等。

被害犯罪现象，又称被害现象，是指由于被害人所承受或造成并且反映了具有

"被害"性质的有关被害和被害人的诸客观事实。如共同被害、被害人的转换与易位、被害人的被害倾向性与被害受容性、被害人的赔偿与补偿，以及被害原因、被害预防、被害预测、"斯德哥尔摩综合征"等。应该说，就数量而言，大部分犯罪现象都是加害犯罪现象。

任务二 了解新中国成立以来的犯罪现象

 教学情境

新中国成立以来我国刑事立案情况

表4－1：改革开放前（1950～1979年）我国刑事发案情况表

年份	刑事发案数（单位：万）	发案率（每万人中的发案数）
1950	51. 3461	9. 3
1951	33. 2741	5. 9
1952	24. 3003	4. 2
1953	29. 2308	6. 5
1954	32. 58（39. 2229）	5. 3
1955	32. 5829	3. 7
1956	18. 0075	2. 9
1957	29. 8031	4. 6
1958	21. 1068	3. 2
1959	21. 0025	3. 1（3. 5）
1960	22. 2734	3. 4
1961	42. 1934（43）	6. 4（6. 1）
1962	32. 4639	4. 8（6. 2）
1963	25. 1226	3. 6
1964	21. 5352（25）	3. 1（3. 5）
1965	21. 6125（24）	3. 0（3. 3）
1966	17. 4678（21. 53）	2. 35
1967	16. 1377	2. 12
1968	16. 582	2. 12
1969	19. 5691	2. 46
1970	23. 0040	2. 79
1971	32. 3623	3. 82
1972	40. 2573	4. 64

年份	刑事发案数（单位：万）	发案率（每万人中的发案数）
1973	53.582	6.04
1974	51.6419	5.71
1975	47.5432	5.17
1976	48.8813（60）	5.24
1977	54.8415	5.8
1978	53.5698	5.59
1979	63.6222	6.0

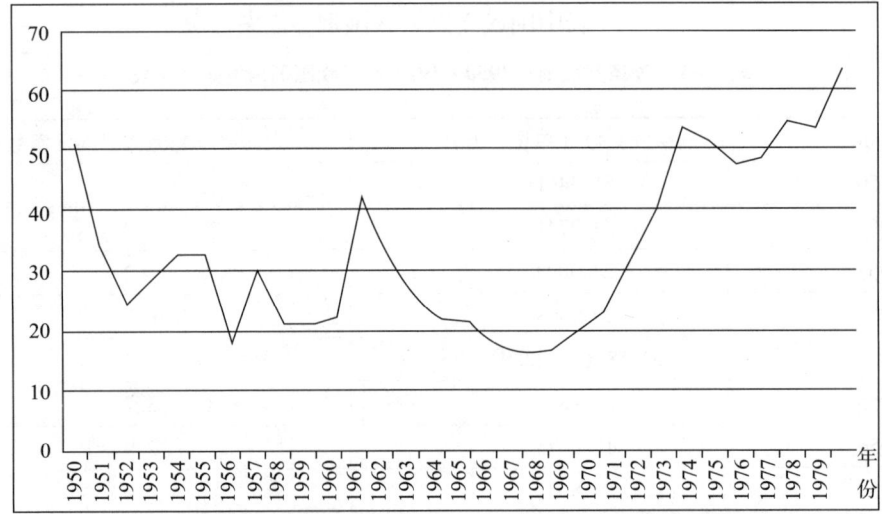

图4－2：改革开放前（1950～1979年）我国刑事发案情况趋势图

表4－2：改革开放以来（1980～2007年）我国刑事发案情况表

年份	刑事发案数（单位：万）	全国人口数（单位：万）	发案率（每万人中的发案数）
1980	75.7104		7.75（7.76）
1981	89.0281		8.94
1982	74.8476		7.46（7.37）
1983	61.0478		6.01（5.96）
1984	51.4369		5.02（4.99）
1985	54.2005	105 851	5.12
1986	54.7115	107 507	5.90
1987	57.0439	109 300	5.22
1988	82.7594	111 026	7.45
1989	197.1901	112 704	17.50
1990	221.6997	114 333	19.39

续表

年份	刑事发案数（单位：万）	全国人口数（单位：万）	发案率（每万人中的发案数）
1991	236.5709	115 823	20.43
1992	158.2695	117 171	13.51
1993	161.6879	118 517	13.64
1994	166.0734	119 850	13.86
1995	162.1003	121 121	13.38
1996	160.0716	122 389	13.08
1997	161.3629	123 626	13.05
1998	198.6068	124 761	15.92
1999	224.9319	125 786	17.88
2000	363.7307	126 743	28.70
2001	445.7579	127 627	34.93
2002	433.6712	128 453	33.76
2003	439.3893	129 227	34.00
2004	471.8122	129 988	36.30
2005	464.8401	130 756	35.55
2006	465.3265	131 448	35.4
2007	474.600	132 129	35.92

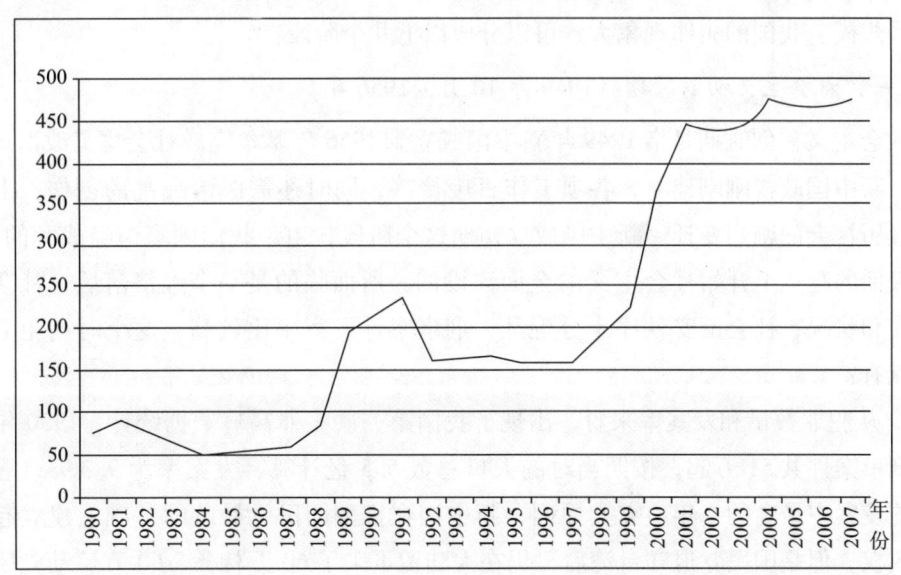

图4-3：改革开放以来（1980～2007年）我国刑事发案情况趋势图

数据来源：相应年份的《中国法律年鉴》；王牧主编：《新犯罪学》，高等教育出版社2010年版，第189、190页；宋浩波、靳高风主编：《犯罪学》，复旦大学出版社2009年版，第173～176页。

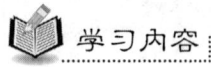 工作任务

上述图表反映的是我国 1950 年以来刑事立案数的趋势，改革开放前，我国犯罪数量处于一个低位态势，且变化不大，每年立案数一般在 50 万起以下，其中有三次犯罪高峰。改革开放以来，犯罪数量增长速度快，幅度大，总体上上升到一个高位态势，也经历了三次的犯罪高峰。下面我们来分析和了解：

1. 新中国成立至 2000 年我国犯罪现象的状况和特点。
2. 当前我国犯罪现象的状况和特点。

学习内容

一、了解新中国成立至 2000 年的犯罪现象

作为特定时空下整体或宏观犯罪情势的概貌，犯罪现象的状况是指构成犯罪现象基本内容的犯罪状况、犯罪特点和犯罪规律的侧重情形、演变轨迹和发展趋势。犯罪现象是一种复杂的社会现象，它不是孤立存在的，是随着政治、经济的发展和变革而不断发生变化的。事实证明，犯罪历来是特定历史时期多方面因素综合作用的结果，是各种社会矛盾相互作用、相互冲突的结果。犯罪从总体的发展变化来看，不是呈直线的发展状态，而是呈有时上升有时下降、起伏交替的波浪式的运动变化状态。我国正处于快速发展时期，辽阔的国土和众多的人口决定了我国拥有庞大的潜在犯罪人群和犯罪规模。我国的犯罪现象大致可以分成以下几个阶段：

（一）社会主义初创时期（1949 年 10 月~1956 年）

社会主义初创时期是指 1949 年新中国成立到 1956 年基本完成社会主义改造。这个时期，新中国政权刚刚建立，各项工作百废待兴，同时还需医治战乱的创伤，中国此时正经历社会的剧烈变迁。新中国成立初期这个阶段，由于我们国家饱经战乱的创伤，是在极低的起点上开始社会主义的全面建设的，所面临的是一个经济落后、社会混乱的局面和状况，社会治安秩序十分混乱，刑事案件发案率比较高。这个时期犯罪现象的特点有：

1. 从犯罪数量和发案率来看，出现了我国第一次犯罪高峰。据统计，1950 年全国各种刑事案件共 51 万起，按照当时的人口总数 5.5 亿计算，发案率为 9.3‰，是 1976 年以前发案率最高的一年。究其原因，新中国在推翻国民党暴政的基础上建立起来了人民政权，但是国民党退守台湾后，仍在大陆留下来了 60 万特务、60 万反动党团骨干和 200 万土匪武装；同时，旧社会还遗留下来大批的地主、恶霸、反动分子、流氓帮会头子、地痞无赖及大量的犯罪分子。当时，社会秩序较为混乱，治安形势非常严峻，他们不甘心旧政权的失败，在各地进行着大量的破坏活动；同时，新中国成立后强力

取缔了贩毒、吸毒、卖淫和赌博等现象，由此形成了较高的犯罪率。面对如此复杂的社会治安状况，中国共产党领导全国人民开展了肃清国民党反动派在大陆的残余武装力量和土匪等的镇压反革命运动，开展了"三反"、"五反"运动。巩固了新生政权，保障了国民经济的恢复和社会主义改造的完成。到1952年，全国发生的各种刑事案件24万起，当时的人口总数为5.7亿，发案率为4.2‰，与1950年相比下降了50%。1955年全国发生的各种刑事案件23万起，当时的人口总数为6.3亿，发案率为3.7‰。1956年，全国发生的各种刑事案件18万起，当时人口总数为6.4亿，发案率为2.9‰。

2. 从犯罪性质上看，以国家政权和社会主义制度为犯罪客体的反革命犯罪比重大，犯罪政治色彩浓厚，暴力性突出。据统计，1950～1952年逮捕的反革命罪犯为普通刑事罪犯的3倍，1955年全国逮捕的各类犯罪人中，反革命分子占42.2%。同时，武装抢劫、杀人、纵火、绑架等犯罪所占比例也很大，犯罪手段的暴力性十分突出。究其原因，这个时期的反革命骨干分子与不甘心失败的旧社会渣滓相互勾结，进行武装暴乱、恐怖暗害，散发、张贴反革命标语、传单等反革命犯罪活动。他们有的千方百计地窃取我国军事、政治、经济等各方面的情报；在一些重要的国防工业部门和基本建设部门制造破坏事故，其中政治破坏事故占全部破坏事故的1/3；有的明目张胆地持械袭击一些区乡政府，绑架和暗杀基层干部和群众中的积极分子；有的公开威胁群众，不准其与人民政府合作。这些都源于旧社会遗留的反动势力与一些社会渣滓对新生政权的反抗。

3. 从犯罪结构来看，结构比较单一，主要是暴力性、破坏性犯罪和财产型犯罪案件。这个时期，武装土匪、强盗进行杀人、纵火、割电线、炸仓库、炸桥梁、伪造货币等犯罪，同时，旧社会遗留的犯罪也较多，如制毒、贩毒、赌博、卖淫、嫖娼、拐卖人口等。另外，在公私合营时期，一些资本家进行偷工减料、哄抬物价、偷税漏税、盗窃国家经济情报和投机倒把等犯罪活动，数量很大，大体占私营工商户的20%～30%。

这一时期，值得注意的是一件大案：1952年2月，天津地区委员会前任书记刘青山和时任天津地区委员会书记张子善因贪污腐败被判处死刑。

（二）开始全面建设社会主义时期（1957～1965年）

从1957年到"文化大革命"前夕，这一时期我国的犯罪呈现大起大落的发展趋势。这主要是行为人主观原因，还有政治上的"左"倾、经济上冒进和自然灾害等因素的作用。1959～1962年是我国国民经济的困难时期，当时人民生活水平明显下降，城乡社会治安混乱，刑事案件的发案率明显上升。这个时期的犯罪特点有：

1. 从犯罪数量和发案率来看，有起有落，出现了第二次犯罪高峰。1959年，全国发生各种刑事案件20.05万件，当时社会人口总数为6.72亿，发案率为3.1‰。1960年，全国发生各种刑事案件20.9万件，当时社会人口总数为6.62亿，发案率为

3.4‰。1961 年全国发生的各种刑事犯罪案件达到 42 万起，当时社会人口总数为 6.5 亿，按照当时人口计算，发案率为 6.4‰，其中大案 2.48 万起，成为我国犯罪的第二个高峰时期。1964 年，全国发生各种刑事案件 25 万件，当时社会人口总数为 7 亿，发案率为 3.1‰。1965 年，全国发生各种刑事案件 24 万件，当时社会人口总数为 7.2 亿，发案率为 3.0‰。1966 年，发案率为 2.35‰。

2. 从犯罪性质来看，反革命犯罪减少。由于新中国政权日益稳固，大陆的国民党反动派势力逐渐被肃清，反革命犯罪活动较之前有了很大的减少，社会治安相对稳定。

3. 从犯罪类型来看，以侵犯财产犯罪居多，特别以盗窃、抢夺犯罪为主体。这一时期由于天灾人祸造成群众性的偷盗和哄抢成风，社会治安秩序混乱，偷盗几乎全是由粮食短缺，基本食品、生活品缺乏造成的；哄抢国家物资的案件一般开始于 1960 年，于 1961 年达到高峰，群众哄抢的主要是抢粮食，其次是哄抢煤、盐等生活必需品，抢劫在 20 世纪 50 年代中期原已经基本绝迹，这一时期又开始抬头。

4. 从犯罪主体来看，青少年犯罪逐渐增多，但比例较少。旧社会留下了的犯罪分子和社会残渣减少，新滋生的刑事犯罪分子和人民内部的蜕化变质分子增多，并且青少年犯罪逐渐增强，但总体的比例还比较少。

（三）"文化大革命"时期（1966～1976 年）

1966～1976 年，是我国社会主义建设事业遭受挫折和异化的时间。在这个阶段，由于极"左"路线的指导和林彪、江青等反革命集团的破坏，使党和人民遭受了极大限度的破坏和损失，国家陷入了严重的灾难和内乱。这个时期的犯罪现象特点：

1. 从犯罪数量和发案率来看，先低后高，出现了第三次犯罪高峰。1967 年我国各种刑事犯罪案件数 16 万，到 1972 年达到 40 余万；到 1973 年，犯罪达到 53.6 万起，发案率为 6.01‰。1973～1978 年，我国的各种刑事犯罪案件数维持在 50 万起上下。这是新中国成立后的第三次犯罪高峰。

2. 从犯罪主体来看，青少年犯罪的数量大大增加。这个时期的犯罪现象的一个显著特点就是青少年犯罪人数大大增加，青少年在整个刑事犯罪中所占比例愈来愈大，从 20 世纪 50 年代的 20% 上升到"文革"后期的 60% 左右。

需要注意的是，这个时期，法律的虚无主义盛行，江青等反革命集团大肆鼓吹"彻底砸烂公检法"，以致群体性犯罪活动泛滥，各种所谓"革命群众组织"随意对他人抄家体罚、定罪量刑，正式的犯罪治理体制和相关机构不可避免地遭受了毁灭性破坏。这个时期的官方记录数据应该偏离了当时的犯罪真实情况，存在着极高的犯罪黑数。无可计数的犯罪行为是打着"革命无罪、造反有理"的旗号，以"革命"的名义，以"打砸抢"的形式实施的，这些所谓的"革命行动"当然不会被纳入当时的犯罪统计中。

（四）建设社会主义现代化新时期（1978～2000 年）

建设社会主义现代化时期，即改革开放后，犯罪现象大体可以分为两个时期：

1. 1978～1983 年，犯罪的相对高峰期，出现了第四次犯罪高峰。这一时期年均发案率为 6.29‰。年均发案率最高的是 1981 年的犯罪率为 8.94‰，与较具可比性的社会主义初创时期相比，低于 1950 年的 9.3‰，但是犯罪现象总体上是上升的，由于人口基数的增加，犯罪现象的总量比建国初期大量增加，并且 1978～1983 年犯罪总量增长的势头明显。改革开放后，我国进行了一系列深刻而又全面的改革，新旧体制交替，必然伴随社会的大震荡，引发多种社会矛盾与冲突，造成犯罪的急剧上升势头。

据统计，1978 年犯罪案件总数为 53.5 万起，1979 年 63.3 万起，1977～1979 年全国每年平均发生的各种刑事案件 57 万起，发案率按人口平均为 6.5‰。随后，刑事犯罪上升的幅度加大，1980 年全国发生的各种刑事犯罪案件总数为 75.7 万件，发案率为 7.7‰。1981 年全国发生的各种刑事犯罪案件总数 89 万起，当时全国人口总数接近 10 亿，按当时人口平均发案率为 8.94‰，这是新中国成立后第四次犯罪高峰。1982 年上半年发案率急剧上升，并且严重刑事犯罪表现突出，发案率猛增至 15‰。

在犯罪类型上，以强奸、流氓、抢劫、盗窃等暴力的恶性犯罪案件为特征，青少年犯罪案件在进入 20 世纪 80 年代的头三年，在整个刑事案件中的比率高达 70% 左右。

这个时期值得注意的是我国开展的第一次"严打"斗争。1983 年下半年，按照依法从重从快的方针，在全国范围内开展了声势浩大的"严厉打击严重刑事犯罪"（简称"严打"）的行动，通过这种突击式的严厉打击，1984 年的犯罪得到一定的遏制，总量降到了这一阶段的最低点，为 51.4 万起。这表明，"严打"这一"治标措施"在一定条件下对于及时遏制治安形势的恶化有一定的意义。

2. 1989 年之后的犯罪高发期，出现了第五次犯罪高峰。这一时期犯罪数量和发案率都维持在较高水平，犯罪在真正意义上成为我国改革开放后伴生的诸多社会问题中的一个突出问题。1989 年案件数首次突破百万，达到 197 万起，在此之后，犯罪总量始终保持较高水平，年均犯罪率也突破两位数，达到 17.5‰。另外，各种暴力型的刑事案件发案率也呈增长趋势，其中盗窃案件发案率最大，年均增长速度也较快。诈骗和抢劫案件发案率和年均增长率相对比较稳定。

表 4 - 3：1981～2000 年我国刑事案件立案数及盗窃、诈骗、抢劫和凶杀等四类案件立案数状况

年份	犯罪案件	盗窃		诈骗		抢劫		凶杀	
	数量（起）	数量（起）	盗窃占刑事案件比例（%）	数量（起）	诈骗占刑事案件比例（%）	数量（起）	抢劫占刑事案件比例（%）	数量（起）	凶杀占刑事案件比例（%）
1981	890 281	744 374	83.6	18 665	2.1	22 266	2.5	9576	1.1
1982	748 476	609 481	81.4	17 707	2.4	16 518	2.2	9324	1.2
1983	610 478								

续表

年份	犯罪案件	盗窃		诈骗		抢劫		凶杀	
	数量（起）	数量（起）	盗窃占刑事案件比例（%）	数量（起）	诈骗占刑事案件比例（%）	数量（起）	抢劫占刑事案件比例（%）	数量（起）	凶杀占刑事案件比例（%）
1984	514 369	395 319	76.9	13 479	2.6	7273	1.4	9021	1.8
1985	542 005	431 323	79.6	13 157	2.4	8801	1.6	10 440	1.9
1986	547 115	425 845	77.8	14 663	2.7	12 124	2.2	11 510	2.1
1987	570 439	435 235	76.3	14 693	2.6	18 775	3.3	13 154	2.3
1988	827 594	658 683	79.6	18 857	2.3	36 318	4.4	15 950	1.9
1989	1 971 901	1 673 222	84.9	42 581	2.2	72 881	3.7	19 590	1.0
1990	2 216 997	1 680 793	83.9	54 719	2.5	82 316	3.7	21 214	1.0
1991	2 365 709	1 922 506	81.3	60 174	2.5	105 132	4.4	23 199	1.0
1992	1 582 659	1142556	72.2	46 991	3.0	125 092	7.9	24 132	1.5
1993	1 616 879	1 122 105	69.4	50 664	3.1	152 102	9.4	25 380	1.6
1994	1 660 734	1 133 682	68.3	57 706	3.5	159 253	9.6	26 553	1.6
1995	1 690 407	1 132 789	67.0	64 047	3.8	164 478	9.7	27 356	1.6
1996	1 600 716	1 043 982	65.2	69 688	4.4	151 147	9.4	25 411	1.6
1997	1 613 629	1 058 110	65.6	78 284	4.9	141 514	8.8	26 070	1.6
1998	1 986 068	1 296 988	65.3	83 080	4.2	175 116	8.8	27 670	1.4
1999	2 249 319	1 447 390	64.3	93 192	4.1	198 607	8.8	27 426	1.2
2000	3 637 307	2 373 696	65.3	152 614	4.2	309 818	8.5	28 429	0.8

数据来源:《中国法律年鉴》、《中国统计年鉴》。需要说明的是，1984 年公安机关提高了盗窃案件的立案标准，1989 年公安部对立案不实开展了检查纠正，1992 年公安部再次提高了盗窃案件的立案标准。另外，年鉴缺少 1983 年的分类数据。

综上所述，新中国成立以来，在不同的发展阶段，犯罪所表现出的特点也有所不同。国家政治形势、经济变革和社会治安情况发生了变化，犯罪也随之变化。这种犯罪发展形势表明：我国犯罪现象整体上是呈现时起时伏的波浪式的变化的态势，犯罪的增长始终与特定的社会环境、经济发展状况密切相关，与社会变革引发的社会震荡、社会问题密切相关。

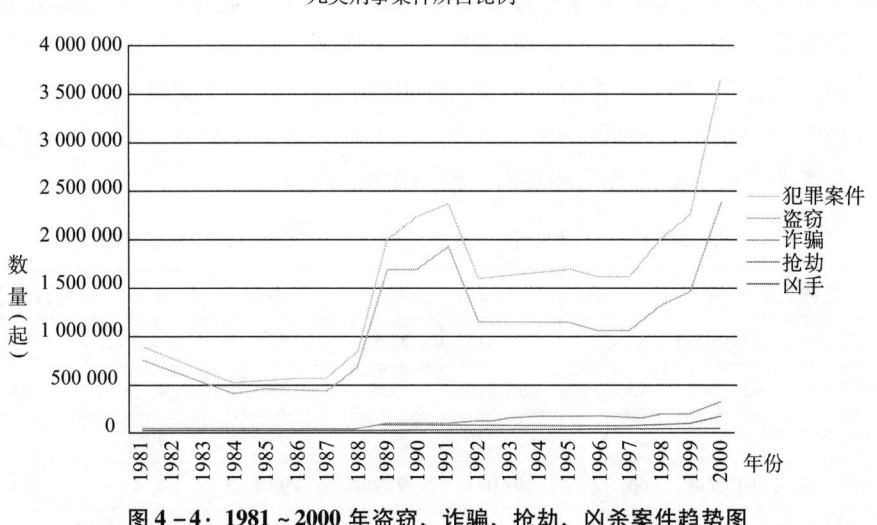

几类刑事案件所占比例

图 4 - 4：1981 ~ 2000 年盗窃、诈骗、抢劫、凶杀案件趋势图

二、当前我国犯罪现象

当前（指进入 21 世纪以来），我国的经济高速增长，经济的高速增长也带来了社会阶层的不断分化，在犯罪现象上，也出现了一些新的变化。总体而言，21 世纪以来，我国的犯罪总体状况如下：

1. 犯罪数量居高不下，犯罪趋势趋于平缓。21 世纪以来，我国犯罪进入了一个新的高峰。根据《中国法律年鉴》，1999 年全国公安机关刑事立案 2 249 319 起，2000年、2001 年全国公安机关刑事立案分别为 3 637 307、4 457 579 起，同比增长 61.7% 和22.3%，此后，刑事立案数一直保持比较高位且比较稳定的状态（见图 4 - 5），也就是说，总体而言，21 世纪以来，犯罪总量保持在一个较高的水平，但犯罪趋势趋于平缓。

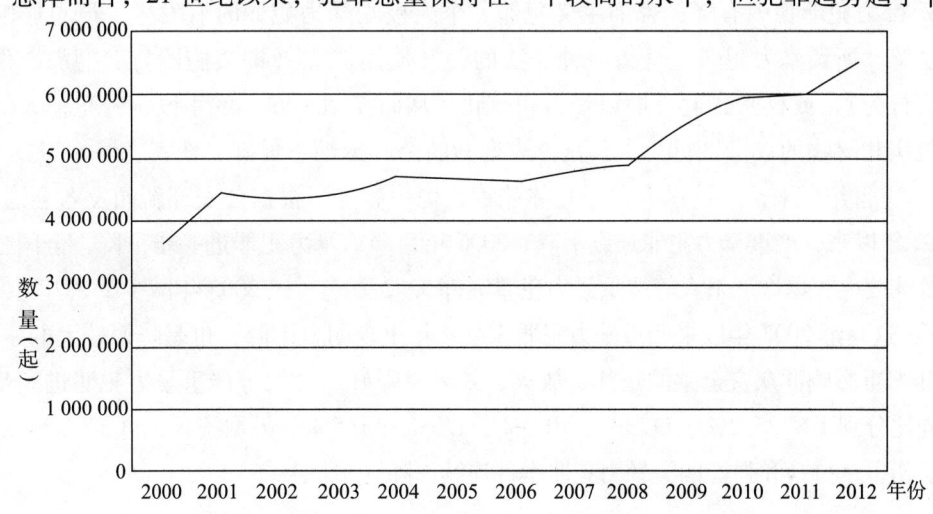

图 4 ~ 5：2000 ~ 2012 年全国公安机关刑事案件立案趋势图

2. 侵犯财产犯罪仍然是犯罪的主要类型。改革开放以来，侵犯财产犯罪迅猛增长，数量居于各类犯罪之首。进入 21 世纪以来，这种状况仍然没有被打破，盗窃犯罪立案数仍然"遥遥领先"，盗窃、抢劫、诈骗三类犯罪的立案数是公安机关刑事案件立案数的"前三位"，在数量上一直保持在一个较高的水平，且比较稳定，没有出现大起大落的情况，三类犯罪的立案总数比例基本上维持在 80% 左右。

表 4 – 4：2000～2012 年全国公安机关侵犯财产刑事案件立案统计表

年份	立案总数	盗窃（起）	比重（%）	抢劫（起）	比重（%）	诈骗（起）	比重（%）	合计比重（%）
2000	3 637 307	2 373 696	65.26	309 818	8.52	152 614	4.2	77.98
2001	4 457 579	2 924 512	65.61	352 216	7.9	190 854	4.28	77.79
2002	4 336 712	2 861 727	65.99	354 926	8.18	191 188	4.41	78.58
2003	4 393 893	2 940 598	66.92	340 077	7.74	193 665	4.41	79.07
2004	4 718 122	3 212 822	68.10	341 908	7.25	205 844	4.36	79.71
2005	4 648 401	3 158 763	67.95	332 196	7.15	203 083	4.37	79.46
2006	4 653 265	3 143 863	67.56	309 872	6.66	213 648	4.59	78.81
2007	4 807 517	3 268 670	67.99	292 549	6.09	239 698	4.99	79.07
2008	4 884 960	3 399 600	69.59	276 372	5.66	273 763	5.60	80.85
2009	5 579 915	3 888 579	69.69	283 243	5.08	381 432	6.84	82.46
2010	5 969 892	4 228 369	70.83	237 258	3.97	457 350	7.66	81.61
2011	6 005 037	4 259 482	70.93	202 647	3.38	484 813	8.07	82.38
2012	6 551 440	4 284 670	65.40	180 159	2.75	555 823	8.48	76.63

数据来源：《中国法律年鉴》。

3. 暴力犯罪稳中有降，恐怖主义犯罪、个人极端暴力犯罪时有发生，严重影响群众安全感。所谓暴力犯罪，是指一种非法的公开使用武力（即实施殴打、捆绑、伤害等暴力行为），或秘密胁迫（即以暴力相威胁，从而控制对方）的手段，侵犯他人的人身、健康和财物的攻击性行为。其具体表现为凶杀、抢劫、强奸、伤害、爆炸等。

自 21 世纪以来，严重暴力犯罪总体趋稳，稳中有降。根据公安部新闻发布会通报，自 2002 年以来，严重暴力犯罪连续下降。2006 年，严重暴力犯罪进一步下降，全国公安机关统计放火、爆炸、杀人等严重暴力犯罪案件 53.2 万起，比 2005 年减少 2.2 万起，下降 4%，这是继 2002 年以来严重暴力犯罪连续 4 年出现明显下降，也是降幅较大的一年；2007 年严重影响群众安全感的爆炸、放火、杀人、强奸、绑架等严重暴力犯罪进一步减少，同比分别下降 25.2%、11.3%、10.3%、1.9% 和 1.5%。另据统计，自 2002 年以来，杀人、伤害、抢劫和强奸四类暴力犯罪案件连续下降（见图4–6）。

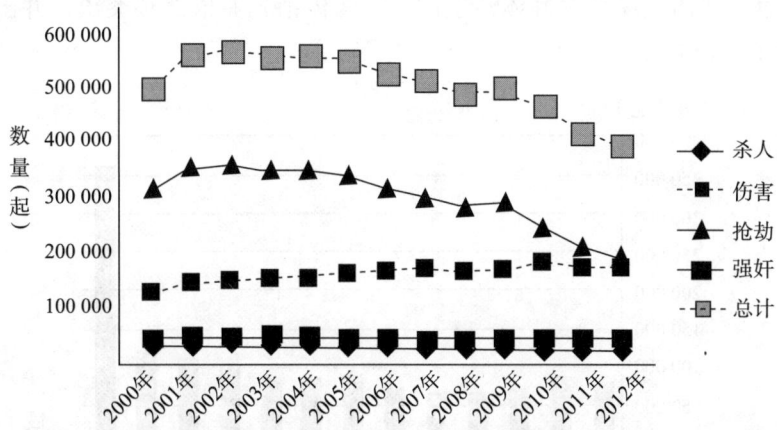

图 4 - 6：2000～2012 年全国公安机关四类暴力犯罪刑事案件立案趋势图

数据来源：《中国法律年鉴》，转引自靳高风："2013 年中国犯罪形势分析及 2014 年预测"，载《中国人民公安大学学报（社会科学版）》2014 年第 2 期。

近年，受国际恐怖活动反弹之势的影响，暴力恐怖事件时有发生。特别是 2013 年，中国境内恐怖活动犯罪呈高发态势，先后发生了如巴楚县恐怖袭击案、新疆喀什暴力恐怖袭击案、北京金水桥暴力袭击案等，且呈现出从边疆地区逐步向内陆省份蔓延的趋势。2014 年，又发生了"3·01"昆明火车站暴力砍人恐怖事件、"4·30"新疆乌鲁木齐火车南站暴恐案、"5·22"新疆乌鲁木齐菜市场暴恐案、"6·21"新疆叶城县袭击公安机关暴恐案、"7·28"莎车县暴恐案等。

近年，还出现了个别严重的极端暴力犯罪案件，出现"犯罪狠化"的态势，在全国各地陆续发生了造成严重伤亡和重大社会影响的个人极端暴力事件，如 2012 年的周克华抢劫、杀人案、2013 年首都机场冀中星爆炸案、厦门陈水总 BRT 公交纵火案、上海宝山范明杰持枪杀人案、四川成都李年勇公交车肆意杀人案等；另外，针对中小学校园的安全事件时有发生，这些极端暴力犯罪案件的发生，严重影响了人民群众的安全感。

4. 经济犯罪呈增长态势，犯罪呈现出新的分布态势。随着我国经济的持续快速发展，在经济领域的犯罪也呈现快速增长态势。近年来，全国经济犯罪立案数不断攀升，不断创下历史新高，2012 年，经济犯罪呈井喷式发展。

金融管理秩序是市场经济秩序的重要方面，我国改革开放政策实行以来，金融事业蓬勃发展，有力地推动着国民经济的发展，同时，金融犯罪活动日趋严重，也出现了许多新的犯罪行为，犯罪呈现出新的分布态势，表现在：伪造货币现象大量增加，金融机构中工作人员利用职务破坏金融秩序的犯罪活动十分猖獗，另外金融诈骗现象近几年表现尤其突出，如集资诈骗、贷款诈骗、金融票证诈骗。近年来，涉众型经济犯罪，包括非法吸收公众存款、集资诈骗和非法传销犯罪，成为经济犯罪的主要类型。因民间借贷引起的金融犯罪是当前经济犯罪的突出类型，严重扰乱经济秩序，同时还引发、激化社会矛盾，易引发群体性事件。非法传销犯罪依然很突出，并出现了"金融传销"等犯罪新形式。

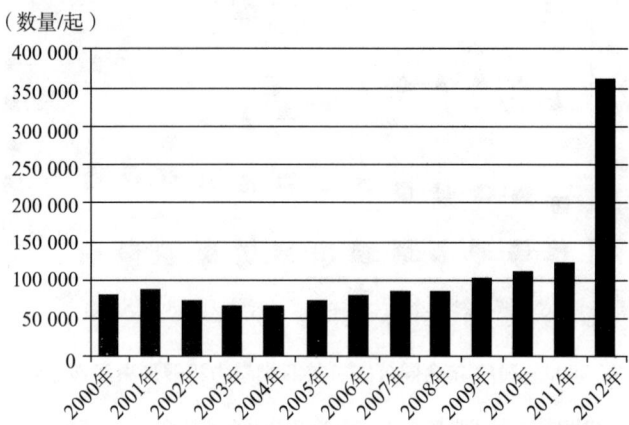

（数量/起）

图4-7：2000～2012年全国公安机关破坏社会主义市场经济秩序罪案件立案趋势图

数据来源：引自靳高风："2012年中国犯罪形势与刑事政策分析"，载《中国人民公安大学学报（社会科学版）》2013年第2期。

食品药品领域，食品药品安全形势依然严峻，食品药品犯罪仍然是打击的重点和难点。如在2010年，青海、河北、山西、天津等多个省市继2008年后又查出百余吨含三聚氰胺奶粉，同时用2008年未被销毁的问题奶粉做原料生产的大量含超标三聚氰胺的乳制品遍及全国各地。2011年，国内相继出现"瘦肉精"、"地沟油"、"染色馒头"等重大食品安全事件。

制假售假、侵犯知识产权犯罪时有发生。侵犯知识产权和生产销售假冒伪劣产品呈现出"无市不假、无处不假"的态势，侵权伪劣产品从生产资料到生活资料，从物质产品到精神产品，几乎无孔不入，侵入社会各个方面和各个领域。

5. 毒品犯罪日益严重。由于毒品暴利的诱惑和境内外贩毒活动的刺激，私自种植罂粟，进行鸦片的粗加工现在在各地产生并蔓延，同时，毒品行业也不断完善形成产业链，制作、走私、贩卖、运输毒品日益严重。

当前，我国的毒品犯罪呈现出以下几个趋势：①国际毒品走私活动不断渗透我国毒品市场，"金三角"、"金新月"地区对我国的渗透依然严重，过境贩毒是我国毒品犯罪的主要表现，我国毒品犯罪向集团化、国际化方向发展。国际贩毒势力与国内贩毒分子相勾结，假道我国的云南、广西等边境省份，企图以其作为国际贩毒通道，使这些省份成为受毒品危害的重灾区。②毒品犯罪范围不断扩大，除包括云南等省份在内的西南地区、包括新疆维吾尔自治区等在内的西北地区和包括广东等省份在内的东南沿海地区仍然是我国毒品犯罪的重灾区，同时，毒品犯罪正向东北地区乃至全国各地区渗透。③毒品犯罪案件和涉案人数居高不下，大案要案突出。据《人民法院报》报道，2007至2013年，全国审结毒品犯罪案件433 128件，判决犯罪分子471 302人，

2014年1月至10月，全国审计毒品犯罪案件81 169件，判决犯罪分子84 910人，依法审结涉案冰毒达16吨之多的特大毒枭刘招华贩卖、制造毒品案，湄公河流域武装贩毒并杀害13名中国船员的毒枭糯康及其集团骨干成员犯罪案等一批大案要案。另外，2013年12月29日，广东多地警方联合行动，"清剿"该省涉毒严重的"第一大村"陆丰市博社村，一举摧毁以陆丰籍大毒枭为首的18个特大制、贩毒犯罪团伙，抓捕嫌疑人182名，缴获冰毒近3吨、制毒原料23吨。④毒品滥用问题严峻，滥用新型毒品人数发展迅猛，因吸食新型毒品诱发的次生危害严重。根据《2013年禁毒报告》，截至2012年底，全国累计登记吸毒人员209.8万名，其中滥用合成毒品人员79.8万名，比2011年底上升了35.9%，因吸食新型毒品引发的自伤自残、伤害他人的恶性伤害案件，以及吸毒后驾车引发的交通事故案件等次生危害逐步显现。⑤青少年涉毒犯罪突出。青少年涉毒犯罪呈高发态势，同时，还呈现低龄化趋势明显、吸毒现象严重、重新犯罪率和戒毒人员复吸率高等特征。

6. 青少年犯罪问题仍然突出，始犯年龄和高峰年龄降低。在我国，青少年犯罪除了受青少年自身具有的普遍性的生理、心理特点影响外，还深受我国社会转型时期各种负面效应的影响，再加上我国人口年龄结构总体上的年轻化，青少年在社会总人口中所占比重较大，青少年犯罪问题仍然突出。根据《我国法院审理青少年犯罪情况统计表》，青少年作案的成员总数稳中有降，2008年以来，在全国罪犯总数上升的趋势下，青少年犯罪总数不断下降，占比也达到2000年以来的历史最低水平。但是我们仍然需要注意，青少年犯罪所占比例仍然较高，青少年犯罪仍然是当前社会治安的一个突出问题。

表4-5：2000~2012年全国法院审理青少年犯罪案件情况统计表

年份	刑事罪犯总数	其中青少年罪犯			
		不满18岁	18~25岁	青少年罪犯	占刑事罪犯（%）
2000	639 814	41 709	179 272	220 981	34.54
2001	746 328	49 883	203 582	253 465	33.96
2002	701 858	50 030	167 879	217 909	31.07
2003	747 096	58 870	172 845	231 715	31.01
2004	753 314	70 144	178 984	249 128	33.07
2005	829 238	82 721	203 249	285 970	34.48
2006	873 846	83 697	219 934	303 631	34.74
2007	916 610	87 525	228 872	316 397	34.51
2008	989 992	88 891	233 170	322 061	32.53
2009	979 443	77 604	224 419	302 023	30.83

续表

年份	刑事罪犯总数	其中青少年罪犯			
		不满 18 岁	18～25 岁	青少年罪犯	占刑事罪犯（%）
2010	988 463	68 193	219 785	287 978	29.31
2011	1 032 466	67 280	215 149	282 429	27.35
2012	1 154 432	63 782	219 208	282 990	24.51

数据来源：2001～2013 年《中国法律年鉴》。需说明的是，2004 年以后的《中国法律年鉴》中，"全国法院审理青少年犯罪案件情况统计表"不再列出"刑事罪犯总数"及"占刑事罪犯（%）"，上图 2003 年以后的"刑事罪犯总数"系"全国法院审理刑事案件被告人判决生效情况统计表"中"给予刑事处罚"人数，比例系编者计算得出。

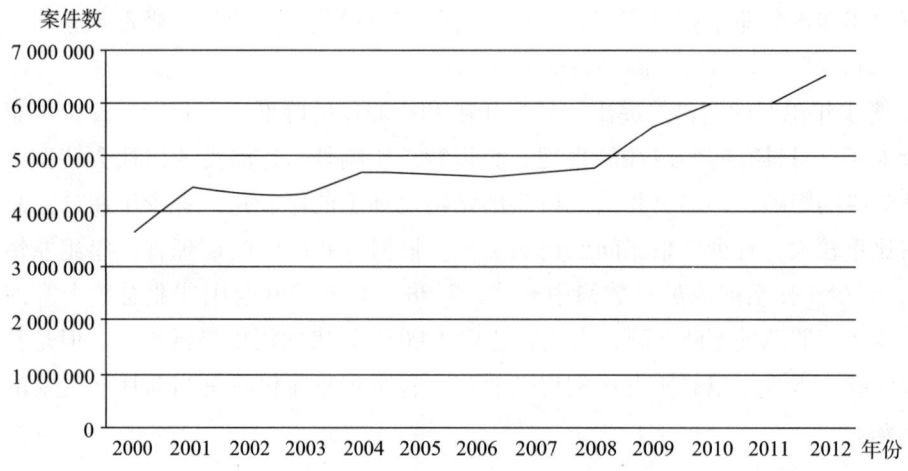

图 4－8：2000～2012 年全国青少年犯罪趋势图

值得注意的是，随着青少年犯罪向低龄化发展，由于不负刑事责任的未成年人的违法犯罪行为，不进入司法程序，故未纳入法院的统计中。随着社会的发展，特别是各种大众传播媒介的消极影响，青少年犯罪，特别是未成年人犯罪逐步表现出一些成人化的特点，犯罪活动中智力特征日益明显，后果严重的犯罪、团伙作案的犯罪数量增加，在犯罪活动中计划周密，准备充分，运用现代的科技手段实施"高智力"犯罪的表现突出。

7. 流动人口和社会闲散人员犯罪成为城市社会治安的突出问题。人口流动特别是大量的农村剩余劳动力从农村涌入城市，是伴随着改革开放和社会主义市场经济的建立而出现的一种必然现象，它对经济发展起到促进作用的同时，也引起了一系列的社会问题，其中最突出的就是社会治安恶化、犯罪增多。在社会闲散人员犯罪中，有相当数量是小学毕业升不了初中，初中毕业升不了高中和中途退学、辍学的学生。另外，由于我国产业结构的调整和企业内部增效减员，还存在大量的由于就业不足的"过剩"人口和隐形待业人口，对于这些人来讲，失去正常的教育和管理，没有合法的经济收入或经济来源不稳定，当寻找工作无望、生活无着落时，某些人便不顾一切，以致违法犯罪。

8. 从犯罪组织形式看，我国的有组织犯罪已经从犯罪团伙的低级形式向黑社会性质组织犯罪转化，有的犯罪组织采取暴力、诈骗、伪造和贿赂等手段，有预谋、有计划、有分工地进行走私贩卖毒品、盗窃、抢劫、绑架人质、开设赌场、性交易等违法犯罪活动；有的称霸一方，恃强凌弱，垄断当地行业，公然非法聚敛巨额财富，然后以洗钱或其他方式渗透各种合法赢利活动中，如以合法形式投资办企业，最大限度地掠夺利润，以用于非法活动。一些有组织犯罪为了扩大黑社会势力，往往网罗部分社会渣滓，豢养打手，横行霸道，无恶不作。

 **实训项目**

材料线索：①《中国法律年鉴》统计资料；②相关的新闻报道数据。

实训任务：

1. 请从以上的材料线索中收集我国党的十八大召开以来有关反腐败的数据。
2. 请根据以上数据制作表格或者趋势图，并进行简要说明。

 拓展阅读

犯罪黑数[1]

犯罪黑数，亦称隐案或潜伏的犯罪现象的范围，它是指由于各种原因而没有记载在统计数据中的犯罪的数量。有相对一部分实际已经发生的犯罪由于没有被觉察和识别到，或者虽为侦查当局发现，但未被侦破或未被审判的犯罪行为作为犯罪数而隐藏了起来。官方的犯罪统计无法真实地显示实际的犯罪状况，很多犯罪案件并未出现在官方的统计数据之上。因此，我们在使用犯罪数量和犯罪率时，应该考虑犯罪黑数的存在及范围，从而对某一地区特定阶段的实际犯罪情况作出正确估计。

犯罪黑数在各个国家都存在，而其大小因不同的犯罪类型、不同的国家和地区而有所差别。犯罪黑数一般分为绝对犯罪黑数和相对犯罪黑数。前者是指某一被察觉和举报的实际已经发生的犯罪数；后者则是已被刑事侦查部门发现或获悉而没有被最终侦破的犯罪数。这种划分可以通过被察觉和举报的案件与虽然被察觉和举报但是没有被最终侦破的案件之间的对比，帮助人们了解犯罪侦查机关的效率，分析犯罪没有被最终侦破的原因，并寻求缩小二者之间差距的有效措施。

---

[1] 相关内容参看［德］汉斯·约阿希姆·施耐德著，吴鑫涛、马君玉译：《犯罪学》，中国人民公安大学出版社 1990 年版；王牧：《犯罪学》，吉林大学出版社 1992 年版；王牧主编：《新犯罪学》，高等教育出版社 2010 年版。

目前，学者们对犯罪黑数产生的原因进行总结后，发现主要表现在以下几个方面：①行为人或被害人根本不知道有犯罪发生。行为人或被害人可能不懂法律，不认为有违法的事情发生，尤其是过失犯罪和诈欺犯罪。②当事人为庇护犯罪人或出于投鼠忌器的心理，不愿提出告诉。③被害人可能担心遭到报复或感到难堪，而不敢提出告诉。④被害人可能对司法机构缺乏信心，而不愿提出告诉。⑤社会大众缺乏正义感，而不会举报犯罪。⑥警察机构的"吃案"，即虽然受理第三者或被害人的报案，但对其加以隐匿而不予登录。⑦警察机构不能破案，而使犯罪案件成为悬案。

根据 1967 年美国总统执法与司法行政咨询委员会对美国犯罪状况的分析研究结果，发现犯罪报案数字为逮捕数字的 38 倍，逮捕数字又为正式起诉的 4.1 倍，正式起诉又为宣判数的 1.1 倍，宣判数又为最后入监执行的 2.5 倍，这种犯罪统计的耗损现象被称为"漏斗效应"。下图即为我国台湾地区 1999 年犯罪状况司法耗损漏斗效应。

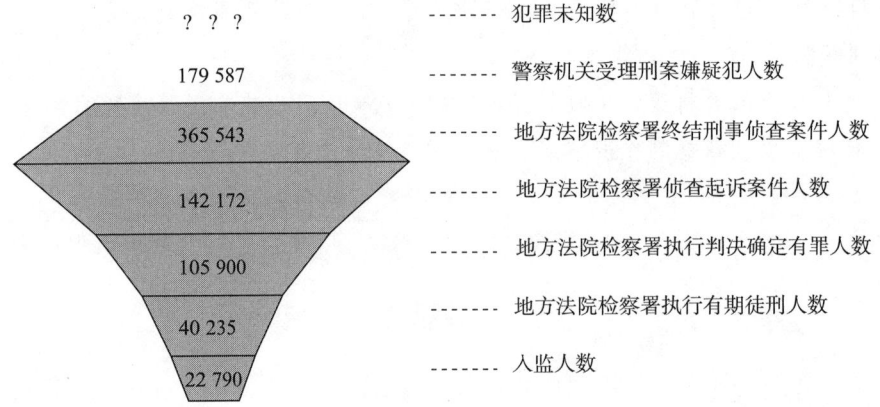

？？？	犯罪未知数
179 587	警察机关受理刑案嫌疑犯人数
365 543	地方法院检察署终结刑事侦查案件人数
142 172	地方法院检察署侦查起诉案件人数
105 900	地方法院检察署执行判决确定有罪人数
40 235	地方法院检察署执行有期徒刑人数
22 790	入监人数

基于上述因素的影响，加之没有专门的、规范的犯罪统计机构、犯罪统计方法不当等因素，均对犯罪黑数存在影响，也共同导致了犯罪统计司法耗损漏斗效应的形成。忽视犯罪黑数的存在，会严重影响对犯罪状况的正确分析和评价，影响刑事立法和司法。因此，犯罪数量和犯罪率只能作为认识一定地区、一定阶段、一定种类的犯罪的认识依据，而不能作为社会上实际存在的犯罪数量的标志，在分析犯罪数量和犯罪率的时候，要注意犯罪黑数的存在，考虑可能存在的犯罪黑数的范围，而不能把统计的犯罪数量当作绝对的依据。

犯罪测量[1]

犯罪现象是一种社会事实，它以一定的数量形态、质量形态和结构形态存在于一定的时空条件之下。犯罪测量是科学认识和评估犯罪存在状态（规模和严重程度）的基本方法。

---

〔1〕 摘选自王牧主编：《新犯罪学》，高等教育出版社 2010 年版，第 162 ~ 167 页。

1. 犯罪测量的概念。犯罪测量是运用调查、统计等方法系统收集和分析犯罪数据及相关资料，按照一定的指标体系，对特定时期犯罪现象的规模和严重程度进行定量化的描述和评估。换言之，犯罪测量是对犯罪现象的真实存在和存在过程做量化的描述和评估。

犯罪测量是一种典型的经验研究，它有赖于系统地获得犯罪统计数据。从历史上看，统计技术的发达和犯罪统计的出现是犯罪测量的科学和技术前提。早在1778年，英国的边沁就曾呼吁公布囚犯统计数据，以作为反映政治气象的晴雨表。19世纪30年代，以凯特勒和格雷为代表的法国"制图学派"的出现，可以视为犯罪统计和测量的发端。

2. 犯罪测量的指标体系。犯罪测量需要一个适当的测量指标体系。需要注意的是，任何一个犯罪测量指标，都只是反映犯罪现象某一个方面的情况或总体情况的一个函数或指数，而不是犯罪现象的绝对真实的呈现。可以从下述几个方面犯罪测量指标建立犯罪测量指标体系：

（1）犯罪的量，包括犯罪总量和犯罪相对数。

（2）犯罪结构和犯罪分布。

（3）犯罪人和犯罪被害人。

（4）犯罪现象危害性程度，主要可以从犯罪代价和公众的公共安全感程度两个方面加以测量。

3. 犯罪测量的主要数据来源和常用方法。

（1）警察部门的统计。各国警察部门所掌握的几乎所有已知的或向警方报案的犯罪的数字，因此，警察部门的犯罪统计历来是犯罪测量最为主要的数据资源。美国联邦调查局定期发布的"统一犯罪报告"是警察部门犯罪统计的典型。

警察部门所掌握的是官方犯罪数据。这种官方犯罪数据具有其权威性，但是，也有明显的局限性。这些局限性除了表现为所有犯罪统计共有的技术上的误差以外，还表现为以下三点：①在某些国家可能会处于政治考虑而人为压低犯罪总量和犯罪率方面的数字；②官方犯罪统计一向注重对传统的街头犯罪的统计，而轻视对经济犯罪（白领犯罪）的统计；③存在着巨大的统计"黑数"。

（2）被害人调查。被害人调查的主要作用是弥补警察部门犯罪统计的不足，查明犯罪黑数。被害人调查的范围既包括警察部门已知的犯罪案件，也包括未向警方报案的犯罪案件。美国的"全国犯罪调查"是被害人调查的典型。

（3）自我报告研究。自我报告研究对于犯罪测量的主要功用是弥补官方犯罪统计的不足，查明犯罪黑数。所谓"自我报告"，就是被调查者坦白或者忏悔自己既往的犯罪行为和犯罪类型。自我报告研究通常由非官方的学者进行，其具体方式可以是秘密访谈，但更多的是匿名问卷调查。调查对象可以是正在服刑的犯人或者被逮捕的犯罪嫌疑人，也可以是青少年学生——这种调查通常更适合对青少年学生使用。自我报告研究被公认为是查明犯罪黑数的良好方法之一。

（4）知情人调查以及组合式调查。知情人调查是指通过对知道或者观察到其他人成为作案人或者被害人的知情人进行调查，了解犯罪或者被害人的实际数字。知情人调查可以与自我报告研究、被害人调查结合起来，构成一种"组合式犯罪调查方法"。这种组合式调查，常被用来查明犯罪黑数。其具体做法是：调查以问卷方式进行，重点调查被调查人在过去的某一特定时期（通常为12个月）是否与问卷中所列犯罪行为有牵连，如果有牵连，要明确是自己曾经实施了该类犯罪行为，还是自己曾经成为该类犯罪行为的被害人，抑或了解针对第三人的犯罪行为发生情况；然后，结合问卷结果，再分别作进一步的询问。

（5）犯罪代价评估。犯罪代价是犯罪测量的一个重要指标，因而计算犯罪代价的"金钱数字"是测量犯罪规模的一个有用方法和数据来源。犯罪代价评估，特别适合于对法人犯罪、有组织犯罪等犯罪形态的研究，因为对这些犯罪形态进行发案个数统计相当困难。不过，应当清楚，犯罪"金钱数字"的准确评估，是相当困难的，我们所能统计到的犯罪"金钱数字"只能是犯罪代价中的一部分。

（6）社会公共安全感调查。社会公共安全感调查，反映的是社会公众对社会治安状况的主观感知和评价。它可以作为测量和评价犯罪形势的一个参考性指标。

（7）犯罪数据的其他来源。其他数据资源，例如，法院系统的各类案件统计、监狱系统的罪犯统计、检察系统的统计、国家安全部门的统计，以及工商、税收、海关等行政执法部门的相关统计，等等。

4. 中国犯罪统计数据来源。中国的犯罪统计和犯罪测量工作相当薄弱且欠成熟，缺乏如美国的"统一犯罪报告"、日本的《犯罪白皮书》那样的由官方统一发布的犯罪统计报告。目前，我国的犯罪数据来源主要有以下几个方面：

（1）公安部门的刑事案件以及治安案件统计。主要可以通过《中国法律年鉴》、《中国统计年鉴》和公安部门新闻发言人就我国治安情况的对外新闻发言获知。

（2）法院系统的已审结的刑事案件统计。这部分的数据，可以通过《中国法律年鉴》、《中国统计年鉴》和历年最高人民法院院长向全国人大及其常委会作的《最高人民法院工作报告》获取。

（3）监狱系统的犯罪统计。这部分统计目前还处于半保密状态，可获得的唯一正式渠道是中国政府发布的《中国改造罪犯的状况》（白皮书）。

（4）检察系统的统计。这部分的统计侧重于对经济犯罪和职务犯罪的统计，可以通过《中国法律年鉴》和历年最高人民检察院检察长向全国人大及其常委会作的《最高人民检察院工作报告》获取。

（5）国家安全机关的统计。这部分统计数据目前尚未正式对外发布。

（6）其他：工商、税务、海关、卫生检疫等行政执法部门的相关统计。

参考文献

1. 张旭、单勇：《犯罪学基本理论研究》，高等教育出版社 2010 年版。

2. 王牧主编：《新犯罪学》，高等教育出版社 2010 年版。

3. 宋浩波、靳高风主编：《犯罪学》，复旦大学出版社 2009 年版。

4. 张小虎主编：《中国犯罪学基础理论研究综述》，中国检察出版社 2009 年版。

5. 林山田、林东茂、林灿璋：《犯罪学》，三民书局股份有限公司 2005 年版。

6. 黄富源、范国勇、张平吾：《犯罪学概论》，台湾警察大学印行 2006 年版。

7. 李锡海：《现代化与犯罪研究》，中国人民公安大学出版社 2009 年版。

8. 杨燮蛟：《现代犯罪学》，浙江大学出版社 2010 年版。

9. 郝英兵："2000～2008 年中国犯罪现象分析"，载《中国人民公安大学学报（社会科学版）》2010 年第 1 期。

10. 靳高风："2010 年中国犯罪形势与刑事政策分析"，载《中国人民公安大学学报（社会科学版）》2011 年第 2 期。

11. 靳高风："2011 年中国犯罪形势与刑事政策分析"，载《中国人民公安大学学报（社会科学版）》2012 年第 2 期。

12. 靳高风："2012 年中国犯罪形势与刑事政策分析"，载《中国人民公安大学学报（社会科学版）》2013 年第 2 期。

13. 靳高风："2013 年中国犯罪形势及 2014 年预测"，载《中国人民公安大学学报（社会科学版）》2014 年第 2 期。

14. 吴笛："严格履行审判职责 依法严惩毒品犯罪——近年来人民法院禁毒工作综述"，载《人民法院报》2014 年 12 月 12 日。

15. 历年《中国法律年鉴》。

16. 历年《中国统计年鉴》。

17. 历年《中国禁毒报告》。

————项目五————

了 解 、分 析 犯 罪 行 为

任务一　什么是犯罪行为

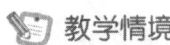 **教学情境**

教学情境一：　　　　　　　　　**颜异的"腹诽"罪**

据《史记》、《汉书》等史书记载，汉武帝时，连年对匈奴用兵，国库空虚，人民贫困，民间私铸钱币之风盛行，导致币制紊乱。朝廷于是实行币制改革，于元狩四年（公元前119年）发行两种新货币，一种是"白金"（银与锡的合金），一种是"皮币"（制造皮币的原料是皇家上林苑中白鹿之皮，一张皮币规定值钱四十万）。

皮币造好后，武帝向大农令颜异征求意见。颜异认为朝贺的苍璧才值数千钱，而垫在底下的皮币反而值四十万，本末颠倒，太不相称。他实际上是反对制造这种脱离价值规则的空头货币。皮币是武帝和他的宠臣张汤设计制造的，武帝本希望得到颜异的支持，如今却遭到反对，于是怀恨在心。恰逢有人因别的事控告颜异，武帝便派张汤审理此案。张汤本来就与颜异有隙，他秉承武帝旨意，一心要置颜异于死地。调查得知，颜异曾与客人交谈，客人说起朝廷政令多有不便，颜异"微反唇"（即嘴唇略微动了动）。张汤据此上奏，说颜异身列九卿，见政令不便不向朝廷报告，而私下"腹诽"（心中诽谤）。颜异于是被处以死刑。时为元狩六年（公元前117年）。

教学情境二：　　　　　　　　　**法律格言[1]**

无行为则无犯罪。

任何人不因他人的不法行为受处罚。

任何人不因思想受处罚。

不作为也是行为。

---

〔1〕　参看张明楷：《刑法格言的展开》，法律出版社2003年版。

无犯意则无犯人。

汉朝的颜异仅仅因为"微反唇"就获罪致死，在我们今天看来，这实在是荒唐。相反，我们认识到"无行为则无犯罪"。而认识犯罪，我们要先来认识犯罪行为：

1. 什么是犯罪行为？
2. 犯罪行为有哪些特征？
3. 犯罪行为的构成要素有哪些？

学习内容

一、什么是犯罪行为

何谓犯罪行为？在犯罪学中，它是指行为人实施的，具有严重社会危害性的，应受处罚或矫治的客观外在活动，是犯罪现象的有机组成部分。理解这个概念需要注意：

1. 犯罪行为是犯罪现象的一个有机组成部分。犯罪行为是一种主要的犯罪现象，全面透彻地分析、研究犯罪行为，是真正理解犯罪人与被害人，查明犯罪原因，并据此设计有效防治对策的前提。

2. 犯罪行为是具有严重社会危害性，应当受到处罚或者矫治的行为。具有严重的社会危害性是犯罪行为最为本质的特征。犯罪行为会对社会的持续发展与稳定发展所需要的正常秩序产生不良影响，形成重大阻碍，甚至会对社会基本安全构成经常性的严重的威胁，在整体上它是与人类进步相悖的社会现象。由于犯罪行为对社会造成的负面效应严重，因此必须对犯罪者进行处罚或矫治。需要注意的是，这里犯罪行为不仅包括应当受刑罚处罚、治安处罚的行为，还包括应当受带有治安处罚性质的收容教育等矫治措施矫治的行为。

3. 犯罪行为是一种客观的外在活动。犯罪学上的犯罪行为是一种客观行为。犯罪者的犯罪行为是可知或可感的行为，是造成了一定客观危害的行为。如果说仅有违法犯罪的思想，但没有具体付诸行动，不能叫犯罪行为，如"腹诽"就不是犯罪行为。客观实在性是犯罪学中的犯罪行为和刑法学中的犯罪行为共同的特征。但犯罪学研究的对象和任务决定了它不仅要研究客观犯罪行为，还要研究犯罪人的观念与心理，研究实施犯罪行为的主观原因和客观原因。

4. 犯罪行为是行为人有意识的行为。换言之，某种行为虽然造成了一定的危害结果，但不是人的有意识的行为，也就不是犯罪学意义上的犯罪行为：

（1）反射动作。即人在受到外界刺激的情况下，瞬间作出的身体本能反应，如正在驾车行驶的汽车司机，由于突然受到一束强光刺激而闭上眼睛，致使汽车撞伤行人。在此情况下，尽管司机的行为客观上造成了危害结果，但由于缺乏主观意识，所以不是犯罪学上的犯罪行为。

（2）睡梦状态中的动作。如梦游症等。在此情形下，人的举动不是人的意识或者意志的表现，因此，即使行为在客观上造成了危害结果，也不是犯罪学意义上的犯罪行为。

（3）不可抗力作用下产生的行为。即并不是出于行为人的意识和意志，而是由于一种自然的不可抗力作用而引起的行为。比如消防队员在执行救火任务中，因唯一救火通道被杂物堵塞，致使其未能及时赶赴现场灭火，造成严重财产损失。在此，消防队员未履行救火义务的举动是由于不可抗力而造成的，既没有故意，也没有过失，因而不算是犯罪学上的犯罪行为。

（4）身体遭受暴力操控下的动作。如行为人被犯罪人捆绑后，被迫强行在伪造的文书上按了手印；储蓄所值班人员被抢劫者胁迫，无法保护财产不被抢夺。上述的两种情况都违背了行为人的主观意愿，因而也不是犯罪学上的犯罪行为。

需要注意的是，虽然完全丧失刑事责任能力的精神病人实施的行为也是一种无意识的行为，但犯罪学通常仍将其纳入自己的研究范围，这是由于精神病的产生及其危害与一般犯罪行为的产生及其危害有着诸多的相通之处，两者在很大程度上都是政治、经济、文化、历史等社会因素与个人因素相互作用的产物。这是由犯罪学的研究对象所决定的，也是犯罪学与刑法学研究对象的区别所在。

二、犯罪行为的特征

（一）社会危害性

犯罪行为具有社会危害性，这是犯罪行为区别于其他社会行为的最基本标志，同时也是最本质的特征，即行为构成了对合法权益的严重侵犯，具体而言指的是犯罪行为对国家利益、公共利益、集体利益和公民利益造成的侵害。一个行为如果不具有任何社会危害性，就不能被称为犯罪行为。

（二）形式多样性

犯罪行为多样性特征是指犯罪人犯罪行为方式上的特征，说明犯罪表现形式不是单一的，而是多种多样的。从主动性上看，有积极的作为形式和消极的不作为形式；从行为的类型和性质上看，有杀人、伤害、强奸、抢劫、盗窃、贪污、走私、受贿、贩毒等形式；从手段的恶劣程度来看，有凶残和不凶残、恶劣和不恶劣的形式；从方式上来看，有明火执仗的公开形式和施用诡计的隐蔽形式。

（三）传染性

犯罪行为的传染性特征主要表现在他们的传播作用上。这种作用对潜在犯罪人和涉世不深的青少年具有"多米诺骨牌效应"，是犯罪传播、蔓延和严重化的催化剂和腐蚀剂。而大众传播媒介、文艺作品往往会成为犯罪得以扩散的载体和途径，因此它们

不应向公众尤其是未成年人展示犯罪的具体情节，以防止其模仿。

（四）社会性

犯罪行为的社会性特征表现为它是由社会成员实施的，在社会生活和社会关系中起消极作用，是一种社会现象的负面有机组成部分。同时。它也是上述几种特征的集中反映，是他们的集合和派生物。

（五）违规性

犯罪行为的违规性特征是由其社会危害性派生出来的特征，由于犯罪行为的特征是危害社会的，因此它必然违反社会的法制传统或道德规范，违反社会风俗习惯或价值理念。归纳来说就是它必然会违反社会的一些禁止性、限制性的行为规范。

（六）生物性

犯罪行为的生物性特征表现为它要靠人的生物机体运作才能发生。犯罪行为虽然在本质上属于社会性范畴，具有社会属性，但它也在一定程度上反映了生物机理的特点，具有生物机体的机械性功能的反映和表现形式，靠生物机体运作才能维持和存在。当然，人的行为作为一种活动，必须有意识的参与，受意识的支配。尤其是犯罪行为，更需要意识的参与、受意识的支配，否则就将成为下意识的行为。

需要犯罪学研究的就是那些有意识的行为，研究它们所产生的作用所具有的客观性质，研究决定他们的主观目的、动机和客观后果。虽然这些都不由生物机体能决定，生物体的机能却能对他们的强度、力度产生影响。比如，抢劫犯如果身体强健，其抢劫得逞的机会就会大很多；反之，如果身体羸弱，其抢劫就很难得逞。所以，犯罪行为的生物特征实质上反映的是犯罪人的体质因素特征，对犯罪人采取何种形式的犯罪行为具有一定的影响。

三、犯罪行为的构成要素

由于犯罪行为是犯罪人在一定的时间、空间，以一定的方式或采取一定的手段呈现出来的作为或不作为的客观行为，因此，实施犯罪的人、犯罪的时间、犯罪的空间、犯罪的过程及结果都是构成犯罪行为所必备的基本要素，具体如下：

（一）人，包括犯罪人和被害人

犯罪人，包括生物性的人和非生物性的法人或法定身份的单位、组织等，但犯罪人都必须是明确的法律主体。犯罪人是犯罪行为构成的必要条件。

犯罪行为中通常有被害人等针对对象，但也可能有无具体被害人的犯罪行为存在，比如赌博、卖淫、吸毒等。所以，被害人不是犯罪行为构成要件的必要条件。

（二）犯罪时间

犯罪时间，是犯罪行为构成的另一必要条件。犯罪人的作为或不作为都是在一定的时间段中形成的。这里的犯罪时间包括两层含义：①犯罪行为的起始时间和终止时间；②犯罪活动的延续时间。任何犯罪行为都是在一定时间内实施的，如果没有犯罪时间，自然也不可能实施犯罪行为。刑法学中研究犯罪时间，仅研究作为选择性犯罪构成要件的时间因素，因为一般情况下，犯罪时间不是犯罪构成要件，对某种行为是否构成犯罪没有影响。如我国《刑法》规定的非法狩猎罪，只有在禁猎期狩猎才构成犯罪。犯罪学则主要是从犯罪现象、犯罪原因和犯罪预防的角度来研究犯罪事件。犯罪行为在不同的时间有不同的分布表现，并呈现出某种规律性特征。只有掌握了犯罪行为发生的时间规律和特点，才能从时间因素上有效地控制和预防犯罪行为的发生。

（三）犯罪空间

犯罪空间，指犯罪人实施犯罪行为的场所和范围。犯罪行为总是发生在一定的空间内，没有犯罪空间，犯罪行为就无所依附，也无从实施。犯罪行为在不同的地区有不同的分布表现，并且有某种规律性，这种规律性在大小不同的空间范围内得以表现，大到世界范围内不同地区、不同的国家间，小到一个国家内不同地区间，都有不同表现。犯罪行为在不同空间的不同表现极其规律，是犯罪学研究的重要课题。

（四）犯罪工具

犯罪工具，是犯罪人达到犯罪目的所需的物质媒介，如伤害人、杀人的凶器，撬门扭锁用的钳刀、锯锉，扒窃用的刀片等。在刑法中，当法条明文规定把一定犯罪工具作为某种犯罪的构成要件时，犯罪工具对于认定该犯罪是否成立就具有决定性的意义。在一般情况下，犯罪工具并不是犯罪构成的要件，因此不影响犯罪的成立，但对于认定行为的社会危害性具有重要意义。而在犯罪学中，研究犯罪工具对于犯罪控制与预防以及犯罪侦查，都有重要意义。

（五）犯罪方式

犯罪方式是指实施犯罪行为所采取的手段和形式。犯罪行为必须通过一定的手段和形式来完成，犯罪手段和形式是犯罪行为的具体体现。常见的犯罪方式主要有：秘密方式、公开方式、欺诈方式、暴力方式、威胁方式等。

任务二　犯罪行为的类型分析

教学情境

药家鑫"激情"杀人案

2010 年 10 月 20 日 22 时 30 分许，西安音乐学院三年级学生药家鑫驾驶陕A419N0 号红色雪佛兰小轿车从西安外国语大学长安校区返回市区，途中将前方在非机动车道上骑电动车同方向行驶的被害人张妙撞倒，药家鑫抱着"农村人难缠"的偏见，恐张妙记住其车牌号找其麻烦，即持尖刀在张妙胸、腹、背等处捅刺数刀，致被害人张妙死亡。后其在逃跑途中又撞伤二人。

2011年4月22日，西安市中级人民法院一审宣判，药家鑫行为构成故意杀人罪，判处药家鑫死刑，剥夺政治权利终身，并赔偿被害人家属经济损失45 498.5元。5月20日，陕西省高级人民法院对药家鑫案二审维持一审死刑判决。2011年6月7日上午，药家鑫被执行死刑。药家鑫在法庭上供述其行为的动机与过程称："怕她找到我，是我撞的，当时慌乱了，没有考虑到后果，就拿刀捅了她。"

药家鑫的故意杀人行为，相对于预谋而言，这是一种突发性故意，也就是说，药家鑫案件是一起多因素综合作用产生的应激情境下临时起意的故意杀人案件。即行为人在交通肇事之际，于多种因素的相互作用下实施的加害行为，是一种应激型杀人行为（又称激情犯罪），其主观罪过是即时或突发故意。虽然突发故意不影响行为的性质，但是行为的主观恶性显然迥异于预谋。

▋工作任务

激情犯罪行为对于我们公众来说，是一个鲜少听闻的概念，激情犯罪也不是刑法上的量刑情节（即加重或减轻的情节）。我们不禁要问，除了激情犯罪，还有哪些犯罪行为的类型：

1. 什么是犯罪行为类型？
2. 犯罪行为类型的分类标准是什么？
3. 犯罪行为具体有哪些类型？

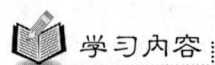 学习内容

一、什么是犯罪行为类型

犯罪行为的类型，是指根据一定的目标和原则，按照一定的标准，在对各种复杂的犯罪行为进行抽象概括的基础上，根据其内在的相似性所作的分类，例如行为特征、行为人特征、行为动机特征等，将一些具备相同特征的犯罪集合在一起，以使犯罪行为分为若干相对应的类别。犯罪行为的复杂性，决定了分类标准的多样性。

犯罪行为分类的目的在于将众多复杂的犯罪现象类型化，从而从不同角度更好地认识犯罪现象，把握各类犯罪的性质和规律，解释和发现犯罪原因，进而探寻犯罪防范对策。

二、犯罪行为的主要类型

根据不同的标准，可以将犯罪行为分为不同的种类。

（一）按照社会危害性大小进行分类

这种分类方法在世界各国比较普遍。英国 14 世纪的普通法将犯罪分为叛逆罪、重罪和轻罪三类。按古代英国法，叛逆者的土地应被没收上交国王，重罪犯的土地交给领主。在美国，由于不没收叛国者和重罪犯的财产，所以，区分叛国罪和重罪的意义不大。于是，源于英国刑法的美国刑法便把重罪与轻罪作为最基本的犯罪分类，延续至今。

法国的犯罪学理论将犯罪划分为重大犯罪和轻微犯罪。重大犯罪即法国刑法中的"重罪"，轻微犯罪则指刑法中的"轻罪"。重罪的性质严重，由法国重刑法院审理并处以重刑；轻罪的社会危害性较轻，由轻罪法院审理并施以惩戒。

俄罗斯联邦刑法典按法定刑轻重将犯罪分为四类：轻罪、中等严重的犯罪、严重的犯罪、特别严重的犯罪。

在我国，有的学者按社会危害程度将犯罪分为危害国家犯罪、普通刑事犯罪、轻微违法犯罪三种类型。所谓的轻微违法犯罪，是指根据《刑法》不追究刑事责任的行为，其中包括违反《治安管理处罚法》或者其他行政法规应受行政处罚的行为。

（二）按照犯罪侵犯的客体不同进行分类

最早按犯罪客体对犯罪进行分类的是意大利学者贝卡利亚。在《犯罪与刑罚》一书中，他将犯罪分为三类："有些犯罪直接地毁伤社会或社会的代表；有些犯罪从生命、财产或名誉上侵犯公民的个人安全；还有些犯罪则属于公共利益要求每个公民做或不应做的事情相违背的行为"。此后，许多西方国家按照贝卡利亚的思路，将犯罪分为侵害国家法益的犯罪、侵害社会法益的犯罪和侵害个人法益的犯罪。

我国 1979 年《刑法》按照犯罪侵犯的个体不同将犯罪分为八大类，并且大体上按照由各类客体性质决定的社会危害性的大小，由重到轻排列。1997 年《刑法》修订后，将八类犯罪增为十类，它们分别是：危害国家安全罪、危害公共安全罪、破坏社会主义市场经济秩序罪、侵犯人身权利、民主权利罪、侵犯财产罪、妨害社会管理秩序罪、危害国防利益罪、贪污贿赂罪、渎职罪和军人违反职责罪。

（三）按照行为性质进行分类

意大利犯罪学家加罗法洛依据行为的道德评价和规范根据把犯罪行为分为自然犯罪和法定犯罪两大类。此种分类办法被西方许多刑法学者和犯罪学者采纳。

1. 自然犯罪。自然犯罪，是指违反一般人类所共有的怜悯与正直的道德情绪的行为。这种行为从根本上违反了人的本性，因此，在任何社会都会被视为犯罪，比如，非法剥夺他人生命、奸淫、盗窃等。

2. 法定犯罪。法定犯罪，是指并不为传统道德所不容，仅因法律禁止而形成的犯罪。这种犯罪往往是国家根据需要而规定的，没有统一确定的标准。加罗法洛认为，只有自然犯罪才是真正的犯罪，是犯罪学的研究对象。但许多学者认为，绝对不变的犯罪实际上是不存在的，自然犯罪与法定犯罪的区分仅具有相对的意义。

在我国，通常按行为性质的不同将犯罪行为分为五类：财产犯罪、暴力犯罪、智能犯罪、风俗犯罪、破坏犯罪。

（四）按行为形成的方式进行分类

将各种各样的犯罪行为加以抽象，概括为两种基本形式，作为和不作为。

1. 以作为方式实施的犯罪行为。此种犯罪行为是指以积极的行动实施某些危害社会的犯罪行为，即"不当为而为"。所谓"积极的行动"，是指包含了一系列积极的动作，才能使犯罪行为得以完成，从而实现自己的犯罪意图。例如：开枪杀人行为，包括接近被害人、举枪瞄准、扣动扳机等一系列积极的动作。这样才能使犯罪行为得以完成，实现杀人的犯罪意图。

2. 以不作为方式实施的犯罪行为。此种行为是指消极地不实施法律义务所要求的某些动作，从而危害社会的犯罪行为，即"当为而不为"。犯罪行为的不作为方式，必须以行为人负有某种特定义务为前提，否则便不能成为不作为的犯罪行为。该类行为在间接故意犯罪中出现得较多。下面以案例略加说明：

李某的不作为杀人案

李某和女青年项某恋爱并致项某怀孕。李某提出要跟项某分手，并要项某做流产手术。项某坚决不同意，几次欲跳楼自杀。某日中午，李某与项某争吵，争吵中，李某还用打火机投掷项某。项某感到绝望，走到走廊里，喝下了事先准备好了的一瓶农药，又走进了李某房间。此时，李某不但没有及时去救人，反而一走了之，甚至在临走时怕被人知道还将房门锁上。李某走后很长时间，项某才被人发现送往医院，但因救治无效死亡。

法院审理后认为，李某在发现项某服毒后采取放任态度，将房门锁上后外出，致使项某在李某房间中得不到及时抢救而身亡，其行为已构成不作为形式（不履行救助义务）的故意杀人罪。

（五）按照犯罪人实施犯罪的主观罪过心理进行分类

1. 故意犯罪行为。这是指行为人明知自己的行为会发生危害社会的结果，并希望或放任这种结果的发生。其有两个特征：①在认识因素上，行为人明知自己的行为会发生危害社会的后果；②在意志因素上，行为人对危害结果的发生持希望或放任的态度。

2. 过失犯罪行为。这是指行为人应当预见自己的行为可能发生危害社会的结果，由于疏忽大意而没有预见，或者已经预见但轻信能够避免。过失犯罪行为有两种形式：①疏忽大意的过失，即行为人应当预见自己的行为可能发生危害结果，由于疏忽大意没有预见，以致发生了危害结果；②过于自信的过失，即行为人已经预见到自己的行为可能发生危害结果，而轻信能够避免，以致发生危害结果。

3. 无过失行为。这是指行为实施时，行为人既无故意，也无过失。有些行为的行为人虽然主观上没有任何罪过，但其行为却在客观上造成了危害结果，具有一定的社会危害性。在英美法系，对一些无罪过犯罪行为也要追究刑事责任，在刑法理论上称为绝对责任或严格责任。在大陆法系国家，对无罪过的有害行为基本不追究刑事责任，只是作为可受行政处罚的违法行为。一些学者认为，法律规定惩罚无罪过行为，与刑法的目的和原则相悖，有失公正。不过在犯罪学中对无罪过犯罪行为进行研究，分析其产生的原因，并寻求有效的防范对策，也是有必要的。

（六）按照犯罪的公开程度进行分类

西方一些学者在对犯罪进行统计研究时，发现实际发生的犯罪行为与司法机关掌握的犯罪行为之间有较大的差距，因此，主张根据犯罪行为的公开程度将犯罪分为司法犯罪、公开犯罪和实际犯罪三种。

1. 司法犯罪。司法犯罪是指已经由法院作出判决的犯罪。司法犯罪是公众最熟悉的犯罪，因为犯罪人已被查明并受到惩罚，但司法犯罪仅是公开犯罪的一部分。在所有向警方或司法机关报案、投诉或检举的犯罪案件中，只有一部分能被破获并且受到惩罚。

2. 公开犯罪。公开犯罪是指已经被警察和司法机关了解和掌握的犯罪。公开犯罪也仅仅是实际犯罪的一部分，因为那些十分狡猾的犯罪分子常常能够逃脱法网；还有很多犯罪行为或者因为警力不足、社会控制不严，或者因为被害人的隐瞒，知情人的知情不报、包庇，而没有暴露出来。因此，公开犯罪与实际犯罪数量之间存在着一个很大的差数，这就是犯罪学理论中常说的"犯罪黑数"。

3. 实际犯罪。实际犯罪是指实际发生或客观存在的全部犯罪。由于犯罪黑数的存在，实际发生的犯罪远比司法犯罪和公开犯罪多。

（七）按照犯罪形成的特点进行分类

1. 蓄谋性犯罪行为。蓄谋性犯罪行为，是指预谋实施的犯罪行为。这种犯罪行为在形成过程中明显地反映出犯罪人的危害意志在选择中的支配地位。

2. 突发性犯罪行为。突发性犯罪行为，是指随着某种情景的出现而突然发生的犯罪行为。这类犯罪行为的实施没有明确的预谋过程，但有明确的目的。

3. 连带性犯罪行为。连带性犯罪行为，是指为了实现既定目的而实施某种行为，由这种行为引发的与行为目的无关的犯罪行为。

例如：犯罪人意图盗窃财物而窃取一个军人的背包，发现包里不仅有钱，还有手枪和子弹，于是把手枪和子弹藏于家中。这种私藏行为便属连带性犯罪行为。

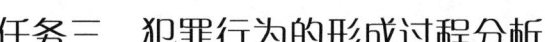

任务三　犯罪行为的形成过程分析

教学情境

教学情境一：　　　　　叔侄同谋劫摩的，"出师"未捷身先捕

2001 年 9 月 16 日，陈甲、陈乙两叔侄密谋以搭乘二轮摩托车为名，途中设法将摩托车劫走。当日，陈甲伙同陈乙携带一条铁棍和一支短砂枪，从平南县搭车到蒙山县城。前后在蒙山县城、荔浦县城窜游，察看地形，盯梢目标。第二天晚上 10 时许，陈甲、陈乙在蒙山县城盯上摩托车司机黄某，在商议搭车价钱和到达地点过程中，引起黄某的警惕。黄某察觉这两人有谋财害命的企图，即报警，陈甲、陈乙双双被捕。

教学情境二：　　　　　　　马加爵杀人案

案发：2004 年 2 月，云南大学大学生在宿舍连杀四个人，引发了轰动全国的马加爵事件。

受到讥讽：案发前几天的某一天，马加爵和邵瑞杰等几个同学在打牌时，邵瑞杰怀疑马加爵出牌作弊，两人发生了争执。其间，邵瑞杰说："没想到连打牌你都玩假，你为人太差了，难怪龚博过生日都不请你……"这样的话从邵瑞杰口中说出来，深深地伤害了马加爵。就是这句话使马加爵动了杀邵瑞杰和龚博的念头。

购买凶器：为了实施杀人计划，马加爵在网上查阅了许多资料，最后确定用杀人后流血相对较少的铁锤作为他的作案工具。他到一个旧货市场上买了一把石工锤，为了使用顺手，他请店主把过长的木柄锯短，悄悄把锤带回，并藏在了宿舍楼内厕所的隐蔽处，想等到作案时再取出来。但不知怎么，石工锤却被人偷走了。不得已，他又回到上一次买锤的商店再买了一把石工锤，同样让老板把过长的木柄锯短后带回宿舍。其间他还买了用于捆扎尸体的黑色塑料袋、胶带纸，并上街找制证窝点制作了假身份证，以备出逃时使用。

实施杀人行为：唐学李原本不住校，一直在校外租民房住，但由于案发前那几天还在假期，宿舍床位普遍空着，唐学李就暂时住进了马加爵和邵瑞杰住的 317 宿舍。而邵瑞杰案发前那几天经常跑到隔壁宿舍玩，玩晚了有时也就住在隔壁。唐学李的存在成了马加爵杀邵瑞杰的最大障碍。2 月 13 日晚，马加爵趁唐学李不备，就用石工锤砸向唐学李的头部，将其砸死后，用塑料袋扎住唐的头部藏进衣柜锁好，并认真处理了现场。14 日晚，邵瑞杰上网回来晚了，隔壁宿舍的同学已经休息，他就回到了 317 室住。就在邵瑞杰洗脚的时候，马加爵用石工锤将邵瑞杰砸死。15 日中午，马加爵正在宿舍里处理前一夜杀死邵瑞杰时留下的血迹。这时，杨开红来到 317 宿舍找马加爵打牌，已经杀红了眼的马加爵做贼心虚，一不做二不休，用同样手段夺走了杨开红的性命。当晚，马加爵找到龚博的宿舍，说317室里打牌正三缺一，叫龚博过去打牌。结果，龚博也惨遭马加爵的毒手。

逃亡：马加爵把被害人的尸体一一藏在宿舍的衣柜内，用黑色塑料袋扎住头部，防止血流出来，然后用胶带纸把报纸蒙住衣柜，用锁锁好。随后，马加爵开始了逃亡之路。17日，他到火车站乘车时，所使用的假身份证被铁路警方查获。但可惜的是，由于当时在317宿舍内的4具尸体还没有被人发现，他狡猾地摆脱了铁路警方，悄悄搭上了去往广州的火车。

被捕：2004年3月15日，马加爵在海南省三亚市被捕。

工作任务

上述的两个案例我们可以看到，犯罪人在实施犯罪行为有一系列的过程。

陈甲、陈乙叔侄劫摩的案：

谋财企图→密谋劫摩的→察看地形→选择被害人（摩的司机）→议价被识破→被捕。

马加爵案：

打牌受讥讽起杀心→购买凶器，准备出逃路线→实施杀人行为→逃亡→被捕。

虽然各个具体犯罪行为的情形不同，但任何犯罪行为的形成都有一定的发展轨迹，这条发展轨迹以故意犯罪行为最为清晰明显。接下来，我们将以故意犯罪行为的形成过程为典型，对犯罪行为形成的过程作一描述，以分析犯罪行为形成的一般规律。

1. 认识犯罪动机的形成。
2. 认识犯罪决意的形成。
3. 了解犯罪的准备过程。
4. 分析犯罪的实施、完成。

 学习内容

一、犯罪动机的形成

（一）犯罪行为产生的动力机制

作为有意识的社会动物，人类的任何行为都不单纯是在外力的推动下机械产生的。人类的任何行为，都是以个人已有的主观世界——心理活动为中介，经过内在的心理活动后产生的。外部刺激只有转化为人的内在心理之后，才能引起人的外部行为。

人类行为的内在动力，主要是指个人的需要以及由需要转化而来的动机。这种转化有不同情况：在一些情况下，强烈的需要会直接转化为动机；在另一些情况下，比较微弱的需要可能需要外部诱因的作用，才能转化为动机。

除了需要和动机之外，个人的兴趣、情感、理想、信念甚至人生观、价值观等，

也具有推动个人实施一定行为的动力作用。

上述原理既适用于一般的守法行为，也适用于犯罪行为。犯罪行为也是由犯罪行为的需要、犯罪动机等内在动力直接引起的。众多的社会环境因素只有转化为个人的需要和犯罪动机等内在心理成分之后，才能引起个人的犯罪行为。

（二）犯罪动机的形成过程

所谓犯罪动机，是指驱动犯罪主体实施犯罪行为的心理过程和行为动力。它是由犯罪主体的不良心理需要而产生的犯罪意念和外部条件（即犯罪的可能性）相互作用的结果。

犯罪动机是在犯罪人的需要的基础上产生的，犯罪人的不良心理需要是犯罪动机形成的基础性条件。一般而言，与犯罪动机的形成有关的犯罪人的主观需要如下：

1. 物质需要。这包括维持基本生活的物质需要和维持奢侈生活的物质需要。

2. 性的需要。即指犯罪人对作为生物本能的性行为的渴望。

3. 摆脱心理困境的需要。例如，消除危机感、强烈的不安、心理超负荷运行、激烈的内心冲突等方面的需要。

4. 自我确认的需要。即指犯罪人通过犯罪行为来认识自己、证实自己存在的价值或者自己的能力等的需要。

5. 自我显示的需要。这是犯罪人希望通过犯罪行为向他人显示自己的能力、勇敢等特征，以便获得别人的赞赏、认可、友谊、接纳等的需要。

6. 充实生活的需要。这是犯罪人试图改变平凡、单调生活状况的需要，具体表现为追求刺激的需要、冒险的欲望等。

7. 征服他人的需要。这是犯罪人想使别人服从自己的需要，突出的表现为权力欲、控制欲等。

8. 爱的需要。这是犯罪人希望获得别人的爱和向别人表达自己的爱的需要。

9. 报复欲望。这是犯罪人想侵害那些损害了自己利益的别人或社会的需要。

10. 实现自己志向的需要。这是犯罪人想实现自己的理想或追求的需要。

犯罪人在产生需要之后，需要并不会简单地转化为犯罪动机。对于犯罪人来说，需要是否应该得到满足，是否应该立即得到满足，应该以什么样的方式得到满足，都是要进一步考虑的问题。犯罪动机的形成就是犯罪人的需要进一步明确并且与需要的对象相结合时形成的犯罪心理形态。

在考虑这些问题的过程中，犯罪人会产生犯罪动机冲突。犯罪动机的冲突就是指犯罪动机与非犯罪动机以及不同犯罪动机之间产生争斗和较量的过程或现象。犯罪动机冲突的模式，主要有三种：

1. 双趋式冲突。这是指在两种犯罪利益不能同时获取时产生的冲突，一般来说，这种动机冲突较少发生。例如：犯罪人既想从事盗窃活动，又想从事诈骗活动，但无法同时进行两种活动时，犯罪人就会产生动机冲突，只能选择其中之一加以实施。

2. 双避式冲突。这是指在两种活动都很难避免时发生的动机冲突。例如：在家庭暴力的情境中，犯罪人（往往是女性）既不想去杀害人，又不堪忍受对方的欺负、折磨。

3. 趋避式冲突。这是指在既想犯罪又怕犯罪不顺利或犯罪后受惩罚时产生的动机冲突，这是最为常见的犯罪人的动机冲突形式，尤其对初犯来说，在实施犯罪之前，往往要经过激烈的内心冲突，其结果不外三种：①形成强烈的犯罪动机，决意实施犯罪行为；②压抑犯罪动机，暂时停止犯罪活动，伺机再动；③不形成犯罪动机或者消除已经形成的犯罪动机，放弃犯罪念头。

另外，犯罪的外部条件（即犯罪的可能性条件）是犯罪的刺激和诱因，这是犯罪形成的又一必不可少的条件。由不良的心理需要产生的内驱力在没有满足需要的诱因时，只是一种主观的犯罪意念和欲望，只有有了诱因、有了犯罪的条件和可能性，才能为满足需要而采取行动，从而使欲望表现为动机。举例来说，这些外部条件和诱因有：露天存放的实物，无人看守的物资仓库，夜间单独行走的妇女，社会上、法律上、经济管理中存在的漏洞等。

因此，犯罪主体只有在不良的心理需要与犯罪外部条件或诱因（即犯罪可能性）的相互作用下，才能最终形成犯罪动机。犯罪动机一旦形成，就会成为推动犯罪主体实施犯罪行为的内在动力。

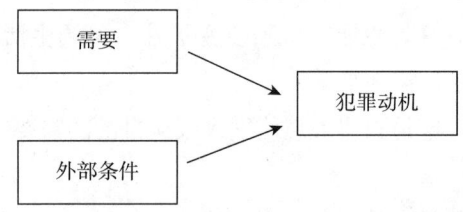

二、犯罪决意的形成

犯罪决意，是指实施犯罪行为的决心和意向。

犯罪行为是由犯罪动机所驱动的，只有犯罪动机而无犯罪行为不能认为是犯罪。而犯罪动机所发动的犯罪，在许多场合或情况下并不是即刻实施，而需要有一个最终决定的过程，亦即犯罪主体最终下决心的阶段，这就涉及犯罪主体对犯罪后果的利弊的分析，最终的裁定或决断等。通常而言，犯罪决意有以下三种类型：

1. 预谋犯罪决意。即经过深思熟虑而形成的犯罪决意。这类犯罪决意最为坚定，大有不达目的不罢休的决心，多表现为实施有预谋的犯罪或有组织的犯罪。例如：教学情境二中的马加爵杀人案。

2. 机会犯罪决意。即恰逢某种当即形成的犯罪决意。这类犯罪决意的坚定程度较差，没有适当的机遇就不会形成。下面的案例即可很好地说明这一点：

某日中午 12 时许，郑和全驾驶三轮摩托车与关力一起去问该车的出卖价格。下午 1 时许，当他们开车到十步村的公路时，遇到受害人徐建东、王容良要雇车到玻璃厂提货，并运到三角街龙津饭点，出车费 15 元。当车开到玻璃厂门口时，王容良、徐建东将密码箱（内装人民币 32 300 元）、提包（内装人民币 9500 元）放在车座上，对郑和全、关力说："车停在这里，我们去提货。"随即往厂里走去。此时郑和全和关力顿生邪念，调转车头往玻璃厂斜对面方向逃走。王容良、徐建东二人从厂里提货出来，见三轮车不在，急忙寻找。至胪月雷乡三角埕对面时，刚好遇到郑和全驾车从三角埕开过。失主王容良发现后挥手喊停车，郑和全见状即加大油门逃窜。

3. 激情犯罪决意。即受突如其来的、强烈的、情绪刺激而形成的犯罪决意。这类犯罪决意具有突发性，大都是临时起意，出现得快消失得也快，更无坚决性可言，行为不计后果。药家鑫杀人案和下面的案例均可说明这一点：

2006 年 9 月 20 日晚上，王某突然接到母亲打来的电话，称王某的父亲与楼下的邻居发生了一点小冲突，希望王某能够过来看看。当王某来到父母的住处时，父亲和邻居正在理论，双方先是口头争吵，随后是拳脚相加，王某一时失控一拳打在邻居的鼻梁，当时就将对方的鼻骨打成骨折。

除激情犯罪决意外，一般犯罪决意的形成都要经过行为人激烈的思想斗争。也就是说，犯罪动机虽已产生，但是否将这种犯罪动机付诸行动，还要经过反复权衡。如果行为人认为实施犯罪行为所获得的受益大于所造成的损失，就可能做出犯罪决意；如果行为人认为犯罪行为得不偿失，就可能放弃犯罪意图。如果行为人决意实施犯罪，可能还要进一步考虑实施犯罪的方法和手段、犯罪后是否会被发现、如何逃避罪责等一系列与犯罪行为实施有关的问题。行为人在作出犯罪决意之时，往往会产生一种恐惧感或罪责感，初犯尤为明显。这种恐惧感和罪责感可能促使行为人放弃实施犯罪行为。不过，犯罪决意坚定者会尽量克制因心理冲动而产生的恐惧感和罪责感，并寻找各种理由，为自己实施犯罪辩解，使自己相信犯罪行为是合理的。

下面以盗窃犯、销赃犯、古代的强盗的辩解进行说明：

盗窃犯会认为"自私是人的本性"，"上等人有人送上门，中等人托人走后门，下等人没有门，不偷活不成。"

销赃犯会为自己辩解："我是商人，我一生中从来没有偷过东西。有人把偷来的东西交给我，如果我不买，别人也会买。买卖赃物不损害任何人。而且我是一名正派的受尊敬的销赃商，我不是那种在街道转弯角上做买卖、搞肮脏竞争的人。我对我的供货人和顾客宽宏大量，他们都喜欢我。我已经帮助过许多处于困境中的人。许多受尊敬的公民，甚至警察、法官都到我这里来买便宜货。"

古代一些强盗啸聚山林，把自己标榜为"杀富济贫"、"替天行道"的英雄好汉。现在还有一些危害国家安全的犯罪分子把自己的行为说成是"为民请命"、"争民主"、"争人权"等。

三、犯罪准备的过程分析

所谓犯罪准备，是指为犯罪行为的实施预备工具、准备条件。犯罪准备的过程实际上是在制造一个有利于犯罪的环境的过程。为了犯罪行动的成功，犯罪者还可能进行犯罪的工具准备、技术准备、情报准备和计划准备等犯罪准备工作。

（一）犯罪工具准备

犯罪工具是指可以为实施犯罪而利用的各种物品。任何被犯罪人在犯罪行动用以达到犯罪目的的工具都应该是犯罪工具。制造、寻求这种工具就是准备犯罪工具。比如，制造伪造货币的模板是准备犯罪工具，寻找一根能打伤人的木棍或一块能砸死人的石头，是准备犯罪工具，当然，购买一个能用来装摇头丸的箱子或准备一张用以害人的吸附了毒药的纸片，也都是准备犯罪工具。

（二）犯罪技术准备

犯罪技术是犯罪人在犯罪行动使用的各种具有技术性的方法、措施和手段。犯罪技术大致有两类：一类是社会生活的一般技术被犯罪者用于犯罪行动；另一类则是犯罪者使用的专门技术。社会生活中的各种技术都可能被犯罪者应用于犯罪活动，而犯罪的专门技术则需要犯罪者经过专门的锻炼才能掌握。比如，扒窃犯罪者的扒窃技术，国际恐怖犯罪者的恐怖犯罪技术，都需要专门的锻炼和训练。

（三）犯罪情报准备

犯罪情报是指与实施犯罪行为有关的各种信息。比如，犯罪目标的有关信息，侵害对象的有关信息，警方的有关信息，都可能成为犯罪者需要掌握的情报信息，犯罪人搜集掌握这些情报信息就是犯罪情报准备。从盗窃犯罪者的踩点到国际恐怖主义者的情报工作，犯罪情报的准备工作有的简单、有的复杂，形式和类型也是多种多样的。

（四）犯罪计划准备

犯罪人在犯罪决意的支配下，对犯罪行动的具体步骤所做的思考、策划和安排，称为犯罪计划。如一般的盗窃者都会有一个简单的犯罪计划。

在犯罪决意形成之后，由于主客观因素的影响，犯罪人可能会放弃犯罪准备行为。放弃犯罪准备可能是尚未进行任何犯罪行为准备，也可能是已经完成了一部分，但随后放弃了其余的准备行为。促使犯罪人放弃犯罪行为的因素主要有：

1. 主观方面的因素。

（1）失望。犯罪人在犯罪行为准备过程中，屡受挫折，进展不顺，对犯罪成功可能失去信心，产生了失败情绪，因而心灰意冷，放弃了犯罪准备行为。

（2）恐惧。犯罪人在犯罪行为准备过程中，恐惧心理会逐渐增加，因为犯罪行为一旦败露，将会受到严厉的惩罚，后果会十分严重。这种恐惧不安的心理有时可能会抑制犯罪心理，动摇犯罪人的犯罪决意，促使其放弃犯罪准备行为。

（3）悔悟。犯罪人在准备实施犯罪行为的过程中，由于受到社会或家庭等方面积极因素的影响，或受到自己良心的谴责，有可能幡然悔悟，从而放弃犯罪准备行为。

2. 客观方面的因素。

（1）共同犯罪人之间产生分裂。在必须有多人分工合作实施的犯罪行为中，如果犯罪人之间发生意见分歧，产生分裂，可能促使其分道扬镳，从而放弃犯罪准备行为。

（2）实施犯罪的障碍难以排除。实施犯罪行为必须排除所有的障碍，如果障碍难以排除，一些犯罪人就可能放弃犯罪准备行为。如犯罪人欲进入展览馆内盗窃珍贵文物，但根本无法解除警报器，无奈只好放弃犯罪准备行为。

四、犯罪实施的过程分析

所谓犯罪实施，是指犯罪人的行为已直接指向犯罪所要侵害的目标。不同种类的犯罪，在犯罪准备阶段所进行的准备可能并无差别，但在实施阶段彼此的差别就会显露出来。如为杀人准备刀枪和为伤害准备刀枪，两者并无差别，但在实施阶段就不同了。伤害犯罪人只要使被害人受到伤害即达到目的，而杀人犯则要置被害人于死地，否则不肯罢休。犯罪准备和犯罪实施均为犯罪动机和犯罪决意所推动，但犯罪实施是要追求犯罪的结果，而犯罪准备则是为犯罪实施创造有利条件。例如，犯罪人为伤害他人购买了凶器，在路上巧遇被害人，且地处偏僻地段容易下手，但犯罪人此时尚无充分准备，虽然彼此擦肩而过，仍不会发生杀害行为。如果已进入实施阶段，犯罪人就会找机会下手杀害被害人，以达到犯罪目的。不过这种情况主要适合于有计划的预谋犯罪，机会犯罪和激情犯罪并不包括在内。犯罪行为的实施方式主要有：秘密方式、公开方式、暴力方式、欺骗方式和协议方式等。大多数犯罪会采取秘密的行为方式，这种犯罪方式既能达到犯罪目的，又可以逃避法律制裁，是一种代价较小的犯罪方式，为大多数犯罪人所选择。而绑架犯罪者、枪击犯罪者采取的是公开强暴的行动手段；诈骗犯罪者采取的是欺诈的行动手段；嫖宿幼女是一种双方自愿的协议行为，但具有严重的社会危害性。

以上是依据各自的典型特征对犯罪行为方式所作的划分。在实践中，一种犯罪常常会同时借助几种犯罪方式，如既是暴力的又是公开的，既是欺骗的又是协议的，既是秘密的又是公开的，等等。

犯罪行为的实施一般均受原定计划的支配，一旦达到犯罪目的，犯罪行为即到达终点，犯罪动机得到满足，犯罪决意也随之消灭。如果犯罪行为的实施没有成功，犯罪主体有可能继续寻找机会，再次实施犯罪。

总而言之，在生理因素的作用下，犯罪心理的形成、犯罪动机的形成、犯罪决定的形成及犯罪预备和犯罪实施等阶段会形成一个整体的犯罪过程或链条。如下图：

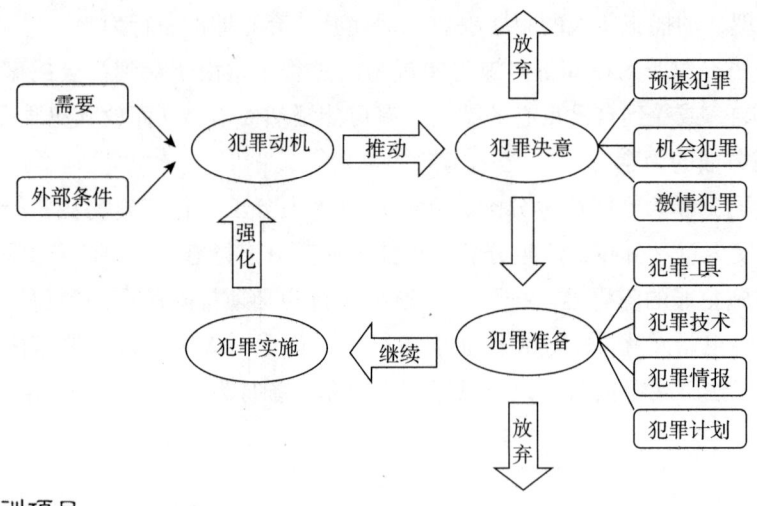

 实训项目

项目一：

案例：马加爵案。

实训任务：

根据马加爵的犯罪行为，结合犯罪行为的形成过程，试分析其犯罪动机、犯罪准备以及犯罪实施？

项目二：

请阅读"拓展阅读"材料。

实训任务：

1. 请讨论：针对合意犯罪行为，诸如吸毒、赌博及卖淫等的法令（即禁止这些行为并给予处罚）是否利大于弊？

2. 请讨论：国家针对这些合意犯罪行为，应该采取怎么样的措施更合适？

拓展阅读

有关合意犯罪——吸毒、卖淫和赌博等行为的争论[1]

到目前为止，我们讨论的绝大部分犯罪行为，都有非自愿的受害者，合意犯罪，也称为不道德的罪行、公共秩序犯罪或无受害人犯罪，则与此不同，其所有参与者都是自愿的。有的学者指出，尽管参与这类活动并非明智之举，但是在民主社会人们应该有参与的自由。国家不应该推行一种"强制的美德"。可是在另外一些学者来看，这

---

[1] 如本教材所述，典型的犯罪行为中的主体要素中包括犯罪人和被害人，但也有诸如吸毒、卖淫和赌博等行为中并没有被害人，这种犯罪被称为"无被害人犯罪"或"合意犯罪"等，关于国家立法应如何对待此类行为存在争议。本拓展阅读部分内容参看：〔美〕斯蒂芬·E. 巴坎著，秦晨等译：《犯罪学：社会学的理解（第四版）》，上海人民出版社 2011 年版，第 429～537 页。标题为编者所加。

些行为往往不仅伤害了他们自己。例如，整个家庭会因为某个成员的吸毒或赌博行为而受到伤害，吸毒、赌博还会导致其他可能伤及无辜的犯罪行为。因此，从维护社会稳定的角度考量，合意犯罪就不仅仅是一个道德问题那么简单了。

对此，一些对惩戒合意犯罪的法律持批评态度的人则有不同的看法。他们指出，每个家庭都可能因为其家庭成员的某些常见的、合法的行为受到伤害，比如在股市上一次失败的投资，经商失败，或者因为摄入过多高脂肪食物而导致动脉栓塞。就像我们不会立法禁止这些行为一样，对那些看起来不那么容易被社会接受的行为，也没有道理从立法上加以限制。

更为复杂的是，随着时间的推移，某些评判标准会发生巨大变化。某些今天看来绝非违法的行为，比如婚前性行为，就曾经被视作严重不道德的行为，未婚夫妇居住在一起，此前被称作"非法同居"（living in sin）。

有关合意犯罪行为的道德标准，同样也处于变化之中，比如一个世纪或更早以前，吸食鸦片、可卡因和大麻在美国司空见惯，至少是被社会认可的。在许多地区，卖淫尽管不受欢迎，却是合法的。

关于合意犯罪立法的最后一个问题是，他们往往弊大于利。其危害性在于：①导致警察和其他官员的腐败；②导致合意犯罪的行为人其他的犯罪行为，而如果法律包容他们先前的行为，那么后来的犯罪原本就是可以避免的；③导致公众对法律的不尊重；④在无益的所谓打击违法犯罪行为上浪费太多的时间、精力和金钱，而这些本可以用来打击更严重的犯罪；⑤导致执法者诸如秘密监视等殃及公民自由的暴力行为；⑥为有组织犯罪提供了经费。这些犯罪活动乐于提供那些公众大量需求却被合意犯罪法规禁止的商品和服务，并因此获利。

吸毒现象贯穿整个人类历史，毫不夸张地说，美国可谓充满瘾君子的国度。其中大量药物是有疗效的，几乎每个人都使用过他们。非法药物的使用也很常见，但在多数情况下，它仅涉及对大麻的使用，且往往是偶发的、尝试性的。

卖淫被称作世界上最古老的职业，合法妓院存在于美国历史的大部分时期，至今内华达州许多地区还有其踪迹。经济剥削和性别歧视是女性从事卖淫的主要诱因。对于卖淫者及其主顾，卖淫活动都有重要功能：对前者而言这是重要的收入来源；对后者来讲是宣泄性欲的渠道。

赌博行为，无论合法还是非法的赌博行为都十分普遍。彩票和赌场等合法赌博在近些年得以快速发展。批评者们认为禁赌立法并未就界定赌博行为合法与否的原因作出明确的阐释。

有关合意犯罪立法的一个问题是，合法的行为与非法的行为之间的界限是模糊的和不真实的。我们禁止某些毒品，而另一些产品诸如酒精、烟草等，每年会导致数千人死亡，并导致每年数百亿美元的资金消耗在经济生产率丧失、健康检查及其他方面，却受到法律的保护。我们禁止卖淫者出卖肉体换取金钱，但是运动员、模特同样是依靠身体获利的。我们禁止某些形式的赌博，对另一些却不设禁令，尽管两者之间不存在符合逻辑的区分。

不道德犯罪引发了一些富有意味的哲学与社会科学之思，涉及国家的角色和个人自由的实质等问题。主要的哲学问题是，国家应该在多大程度上限制人们参与那些可能伤害自己或者可能直接伤害他人的行为。主要的社会科学之思则是，针对合意犯罪的法令是否弊大于利。当下我们针对吸毒、卖淫和赌博采取的措施中，有太多的错误乃至适得其反。不幸的是，发现错误比找到有效的解决之道要容易。我们究竟该为禁止这些行为而投入更多的时间、金钱和精力，还是代之以完全不同的解决方案，例如将它们合法化？人们将为此长期争论下去。

攻击/暴力行为的分类[1]

攻击或暴力行为主要分为两种亚型：①主要表现为爆发性甚至不受控制的攻击反应，通常在挑衅、挫败或威胁等刺激之后发生，往往伴随着强烈的情绪唤起（如愤怒或恐惧）和自主神经反应（如心率增加等），主要目的是对威胁或挑衅等刺激进行自我防御，或者破坏挫败的来源如受到侮辱而导致的杀人或伤害等，因此被认为是"热血"（hot-blooded）的；这一亚型被称为冲动性攻击（impulsive aggression），也被称为反应性攻击（reactive aggression）、情感性攻击（affective aggression）或敌对性攻击（hostile aggression）。②主要表现为有目的、有计划的攻击行为，与受挫或威胁等外界刺激无关，通常不伴随强烈的情绪或自主神经反应，此类攻击行为通常只是一种手段，其主要目的是获取某个目标（如他人财物）或优势地位，而不是伤害受害者，如精心策划的抢劫等，因此被认为是"冷血"（cold-blooded）的，这一亚型被称为预谋性攻击（premeditated aggression），也被称为主动性攻击（proactive aggression）、工具性攻击（instrumental aggression）或掠夺性攻击（predatory aggression）。

冲动性攻击与预谋性攻击是由 Barrattz 在 1991 年首次提出的。冲动性攻击和预谋性攻击不仅在认知和情绪方面存在差异，而且很可能具有不同的神经生物学基础。首先，冲动性攻击者的冲动性水平更高，并可能伴随有更多的愤怒、焦虑或抑郁以及躯体症状。其次，冲动性攻击者可能表现出执行功能缺陷、中枢神经系统的 5-羟色胺功能下降、皮层的激活水平下降。

参考文献

1. 张远煌：《犯罪学原理》，法律出版社 2008 年版。
2. 王牧主编：《新犯罪学》，高等教育出版社 2010 年版。

---

[1] 张卓：《攻击与暴力犯罪的神经心理学研究》，中国政法大学出版社 2014 年版，第 4~7 页。

3. 许章润主编：《犯罪学》，法律出版社 2007 年版。

4. ［美］M. W. 瓦托夫斯基著，范岱年等译：《科学思想的概念基础——科学哲学导论》，求实出版社 1982 年版。

5. 马亚雄、张广宇："应激型杀人犯罪行为形成机制研究——药家鑫故意杀人犯罪行为的个案分析"，载《中国人民公安大学学报（社会科学版）》2013 年第 3 期。

6. 刘灿璞：《犯罪学》，上海人民出版社 1989 年版。

7. 张卓：《攻击与暴力犯罪的神经心理学研究》，中国政法大学出版社 2014 年版。

———项目六———

认识、分析犯罪人与犯罪被害人

任务一 认识、分析犯罪人

📝 教学情境

教学情境一： 杀手的"梦想"——黄勇系列杀人案

2003 年 12 月 9 日，残杀 17 名青少年的犯罪人黄勇被驻马店市中级人民法院一审判处死刑。

29 岁的犯罪人黄勇，出身于农民家庭。黄勇十二三岁时，在一次庙会上看了一场录像，片名叫《自由人》，讲的是一个杀手独来独往的故事。在年少的黄勇看来，杀手很酷，与众不同，他很想体验做杀手的感觉。此后几年，黄勇过着平淡无奇的生活。

2001 年夏天，黄勇的父母兄弟到平舆县城帮人养猪，而他一人在家住。场所条件具备了，为了有百分之百的把握，黄勇制造了一种杀人工具，起名叫"智能木马"。所谓的"智能木马"，是黄勇用自己家中的轧面条机机架改装的杀人机械。精心策划后，黄勇决定向出入网吧、录像厅、游戏厅的男性青少年下手，实施杀人计划。自 2001 年 9 月至 2003 年 11 月，黄勇先后在网吧、录像厅、游戏厅等场所，以资助上学、帮助提高学习成绩、外出游玩和介绍工作为诱饵将被害人骗到自己家中，以被害人要想实现自己的愿望、必须经过"智能木马"测试为由，将被害人绑在木马上，或先把被害人用酒灌醉，然后用布条将被害人勒死。至案发时，黄勇共计杀死无辜青少年 17 人，轻伤 1 人。

黄勇对记者说，如果杀女人，显示不了英雄气概，故决定选择男青年。第一次杀人后，黄勇说："处理现场之后，我心里有一种喜悦感——自己的愿望终于实现了。接着又有一种恐惧感，心里害怕被发现，一直没能作案。""第一次杀人时比较匆忙，没能真正感受到杀手的感觉。""在杀了第二个人之后，我感觉到自己成为一个杀手了。但是人家那种杀手很利索，我还是不够利索，同他们还有距离，还想练练。"此后，黄勇接二连三地杀人。在杀害第 17 名被害人后，黄勇感觉自己的杀人技术娴熟了。"我已经完全掌握了杀人技术，但是腻了，不想再杀人了。那时，思想忽然开始转变。为练杀人技术，杀了那么多人，想去自首，也没有勇气，不敢面对现实。就想办法，想利用一个人去报案，可能会好点。"2003 年 11 月 4 日，黄勇将第 18 个被害人骗至家中，黄勇曾将他勒晕三次，但每次都下不了杀手，11 月 17 日，黄勇将被害人放走。

"每个人都有自己的梦想，希望大家不要走我这条路，代价太大。"黄勇说。

教学情境二：　　　　　　　　人，一半是魔鬼，一半是天使？

人性应该是感性与理性的互渗，自然性与社会性融合。这种统一不是二者的相加、凑合或混合，不是"一半天使，一半魔鬼"，而应是感性（自然性）中有理性（社会性），或理性在感性中内化、凝合、积淀，使两者合二为一，融为一体。[1]

▊ 工作任务

当审判长宣布将 29 岁的黄勇押上法庭时，大家觉得很意外：身高不足 1.7 米，面容清瘦，乍看上去还有点文气，就是他一手制造了平舆系列杀人案吗？黄勇为什么要杀人？犯罪人是魔鬼吗？我们将要来认识和分析：

1. 什么是犯罪人？

2. 总体而言，犯罪人有什么特征？

3. 犯罪人除了与正常人相同的属性外，还有哪些属性？

4. 我们可以对犯罪人进行怎么样的分类？

 学习内容

一、犯罪人的概念

犯罪行为总是需要人来实施，如果没有犯罪人，也就没有犯罪行为。犯罪人是犯罪现象中一个最基本的要素。

犯罪学中的犯罪人，是指实施了违法犯罪行为以及其他严重社会越轨行为，应受到法律和道德责罚的自然人。理解这个概念需要注意几点：

1. 犯罪人是反社会行为的实施者。实施了反社会行为（即破坏社会法律秩序、伦理秩序以及政治秩序等的行为）是"犯罪人"这一特定身份的"外在标志"。如果其没有实施任何反社会的行为，即使其内心充满了反社会的情绪，也不能称之为"犯罪人"。

---

〔1〕　摘自李泽厚：《批判哲学的批判——康德述评》，人民出版社 1979 年版。

2. 犯罪学意义上的犯罪人与刑事法律意义上的犯罪人不同。刑事法律意义上的犯罪人，或者叫犯罪主体，是指具备刑事责任能力，实施了严重危害社会的行为并且依法受到刑罚惩罚的人。这与犯罪学上的犯罪人主要有以下区别：①刑事法律上的犯罪人，必须以刑事法律为基础，必须是具备刑事责任能力的人；而犯罪学意义上的犯罪人不完全受刑法规定限制。②刑事法律上的犯罪所禁止的人是实施了刑法所禁止的犯罪行为的人；而犯罪学上的犯罪人则不仅包括实施了刑法所禁止的犯罪行为的人，还包括实施了其他一般的违法行为和越轨行为的人，范围更宽。③犯罪学上的犯罪人是事实上的评价而不是规范意义的评价。即只要事实上实施了反社会行为的人，不论其是否被采取刑事强制措施、起诉、定罪判刑或者采取其他矫治措施，均是犯罪学上的犯罪人；而刑事法律上的犯罪人则是规范意义上的评价，即需要法律上的评价。

3. 犯罪学的犯罪人研究以犯罪的自然人为基本标本。关于犯罪人的理论主要是关于犯罪自然人的理论。之所以如此，其原因之一，就是法人犯罪行为最终也是由自然人来策划和实施的。

由以上的概念我们来探讨下犯罪人的外延。根据犯罪学上犯罪的概念和犯罪人的概念，犯罪学上的犯罪人不仅包括触犯刑事法律应受刑罚处罚的刑事法律上的犯罪人，也包括一定范围内严重越轨、应受法律和道德责罚的人；不仅包括有刑事责任能力的犯罪人，也包括不具有刑事责任但实施了违法犯罪行为或者越轨行为的未成年人、变态人格者和精神病人。具体而言，犯罪学上的犯罪人，包括以下几类人：

（1）实施了刑法禁止行为并应承担刑事责任的人，即刑法上的犯罪人。

（2）实施了吸毒、卖淫、通奸、乱伦等越轨行为的人以及某些自杀者。

（3）实施了违反治安管理行为以及某些其他行政、民事违法行为的人（如商业上的不法竞争者）。

（4）实施了刑法禁止行为的精神病人。

（5）送交工读教育、收容教育，实施了违法犯罪行为或者越轨行为的未成年人。

二、犯罪人的特征

尽管犯罪人的情况千差万别、错综复杂，但也具有一些共同的特征。对犯罪人特征的经验性描述，是犯罪现象研究的一个重要方面。通过对犯罪人进行大量的个案研究以及大范围的经验性测量，可以发现犯罪人口的结构性特征和犯罪的人口分布，告诉人们究竟是哪些人在犯罪、为什么一些人会比另外一些人更容易选择犯罪。

（一）犯罪人的性别特征

从犯罪统计数据来看，世界各国普遍存在的一个事实是，犯罪主要是男人的事情，可以被称为是一种"男人的工作"。虽然近些年来，女性犯罪在某些国家有上升的趋势，但在总体上，男性仍然是犯罪人的主要构成部分。例如：在西方国家，发达工业化国家女性犯罪约占犯罪总数的 10% ～20%，发展中国家的女性犯罪占犯罪总数的 3% ～5%。[1]我国犯罪的男女比例，从各种不同的统计数据来看，大体在 10∶1 左右，不过近年来也呈现女性犯罪不断上升的趋势。下面以深圳市为例作一简要说明：

近年深圳市女性犯罪情况[2]

2012 年，广东省深圳市检察院对外公布：2006 年以前，因涉嫌犯罪而被检察机关提起公诉的人员中，女性所占比例一直处在 7% 以下，从 2006 年至 2008 年，女性占比连续 3 年在 7% 左右，2009 年女性占比接近 8%，2010 年至 2011 年，女性占比都超过 9%。

男女犯罪人在犯罪类型上的分布也有差异：男性犯罪相对集中在攻击性的杀人、抢劫、强奸、重伤等暴力犯罪，女性犯罪则多为非暴力犯罪，如拐卖、商店行窃、欺诈等；几乎所有的卖淫者都是女性，男性卖淫的鲜有其例。据英国《不列颠百科全书》披露，在逮捕的人犯中男女比例如下：杀人犯 6∶1、伤害犯 7∶1、抢劫犯 22∶1、入室盗窃犯 30∶1。[3]

（二）犯罪人的年龄特征

犯罪人以青少年（青少年的年龄一般是指在 25 周岁以下）为主，且犯罪低龄化趋势明显。始发违法犯罪多在 14 ～16 岁这一年龄段，是各国的普遍现象，据 2014 法治蓝皮书统计[4]，现在犯罪高峰年龄是 17 岁，十六七岁的占未成年人犯罪的 90%，十四五岁的不到 10%，如下表所示，我国青少年罪犯是全国刑事罪犯的"主力军"。

表 6 -1：1991 ～2000 年全国审理青少年犯罪情况表

年份	1991	1992	1993	1994	1995	1996	1997	1998	1999	2000
青少年罪犯占比（%）	52.88	50.78	50.74	49.12	45.54	40.53	37.85	39.39	36.71	34.54

另外，在英国，据《不列颠百科全书》显示，严重犯罪的实施者中 25 岁以下的青少年占大多数，在逮捕的人犯中，11 ～17 岁的青少年占 1/2，18 岁以上 25 岁以下的占 3/4。[5]

（三）犯罪人的职业特征

职业特征与个人的社会地位、生活方式、经济条件、活动范围、居住状况等有着

〔1〕 数据来源：［德］汉斯·约阿希姆·施奈德著，吴鑫涛、马君玉译：《犯罪学》，中国人民公安大学出版社 1990 年版，第 609 页。

〔2〕 资料来源：王彦利、张大辉："女性犯罪上升 让人不胜唏嘘"，载《检察日报》2012 年 5 月 2 日。

〔3〕 数据来源：美国不列颠百科全书公司编：《不列颠百科全书》第 5 卷，中国大百科全书出版社 2007 年版，第 267 页。

〔4〕 李林、田禾主编：《中国法治发展报告 NO.12（2014）》，社会科学文献出版社 2014 年版。

〔5〕 数据来源：美国不列颠百科全书公司编：《不列颠百科全书》第 5 卷，中国大百科全书出版社 2007 年版，第 267 页。

密切关系，因而与犯罪也有着密切的关系。

职业类型与犯罪发生率、犯罪类型均有关系。调查表明，从工、从商或者没有固定职业者的犯罪率比较高，公务员及其他脑力劳动者的犯罪率较低。在犯罪类型方面，则有调查表明，工商业者多有违反税法和贿赂行为，服务人员犯诈骗、盗窃等罪行的可能性较大，公务员多犯贪污、受贿、渎职罪等。

（四）犯罪人的家庭特征

家庭是个人最早接触的社会环境，对于人的一生有着深远的影响。因而，家庭状况与个人犯罪也有着密切的关系。调查表明，家庭结构不完整、家庭的其他成员中有犯罪者、家庭生活氛围不和谐、家庭居住条件较差、家庭经济拮据等是导致青少年犯罪的重要原因。

（五）犯罪人的居住特征

犯罪人的居住特征主要是指犯罪人的家庭居住条件，如居住面积、居住状况和犯罪人居住环境属于文化区还是商业区，以及社会环境的治安状况等。

一般来看，接近工业与商业区的地方，犯罪率较高，反之较低；城市的犯罪率较高，农村的犯罪率较低；城市里容易发生犯罪的地区多为生活贫困地区、偏僻地区和行为不良者居住的地区；等等。

三、犯罪人的属性

犯罪人是凶神恶煞之人吗？我们在讲犯罪人的属性的时候，首先要思考的一个问题是：犯罪人与正常人是否有本质上的区别？

（一）人性——犯罪人的一般属性

恩格斯曾经提出："人来源于动物界这一事实已经决定人永远不能摆脱兽性，所以问题永远只能在于摆脱得多些或少些，在于兽性或人性的程度上的差异。"恩格斯这里说的"兽性"和"人性"，分别是指人的自然属性和社会属性。

人，包括犯罪人，是自然属性（即生物属性）和社会属性的统一或者融合。首先，必须承认，人，包括犯罪人，均来源于动物，并且迄今仍然带有动物性即自然属性的一面，每个人都有生物遗传本能和冲动，如饥饿本能、性本能等。其次，我们也必须承认，人，包括犯罪人，与一般的动物有本质的区别，确切地说，人是一种社会动物，一种文化动物，社会属性才是人区别于一般动物的本质属性。

（二）反社会性——犯罪人的特殊属性

犯罪人除了具有人的一般属性之外，还具有不同于正常人的特殊属性，具体表现为他们所具有的较强的反社会性。所谓的反社会性，是指犯罪者人格呈现出的与社会法律规范和伦理准则相悖的品质或倾向。犯罪人的反社会性的具体表现为：

1. 错误的信念体系。犯罪人错误的信念体系的主要特征是：极端个人主义；对现存社会持极端的否定或敌视态度；接受与社会主流文化相对的亚文化甚至反文化。由于错误的信念体系，犯罪人对现行社会制度、规范和价值准则会产生强烈的、自觉的对抗或敌视态度，会更加主动地实施反社会行为。

2. 自我意识发展欠缺。这具体表现为过于自卑或者以自我为中心；良心、同情心、羞耻心、责任感、法律意识等内在的自我价值准则很不成熟；自我控制能力缺乏；等等。

3. 需求结构歪曲，或者其需要得不到满足，经常处于挫折状态。

4. 具有不良的性格特征。比如高度的内倾或外倾、冷漠孤僻、虚伪狡诈、爱慕虚荣、意志力差等。

5. 不良行为方式或生活方式的习癖。如经常给其周围的人制造麻烦，诸如打架、酗酒、不正当的性行为等；在与他人交往过程中表现出过分强硬；在与他人往来过程中要小聪明等。

四、犯罪人的类型

犯罪人的类型，是指按照一定的标准和方法，对犯罪人进行鉴别、比较之后，根据其相似特征而进行的犯罪人归类。

划分犯罪类型的标准是多元的。犯罪人的年龄、性别、人格类型、婚姻状况、受教育程度、社会阶层、犯罪生涯（既往犯罪情况）等，都可以作为犯罪人分类的标准。目前，不存在一种统一的犯罪人分类的综合性标准，较为常见的犯罪人分类有以下几种：

1. 根据性别，分为男性犯罪人和女性犯罪人。

2. 根据年龄，分为未成年犯罪人和成年犯罪人，或者分为青少年犯罪人、成年犯罪人和老年犯罪人。

3. 根据犯罪人经历，分为初犯、再犯和惯犯，或者职业犯罪人和业余犯罪人。

4. 根据犯罪人实施的手段，分为暴力性犯罪人、智能性犯罪人（或者叫非暴力性犯罪人）。

5. 根据犯罪性质，分为暴力犯罪人、财产犯罪人和性犯罪人。

6. 根据犯罪心态，分为故意犯罪人和过失犯罪人。

7. 根据罪行轻重，分为重罪犯罪人和轻罪犯罪人。

8. 根据犯罪人的组织形式，分为个体犯罪人、团伙犯罪人；犯罪自然人、犯罪单位。

任务二 认识、分析犯罪被害人

教学情境

教学情境一: 为什么受伤的总是我? ——关注儿童[1]

2013 年 5 月 29 日,在六一儿童节到来之际,最高人民法院公布了 3 起侵犯未成年人权益的犯罪典型案例,以打击震慑侵犯未成年人权益的犯罪,提高全社会法制意识与防范保护意识。

然而,侵犯未成年人权益的犯罪并未因此停止。随后,国内连续曝光了多起性侵儿童案件:原永城市委办公室副主任李某某强奸猥亵 11 名儿童;安徽潜山小学校长性侵 9 名四年级以下女学生;海南万宁小学校长带 4 名女学生开房;河南桐柏 50 多岁教师猥亵女生;江西省瑞昌市上源小学教师性侵 6 名女童。

2014 年 5 月 29 日,中华社会救助基金会儿童安全基金“女童保护”项目发布的一份《2013 ~ 2014 年儿童安全教育及相关性侵案件情况报告》显示,自 2013 年 5 月 23 日至 2014 年 5 月 22 日被媒体曝光的案件就高达 192 起。这是 2013 年 1 月 1 日至 12 月 30 日全年曝光 125 起的 1.536 倍,曝光率也从 2013 年全年的平均 2.92 天曝光一起,加速到平均 1.90 天就曝光一起。

据“女童保护”项目统计,被公开报道年龄的 343 名受害者中,8 ~ 14 岁的有 293 人(含 6 名男生),占总量的 85.42%,这一高比例数值,相对 2013 年全年曝光性侵儿童案件受害者中的小学生占比 81.15% 又有所上升。另外,5 岁以下的性侵受害者共 4 人,5 ~ 8 岁受害者有 38 人(含 1 名男生),14 岁以上的未成年受害者 8 名(含 3 名男生)。

教学情境二: 小测验

1. 你曾经受过犯罪行为的侵犯吗? 回想一下,是在什么样的情形下受害的? 为什么会受害?

2. 当你遭遇抢劫,你该怎么办?

工作任务

面对上面触目惊心的数字,我们不禁要问,为什么是孩子? 如何才能保护好孩子? 接下来我们要来认识、分析:

1. 什么是犯罪被害人?

2. 犯罪被害人有哪些特性?

3. 犯罪被害人有哪些类型?

---

〔1〕 资料来源:综合各类新闻报道。

 学习内容

一、犯罪被害人的概念

"被害人"一词可以在非常广泛的范围内使用，涉及自然灾害、意外事件、疾病、战争、犯罪以及其他各种原因导致的被害，各种各样的"被害"有不同的发生机理和解决手段。显然，从犯罪学的视角来看，我们不需要研究这么广泛的范围，而仅需从犯罪学的范围来考察。

犯罪被害人，是指因犯罪行为侵害而遭到一定程度损害的自然人、单位（法人或其他组织）或国家。在被害人学上，这一概念包含以下三层含义：

1. 犯罪被害人是遭受了犯罪行为侵害，有一定程度损失或损害的人。犯罪被害人之所以为"被害的人"，正是在于其作为加害人（犯罪人）的对立面，遭受了犯罪行为的侵犯，而某一行为之所以构成犯罪，也正因为其侵犯了某种合法权益而使合法权益本身或合法权益的所有者蒙受了损失或损害。这种损害可以是精神的损害，也可能是人身及物质的损害；可以是有形的，也可以是无形的；有抽象的危害，也有具体的危害。是否确已受害，是区分真实的被害人与虚假的被害人的标准。确已被害，事实上承担了犯罪行为所造成的损失或者损害，是构成被害人身份的第一要件。

2. 犯罪被害人是危害结果的直接或间接承受者。在犯罪行为中，有的犯罪被害人是直接遭受到犯罪行为的侵害，比如杀人罪中被剥夺了生命，伤害罪中直接被伤害行为损害了身体健康，盗窃罪中财产所有权被剥夺，性犯罪中性名誉和尊严被侵害了。而有的被害人则由于与直接受害人具有某种利害关系而间接受害，从而与直接被害人构成"共同被害人"，例如：犯罪人的金融诈骗行为导致证券公司遭受重大损失，从而造成股民的损失；再如：妻子遭到性侵犯后精神崩溃，丈夫为了照顾妻子而影响到了自己的本职工作。无论是直接还是间接，有形还是无形，二者均是危害结果的承受者，共同承担了某一犯罪行为所造成的损失或损害。

3. 犯罪被害人的外延，是一切遭受犯罪行为侵害而承担危害结果的"人"，包括自然人、单位（法人或其他组织）和国家。但需要注意的是，一般而言，犯罪学上研究的犯罪被害人大多数是自然人。

二、犯罪被害人的特性

犯罪被害人的特性，是指反映在犯罪被害人身上，并表明其特定身份和特定被害状态的基本特点和属性，它是被害人在被害过程中所起的作用及自身过错程度的总体概况，主要包括被害性、互动性和可责性。

（一）被害性

被害性是犯罪被害人的首要的基本特性，是多数被害人共同具有的一般共同特征和其被害的可能性。所谓被害性，是指被害人在被害前、被害情境中容易被犯罪人选择为侵害对象，引发犯罪人实施加害行为的原因。这些原因包括的内容有很多，有被害人的生理因素和心理因素，如性格、年龄、气质、相貌、职业、社会地位、能力、外部言行等，这些主客观条件所构成的被害性，会独立或者相互联系地构成被害人容易被害的情境。

然而，为什么受伤的总是儿童呢？这是因为：儿童由于其年龄的原因，在认知方面"年幼无知"，容易被小恩小惠诱惑，也缺乏分析判断自身危险情况的经验；生理方面，身体力量较小，应对侵犯、伤害的能力较小；在心智方面，羞耻心让孩子们被性侵犯后羞于告诉家人。

瑞士的被害人学家琼·格雷文曾指出，被害性是指"一种由内在、外在两方面因素所决定的，因而使人成为被害人的那种特性"[1]。有人把犯罪者自身的素质、犯罪欲望看作是一个常数，将被害人的被害因素看作是一个变数，这样，在常数已经确定的场合，犯罪是否发生就取决于变数的大小，所以考察被害人的被害因素在犯罪过程中所起的作用，对于客观评价犯罪现象，有效预防犯罪被害，显得尤为重要。

被害人的被害性主要包括被害的倾向性、被害的受容性和被害的敏感性。

1. 被害的倾向性。被害的倾向性是指被害人所具有的足以使自己陷入被害情境的心理或生理、内在或外在的趋向或可能。例如：某人贪婪、轻信、急于发财等特性，使其容易成为诈骗犯罪的被害人；一个单位的财务制度混乱，使其具备了贪污罪被害人的倾向性；身材丰满而又暴露过度且举止轻佻的女性，容易成为性犯罪的被害人。

被害的倾向性几乎为一切被害人所具有，落实到具体的被害人，只不过存在程度、类型和显隐之别。具有被害倾向的人便具备了步入被害情境而成为犯罪被害人的可能，但是，只有当外在的加害因素发现、利用这一特性时，被害的倾向性才会转变为被害的现实。例如："身材丰满而又暴露过度且举止轻佻"的女性，只有当外在存在加害因素时，如存在性骚扰者、性攻击者，她的这一特性才会变成被害的倾向性。同时，如果从犯罪动机这一角度来看，在犯罪动机的形成或犯罪行为的实施的过程中，"身材丰满而又暴露过度且举止轻佻"刺激了加害者，使其形成犯罪动机，或者本来已经形成了犯罪动机，这一因素促使、加快潜在的加害者变成现实的攻击者。

2. 被害的受容性。被害的受容性是指被害人心理和气质上对于被害角色的认同和容忍（顺应的状态）。主要有以下几种类型：

（1）"预先认同"型。被害人在被害前就加以潜意识地认同，即在被害前就将被害

---

〔1〕［德］汉斯·约阿希姆·施耐德著，许章润等译：《国际范围内的被害人》，中国人民公安大学出版社1992年版，第18页。

人角色加以自我内化，进而在被害之后对既成的被害事实持认同或者容忍的态度。这实际上是以一种先入为主、无可奈何的"既来之则安之"的虚饰心理来对待自己的被害事实。例如：女工深夜下班行走于偏僻小道，神经紧张地提防抢劫或者强奸，一旦真的被害，便会潜意识地认为被害"果然不出所料"，这就是将被害人角色预先内化、预先认同，从而产生了受容性；相反，如果毫无提防的话，则又使得自己具备了被害的倾向性。

（2）"长期容忍"型。某些被害人长期重复被害，对自己的被害产生一种习以为常、不以为害的心理，处于一种无知无觉、麻木不仁的状态，视被害为当然。例如：性格柔弱的妻子，虽长期遭受丈夫的家庭暴力或虐待，却视之为"妇随夫意"的体现。再如：社会贫困阶层对于自己所受的不公正的待遇、歧视、人格差等、衣食困窘等被害现象，久而久之后视为当然，便是一种典型的被害受容性。

（3）"处境容忍"型。即某些被害人因其社会地位较低、处境恶劣，对自己的被害被迫容忍。例如：孤立无援或残弱老幼者易受到侵害或凌辱，却往往忍气吞声，予以容忍；佣工易遭雇主的侵害或侮辱，但又迫于生计予以容忍。

（4）"被害隐患不加控制"型。即某些被害人的人身、财产或特定权益处于某种易遭受被害的时间、空间、环境、状态中，被害人对此隐患却予以放任，不加控制，因而实际上对被害具有一定受容性。例如：仓库未加锁、未关门，保管人员却长时间擅离仓库，则仓库易遭偷盗；深夜且不闭户的单身女性容易遭受性犯罪；等等。

3. 被害的敏感性。被害的敏感性是指被害人对于可能的被害或已发生的被害事实的感知状态。一般来说，被害人对于被害会有一定的感知或预感，但也有一些被害人对于即将降临到自己身上的被害或可能发生的被害毫无感觉，或者已经陷入被害情境而他自己却毫不自知，直到被害实际发生。而对极少数人来说，被害已经发生仍无感知，而成为"无意识的被害人"。还有一种情况，称为"被害者盲点症"，就是指由于被害人自身的某种急切的欲望而使其眼界变窄，对自己的状况以及外在事实失去客观而冷静的判断能力，对自己所处的危险或所要担受的风险视而不见。例如，在合同诈骗罪中，被害人往往因为急于购买紧俏物品或急于销售滞销的货物而被骗。

被害的敏感性这一特征，是犯罪人实施犯罪的重要条件，又是被害人通过改进自己的个性心理和行为趋向可以加以改变的。因此，提高被害人对于被害的敏感性，是发现、预防、消除危害，增强被害人的自卫能力，从而有效保护被害人的途径之一。

（二）互动性

所谓被害的互动性，是指在一定的被害情境中，被害的发生过程总是伴随着被害人与加害人之间交互作用的过程，被害不外是这种交互作用的产物或最终结局，从而，互动成为被害发生的内在机制。

现代犯罪学研究表明，犯罪不是犯罪人单方面的一元活动，而是犯罪人与被害人双方交互作用的产物。在某些情况下甚至可以说，没有被害人的参与或"推动"，就不可能有犯罪的实施，也不可能有罪犯的产生。

（三）可责性

所谓可责性，是指被害人对于自身的某些原因，促使了被害的发生，因而对自身的被害负有一定的伦理、道德，甚至法律的责任，具体表现在以下几个方面：

1. 被害人本身的行为故意刺激、引诱犯罪的发生，甚至本身的行为是违法犯罪行为，因而对被害具有较大的可责性。例如：经常辱骂甚至殴打家人，致使家人将其杀害的"暴君型"的家长；因粗暴干涉婚姻自由而遭受伤害的家长；被害人无端地挖苦、谩骂、嘲笑、讽刺、挑拨离间加害人；等等。再如：在"被害——加害"互动过程中，犯罪人与被害人的作用和身份常有易位或转换，即被害人由于防卫过当构成犯罪，原本实施犯罪的罪犯反而成为被害人，在这种情况下，"加害——被害"双方往往轮流扮演加害者与被害者的角色，同时具有加害人与被害人的双重身份，构成了"加害——被害"、"被害——加害"的双向转换关系。

2. 被害人存在一般过错或过失的致害因素，因而具有相对较小的可责性。在这种情况下，被害人存在过错，对犯罪的发生起了不同程度的诱发作用。例如：被害人轻浮、草率、过于轻信；女性着装过于暴露；对被害隐患虽已觉察但未能及时加以消除；贵重物品不妥善保管；财会制度混乱；等等。

3. 无过错的被害人，一般不具有可责性。无过错的被害人，又称无辜的被害人，这类被害人相对于犯罪行为的发生而言无任何过错，被害的发生，完全基于加害者的犯罪行为，加害行为的发生是犯罪人对被害人的强行的、无端的侵害，被害人在这种场合没有任何法律和道义上的责任。例如：幼儿、精神病患者、老年被害人，其被害是基于生理因素。再如：在暴力恐怖事件或者个人极端事件中，被害人往往是非特定的。在 2014 年 3 月 1 日发生的昆明火车站暴力恐怖案件中的无辜群众，其被害的原因是由于出现在特定的环境（火车站）中。美国"9·11"恐怖犯罪事件中，被害人被害的原因是在世贸大厦上班。

三、犯罪被害人的类型

（一）根据被害人的生理特征分类

根据被害人的年龄，分为老年被害人、青年被害人、壮年被害人和少年被害人。老年人一般缺乏独立生活能力，判断力减弱而又无自卫能力，往往容易成为犯罪人攻击的目标；未成年人因年幼无知，社会会阅历较浅、防备能力弱，容易成为被害人。根据被害人的性别，分为男性被害人、女性被害人。女性的生理特点决定了其被害性较强而自我防卫能力较弱，容易成为人身犯罪的侵害对象。根据身体、智力和精神状况，分为身体残疾的被害人、智能低下的被害人和精神不健全的被害人。

（二）根据被害人的人格或个性特征分类

根据被害人的人格或者个性特征，可分为轻浮型被害人、暴君型被害人、抑郁型被害人等。

轻浮型被害人，举止轻浮，处事态度随意，思想浅薄，尤其是女性，容易接受不良暗示或对加害人形成刺激，容易成为性犯罪的被害人。在非预谋性犯罪中，轻浮的人成为被害人的可能性较大。

暴君型被害人，是指个性暴躁，不顾他人意愿动辄发怒，易于结怨，权力欲、支配欲极强并因此而招致被害的人。其被害往往是在自己个性支配下，一意孤行，刚愎自用，无端或动辄责骂他人，结下怨恨而招致的。例如：家暴中的"暴君型"家长，常常责骂、毒打妻儿，使后者忍无可忍将其伤害甚至杀死。

抑郁型被害人，是指具有抑郁倾向，甚至患有抑郁症，对可能发生在自己身上的危险或痛苦难以觉察，并因此而受害的人。这类人由于精神处于抑郁状态，往往对生活失去热情，厌世，对人及外界事物态度冷漠，缺乏防御、自卫意识，对自己面临的危险缺乏认识，对自己遭受的或即将遭受的痛苦麻木不仁，因而是犯罪人理想的加害目标，极易招致被害。

（三）根据被害人责任的有无及其程度分类

根据被害人在被害中的责任有无及其程度，可分为无责性被害人与有责性被害人。

无责性被害人，又称无辜的被害人、无过错的被害人、无罪性被害人、纯粹的被害人、理想的被害人或者典型的被害人，是指对于自己的被害不负任何道德、伦理、法律上的责任，也不存在任何应当受谴责、可以被指责的因素，其被害完全是由犯罪人一方引起的。

有责性被害人，又称为有过错被害人或有罪性被害人，是指那些实施了违法、违纪、悖德或其他违反社会生活规范的行为，对犯罪的发生起了不同程度的诱发、刺激作用的被害人。根据责任的大小，进一步可分为：负次要责任的被害人、负同等责任的被害人、负主要责任的被害人和负全部责任的被害人。

（四）根据被害人是否已经被害分类

根据被害人是否已经被害，可分为既然的被害人与潜在的被害人。

既然的被害人，是指已经遭到侵害，被害状态已成既定事实的危害结果的承受者。例如，杀人犯罪中的被杀者、盗窃犯罪中的财产损失者等。

潜在的被害人，又称状态性被害人，是指已经步入或正在步入被害情境，因而具有受害的现实可能性，但尚未真正被害的被害者。

（五）根据被害人被害的倾向性分类

不同的犯罪的情境不同，犯罪被害人被害的情境也不同。从被害倾向的有无和大小来看，被选作犯罪侵害对象的可能性来分，可分为状态性被害人和机会性被害人。

状态性被害人，又称为潜在的被害人，如前述。

机会性被害人，是指并非因为自身的性格、素质或者行为等特点或原因而遭受侵害，而是纯粹由于偶然的、突发的不幸事件的被害者。这种不幸事件常常是被害人所无法预料或无法抗拒的"飞来横祸"。例如：在影院爆炸事件中被炸死的与犯罪人根本不相识的被害者，在美国"9·11"恐怖袭击事件中恰好在世贸大厦上班的被害者等。

（六）根据被害人被害的真伪分类

根据被害人事实上是否确实被害，分为真实的被害人与虚假的被害人。

真实的被害人，是指确实遭受犯罪侵害并因此而承担一定损失或者损害的人。根据其被害的显隐程度，又可分为显性型与隐形型。前者是指被害事实已为自己和他人所知的被害人，后者是指被害事实尚未为人所知，被害人本身也未报案甚至对于被害并无自觉的被害人。

虚假的被害人，是基于某种目的，没受到任何侵害却谎称或误称自己被害的人。虚假的被害人分为恶意型、善意型和妄想型三类。恶意型如罪犯杀人后故意砍伤自己，企图嫁祸他人，逃避罪责；善意型主要是指由于记忆错误或者因对于法律、事实的误解而认为自己被害的人；妄想型的被害人又称为被害妄想者，是指由于受到精神疾病或心理因素的影响，在实际上并不存在侵害的情况下，误以为自己会被侵害的被害人。

任务三　犯罪被害人与犯罪人的关系分析

📖 教学情境

教学情境一：　　　　　　　　**慢藏诲盗，冶容诲淫**

"慢藏诲盗，冶容诲淫"出自《周易·系辞上》，意思是保管财物不慎，容易招致盗窃；女子装饰妖艳，容易招致奸淫之事。

教学情境二：　　　　　**常遭家暴激愤杀人——汤翠连故意杀人案**[1]

被告人汤翠连与被害人杨玉合（殁年 39 岁）系夫妻。杨玉合经常酗酒且酒后无故打骂汤翠连。2002 年 4 月 15 日 17 时许，杨玉合醉酒后吵骂着进家，把几块木板放到同院居住的杨玉洪、杨桂春父子家的坎脚处。为此，杨桂春和杨玉合发生争执、拉扯。汤翠连见状上前劝阻，杨玉合即用手中的椽子追打汤翠连。汤翠连随手从柴堆上拿起一块柴，击打杨玉合头部左侧，致杨玉合倒地。汤翠连因惧怕杨玉合站起来后殴打自

---

〔1〕　案例来源：中国法院网，网址：http：//www.chinacourt.org/article/detail/2014/02/id/1220873.shtml，访问时间：2014 年 8 月 30 日。

已，仍继续用柴块击打杨玉合头部数下，致杨玉合因钝器打击头部颅脑损伤死亡。案发后，村民由于同情汤翠连，劝其不要投案，并掩埋了杨玉合的尸体。

工作任务

从上面的教学情境来看，被害人遭受被害是有原因的，甚至有时是"刺激"了犯罪人实施犯罪，犯罪人与被害人究竟是怎么样互动的关系？以下我们将展开分析：

1. 什么是被害人与犯罪人的互动关系？
2. 被害人与犯罪人互动的情形有哪些？

 **学习内容**

一、被害人与犯罪人互动关系

被害人与犯罪人的互动关系，是指被害人与犯罪人互相影响、互相作用，使犯罪得以产生、发展和演变的过程。

正所谓"慢藏诲盗，冶容诲淫"，大量的案例表明，犯罪人的犯罪行为深受被害人的影响，从一定意义上说，被害人激发或促进了加害人犯罪动机的形成，并助长了犯罪行为的实施。犯罪与被害是对立统一关系，是一对矛盾体，二者相互依存、相互制约。简而言之，至少对于某些犯罪来说，犯罪行为及其被害现象系由加害人与被害人在一定的社会情境下共同创造出来的。

二、被害人与犯罪人的互动模式

一般而言，被害人与犯罪人互动的具体形态有以下几种模式：

（一）可利用的被害人模式

可利用的被害人模式，又称为"单向利用"模式，即犯罪人单方面地利用被害人某些无意识的致害因素实施其犯罪行为的互动模式。在此互动关系中，犯罪人觉得被害人具有某些可予以"利用"的特征，或者，被害人在自己毫无觉察的情况下实施了某些令犯罪人感到系属诱惑的行为。

这种模式又可分为两种基本形态：①被害人毫无责任，也没有实施任何具有引诱、刺激或者暗示性质的行为，仅仅由于自身的生理、社会因素遭受侵害。例如：老年被害人。②被害人的行为在其主观上没有引诱、刺激犯罪人的意思，被害人对此也毫不知情，但在客观上，却可能激起犯罪人的机会心理。例如：某人公开自己所获得的一笔财产，可能诱使邻居盗窃，而使自己成为盗窃罪的被害人。在这种情况下，被害人无意于或者根本就没有意识到自己行为的诱惑性或者过失性，在一种自己并不自觉、自省的情境下被犯罪人所"利用"，最终沦为被害人。

（二）冲突模式

冲突模式，又称为"双向推动"模式、"双向加害"模式，是指被害人与犯罪人之间因某种社会性联系而形成了相当长时期的社会互动关系，互动过程中有利与不利因素都达到冲突临界点，容易产生角色易位现象，并不断发展成为一方最终成为被害人的社会互动模式。互动的结果，使得在一定程度上双方既是加害人又是被害人，而共同构成一个不断冲突着并发展到一方最终被害为止的社会互动过程。因而，在这种模式中，常常很难分清双方的责任。

在冲突模式下，被害人与犯罪人之间冲突的原因是他们彼此之间在生活中长期往来，并由此酝酿、积累了矛盾与纠纷，犯罪往往是被害人与犯罪人之间矛盾和纠纷尖锐化与极端化的表现。加害人与被害人之间有着长时间的互动关系，一方侵害，另一方被害，但角色常常转换、互动。在实际生活中，家庭暴力、邻里间的矛盾冲突常常是属于这种模式。

（三）被害人催化模式

被害人催化模式又称为"单向诱发"模式、被害人推动模式，是指被害人因为实施了某种行为（"催化"行为）而促使、引诱、暗示、刺激或激惹犯罪人实施了针对自己的犯罪行为，而使自己成为被害人。犯罪行为不过是对于被害人催化、刺激或推动行为的一种还击或过当反应，其发生恰好是被害人的此类行为在当时条件下合乎规律的结果。

在现实的许多案件中，被害人是犯罪行为的主要促成者，一个犯罪行为的直接、积极的推动者；或者说，被害人促成了犯罪，引发了犯罪，推动了犯罪，激发了犯罪；或者，至少可以说，被害人的行为能够被犯罪人理解或误解为对于犯罪行为的赞成或者准许。现实的案例表明，不仅犯罪人、犯罪产生了被害人和被害，而且被害人触引刺激也导致了犯罪人及其犯罪。这种刺激犯罪的情形主要有：

1. 先行刺激，即在有些场合，被害人自身的致害因素直接刺激、诱发了犯罪人对其实施犯罪，在这种情况下，犯罪人在被刺激之前并没有形成犯罪意图。根据心理学中"刺激反应律"原理，被害人自身存在的各种有意无意的致害因素，是犯罪人对其作出加害"反应"——犯罪行为的前提，犯罪行为不过是犯罪人就该被害人所发出的"刺激"而作出的一种违法"反应"而已。例如：被害人首先无端辱骂、侮辱、殴打对方，从而刺激、诱发了对方对其实施故意伤害、故意杀人等犯罪。

2. 条件性（机会性）刺激，即在有些场合，被害人自身的致害因素使犯罪人实施犯罪的条件得以满足，或者其自身的致害因素恰好符合了犯罪人选择作案目标或侵害对象的有利契机，从而间接地、无意地刺激了犯罪人对其实施犯罪。例如：被害人将贵重物品随意放置，库房忘记加锁等，就为盗窃犯实施盗窃行为提供了条件；再如，单身女性深夜独自出现在治安状况较差的偏僻路段，这恰好成为犯罪人选择抢劫对象或性犯罪的有利机会。

（四）斯德哥尔摩模式

斯德哥尔摩模式是一种非常特殊的互动模式，又称为"变冲突为融洽"模式，源于1973年都瑞典首都斯德哥尔摩发生的一起银行抢劫案。它是指在犯罪过程中，被害人与犯罪人之间彼此产生欣赏、喜爱并形成友好、融洽的关系，或者其中一方对对方产生喜欢，甚至爱慕之情的情形。这种被害人与犯罪人之间由开始的敌对、冲突转为彼此赞赏和喜爱，并结成友好关系的情况，被称为"斯德哥尔摩综合征"，也称为"斯德哥尔摩效应"、"人质情结"。下面以案例进行说明：

1973年斯德哥尔摩银行抢劫案

1973年8月23日，两名有前科的罪犯Jan Erik Olsson与Clark Olofsson，在意图抢劫瑞典首都斯德哥尔摩市内最大的一家银行失败后，挟持了4位银行职员，2名抢匪劫持人质达6天之久，在这期间他们威胁受俘者的性命，但有时也表现出仁慈的一面。在出人意料的心理错综转变下，4名人质抗拒政府最终营救他们的努力。在警方与歹徒僵持了130个小时之后，因歹徒放弃而结束。然而这起事件发生后几个月，4名遭受挟持的银行职员，仍然对绑架他们的人显露出怜悯的情感，他们拒绝在法院指控这些绑匪，甚至还为他们筹措法律辩护的资金，他们都表明并不痛恨歹徒，并表达了对歹徒非但没有伤害却对他们进行照顾的感激，并对警察采取敌对态度。更有甚者，人质中一名女职员Christian竟然还爱上劫匪Olofsson，并与他在服刑期间订婚。

 实训项目

案例：杀手的"梦想"——黄勇系列杀人案（参看本项目任务一中教学情境一）。

实训任务：

请结合该案例，谈谈如何避免成为犯罪被害人？

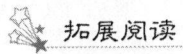 拓展阅读

被害人与犯罪人的"刑事伙伴"互动关系[1]

1941年，德国杰出的犯罪学家汉斯·冯·亨蒂（1887～1974）在被害人学的开山之作《论犯罪人与被害人的相互关系》这篇论文中，首次阐明了犯罪人与被害人互动关系的观点，并提出了"犯罪行为的动态概念"，他认为，在犯罪人与被害人之间存在着一种互动关系，被害人在犯罪发生与犯罪预防过程中不再只是一个被动的客体，而是一个"积极的主体"，是犯罪或被害的一个积极构成要素。事实上，被害人"影响并

---

〔1〕　参看许章润主编：《犯罪学》，法律出版社2007年版。

塑造了"他的罪犯。他说:"犯罪人与被害人之间的勾结是犯罪学的一个基本事实。当然,这并不意味着犯罪人与被害人之间达成了协议,或故意犯罪与被害,但彼此确实存在着互动关系,互为诱因。"

1956 年,被害人学的创始人门德尔松发表了《被害人学——生物、心理和社会学的一门新学科》,将被害人在犯罪——被害的发生过程中的作用推向了极端。他认为所有的被害人都对自己的被害亦即犯罪的发生负有责任。被害人的作用虽然有从首先使用暴力到仅有一些引诱性的语言等各种不同情况,但如果没有被害人的作用就不可能产生犯罪人与被害人这一刑事关系,所以他饶有意味地将二者以"伙伴"关系作结,提出了著名的"刑事伙伴"或"犯罪搭档"(penal couple)这一著名概念。

受害者促发杀人[1]

犯罪受害结果是否应该归咎为自己的责任?马文·沃尔夫冈(Marvin Wolfgang)在 1958 年提出了受害者促发杀人的观点,在这种杀人犯罪中最终的受害者往往是最先使用武力的人(包括使用武器的人)。他(通常是男性)攻击的人就会反击,也许会使用武器,然后会杀害他。简而言之,受害者促发了自己的死亡。如果受害者没有挑起暴力冲突,他也许不会被杀害。尽管并非故意为杀人犯罪开脱,受害者促发杀人的概念的确将责任指向了受害者。通过对 588 起杀人案进行研究,马文·沃尔夫冈发现其中 1/4 都是受害者促发的。按照促发论的界定,还有其他的证据表明,另一些受害者促发了伤害、抢劫和其他犯罪行为。这一观点尤其适用于女性杀害男性伴侣的案例:大约一半的这种案例都是由男性对女性的武力攻击造成的。在另一种受害者促发的家庭杀人案中,有一个好些年前发生在新泽西州的例子是这样的:一位父亲和 10 岁的儿子为了一个丢失的巧克力蛋糕容器而吵架,父亲指责儿子说是他拿走的。而后在争吵中父亲给了儿子一把厨房用刀并威胁说看他敢不敢用;最后这个孩子就用刀把父亲给刺死了。

参考文献

1. 王牧主编:《新犯罪学》,高等教育出版社 2010 年版。

2. 许章润主编:《犯罪学》,法律出版社 2007 年版。

3. 王娟主编:《犯罪学概论》,中国政法大学出版社 2007 年版。

4. 魏平雄、赵宝成、王顺安主编:《犯罪学教科书》,中国政法大学出版社 2008 年版。

---

〔1〕 引自〔美〕斯蒂芬·E. 巴坎著,秦晨等译:《犯罪学:社会学的理解(第四版)》,上海人民出版社 2011 年版,第 123~124 页。

5. 赵国玲主编：《中国犯罪被害人研究综述》，中国检察出版 2009 年版。

6. 姚建龙主编：《中国青少年犯罪研究综述》，中国检察出版 2009 年版。

7. 张小虎主编：《中国犯罪学基础理论研究综述》，中国检察出版 2009 年版。

8. ［美］斯蒂芬·E. 巴坎，秦晨等译：《犯罪学：社会学的理解（第四版）》，上海人民出版社 2011 版。

9. 张远煌主编：《中国未成年人犯罪的犯罪学研究》，北京师范大学出版社 2012 年版。

项目七

认识、分析犯罪的主要类型

任务一　暴力犯罪分析

教学情境

教学情境一： **杀人狂魔杨新海**

杨新海，1970 年出生，高中肄业，原籍河南省正阳县。高三时离家出走之后，曾先后到过山西、河北等地，在一些煤矿、建筑队上打工，期间因盗窃、强奸被 2 次劳教，1 次判刑。从 2000 年 9 月起直至 2003 年 8 月，杨新海横跨皖豫鲁冀 4 省，疯狂作案 26 起，杀死 67 人，伤 10 人，强奸 23 人。

杨新海被审讯时说，1991 年，当他因扒窃被石家庄市公安局长安分局劳教时，一个姑娘对他海誓山盟，说一定要等他回来结婚。1 年后，他被释放，刚好赶上那个姑娘和别人结婚，杨新海觉得那个女人之所以这样做，就是要出他的洋相，让他在人面前抬不起头来。

1996 年，寂寞难耐的杨新海在本县的一处偏僻之地碰见一个女人，邪恶的欲火一下子被点燃了……最后，不但女人跑了，他的舌头尖还被咬掉了一块，为了疗伤，他含了几天的鸡蛋清，他被法院指控犯有强奸未遂罪，在监狱里劳改了 4 年（判刑 5 年，提前 1 年释放）。

这些经历慢慢让杨新海变成了一个可怕而扭曲的人，他对别人没有感情，尤其仇恨妇女。杨新海开始在与他的家乡一样贫穷的乡村游荡，在与他的父母乡亲一样的人们中挑选要杀害的对象。

杨新海被释放后，曾与别人结伙进行乞讨、盗窃活动，但他似乎并不适应合伙的方式，一次失手后，他开始单干。杀人、强奸、盗窃、抢劫……无所不为。2000 年到 2003 年，在河南、山东、安徽、河北，杨新海杀害了 65 个人。

2003 年 11 月 3 日 10 时，杨新海在河北省沧州市被捉拿归案。2004 年 2 月 1 日，河南省漯河市中级人民法院对杨新海抢劫、故意杀人、强奸、故意伤害一案依法进行了审理。经过法庭审理，一审对被告人杨新海以抢劫罪判处死刑，剥夺政治权利终身，并处没收个人全部财产；以故意杀人罪判处死刑，剥夺政治权利终身；以强奸罪判处死刑，剥夺政治权利终身；以故意伤害罪判处有期徒刑 5 年；数罪并罚，决定执行死刑，剥夺政治权利终身，并处没收个人全部财产。

杨新海当庭表示服从判决，不上诉。

教学情境二：　　　　　　　　　　　**小测验**

1. 你认为暴力犯罪的行为人具有什么特点？
2. 你认为影响社会安全感的暴力犯罪有哪些？

■ 工作任务

杨新海一案使人震惊，震惊于他的血腥和残暴，震惊于这种血腥残暴离我们如此之近。暴力犯罪是最古老、也是最常见的犯罪类型之一，它无时无刻不发生在我们的周围，凶杀、抢劫、强奸、爆炸等犯罪，无不影响着我们对社会安全感的判断。在本任务我们将认识和分析：

1. 什么是暴力？什么是暴力犯罪？
2. 世界范围内以及我国的暴力犯罪状况如何？有哪些特点？
3. 诱发暴力犯罪的原因有哪些？
4. 针对暴力犯罪，我们能做些什么？

 学习内容

一、暴力与暴力犯罪

（一）暴力

在现代汉语中，暴力是指强制的力量、武力，或者特指国家的强制力。从犯罪学的角度看，暴力应当具备两个要素：①身体的动作：主要表现为一种积极的行为。这种行为可以是对行为对象的直接身体接触，例如用拳击打；也可以间接作用于行为的对象，如利用棍棒击打他人、利用炸药的力量而伤害他人等。这种作用，可以面对行为的对象，也可以不面对行为的对象，如在远处开枪射击等。行为的对象包括人和物。②给人以强烈刺激：包括给受到行为击打的人以肉体上的感受，或者虽未受到肉体上的击打，但亲临暴力场景而受到精神上的震撼，如以实施暴力行为为内容的威胁，包括扬言杀害、伤害等。

（二）暴力犯罪

暴力犯罪是以暴力为内容或者与暴力内容密切相关的危害社会的犯罪行为。具体

来说，是指以身体的动作，给人以强烈刺激，使他人的人身、财产遭受侵害，危害社会的行为。通常表现为以暴力的方式实施的杀人、伤害、爆炸、抢劫、强奸等犯罪。

在我国的《刑法》中，对暴力手段实施的犯罪采用三种规定方法：①罪名直接规定了"暴力"字眼，如暴力危及飞行安全罪、暴力干涉婚姻自由罪等。凡构成该类犯罪必须实施暴力手段，否则不构成该种犯罪。②罪状中明确规定以暴力或者暴力相威胁为犯罪构成要件，如抢劫罪、强奸罪等，这些罪名既可以直接以暴力手段实施，也可以通过暴力胁迫加以实施。③罪名的实现离不开暴力手段，如故意杀人罪、故意伤害罪等。需要注意的是，刑法中所规定的暴力犯罪一般是对以暴力或暴力相威胁实施这一特定情形的概况，不能简单地把暴力犯罪等同于分则若干罪名的总和。

从犯罪学的角度来说，暴力犯罪的外延不仅包括《刑法》所规定的暴力犯罪，而且应该包括其他与暴力内容相关的违法行为，如违反社会治安管理法规的违法行为，还包括精神病人、幼童等不具备刑事责任能力或没达到刑事责任年龄的人实施的危害社会的暴力行为。值得注意的是，暴力犯罪既可能侵犯财产，也可能侵犯人身。由于财产犯罪、性犯罪在犯罪学研究中属于与暴力犯罪相并列的犯罪类型，因此，也可以将某些以暴力手段实施的侵犯财产、侵犯性权利的犯罪归入到财产犯罪或性犯罪。

暴力犯罪，以侵害对象为标准，可以分为以人的身体为主要侵害对象的暴力犯罪和以物为主要侵害对象的暴力犯罪；以侵犯的客体为标准，可以分为危害国家安全的暴力犯罪、危害公共安全的暴力犯罪、破坏社会主义市场经济秩序的暴力犯罪、侵犯公民人身权利的暴力犯罪、侵犯财产的暴力犯罪、妨害社会管理秩序的暴力犯罪、危害国防利益的暴力犯罪；以动机为标准，可以分为贪利型暴力犯罪、流氓型暴力犯罪、报复型暴力犯罪、恐怖型暴力犯罪、义愤型暴力犯罪。

二、暴力犯罪的现状与特点

（一）暴力犯罪的现状

1. 世界范围的暴力犯罪现状。暴力犯罪是犯罪现象的主要表现形式之一，在当今世界各国，暴力犯罪几乎都呈上升趋势。

在美国，谋杀、强奸、强盗、严重暴行等暴力犯罪，1976 年比 1960 年上升了242%，1982 年比 1960 年上升了 504%。美国联邦调查局（FBI）公布的数据显示 2006 年美国全国共发生 141.7745 万起谋杀、强奸、抢劫和袭击事件等暴力犯罪案件，比2005 年增长了 1.3%。美国联邦调查局发布的 2012 年犯罪统计报告指出，2012 年美国共发生 121 万余起谋杀、强奸、恶性攻击等暴力犯罪，较上年上升了 0.7%。这意味着，每 10 万人中平均发生 386 起暴力犯罪案件。下面通过两个表格展现 2012 年美国的芝加哥和华盛顿的暴力犯罪发生情况。

表 7 - 1：美国芝加哥（270 余万人口）2012 年犯罪发生情况

谋杀案(起)	抢劫案(起)	暴力攻击案(起)	财产犯罪(起)	盗窃案(起)	偷车案(起)
500	13 467	12 772	112 466	22 748	17 001

表 7 - 2：美国华盛顿（63 万余人口）2012 年犯罪发生情况

谋杀案(起)	强奸案(起)	抢劫案(起)	暴力攻击案(起)	财产犯罪(起)	盗窃案(起)	偷车案(起)
88	236	3725	2399	29 264	3519	3549

数据来源：温宪："美国社会暴力犯罪有增无减"，载《人民日报》2013 年 9 月 24 日。

同样，日本、英国、法国等国，长久以来的暴力犯罪也是有增无减。统计资料表明，1999 年，日本的凶杀、强奸、纵火和暴力伤害案比前一年增加了 11%。2000 年，日本暴力犯罪的发案率达到了 23 年来的最高点，打破了"日本是一个安全的社会"的神话。英国 2003 年严重暴力犯罪案件数量较 2002 年上升了 14%。英国保守派报纸《每日电讯报》和《每日邮报》报道说，自从工党 1997 年执政以来，谋杀、抢劫、袭击和性侵犯等暴力案件增长 77%。统计数据显示：英国各类犯罪率在欧盟国家位居第二；英国杀人案件率高于法国、德国、意大利和西班牙这些主要西方国家；英国抢劫案数量为欧盟国家第五；入室抢劫率为欧盟第四，但入室抢劫案件的绝对数量则为欧盟第一，是德国和法国的两倍。最让人吃惊的是英国成为欧盟最暴力的国家，这一统计是依据每 10 万人当中的犯罪率得出的，英国以 2 034 宗案件高居榜首，位居第二的奥地利则是 1 677 宗，据法国《费加罗报》2014 年 5 月 5 日的报道，法国 2014 年第一季度与 2013 年同期相比，针对人身攻击的犯罪数量有所增加，巴黎市每天发生超过100 起暴力犯罪。据法国国家犯罪调查所及全国犯罪和刑事惩罚观察所（ONDRP）发布的数据，法国 2014 年第一季度约发生 12.5 万起暴力犯罪案件，比 2013 年平均增加了约 5.5% ~ 5.9%，其中涉及暴力抢劫、谋杀，以及流氓间的报复行为。无动机犯罪行为（在街上发生的故意斗殴和伤害）增加幅度达 8%。据报道，法国本土 96 个省份中76 个省份的暴力犯罪数量都在增加，涉及 4/5 的省份，巴黎也包括在内。巴黎市 2014年第一季度发生暴力犯罪数量近 9000 起，与 2013 年同期相比增加了 4%。

2. 中国大陆的暴力犯罪现状。我国的暴力犯罪呈现出高低起伏的现象：自 20 世纪70 年代起，我国的暴力犯罪有所增多，暴力犯罪案件在整个刑事案件中所占比重处于一种上升趋势。据统计，2000 年严重暴力犯罪案件达 6549 起，同比上升 3.8%。刑事案件共造成 4.2 万人死亡，10.9 万人受伤，直接损失达 126.4 亿元。

进入 21 世纪以来，我国犯罪结构有所变化，暴力犯罪发案数有所下降。据公安部通报，2003 年 1 月至 11 月爆炸案、放火案、强奸案、杀人案和抢劫案的发案数均比2002 年同期有不同程度的下降，但是抢劫和抢夺这两种贪利型暴力犯罪案件分别比上年同期上升了 5.7% 和 9.3%。2006 年，全国公安机关放火、爆炸、杀人等严重暴力犯罪案件共立案 53.2 万起，比 2005 年减少 2.2 万起，下降 4%。这是继 2002 年以来严重暴力犯罪连续 4 年出现明显下降，也是降幅较大的一年。

但是 2009 年，根据中国社会科学院发布的 2010 年《法治蓝皮书》显示，中国犯罪数量打破了 2000 年以来一直保持的平稳态势，出现大幅增长。杀人、抢劫、强奸等严重暴力犯罪案件在 2009 年出现了较大幅度的增长。抢劫犯罪数量不仅有所增长，而且涉枪现象突出，还大都伴随着劫持人质、杀害被害人等行为。2002 年以来，随着银行防范工作的加强，中国抢劫银行营业网点、运钞车的案件大幅减少。2009 年，北京科技大学学生黎立抢劫银行的大案震惊全国。

在经过几年的增长后，近年来我国暴力犯罪发生率又出现降低的趋势，中国社会科学院法学所 2013 年《法治蓝皮书》透露，暴力犯罪持续下降，根据全国公安机关的统计，2012 年全国发生的持枪、爆炸犯罪案件与 2011 年同比分别下降 42% 和 27%，处在历史的最低点。持枪犯罪案件从 2000 年的近 5000 起下降至 2011 年的 500 余起，爆炸案件从 2000 年的 4000 余起下降至 2011 年的 200 余起，2012 年又持续下降。与世界上其他国家尤其是与美国相比，中国持枪、爆炸犯罪发案数量已处于非常低的水平。但是蓝皮书同时指出，2012 年发生的一些严重的持枪抢劫、暴力犯罪案件对群众安全感影响较大。例如：周克华持枪抢劫、杀人案；2012 年 12 月，河南省光山县发生的砍伤 22 名小学生案和河北省丰宁县恶意驾车撞伤 13 名中学生案。[1]

（二）暴力犯罪的特点与发展趋势

根据统计数据以及相关材料分析，我国的暴力犯罪主要具有以下的特点：

1. 团伙犯罪增多。犯罪结构复杂化，由单干型暴力犯罪向团伙型暴力犯罪发展，使暴力犯罪的组织化程度迅速提高，有的还形成了独霸一方的恶势力。这些团伙犯罪，多数由刑满释放人员、解除劳动教养人员和社会上的闲散无业人员组成。他们拉帮结派，横行一时。有的欺行霸市、强买强卖，有的敲诈勒索、强讨强要，有的寻衅滋事、聚众斗殴，有的吸毒贩毒、盗窃抢劫，有的侮辱、强奸妇女。更为严重的是，少数有组织的暴力犯罪集团组织严密，装备精良，活动区域逐渐扩大，犯罪手段由低级向高级发展，有的利用现代科技和现代化交通工具进行犯罪活动，有的还以直接或间接的方式经商办企业，用金钱贿赂国家工作人员，向权利领域渗透，逐渐演变成带有黑社会性质的犯罪团伙，对社会构成了极大的威胁。例如：远有广东公安机关破获的张子强犯罪团伙，沈阳警方破获的刘涌犯罪团伙；近有广东阳江许建强、林国钦黑社会性质组织犯罪团伙，四川刘汉犯罪团伙。法院在审理涉黑案件中发现，与以往传统的黑社会性质组织犯罪相比，现在的黑社会性质组织为了逃避打击，在犯罪的方式、方法

---

[1] 数据来源：编者根据公安部 2006 年新闻发布会："2006 年社会治安形势暨侦破命案工作情况"（网址：http://www.legaldaily.com.cn/misc/2007-03/21/content_565658.htm）及中国社会科学院发布的《法治蓝皮书》等统计、总结。

上出现了一些新的发展趋势：

（1）涉黑组织的结构由过去传统的组织领导者、骨干成员和一般参加者演变成只有组织领导者和骨干成员两个层次。组织领导者通过骨干成员以"雇佣"的方式召集他人来制造声势、摆平事端，甚至实施违法、犯罪行为。

（2）涉黑组织扩张势力、攫取利益的手段由过去的"打砸抢"等暴力手段演变成更多地使用"软暴力"。现在许多涉黑组织往往以威胁取代暴力，以违法行为取代犯罪行为，或在实施打、砸后立即通过经济赔偿的方式逼迫受害人签订"调解协议"，防止受害人报警。有的组织领导者要求手下在实施违法犯罪时采取"逼而不打、打而不伤、伤而不重"的策略。通过这些违法犯罪手段，涉黑组织既能达到其犯罪目的，又能避免因严重刑事犯罪被公安机关打击的后果。

（3）涉黑组织的"网络化"。涉黑组织和涉黑犯罪这些新形式的出现，给公安机关收集证据增加了难度，给依法打击黑恶势力犯罪提出新的更加严峻的挑战。例如：有一个涉黑案件，组织领导者经营一家网吧，该领导者指使手下骨干成员网罗人数众多的在校学生加入该组织，并统一加入一QQ群，不同层次的组织成员在QQ群中有固定的编号。组织领导者通过QQ群向组织成员发号施令，进行管理。

2. 犯罪主体低龄化。近年来，在青少年的刑事犯罪中，暴力型犯罪案件不断增多，特别是过去罕见的因盗窃、抢劫、强奸等犯罪而杀人灭迹、杀人越货等一案多罪的混合暴力型案件，在刑事案件中明显增多。20世纪90年代以来，青少年涉及的故意杀人、抢劫案件各占总数20%以上，故意伤害、强奸、绑架等也均占有一定的比例并呈上升趋势，1999年重大杀人、抢劫案件占总案数的70%。根据最高人民法院的统计，从2000年到2004年，全国各级人民法院判决生效的未成年人犯罪的人数平均每年上升14.18%，2005年7月又比上年同期上升了23.96%。从犯罪分类情况看，排在前5位的是抢劫、盗窃、故意伤害、强奸、寻衅滋事，而这种排列是相当稳定的。淮南市中级人民法院曾经做过调研，该市18岁以下青少年暴力犯罪人数占青少年暴力犯罪总人数的比例呈不断上升趋势（2009年人数比例呈下降趋势），详见表7-3：

表7-3：2003~2009年淮南市中级人民法院审结未成年人犯罪案件人数

年份	18岁以下青少年暴力犯罪人数（人）	占青少年犯罪总人数百分比（%）	14岁以上不满16岁青少年暴力犯罪人数（人）
2003	79	26.4	26
2004	80	33.8	18
2005	96	39.5	25
2006	98	43.9	18
2007	82	44.1	14
2008	69	44.8	15
2009	35	29.4	5

同时，调研报告指出：青少年暴力犯罪呈现出以财产犯罪为主导，故意杀人、故意伤害、强奸等暴力犯罪并存的态势，详见表7-4：

表7-4：2003~2009年淮南市中级人民法院审结未成年人犯罪类型比较

犯罪类型	抢劫	故意杀人	故意伤害	强奸	合计
人数	675	44	537	115	1481
占比	45.6%	3%	36.3%	7.8%	100%

数据来源：淮南市中级人民法院："关于青少年暴力犯罪案件的调研报告"，网址：http://hnzy.chinacourt.org/article/detail/2012/09/id/603806.shtml.

3. 严重暴力犯罪剧增，作案手段极其凶残，暴恐事件频生。在严重暴力犯罪中，数量最多，上升幅度最大的是爆炸案件和持枪犯罪案件。这些严重暴力犯罪一般都表现出犯罪行为野蛮、犯罪手段残忍的特点，反映出犯罪分子心狠手辣、胆大妄为、无所顾忌的秉性，犯罪人不仅随意施暴，而且动辄杀人。例如：2004年"二华特大系列强奸杀人案"、2006年黑龙江佳木斯特大杀童连环案等。

极端暴力恐怖事件是近年暴力事件中较受关注并且频发的现象。在国际恐怖活动呈反弹之势的背景下，2013年中国境内恐怖活动再次呈高发状态，并呈现新特点。中国的恐怖活动呈现出地域扩大、以政府机构和军警为主要袭击目标、宗教渗透威胁社会主义信仰认同构成、恐怖势力使用冷兵器等简陋工具作案的新特点。

表7-5：2013年国内发生的十大暴恐事件

时间	地点	袭击手段及查获物品	恐怖攻击目标	伤亡情况
4月23日	喀什地区巴楚县色力布亚镇	25把砍刀、20枚汽油爆炸装置、3面"圣战"旗帜，以及大量制爆原料等	政府工作人员（社区工作人员、民警）	民警、社区工作人员15人死亡，受伤2人。击毙暴徒6人，抓获8人
6月26日	吐鲁番地区鄯善县鲁克沁镇	17把砍刀、汽油刀具、汽油桶	鲁克沁镇派出所、特巡警中队、镇政府和民工工地	24人遇害，21人受伤。击毙暴徒11人，击伤并抓获4人
7月18日	和田市	斧头、匕首、砍刀、折叠刀等暴力械具30件，未燃烧的汽油瓶3个，石块48块，弹弓1把，辣椒面30克。	纳尔巴格派出所	杀害1名联防队员和2名人质，重伤2名无辜群众，劫持6名人质。击毙暴徒14人，抓获4人
7月30日	喀什市美食街路口	2辆卡车、砍刀	普通群众	1名歹徒死亡，6人死亡
7月31日	喀什市	5把砍刀、斧头	普通群众	击毙4名歹徒

续表

时间	地点	袭击手段及查获物品	恐怖攻击目标	伤亡情况
8 月 20 日	喀什地区叶城县依力克其乡偏僻地区	28 个爆炸装置		击毙 15 名暴徒，一名排爆的警察牺牲
10 月 28 日	北京天安门金水桥	SUV 汽车、汽油、砍刀、铁棍、汽油装置、砍刀、印有极端"圣战"内容的旗帜	天安门	5 人死亡，38 人受伤
11 月 16 日	喀什地区巴楚县色力布亚镇	9 把砍刀和斧头	色力布亚镇派出所	2 名协警牺牲，2 名民警受伤。击毙 9 名暴徒
12 月 15 日	喀什疏附县	砍刀、爆炸物爆炸装置、自制枪支、刀具		2 名民警牺牲。击毙暴徒 14 人，抓获 2 人
12 月 30 日	喀什地区莎车县	爆炸装置 25 枚、自制砍刀 9 把	县公安局	击毙 8 人，抓获 1 人

数据来源：以上数据系编者根据各类新闻报道统计、总结得出。

4. 时空分布特点。①从城乡分布来看，杀人、强奸行为的发案率，农村高于城市，而流氓斗殴行为则是城市高于农村，抢劫主要发生在城市的近郊。②从作案的具体场所来看，杀人和强奸案发生在犯罪人或被害人住所的占有一定比例，而发生在小出租车营运过程中的抢劫案和最近发生在一些大城市的驾驶机动车飞车抢夺案也占有很大比例。③从作案时间来看，强奸案多发生于每年的春夏秋三季，其中尤以夏季为最；抢劫则由以前多发生于年初岁末转为无明显的季节性分布。④从区域分布来看，不同类型的暴力犯罪呈现地域分布的规律性，例如，杀人、伤害、强奸等侵犯人身的犯罪，易发生于东北、华中及西南地区省份。

5. 犯罪人分布特点。①在性别方面，男性比例高于女性。女性实施暴力犯罪，一般限于：一是女性帮助或伙同男性共同实施，或者多名女性共同实施；二是长期遭受对方暴力侵害或者情感困扰，在忍无可忍的情况下进行报复。女性杀人、投毒和放火犯在全部女性暴力罪犯中所占比重高于男性同类罪犯在全部男性暴力犯罪中所占的比重。②在年龄方面，大部分暴力犯罪由青壮年（尤其是男性青壮年）实施，暴力犯罪对行为人的力量、身体灵活性、反应能力等都有一定要求，严重暴力犯罪要求更高，青壮年在这方面有较明显的优势。③在身份方面，暴力犯罪人以城乡闲散人员为主。例如，上述淮南市中级人民法院的调研报告曾指出，在抽查的 95 件青少年暴力犯罪案件中，121 名罪犯中无业人员就有 49 人，占 40.5%。④在学历方面，行为人的文化程度普遍偏低。实施严重暴力犯罪的行为人多为初中或初中以下文化程度，具有高中专以上文化程度的人一般不轻易选择暴力犯罪，这也是一普遍现象。例如，上海浦东新区人民检察院侦监处在 2006 年度审查逮捕的 47 起严重暴力犯罪案件中，发现总共 85

名犯罪嫌疑人之中，初中文化的 61 人，小学文化的 10 人，高中文化的 7 人，中专文化的 4 人，大学文化的 2 人。

6. 犯罪类型多样化。从类型来看，杀人、强奸、伤害等传统类型有增无减，空中劫持航空器、抢劫银行、抢劫枪支弹药、爆炸物等新的犯罪类型也已经出现，直接向社会进行报复、泄愤的政治性暴力犯罪时有发生。值得注意的是，家庭暴力事件也有增多的趋势，日本警察厅 2012 年发布的一份总结报告称，2012 年 1 月至 11 月日本发生的亲属间暴力犯罪案件正在增多，其中，对亲属实施殴打、伤害以及威胁而被警方逮捕的案件有 7110 件，是上一年同期的 1.4 倍。这一数字已比上一年的相关案件多了近 3 成，占到全体刑事案件的 1 成以上。此类案件中，对受害者有暴力行为的绝大部分是受害者配偶。遭到配偶殴打和伤害的案件约占 6 成，受到配偶威胁的案件约占 5 成。受到子女暴力行为的案件约占 2~3 成。

在中国，家庭暴力也是一个不容忽视的社会问题，其中近 90% 的家暴受害者为妇女。根据全国妇联发布的第三期中国妇女社会地位调查结果，在整个婚姻生活中曾遭受过配偶侮辱谩骂、殴打、限制人身自由、经济控制、强迫性生活等不同形式家庭暴力的女性占据 24.7%。其中明确表示遭受过配偶殴打的女性为 5.5%，农村和城镇分别为 7.8% 和 3.1%。2010 年中国妇女社会地位调查显示，我国已婚妇女在整个婚姻生活中遭受过来自配偶不同形式家庭暴力的比例是 24.7%，另有 33.5% 的女童和 52.9% 的男童，在近一年来，遭受过父亲和母亲的体罚。

三、暴力犯罪的原因

暴力犯罪的发生实际上是有一定的规律可循的：即"压抑——诱发"这样一个基本的模式，亦即由某种因素造成了个体需要的压抑，于是产生了严重的心理挫折与冲突，其外化为攻击性的行为即暴力犯罪。具体说来，其原因可分为：

（一）外在原因

1. 在社会主义初级阶段，市场经济带来的负面效应。任何事物都有其两面性，市场经济在带给我们大量财富与种种便利的同时，裹挟而来的还有很多人所不欲的东西。我国现阶段生产力发展水平较低，社会消费需求与社会财富增长很不适应，实际的物质利益不能满足自我需求，形成了物质生活水平和自我需求之间较大的矛盾，其容易引发以财物为目标的暴力犯罪。另外，由于就业与经济结构的变化，大量下岗人员再就业以及原有的城镇居民待业的问题十分突出，由此产生了不少社会矛盾。而下岗待业人员因生活危机而带来的精神状态异常，很容易产生堕落、意志消沉、精神空虚甚至对社会的不满和反抗情绪，由于认为社会分配不公，遇有适当的机会就会转而实施暴力犯罪。同时，由于社会观念变化而引起的人际关系紧张，新事物出现与正误界限难以区别而引起的对传统道德、价值观念的否定，也使金钱关系日益成为人际活动的重要联系方式。这就进一步削弱了集体意识对社会成员的约束力，极易使人们形成一种以注重自我需求为中心的价值观念，这反过来又会进一步破坏个人对社会的忠诚和共同的价值标准、情操和信仰，从而加剧社会经济活动中的无规范状态。这种恶性循环的定势，往往导致个人为过度追求金钱和物质而置整个社会的利益和公德不顾，选择使用包括暴力手段在内的方式追逐金钱，实施暴力犯罪。

2. 社会管理的失范。毫无疑问，在预防和打击犯罪方向，社会管理是极其重要的一个环节，然而当前的社会管理活动存在不少的漏洞与薄弱之处。经济领域的贪污腐败、国有资产的大量流失，城市外来人口的管理，洗浴、娱乐等特种行业与场所的规范与整治，农村"留守儿童"的教育问题，基层民主自治和基层党组织建设的问题，都需大力改进。管理失范的一个重要的体现是民事纠纷解决机制不畅顺。民事纠纷常常作为一种强刺激而导致杀人、伤害等犯罪行为的发生。当纠纷中有过错的一方未受到应有的批评与处理，而无过错的一方也未得到适当的救济抚慰时，后者可能会采取过激行为以泄愤报复。纠纷一方或双方心胸狭窄，报复心重，更易发生暴力行为。

3. 社会亚文化的消极影响。相对于国家大力倡导的社会主流文化，隐存于各个阶层与领域的亚文化，它们虽非主流，但其影响不容忽视，它们与主流文化呈现出一种相互博弈的态势，主流文化退出的地方就是亚文化肆意滋长的空间，你退我进，此消彼长。因此，亚文化的消极作用不容忽视。拜金与享乐主义泛滥、黄赌毒、暴力、淫秽、黑社会性质组织与团体等社会亚文化现象严重侵蚀着主流文化的"肌体"。大众传播媒介对于暴力事件的宣传报道，更是加快了这种亚文化的传播。

4. 学校法制教育的缺位。学校本是未成年人逐渐适应社会生活的训练机构，在这里，学生必须获得在社会中生存和发展的必备知识、技能，其中，了解熟悉各种社会规则，尤其是法律规定，是必要的环节，但是，我国现阶段的学校教育，特别是在中小学教育阶段，法制教育极其薄弱。另外，整个社会的法制教育显然也严重不足，多为对案例的解说，缺少对相关法律规定的介绍。

5. 社会道德水准的滑坡。社会的开放带来多元的思想、文化和观念，它们彼此之间必然有高下精鄙之分，高尚的事物无疑有助于人们道德水平的提升，同理，粗鄙的事物也必然会戕害人们的道德心。面对多元的事物，人们必须学会甄别与选择，然而，很多人显然不具有较好的甄别与选择的能力，因为我们现在可以直面社会道德水准在整体滑坡的现实。

6. 家庭教育的落后或缺失。作为社会最基本的构成因素，家庭历来承载着维护社会安全与稳定的职能，家庭的和美稳定除了血缘和亲情的纽带作用之外，家庭教育的作用也同样重要。但家庭教育的现状不容乐观，主要问题有：家庭结构所引发的教育问题，如独生子女、单亲家庭等教育问题及"留守儿童"或"小留学生"的教育问题；家庭教育方式所引发的教育问题，如溺爱型、粗暴型和放任型的教育方式所引发的问题；经济困难或者物质生活过于富足所引发的家庭教育问题；等等。

7. 婚姻恋爱等情感问题是诱发严重暴力犯罪的重要原因。改革开放在推动经济发展的同时，也给人们带来了多元的思想观念，人们对待婚姻恋爱问题的态度更为宽容。但这样的态度也反作用于现实，婚前同居、未婚先孕、草率地结婚离婚、婚外情等现象愈加泛滥，在这些非传统婚姻家庭现象的强烈冲击下，婚姻家庭问题日益严重。这不但伤害了婚恋关系的对方当事人，而上述行为的施行者也自受其害，往往成为严重暴力犯罪的加害对象。

8. 被害人的刺激作用。与其他犯罪不同，暴力犯罪常常是在被害人与犯罪人的互动中产生的。通常人们认为被害人只是犯罪行为的承受者，但在有些暴力犯罪是由被害人的行为激发的。个人品行不端、生活作风不严肃、首先实施挑衅行为等，往往会成为个人被害的诱发因素。

（二）内在原因

犯罪是内外因共同作用的结果，二者缺一不可，外因是诱发犯罪的条件，内因或自身原因才是主导犯罪的因素。因此，生活在同样或类似的环境下，其中的某些人犯了罪，而另外一部分人却没有走上犯罪道路。综合各观点，内在原因主要有：

1. 反社会人格。反社会人格也称反社会人格异常，是指个体在社会行为上具有违反社会道德规范的倾向，具有为了利己目的而伤害别人却丝毫不感愧疚的异常性格。反社会人格是人格障碍的一种，属于较为严重的情形，可以理解为广义的精神疾病的一种（但不同于法学上的精神病人）。对于这类人格障碍者，仅仅科以刑罚是不足以预防其重新犯罪的，必须进行相关的心理治疗与疏导。

2. 个人的性格弱点和气质类型。一般来说性格并没有好坏之分，但某些性格在某种情境下确实会显现出其不足。冲动、孤僻、多疑、虚荣心强、报复心理严重、心胸狭隘等性格，在很多境况下都更容易激发犯罪。人的气质类型有四种：多血质、胆汁质、粘液质和抑郁质。多血质类型的人活泼好动、善交际、情感外露、机智、敏捷，但情绪多变、缺乏耐力和毅力；胆汁质类型的人情感强烈，容易意气用事、脾气暴躁、争强好胜、骄傲、表现欲强；粘液质类型的人情感发生缓慢，情绪内敛、持久，行动迟缓，行事谨慎；抑郁质类型的人对外界的刺激敏感，内心体验强烈，表现为怯懦、腼腆、孤僻。上述四种性格类型各有其特点，各自的性格特质决定了其更易于实施某种类型的犯罪。

3. 人的社会化程度。人的社会化是一个延续的渐进过程，人从一出生开始就进入了这一进程，并可能一直延续到生命终止。但是在这样一个过程中，可能因为某些因素的重大改变而导致发展的迟滞甚至中断，这时就会出现所谓的社会化不完全的状况。而人作为群居生物，其社会化程度偏低将无疑影响其融入社会生活，其人际交往和社会适应能力将明显不足，长此以往，这类人就会被社会边缘化，逐渐脱离正常的社会轨道，孤僻、仇视等不良性格或人格障碍就会形成。

4. 错误的人生观和淡薄的法制观念。极端的个人主义思想、腐朽的享乐主义思想、封建的"行帮"、"哥们义气"思想、崇尚野蛮凶残的"英雄观"，这些错误的人生观都会使人为了谋取私利或者显示个人威风而产生使用暴力手段掠夺财产、发狠斗勇的心理冲动。而这类人往往法律意识差，基本上没有法制观念，没有形成与法律规范要求相适应的价值观，不可能把法律规范的要求内化为自己的需要和行为，更不可能形成守法的习惯，很容易把心理冲动转化为真实行为。

四、暴力犯罪的防治对策

在了解严重暴力犯罪的发案原因之后，我们就可以针对不同情形对症下药，做到药到病除，取得良好的防治效果。具体对策如下：

1. 加大打击力度，遏制严重暴力犯罪的发展势头。打击犯罪虽然不是消除犯罪的最好方式，但其绝非可有可无，仍然具有其存在价值和无法替代的作用。犯罪是一定的社会产物，有其产生的社会根源，杜绝犯罪现象在现阶段是不可能实现的。打击犯罪既是对已经发生的罪恶的惩罚，也是对将来可能发生的犯罪的警告；既是对被害人的抚慰，也是对法律正义的伸张。2013 年我国暴力犯罪的情况有所好转，主要是我国实行"严管严控枪爆物品、严打严防涉枪涉爆犯罪"刑事政策的结果。我国不仅一直实行最为严格的枪支管制政策，而且全国公安机关还持续不断地开展"缉枪治爆"行动，严格控制社会上的非法枪弹和爆炸物品。实践证明，加大打击力度确实是遏制暴力犯罪必不可少的手段之一。

2. 加强社会管理，根除犯罪隐患。犯罪重在预防。在犯罪后打击犯罪，犯罪造成的损失显然已经无法挽回，打击犯罪只是在亡羊补牢，可谓事倍而功半；而预防犯罪，则是防患于未然，可谓事半功倍。强化对歌舞厅、发廊、洗浴场所、棋牌室、宾馆、废品回收等特殊场所和行业的管理；对流动人口的管理深入至住地、工厂、工地；为民工子女和"留守儿童"等特殊群体设立专门的中小学，给予人财物的全面支持，保障弱势群体的受教育的权利；整顿经济秩序，规范经济活动；进行综合治理，维护社会安宁。在上述各个方面和领域，大量的工作有待我们进一步展开。

3. 深入细化改革，消除市场经济的各种弊端，大力发展生产力，加强社会主义物质文明建设。改革给了我们想要的，也给了我们不想要的；市场经济虽向我们展现了无穷魅力，却也难掩其先天不足。改革和市场经济唤醒了潜藏在人们心头的物欲，为了追逐最大化的利润，贪污腐败、不守商业信誉、制销假冒伪劣产品、侵吞国有资产等不法行为层出不穷。这些负面现象虽然不可避免无计可施，但我们对此并非无计可施，尽量减少上述弊端、尽可能消减其影响是我们的努力方向。社会主义物质文明建设是强国富民的不可缺少的物质保证，也是消除暴力现象的物质基础。同时，通过健全税收制度、加强社会福利等方法减少由于贫富差距日益扩大而在无形中产生的问题也可以减少冲突和暴力行为的发生。

4. 加强法制教育宣传，提高全民的法律意识。法治的实现有赖于全体公民的一致遵循，要达到自觉守法的良好效果，就要求公民的法律意识的全面提升。而公民法律意识的提升，有赖于国家和社会的法制教育与宣传。虽然了解、掌握法律是公民的天然义务，但由于法律的专业性、错综复杂性及其他主客观因素的存在，要熟悉法律，即使是对专门的法律从业者而言也不是一件容易的事。因此，借助学校、媒体、法律团体、法律工作者、各级司法机关等多种途径，大力进行法制教育与宣传，是国家和社会应极力承担的义务。这一措施，也会引导民众用合法的途径解决民间纠纷，这也有利于减少暴力犯罪的发生。

5. 净化大众传媒，弘扬主流文化，廓清亚文化的消极影响。主流文化与社会亚文化的博弈从来就不曾停止过，虽然不少的生命个体难以抵御社会亚文化的侵蚀，特别是置身于特定环境中的个人，或许自出生开始就深陷于某种亚文化而无从自拔，但作为国家和社会，既有义务也有能力将其从亚文化中拯救出来。大众传播媒体具有休闲娱乐、社会教育及咨询沟通等功能，对社会大众的行为及其生活等层面都会产生深入、持久的影响，而大众传媒风格迥异并且渗透力极强，因此要加强对各种媒体的管理和指导，规范网络创作与传播，对色情和暴力文化从源头上进行控制和打击，以免谬种流传。在对抗亚文化的侵扰问题上，国家和社会还有大量的细致工作要做。

6. 发展教育事业，加强精神文明建设，提高社会道德整体水准。单纯违反道德的行为并不构成犯罪，但道德的沦丧必然招致犯罪的爆发，强化精神文明建设、提高社会道德水平是预防犯罪的有效手段之一。如前所述，道德的社会规制力比法律等强制规范的拘束力更为强劲，净化人们的灵魂比强制人身更具有建设意义，在一些人是非不明、美丑莫辨的当下，弘扬社会正气、歌颂真善美、打造诚信的社会环境才是治本之道。在精神文明建设中，学校教育所起的作用相当大，应该坚持以科学的理论教育人、以高尚的情操感染人、以正确的舆论引导人，坚持素质教育，加强科学文化知识教育、思想道德教育和法制教育。

7. 重视心理卫生健康，强化特殊人群的心理疏导与治疗。越来越多的研究表明，心理健康问题是引发犯罪的内在根源，"天生犯罪人"等理论也有了生物学、医学上的验证。对于一般心理问题，可以采取心理咨询的方式解决；对于较严重的心理问题即心理疾病，可以进行针对性的心理治疗；对于严重的心理疾病，如人格障碍、人格异常等，除了心理治疗之外，必要时还应当同时以外科手术等方式改变其异常的基因序列或根治其基因变异。

任务二 财产犯罪分析

教学情境

教学情境一： <center>名人被骗财[1]</center>

女星汤唯曾接到"公安"电话，直指她的存款有问题，如果想避免刑责，必须将钱存入"警方"的户头，她丝毫没有起疑，等到事后才发现被骗。无独有偶，李若彤的经纪人邓小姐曾接到一部座机打来的电话，称其是朝阳公安分局，查114后也属实，对方称邓小姐涉嫌洗黑钱，已是通缉犯，让其登录某网站，并将银行U盾插到电脑上，几秒黑屏后，其账户被盗走100万！警方表示，骗子可能是利用了改号软件将来电显示改为公安局电话号码，以此取得受害人信任再实施骗术。

教学情境二： <center>沪台警方破获特大电信诈骗案[2]</center>

2014年11月20日，上海警方召开新闻发布会，对外披露了一起沪台警方联手破获的特大电信诈骗案。两岸警方在沪、粤、台三地联合抓捕了21名犯罪嫌疑人，其中台湾嫌犯16人，初步查证涉及京沪江浙等地的电信诈骗案件200余起，涉案总值370余万元人民币。2014年年初以来，上海市16个区、县公安机关连续接报假冒京东商城、银行客服系列电信诈骗案。上海市公安局刑侦总队立即成立专案组，与技侦总队、网安总队、黄浦分局联手展开侦查。警方初步查明，犯罪嫌疑人在网上购买了被害人的相关信息（姓名、地址、联系方式和最近3个月之内的购物记录），涉及电商包括京东、淘宝、拍拍网。警方查明这50多起诈骗案网银转账目的地和取款地均在台湾。于是，上海市公安局利用近年来沪台警方协作机制，派员与台湾警方进行专案会商，请对方协助开展侦查。沪台警方周密部署后，决定11月中旬在沪、粤、台三地同步进行抓捕行动。11月12日，在东莞警方的协助下，犯罪集团的主要犯罪嫌疑人萧某在东莞的暂住地被抓捕。团伙其他成员也纷纷在上海、台湾等地落网。

工作任务

财产犯罪是全世界范围内最常见、最多发的犯罪，占了每个国家发生的刑事案件半数以上，盗窃、诈骗、抢劫、抢夺都是最常见的财产犯罪，这些犯罪与我们日常生活息息相关。本任务我们将来认识和分析：

1. 什么是财产？什么是财产犯罪？

---

〔1〕 资料来源：综合网络新闻报道。

〔2〕 朱翃："沪台警方破获特大电信诈骗案"，网址：http://news.xinhuanet.com/2014－11/20/c__127235342.htm，访问时间：2014年12月1日。

2. 世界上的主要国家以及我国财产犯罪的状况如何？现阶段我国财产犯罪有哪些新特点？

3. 财产犯罪频发的原因是什么？

4. 防控财产犯罪的措施有哪些？

 学习内容

一、财产与财产犯罪

（一）财产

财产，在现代汉语中是指"属于国家、集体、个人所有的物质财富"。我国《民法通则》也对财产进行了界定，财产即物质财富，包括金钱、物资、房屋、土地等，各种动产、不动产、知识产权，国家所有的财产和集体所有的财产以及公民私人所有的财产，具有金钱的价值，并受法律保护的各种权利的总称。我国《刑法》总则按照所有制形式对财产进行了分类，分别为"公共财产"和"公民私人所有财产"。我国《刑法》分则在各种具体的罪名中所规定的财产的表现形式如下：货币、物品、公司股票、债券等财产权凭证、金融票证（主要有支票、本票、汇票、信用证）、国库券、税务发票、其他专用发票等有价证券和电信码号这一特殊无形财产。

（二）财产犯罪

财产犯罪，是侵犯我国《宪法》和《刑法》所保护的公共财产和公民私有财产的犯罪。我国《刑法》分则第五章规定的抢劫罪、盗窃罪、诈骗罪、抢夺罪等就是侵犯财产犯罪的主要类型。

侵犯财产犯罪可以按照不同的标准进行分类：以犯罪主体是否要求具备特殊身份为标准可以划分为一般主体的犯罪和特殊主体的犯罪，前者包括盗窃、诈骗等这些不要求行为人具有特殊身份的犯罪，后者包括职务侵占罪、挪用资金罪等行为人必须具有一定的身份才能成立的犯罪。以财产犯罪所侵犯的客体为标准可以划分为侵犯复杂客体的财产犯罪和侵犯单一客体的犯罪，前者如同时侵犯财产权和人身权的抢劫，后者如仅侵犯财产权的盗窃。以是否用暴力手段实施财产犯罪为标准可以划分为暴力型财产犯罪和非暴力型财产犯罪，前者如抢劫罪，后者如盗窃罪、诈骗罪等。以侵犯财产犯罪的犯罪对象是否具有特殊性为标准可以划分为侵犯一般财产的犯罪与侵犯特殊财产的犯罪，前者如盗窃罪、诈骗罪等，后者如职务侵占罪、挪用特定款物罪。以犯罪人的主观意图为标准可以划分为非法占有型犯罪（如盗窃罪、诈骗罪、抢夺罪等）、挪用型犯罪（如挪用特定款物罪、挪用资金罪等）和毁坏犯罪（故意毁坏财物罪等）。

二、财产犯罪的现状和特点

（一）现状

侵犯财产罪是一种古老的犯罪，随着私有制和阶级社会的产生而产生，现在刑法中规定的较新的财产犯罪都可以从古代的刑法中找到其雏形。路易丝·谢利曾指出："财产犯罪在所有现代化国家都是犯罪的主要形式。"

美国司法部 2009 年 9 月的报告显示，美国 12 岁以上公民 2008 年共经历 490 万起暴力犯罪，1630 万起财产犯罪，13.7 万起个人盗窃犯罪。日本的财产犯罪从 1977 年的 114 万件，发展到 1990 年的 153 万件，在全部犯罪中的比例从 1977 年的 67.2% 增加到 1984 年的 69.2% 和 1990 年的 69.3%；2006 年日本的窃盗犯（侵入窃盗、非侵入窃盗）总计 1 534 528 件；近年来韩国的财产犯罪呈现上升趋势，从 1992 年的 17.3 万件上升到 2001 年的 39.2 万件，在全部刑事犯罪中的比例从 1992 年的 67.2% 上升到 2001 年的 70.9%。[1]

在中国，财产犯罪历来是我国刑事犯罪案件的大户，在官方统计中，自新中国成立以来，财产犯罪居各类犯罪之首。从发展历程来看，改革开放后，我国财产犯罪在数量上大幅上升（具体见表 7-6）。实际上，从 1978 年开始，我国财产犯罪在刑事犯罪中所占比例一直在 80% 左右，最高的时候甚至超过 90%。从犯罪类型上看，盗窃是我国最主要的财产犯罪类型，其次是抢劫。近年来，抢夺案件不断增多。公安部课题组指出 1992 年至 2001 年 10 年间，抢夺案件占刑事发案总数的比重增长了 442.69%，年平均增长速度为 20.71%。此外，诈骗案件也同样呈现不断增长的态势，在刑事案件中的比重不断增加。1981 年，诈骗案件占刑事案件的比例为 2.1%，2006 年占全部刑事案件的 4.6%。2013 年，侵犯财产犯罪仍是最主要的犯罪类型，占全部犯罪数量的 80% 以上，尤其是入室盗窃、电信诈骗、飞车抢夺等形式的犯罪较为突出。2013 年，全年各级法院审结侵犯财产犯罪案件 30.3 万件，判处罪犯 39.8 万人，占全部案件 1/3。其中，盗窃、诈骗犯罪是侵犯财产犯罪的主要类型。诈骗犯罪呈逐年增多的态势。根据北京市公安机关的统计，2006 年以来诈骗案逐年增多，在 2012 年、2013年达到最高值（详见图 7-1）。

表 7-6：我国财产案件数量变化

年份	1981 年	1989 年	2000 年	2006 年
案件数（件）	78.5 万	178.8 万	283.6 万	366.7 万

数据来源：康树华、张小虎主编：《犯罪学》，北京大学出版社 2011 年版，第 245～246 页。

---

〔1〕　数据来源：参看康树华主编：《全面建设小康社会进程中犯罪研究》，北京大学出版社 2005 年版，第 45、60、69 页。

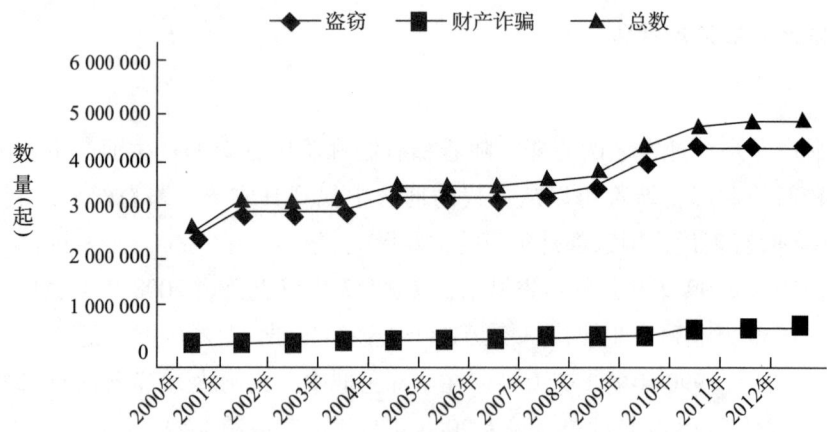

图 7-1：2000~2012 年全国公安机关盗窃、诈骗刑事案件立案数及两类案件立案总数趋势图

数据来源：靳高风："2013 年中国犯罪形势分析及 2014 年预测"，载《中国人民公安大学学报（社会科学版）》2014 年第 2 期。

（二）财产犯罪的特点与发展趋势

1. 犯罪数量高发化。现代化发展极大地强化了人们的财产观念，促使一些人通过合法或非法手段获得财产，并以此证明个人的价值。这必然造成财产犯罪高发的现象。2004 年我国刑事犯罪数量比 2003 年上升 7.4%，其中财产犯罪上升 7.8%。一些大城市和经济发达地区财产犯罪所占比例更高。例如，北京市的财产犯罪在犯罪总量中一直占据 2/3 以上的比例，是导致刑事犯罪总量上升的一个主要因素。侵犯财产犯罪具有高发化的特点。这是现代化发展过程中刑事犯罪出现的一个重要特征。

2. 犯罪性质严重化。现代化发展使得市场经济不断完善，促使金钱观念、利益观念、竞争观念深入人心，也极大地调动起一些犯罪人的物质欲望。正是在疯狂的占有欲的支配下，财产犯罪出现了犯罪性质愈来愈严重化的特点。改革开放之初，财产犯罪侵犯的对象主要是一些私人财物，数额一般不很大。随着现代化的发展，财产犯罪侵犯的对象开始转向社会公有财产，而且涉案数额越来越大，特别是诈骗犯罪，涉案数额更大。有的犯罪案件诈骗数额高达数十万元、数百万元、数千万元，甚至数亿元。从作案方式看，许多财产犯罪人往往采取相同手段连续犯罪、系列犯罪，不断提高犯罪技能，向专业化、智能化发展，努力获取更大的犯罪收益。随着现代化的发展，物质利益的诱惑加大，一些犯罪人为攫取钱财，不惜采取杀人、绑架人质、劫持车辆等暴力手段，恶性程度不断加剧，严重危害人民群众的生命财产安全。以往通常不对事主加以人身伤害的一些侵财犯罪，现在也常常对事主加以伤害，甚至杀人灭口。2005 年，江苏省共发生因侵财目的引发的杀人犯罪 161 起，占杀人犯罪总量的 15.4%。

3. 犯罪主体年轻化、团伙化。当前我国财产犯罪主体以青少年、流动人口和各类社会闲散人员居多，并呈现团伙化、有组织化的倾向。流动人口和各类闲散人员也是其他犯罪的主要人员，故在此着重分析财产犯罪中青少年主体的特点。青少年正处于人生的转型时期，思想尚未成熟，社会阅历较浅，辨别是非能力差，容易走上犯罪道路，一些青少年贪图吃喝玩乐等物质享受，但缺少经济来源，又想不劳而获，往往通过犯罪行为获得钱财，而侵犯财产犯罪中的某些行为，例如盗窃、诈骗等往往对于体力、胆量等的要求没有暴力犯罪等其他犯罪类型的要求那么高，而且通过犯罪所获得的好处是可以直接感受和体验到的金钱上的满足。因而青少年人往往会更喜欢选择财产犯罪。最高人民法院提供的数据显示，从 2000 年到 2004 年，未成年人犯罪呈现了明显的上升趋势，全国各地人民法院判决生效的未成年人犯罪人数平均每年上升14.18%，2005 年上半年未成年人犯罪案件同比上升 1.6%，在抢劫和抢夺案件中，未成年人犯罪各占 7 成。

从组织形式来看，犯罪人既要作案得逞，又要相对安全，共同犯罪比单独犯罪具有更大的犯罪能量，越来越受到犯罪者的"青睐"。近年来，在财产犯罪中，不论是入室盗窃、扒窃、还是抢劫、抢夺和诈骗，作案团伙化倾向突出。以盗窃机动车为例，很多盗窃机动车的团伙内部分工明确、相互配合、彼此掩护、协同一致，形成盗窃、改装、运输、销赃一条龙。2005 年破获的财产犯罪案件中，犯罪者共同作案的占38.6%。许多犯罪人以亲友、同乡、牢友等关系为纽带，"有饭大家吃，有财大家发"，犯罪团伙在短时间内就会形成。

4. 犯罪形式多样化。现代化的发展使政治、经济、文化等各个领域都出现了多元化的发展趋势。现代社会丰富多彩、形式多样的生活状况反映到犯罪领域，使财产犯罪出现了多样化的特点。不仅犯罪种类多种多样，同种犯罪也出现了多种犯罪形式。如抢劫犯罪，入室抢劫、拦路抢劫犯罪仍然高发，同时麻醉抢劫、色诱抢劫、驾车抢劫、抢劫出租车司机等特殊犯罪不断增多。一些地方还发生过在城市十字路口，随机拉开过往汽车车门进入车厢内劫持驾驶员、抢劫财物或车辆的犯罪。在抢夺犯罪中飞车抢夺、袭击银行提解款人员、夜间抢夺妇女和老人财物等犯罪所占的比重不断增大。盗窃犯罪中入室盗窃、盗窃社区居民财物等犯罪不断发生，盗窃汽车和电动自行车、盗窃工业原材料等犯罪更是大幅上升，盗窃破坏电力、电信、输油设施及盗窃家禽家畜犯罪则在一些农村地区居高不下。

诈骗犯罪的形式也花样翻新。有的利用非法外汇交易行骗，俗称"切汇"。这种犯罪最初在沿海开放城市出现，后蔓延至内地，甚至发展形成专门从事切汇的诈骗群体。切汇成员一般 2~4 人合伙，分工明确，有"粘活"诱人上钩的，有"掌刀"切钱的，也有充当陪衬打掩护的。行骗地点多在银行、宾馆、外汇商店内外。行骗手法多种多样，有"切张"、"调包"、"正切"、"反切"等。后来，行骗者为使对方消除疑虑而采取约事主到银行将换汇的人民币存入银行，再将活期存折交予事主的方式行骗。实际上行骗者的同伙已在别的银行取走存款，而给事主的存折或是取钱后经涂改的，或是事先准备好的伪造的存折。骗子用此手法，最多一次可骗数万美元。有的利用"碰磁（碰瓷）"行骗。"碰磁（碰瓷）"在我国旧社会就有，即某无赖手托一破瓷碗，故意与行人相撞，待碗摔碎后，以祖传某年代贵重瓷器为名，高价索赔。改革开放以来出现的"碰磁（碰瓷）"多为地痞无赖倚仗人多势众在街上寻衅滋事。其中的手法有，一人戴一副平光眼镜与骑车人或快步行走的路人相撞后佯装摔倒，其他同伙一哄而上，以碰碎水晶眼镜为名，向行人索赔或借机偷走他人财物。这种"碰磁（碰瓷）"行为具有敲诈或抢夺的性质。

5. 网络侵财、电信诈骗层出不穷。随着现代化的发展，计算机网络空间运用手段不断拓展，网络侵财犯罪也出现了严重化的特点。通过黑客攻击、发布病毒等技术手段，窃取卡号、密码。破坏性病毒通过信息交换和软件的传递传播，窃取用户的信用卡信息。例如：在湖北省荆州市公安局网监支队侦查终结的一起案件中，犯罪嫌疑人（为一网络游戏爱好者）就是在网上找到一个黑客软件，专门用来盗窃密码，然后通过网上转账，窃走资金。还有一种就是以骗取、偷窥等手段获取密码，通过网上转账、网上购物的方式，窃取他人信用卡资金。目前该类犯罪比较常见。例如：2004 年 11 月至 12 月间，上海连续发生多起某银行借记卡内资金被犯罪者利用网上银行交易系统盗划的案件。犯罪人通过该行网上银行系统（有卡号、登录密码即可进入账户内进行操作，网络转账则需要转账密码），以网上转账形式盗划他人资金。

电信诈骗是指犯罪分子通过电话、网络和短信方式，编造虚假信息，设置骗局，对受害人实施远程、非接触式诈骗，诱使受害人给犯罪分子汇款或转账的犯罪行为。其中一个突出的表现是利用银行卡和电信方式实施财产犯罪。其涉及范围更加广泛，犯罪手段更加狡猾。电信诈骗起初是台湾不法分子跑到大陆针对大陆群众进行诈骗。随着犯罪手法的不断传播，大陆越来越多的不法分子也仿效其手段进行犯罪。除了福建以外，湖南、湖北、广东、海南、河北个别省份的一些不法分子也加入了诈骗队伍。仅 2008 年，北京、上海、广东、福建这四个省市因电信诈骗犯罪市民就损失了近 6 亿元。此类犯罪的特点是：①犯罪活动的蔓延性比较大，发展很迅速。犯罪分子往往利用人们趋利避害的心理，通过编造虚假电话、短信，地毯式地给群众发布虚假信息。这种方式在极短的时间内发布范围广，侵害面大，所以造成的损失也很大。②电信诈骗手段翻新速度很快。电信诈骗一开始只是用很少的钱买一个"土炮"弄一个短信，后来发展到因特网上的任意显号软件、显号电台等，成了一种高智慧型的诈骗。从诈骗借口来讲，从最原始的中奖、消费信息发展到绑架、勒索、电话欠费、汽车退税等，犯罪分子总是能想出五花八门的骗术。甚至还有冒充电信人员、公安人员说受害人涉及贩毒、洗钱等，通过这种办法说公安机关要追究受害人的责任来唬住受害人，从而达到诈骗目的。骗术翻新的频率很高，有的时候甚至一两个月就会产生新的骗术，令人防不胜防。③团伙作案，反侦查能力非常强。犯罪团伙一般采取远程的、非接触式的诈骗，其内部组织严密，采取企业化运作，分工明确：有专人负责购买手机，有的专门负责开银行账户，有的负责拨打电话，有的负责转账，而且下一道工序不知道上一道工序的情况。这给公安机关的侦破工作带来了很大的困难。④跨国跨境犯罪比较突出。有的不法分子在境内发布虚假信息诈骗境外的人，也有的常在境外发布短信到国内诈骗中国老百姓，还有境内外勾结连锁作案。这类犯罪隐蔽性很强，打击难度很大。

由于这类犯罪涉案金额巨大、影响面广，我国高度重视打击此类电信诈骗。例如：2011年9月28日，公安部统一指挥10省区市公安机关，派出8个工作组，分赴印尼、柬埔寨、菲律宾、越南、泰国、老挝、马来西亚、新加坡等8个东盟国家开展境外查证抓捕工作，并专门派出工作组赴台湾，与台湾警方就案件侦破工作进行协调。侦破过程中，广东、浙江、福建、广西、山东、上海、海南、北京、江苏、云南等地公安机关密切配合，多警种、跨区域合成作战，成功摧毁了两个特大跨国跨两岸电信诈骗犯罪集团，破获电信诈骗案件1800余起，抓获犯罪嫌疑人828名，涉案金额高达2.2亿元。其中，大陆犯罪嫌疑人532名，台湾犯罪嫌疑人284名，外国犯罪嫌疑人12名。警方同时捣毁拨打诈骗电话、转账洗钱、开卡取款和诈骗网络平台等犯罪窝点162处，缴获银行卡、电脑、手机、网络平台服务器等一大批作案工具和赃款。

6. 犯罪手段智能化。现代化的内容很丰富，但起决定作用的是科学技术现代化，现代化实质上是科学技术普及化。现代化愈发展，科学技术就会愈普及，科技产品和科技技能就愈会为一般民众所掌握和运用，因而在刑事犯罪领域，包括在财产犯罪领域，必然会表现出犯罪智能化、科技化的特点。

另外，上文中提及的网络侵财、电信诈骗因利用互联网、银行卡等产品也更多地体现了现代财产犯罪智能化的特点。

三、财产犯罪的原因

(一) 财产犯罪的社会原因

犯罪的社会原因，是指存在于犯罪人主观意识之外的、不以犯罪人的意志为转移的、导致犯罪人实施犯罪行为的政治、经济、文化、教育等宏观社会环境方面的原因。就侵犯财产犯罪而言，当前比较突出的社会原因有：

1. 社会主义经济发展带来的负面影响。我国正处于社会主义初级阶段，社会财富尚不丰富，生产力发展水平与人民群众的物质文化需要之间的矛盾还比较突出。虽然从总体上看我国社会已经实现社会主义建设的第二步战略目标，但是还有相当一部分人尚未完全解决温饱问题，有人甚至还相当贫困。社会经济发展水平较低容易导致较多的财产犯罪的发生。

我国正处在经济体制改革和调整阶段，国有企业破产、工人下岗失业问题比较突出，各项事关人民生计的制度，如财经管理制度、税收制度、社会保障制度等还不够健全，在较大程度上还存在着收入分配不公、贫富差距过大的现象，加上相当一部分政府官员贪污腐化、非法敛财行为的不良示范效应，使人们的心灵受到腐化和毒害，从而强化了一些人不劳而获的心理。

2. 失业带来的冲击。就业是民生之本。我国人口众多，就业压力大，从社会问题的角度看，失业是犯罪滋长的重要诱因，犯罪是"蔑视社会秩序最明显最极端的表现"，长期失业不只使人在经济上陷入困境，而且会使人在精神上遭受挫折，心理失衡，产生对社会的不满情绪，进而诱发犯罪，尤其是财产犯罪。随着市场化进程加快，企业体制改革力度加快，劳动力市场化加速，我国失业问题凸显。我国农村自从实行土地联产承包制度以来，大量的青壮年劳动人口涌进城市。1978年以来，我国城镇失业率经历了先短期下降后快速上升的变化历程（详见表7-7）。在这种大背景下，1981年以来我国的财产犯罪也基本经历了先降低后快速上升的发展历程（详见表7-8），经过统计分析，1981年至2006年，我国失业率与财产犯罪率的相关系数为0.787，具有显著的正相关关系，表明失业对财产犯罪有非常明显的影响。

表7-7：我国城镇失业率变化情况

年份	1981年	1985年	2006年
失业率	3.8%	1.8%	4.1%

数据来源：康树华、张小虎主编：《犯罪学》，北京大学出版社2011年版，第252页。

表7-8：我国财产犯罪发生率变化情况

年份	1981年	1985年	1988年	1989年	2000年	2006年
财产犯罪发生率	78起/10万人	43起/10万人	64起/10万人	159起/10万人	224起/10万人	279起/10万人

数据来源：康树华、张小虎主编：《犯罪学》，北京大学出版社2011年版，第252页。

3. 文化冲突带来的影响。现代文化的突出特点表现为世界范围内各民族文化的交流融合，以及在交流融合过程中发生的文化冲突，每一次社会的重大转型，对文化都会形成不同程度、不同层次的冲击和震荡。改革开放以来，我国社会发生变革，处在文化冲突时期。当前，我国文化冲突主要有三种形式：现代文化与传统文化的冲突；不同地域、民族、群体间的文化冲突；西方文化与中国文化的冲突。在这三种冲突之中，最为突出的是西方文化与中国文化的冲突。中国长达数千年的中央集权制度培养和凝聚了追求高度统一的主导文化思想，即排斥个人利益，贬斥功利、轻视物质，强调全社会的统一和步调一致。新中国成立后，党和国家倡导克己奉公、艰苦奋斗、自力更生、毫不利己、专门利人、积极进取、勇于奉献的价值观和道德观。而后，改革解放了人们的思想，开放传入了西方的文化。西方文化既有讲求效率、标新立异等积极方面的理念与要素，也有金钱万能、损人利己等消极内容。这种外来文化与我国文化形成激烈的冲突，表现为过分强调个人利益、无度追求物质享受、无视社会公德、抛弃理想信念等，这样的文化具有明显的反社会主流价值观的倾向。市场经济突出功利意识和利益观念，使经济领域里的商品交易观念渗透到社会政治、文化、生活的各

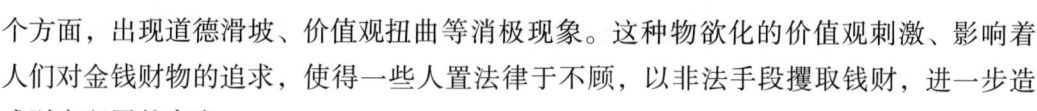

个方面，出现道德滑坡、价值观扭曲等消极现象。这种物欲化的价值观刺激、影响着人们对金钱财物的追求，使得一些人置法律于不顾，以非法手段攫取钱财，进一步造成财产犯罪的高发。

（二）财产犯罪的个人原因

财产犯罪的个人原因，是指导致犯罪人实施侵犯财产犯罪的个人生理及心理方面的原因。其中主要是个人心理原因，当前比较突出的有以下几种表现：

1. 极端个人主义思想。受当前不良社会风气的影响，不少人不能正确认识和处理个人与社会的关系，极端自私自利的个人主义思想比较严重，他们总是把自己的利益凌驾于社会和他人的利益之上，比较容易采取与社会发生冲突的方式来满足自己的需要，以至于不惜做出非法占有他人财产的犯罪行为。

2. 拜金主义思想。进入商品经济时代之后，金钱的影响力较计划经济时代大大增强，由此也使社会上金钱万能、"有钱能使鬼推磨"等不良思想泛滥，一些人的思想观、价值观和行为取向越来越朝着功利化、物欲化的方向发展。尤其是一些身心发育尚未成熟的未成年人，更容易受这种不良风气的影响。

3. 贪图享乐的思想。随着社会物质文化生活的丰富和提高，各种享乐的机会也越来越多，有一部分人不顾自身的经济条件，一味追赶时髦，贪图超出自己经济能力的物质享受，由此走上了非法取财的不归路。

4. 错误的需要。需要是人对客观事物的要求在人脑中的反映，包括物质需要和精神需要两方面。在财产犯罪中，犯罪人的需要主要呈现出两个方面的特点：①反社会性。犯罪人认定需要不以社会的客观现实生活为基本条件，不受社会经济发展和自身经济条件等方面的制约，一味地追求无限制的物质享受，使其需要最终形成反社会的违法犯罪动机。不想通过辛勤劳动和刻苦努力而企图一夜暴富，进而实施盗、抢等犯罪行为，就是犯罪人无限度的反社会性的需要所致。②层次低。犯罪人的需要层级较低，只是在满足饮食、娱乐等较低的生理层面的需要，而缺乏高层次的精神需要，犯罪人不顾社会规范性制约和自我意识的正常控制而恣意放纵，把吃喝玩乐作为人生的终极目标，不可避免地会做出违法犯罪行为。

（三）财产犯罪的情景原因

财产犯罪的情景原因，是指具体地激发犯罪行为人实施财产犯罪的微观方面的各种机会和便利条件。其主要包括以下几个方面：

1. 犯罪目标的增多。随着人们生活条件的改善，越来越多的高档贵重物品进入人们的日常生活，可供犯罪分子偷盗、抢劫、诈骗的财富大大增加，作案目标增多导致了财产犯罪增多。

2. 商业的发展，交易制度的发达，使财产犯罪的犯罪分子销赃更加便利，逃避侦查的机会大大增加。

3. 城市的扩大，人口的膨胀导致邻里协助、社区守望的减弱，增加了犯罪分子实施财产犯罪的机会。

4. 现代人工作更加繁忙，生活节奏加快，尤其是城市双职工家庭白天整天家里无人，对家中财产疏于防范，为犯罪分子乘虚而入、窃取财产提供了充分的时间和机会。

四、财产犯罪的防治对策

财产犯罪不仅会造成极大的经济损失，而且会严重危害人民群众的安全感，不利于社会的和谐稳定，必须采取有效对策，遏制其增长。

（一）完善社会政策

贫富悬殊问题与在现代化进程中如何解决公平和效率的问题是联结在一起的。一味追求公平，会严重挫伤人民群众的生产积极性，妨害"效率优先"；而且仅仅"兼顾"公平，恐怕会只"兼"难"顾"，反而难以遏制贫富差距悬殊问题。我们既反对牺牲效率换取公平，也反对牺牲公平换取效率。这就要建立效率与公平之间良性互动的动态平衡。为此，我们就必须大力发展经济。发展是硬道理，这是解决财产犯罪问题的关键，只有经济发展了，"馅饼"做大了，中产阶级队伍扩大了，才能为公平分配和减少贫困打下牢固的物质基础，才能在生产力水平较高的层面使效率与公平并重。所以，我们要始终把发展经济作为各项工作的中心，紧紧抓住不放，在发展中解决矛盾，维护社会稳定，减少和控制财产犯罪。

就业是居民安定生活的保障，没有就业机会意味着生存、发展机会的丧失，当人的生存受到威胁的时候，很容易走上犯罪的道路。健全和推行科学的就业政策，规范劳动力市场，真正落实再就业政策，尽可能公平、合理地为社会成员提供就业机会，是减少犯罪尤其是财产犯罪的有效手段。

在大力发展经济的基础上，我们要努力健全和完善社会保障体系。社会保障制度是对社会收入分配进行再调节的有效经济杠杆，可以在一定程度上缓解现代化发展中的社会分配不公、贫富过分悬殊。因此，我国必须完善社会保障体系及其功能，特别要加强对贫困群体的扶持力度；积极推广农村居民最低生活保障制度，逐步使农村扶贫制度化和规范化；还要积极稳妥地推进基本医疗及教育援助。目前应尽快健全和完善资金来源多元化、保障制度规范化、管理服务社会化的社会保障体系，从我国社会生产力的发展水平出发，实施多渠道、多层次、保障范围不断扩大、保障水平不断提高的社会保障制度，采取一系列有效措施，切实保障低收入者的生存需求，减少犯罪群体产生。

（二）坚持"打防并举"，扼制财产犯罪

财产犯罪的种类很多，要按照"什么犯罪突出就重点打击什么犯罪，什么方式更加有效就采取什么方式"的原则，坚持以打开路，重拳出击，强化破案攻坚，及时破获财产犯罪案件，形成强有力的打击震慑效应。对现行犯罪，要坚持快速反应，抓住破案的有利时机，采取围、追、堵、控、查等多种措施，力争快侦快破案件，提高抓获现行犯罪分子的能力。要围绕犯罪性质、袭击目标、作案工具、作案手段、活动区域等方面的规律特点，加强案件串并，发现跨地区的系列案件和带有地域性的犯罪团伙，组织涉案地公安机关联手攻坚，力争做到破一案带一串，抓一个带一伙。同时，积极开展网上追逃财产犯罪，进一步加大对在逃嫌疑人的追捕力度，全力缉捕归案，切实消除社会治安隐患。

我们要通过侦查破案和打击犯罪，及时发现防范管理工作中的薄弱环节和漏洞，坚持以打促防、打防结合，大力推进社会治安防控体系建设，织密治安防控网络，全面挤压财产犯罪空间，尽量减少财产犯罪的机会，有效遏制和减少财产犯罪。①加强社会巡逻防控，以提高见警率、管事率和现场抓获率为目标，深入推进社会巡防机制改革。在巡逻工作中全面实行四班三运转，最大限度地把警力压向街面路面，切实加强巡逻检查、设卡盘查和伏击守候工作，着力形成对社会治安全时空、多方位的控制。②深入实施社区警务战略，壮大社区民警、保安联防及治保队伍等力量，织密社区防控网络，不断提高社区防控能力。③严密场所行业阵地控制，围绕犯罪分子吃、住、行、销、乐等环节，加大对中小旅馆、桑拿浴室、网吧、二手机动车市场、手机市场、金银首饰加工点、典当行、农贸市场、废品收购站等重点场所和行业的管理控制，主动发现和打击财产犯罪。

同时针对现在网络诈骗、电信诈骗和银行卡诈骗等以高科技手段为依托的财产犯罪，有关部门应该加大对网络、通信行业的监督和管理，督促银行和通信行业采取相应的技术手段提高诈骗的技术壁垒；加大打击洗钱犯罪的力度，从而使犯罪分子即使通过犯罪行为取得财产也难以变现，削弱他们犯罪的积极性。

（三）加强精神文明建设，加强被害预防工作

财产犯罪之所以不断增多，与精神文明建设滑坡也是密切联系的。因此，在现代化发展进程中，我们必须始终注重加强社会主义精神文明建设，坚持两手抓，两手都要硬。加强精神文明建设，我们要特别重视加强思想道德建设，提高民众的思想和道德素质，为精神文明建设奠定良好的基础；要坚持抓好共同理想教育，弘扬振兴中华民族的精神，坚决批判淡化共产主义理想信念的错误倾向，引导人们树立共产主义远大理想；要贯彻落实《公民道德建设实施纲要》，在全社会倡导"爱国守法、明礼诚信、团结友善、勤俭自强、敬业奉献"的基本道德规范，坚决反对和抵制拜金主义、享乐主义和个人主义，反对和抵制见利忘义和唯利是图的错误行为，形成把国家和人民利益放在首位而又充分尊重公民个人合法利益的社会主义义利观，形成健康有序的经济社会规范。

面对财产犯罪增多，治安状况不佳的社会环境，个人有无预防被害的意识，以何

种心理反应和行为方式予以应对，是能否减少和预防财产犯罪的一个重要环节。增强社会适应性，首要的是要对自己所处的社会环境有一个正确、客观的认识，千万不要以主观的、理想主义的思想方法看待现代社会。犯罪增多是后发外生型现代化国家难以避免的社会现象。重要的是我们的头脑中必须树立随时随地预防犯罪侵害的观念，增强自我防范和自我保护意识；要注意"正心"，培养自己具有科学求实的态度，不侥幸，不贪婪，不轻信，不盲从，自觉落实各项防范措施；要具有识别坏人与"小人"的能力，不给犯罪分子可乘之机，避免落入他们设下的圈套和陷阱，更好地预防财产犯罪。

任务三　涉毒犯罪分析

教学情境

教学情境一：　　　　　　　　　　陆丰"毒战"[1]

2013 年 12 月 29 日凌晨 4 点，广东省 3000 多名公安、武警、边防警力闻讯而动，以汕尾市为主战场，对以陆丰籍大毒枭为首的 18 个特大制贩毒犯罪团伙开展统一收网行动，一举抓捕团伙成员 182 名，捣毁制毒工场 77 个和 1 个炸药制造窝点，缴获冰毒 2925 公斤、K 粉 260 公斤、制毒原料过百吨，枪支 9 支、子弹 62 发、手雷 1 枚、管制刀具、弓弩及制毒工具一批。

陆丰涉毒问题由来已久，1999 年和 2011 年两次被国家禁毒委列为涉毒重点整治地区。"三甲"地区的博社村是该地区涉毒严重的"第一大村"，不法分子长期疯狂作案、诡异逃避侦查甚至集体暴力抗法，已经到了肆无忌惮的地步。

2013 年 7 月，广东省政法委在汕尾市召开的陆丰、惠东制贩毒问题剖析会上公布，来自汕尾陆丰市的冰毒，已销往全国除西藏地区所有省份。根据 2012 年全国查获毒品数量的统计，30.34% 的冰毒来自汕尾陆丰地区，占到全国的 1/3。

教学情境二：　　　　　　　　　　演艺"毒"圈[2]

2014 年 3 月 17 日，据北京警方官方微博"平安北京"发布声明称，著名歌手李代沫伙同另外 6 人，于 17 日晚在北京朝阳区三里屯某小区的暂住地内吸食毒品，6 人全部被警方抓获。此外，在丰台区一酒店内的另外两名涉案人员随后也被警方抓获。8 人尿检均为苯丙胺类阳性，且当事人对犯案事实供认不讳。随后，李代沫因涉嫌容留他人吸毒罪于 2014 年 3 月 19 日被北京市公安局朝阳分局依法刑事拘留，并被移送至常营看

---

〔1〕　资料来源：综合各类新闻报道。
〔2〕　资料来源：综合各类新闻报道。

守所。

2014 年 5 月 9 日，朝阳区人民检察院以涉嫌容留他人吸毒罪对犯罪嫌疑人李代沫依法提起公诉。

2014 年 8 月 14 日，北京警方在东城区抓获著名演员房祖名、柯震东等涉毒人员，并在房祖名住所内缴获毒品大麻 100 余克。两位演艺人员对吸食大麻供认不讳。房祖名因涉嫌容留他人吸毒罪被刑事拘留，柯震东因吸食毒品被行政拘留。

2014 年，演艺圈涉毒的还有张默、张元、高虎、张耀扬、宁财神……

工作任务

毒品问题是全球问题，从上述的案例我们可以看到，毒品犯罪的数量越来越大，滥用毒品的人群也在不断扩大，围绕毒品问题，我们需要认识和分析：

1. 什么是毒品？什么是涉毒犯罪？
2. 涉毒犯罪现状如何？有哪些特点？
3. 涉毒犯罪的原因有哪些？
4. 对于涉毒犯罪，防控对策又有哪些？

 学习内容

一、认识毒品及涉毒犯罪

（一）认识毒品及其特征

毒品，是指国家依法管制的能够使人形成瘾癖的精神药物和麻醉药品。2007 年 12 月 29 日全国人大常委会颁布的《中华人民共和国禁毒法》（2008 年 6 月 1 日实施）第 2 条规定，毒品指的是鸦片、海洛因、甲基苯丙胺（冰毒）、吗啡、大麻、可卡因，以及国家规定管制的其他能够使人形成瘾癖的麻醉药品和精神药品。根据这个定义，毒品有以下特征：

1. 成瘾性。成瘾性是指由于反复使用某种药物而产生的躯体依赖或者心理依赖，或二者兼而有之的状态，有的还会产生耐药性。躯体依赖性是指反复用药使身体机能状态改变，中枢神经系统会发生生理变化，神经细胞适应了药物的存在而产生了耐受性，用药者必须连续使用，使药物在体内保持一定的浓度，以保持身体机能状态的相对稳定。而当成瘾物被停用后，就会发生撤药综合症状，表现为：头痛、烦躁不安、恶心呕吐、全身不适和神经功能障碍等；严重者可引起意识障碍、昏迷、肢体抽搐，甚至虚脱致死。而当再度用药时，撤药综合征消失。由于反复使用该类药物，其药效逐渐减低，必须不断加大使用剂量，才能达到初次使用的效果，因此产生了耐药性。心理依赖性是指用药者心理上强烈渴望使用某类药物，以使其兴奋或避免不舒服。

2. 毒害性。毒害性与成瘾性相联系，成瘾性导致毒品滥用者长期使用，因而就使

在滥用这些药物之后出现体内慢性中毒，产生各种不适，身体机能受到明显的损害，甚至出现精神错乱，中毒死亡。毒品也会对个人的心理产生影响，这是源于吸毒者对于毒品的心理依赖性。心理依赖性是指毒品进入肌体后作用于大脑的神经系统，使人产生一种特殊的精神效应，并使使用者出现渴求使用药品的强烈欲望，驱使其不顾一切地寻求和使用该药物（医学上称为寻觅和摄药行为）。这种心理依赖性的危害很难消除，而且会令它的使用者难以自制，将寻觅毒品作为生存的唯一目标，以致失去理智而违法犯罪。

3. 受国家管制性。毒品是麻醉药品和精神药品的一部分，由于滥用毒品的毒害性及其带来的一系列社会问题，因而受到国家的管制。法律法规和国际公约对能用于毒品的药品的范围、种类作了明确规定，并列出了附表，超出法律规定范围的药品，即使有成瘾性、毒害性也不能成为法律管制意义上的毒品。例如，烟草中的尼古丁，其成瘾原理和海洛因是一样的，但二者的药效作用不同，法律将海洛因规定为可能用于毒品的药品，而不会因尼古丁亦易使人成瘾而禁止烟草的生产和销售。世界上大部分国家和我国的立法，都对麻醉药品和精神药物进行严格的管制，将非法种植、生产、制造、运输、贩卖、走私、持有、吸食此类麻醉药品和精神的药物，以及走私、非法买卖易制毒化学品等行为定性为违法犯罪行为。

毒品的上述三个特征是相互联系的统一体，缺少任何一个特征也不可能成为毒品。成瘾性引起危害性，带来危害后果，因而被法律规定予以管制、禁止滥用；同时，只有国家明文规定管制的药品，才是法律意义上的毒品。

毒品，按照国际禁毒公约的标准，可将其分为麻醉药品和精神药品。麻醉药品包括：阿片类、可卡因类和大麻类；精神药品包括：镇静催眠药与抗焦虑药、中枢兴奋剂和致幻剂。

根据毒品来源可分为天然毒品、半合成毒品和合成毒品，天然毒品是指直接从植物中提取的如阿片、可卡因、大麻等；半合成毒品是指由天然毒品与化学物质反应合成的一类毒品，如海洛因等；合成毒品是指用化学方法合成制得的毒品，如冰毒、氯胺酮等。新近合成并流行的毒品又称为新型毒品，如冰毒、摇头丸等；其他的如鸦片、海洛因等则为传统毒品。

（二）涉毒犯罪的概念

从犯罪学的角度来看，涉毒犯罪行为既包括刑法意义上的毒品犯罪，即触犯《刑法》并应受刑罚处罚的行为，也包括违反《刑法》之外的国家禁毒法律、法规的滥用（吸食、注射）毒品的越轨行为。简言之，所谓涉毒犯罪，是指违反禁毒法律、法规，破坏国家有关毒品管制的规定，且应受处罚的行为，包括《刑法》禁止的毒品犯罪行为，也包括其他禁毒法规禁止的吸食、注射毒品行为。在我国，刑法意义上的毒品犯罪是指触犯刑法并应受刑罚处罚的行为。《刑法》关于毒品犯罪共规定了 12 种犯罪：

即走私、贩卖、运输、制造毒品罪（第 347 条）；非法持有毒品罪（第 348 条）；包庇毒品犯罪分子罪（第 349 条第 1 款）；窝藏、转移、隐瞒毒品、毒赃罪（第 349 条第 2 款）；走私制毒物品罪（第 350 条第 1 款）；非法买卖制毒物品罪（第 350 条第 1 款）；非法种植毒品原植物罪（第 351 条）；非法买卖、运输、携带、持有毒品原植物种子、幼苗罪（第 352 条）；引诱、教唆、欺骗他人吸毒罪（第 353 条第 1 款）；强迫他人吸毒罪（第 353 条第 2 款）；容留他人吸毒罪（354 条）；非法提供麻醉药品、精神药品罪（第 355 条）。

对于滥用（吸食、注射）毒品的行为，我国《刑法》并没有禁止。但《禁毒法》、《治安管理处罚法》等有相应的规定。《治安管理处罚法》第 72 条规定，吸食、注射毒品的，处 10 日以上 15 日以下拘留，可以并处 2000 元以下罚款；情节较轻的，处 5 日以下拘留或者 500 元以下罚款。根据《禁毒法》规定，对于吸食、注射毒品成瘾的，除对其进行治安处罚外，视情况可对吸食、注射毒品人员采取强制隔离戒毒、社区戒毒和社区康复措施。

需注意的是，吸毒是我国对滥用国家管制的麻醉药品和精神药品的一般称谓，多指非医疗用途、强迫性地连续或定期使用毒品的行为。国外一般称之为药物滥用，指的是用药目的不是治疗疾病，而是追求由药物给用药机体带来的某些精神或心理上的欣快作用而长期连续或间断用药的过程。以吗啡为例：在临床上用吗啡来止痛是合理用药，因为用药目的是消除疼痛；在没有疼痛或其他吗啡适应症存在的情况下病人还要求应用吗啡，此时病人的用药目的不是治病，而是追求吗啡给机体带来的欣快感，这就是药物滥用。与国外的药物滥用相比，我国吸毒行为中所涉及的药品仅限于国家管制的麻醉药品和精神药品。而国外所称的药物滥用中所涉及的滥用物质范围则更广泛，除对麻醉药品和精神药品的滥用外，还包括对酒精、烟草以及挥发性有机溶剂等的滥用。

二、当前我国毒品犯罪的状况

1. 毒品犯罪的数量和涉案人数居高不下，持续增长，大案要案突出。毒品刑事案件方面，我国毒品犯罪案件数量和涉案人数持续增长，2007 年至 2013 年，全国法院审结毒品犯罪案件 433 128 件，判决发生法律效力的犯罪分子 471 302 人。2014 年 1 月至 10 月，全国审结毒品犯罪案件数、判决发生法律效力的毒品犯罪分子的人数分别是 81 169 件和 84 910 人。案件数从 2007 年至 2013 年，年均增长 16.27%，犯罪分子从 2007 年至 2013 年，年均增长 14.81%。同时，毒品犯罪案件在全部刑事案件中所占比例也从 2007 年的 5.34% 增至 2013 年的 9.98%，毒品犯罪案件成为增长最快的案件类型之一，其增长幅度是全部刑事案件总体增幅的 4.54 倍，并远远超过盗窃、故意伤害两类常见、多发犯罪的增长幅度。

表 7 - 9：2007 ~ 2014 年全国法院审结毒品案件及判决生效毒品犯罪分子情况表

年份	2007	2008	2009	2010	2011	2012	2013	2014 (1 ~ 10 月)
案件数（件）	38 500	43 726	50 928	59 234	69 244	76 280	95 216	81 169
犯罪分子人数（人）	43 360	50 315	56 134	66 300	74 677	81 030	99 486	84 910

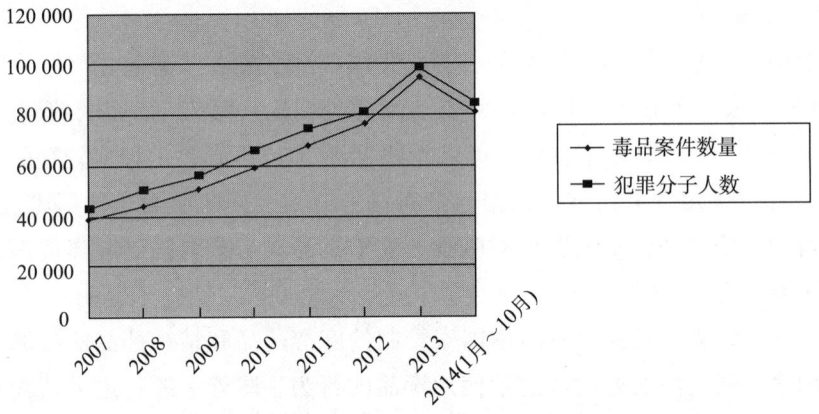

图 7 - 2：2007 ~ 2014 年全国法院审结毒品案件及判决生效毒品犯罪分子趋势图

数据来源：高贵君、马岩、李静然："当前我国毒品犯罪的主要特点与加强禁毒工作的对策和建议"，载《人民法院报》2014 年 6 月 26 日；吴笛："严格履行审判职责，依法严惩毒品犯罪——近年来人民法院禁毒工作综述"，载《人民法院报》2014 年 12 月 12 日。

滥用毒品方面，滥用毒品的人数逐年上升。全国登记在册的吸毒人数不断攀升，而由于种种原因，吸毒人数存在巨大的黑数，实际吸毒人数远远大于登记在册人员。据《2013 年中国禁毒报告》显示，全国累计发现登记吸食海洛因人员 127.2 万名，占吸毒人员总数的 60.6%。同时，我国已登记吸食合成毒品人员 79.8 万名，比 2011 年底上升 35.9%。新型毒品滥用的人数越来越多，其导致的社会问题也越来越严峻。事实上，由于公众对冰毒片剂、氯胺酮等新型毒品的危害的认识普遍比较模糊，因此，新型毒品滥用问题发展很快。

2. 毒品犯罪的区域主要集中在边境、沿海地区，同时全方位蔓延、渗透。从毒品犯罪的地域分布情况来看，我国边境、沿海地区，包括云南等省份在内的西南地区、包括新疆维吾尔自治区等在内的西北地区和包括广东在内的东南沿海地区仍然是高发地带。与此同时，毒品犯罪正向周边地区及内陆地区多渠道、全方位蔓延，另外，毒品犯罪也呈现出向农村及经济欠发达地区不断扩散的趋势。在整个中华大地，已经很难找到一块未受毒品污染的净土。根据法院的统计数据，2013 年，全国审结毒品犯罪案件排名前十的省份、案件数量及占比见表 7 - 10。其中，广东的毒品犯罪数量自 2007 至 2013 年一直位居全国首位，是全国最大的毒品制造地和集散、消费市场。云南是缅北毒品向我国渗透的主要通道，大宗毒品犯罪案件多，海洛因和甲基苯丙胺片剂的缴获量居全国之首，目前仍然是国内毒品的主要来源地。广西中越边境地区已成为"金三角"毒品走私入境的第二大通道。新疆则是"金新月"毒品渗透进入我国的主要通道。

表 7-10：2013 年全国法院审结毒品犯罪案件情况表

排名	省份	案件数（件）	占比（%）
1	广东	14 923	15.67
2	浙江	6936	7.28
3	重庆	6410	6.73
4	湖南	6039	6.34
5	贵州	5689	5.97
6	广西	5260	5.52
7	云南	5188	5.45
8	四川	4962	5.21
9	江苏	4263	4.48
10	辽宁	4206	4.42
其他	其他 21 个省份	31 340	32.91

数据来源：高贵君、马岩、李静然："当前我国毒品犯罪的主要特点与加强禁毒工作的对策和建议"，载《人民法院报》2014 年 6 月 26 日。

3. 毒情形势不容乐观，境外毒品"多头渗透"，境内制贩毒活动高发，形成"内外夹击"之势。当前，全球毒品持续泛滥，毒品产量居高不下，国际毒情特别是"金三角"、"金新月"地区毒情的发展对我国的影响不断加大。同时，国内制贩毒犯罪形势也不容乐观，而且形成了境内外犯罪分子互相勾结，形成制造、贩卖、运输、走私毒品"一条龙"的情形。

（1）境外毒品"多头入境，全线渗透"。位于东南亚泰国、缅甸、老挝三国边境地区的"金三角"地区是世界上最大的鸦片、海洛因类毒品产地，尽管缅北地区目前罂粟种植面积处于历史较低水平，但是近年来呈持续反弹态势。云南、广西边境"金三角"毒品渗透形势严峻，据《2013 年禁毒报告》显示，2012 年我国缴获"金三角"海洛因 5.37 吨，同比增长 15.5%，占全国缴获总量的 73.7%，查获缅北冰毒片剂 8.95 吨，同比增长 26%。

"金新月"地区的毒品渗透进一步加剧。目前阿富汗仍是全球罂粟种植和鸦片产量最大的国家，向我国渗透亦有所增加，据《2013 年禁毒报告》显示，2012 年共破获"金新月"毒品案件 98 起。

此外，新疆、辽宁、吉林边境毒品走私入境情况屡有发生，境外毒品经空运、物流寄递渠道直接走私入境的情况也比较突出。

（2）境内制贩毒品活动高发。境内制造毒品犯罪呈加剧之势，据《2013年禁毒报告》显示，2012年，全国共破获制毒案件579起，同比上升10.9%，共打掉制毒窝点326个，在22个省区市发现制毒窝点，特别是广东汕尾、惠州和四川成都周边地区制毒问题突出，所产晶体冰毒、氯胺酮占国内市场主要份额。另据《人民法院报》显示，2013年，全国破获制造毒品犯罪案件773起，同比增长33.5%，境内制造的甲基苯丙胺晶体、氯胺酮的缴获量与入境毒品缴获量已基本持平。广东、四川的制造毒品犯罪最为严重，其中广东2013年破获制造毒品犯罪案件275件，占全国30%以上。

4. 从毒品类型来看，新型毒品犯罪案件逐年上升，新型毒品滥用问题突出。在海洛因等传统毒品尚未得到有效控制的情况下，经由人工化学合成的致幻剂、兴奋剂类毒品，包括氯胺酮（K粉）、冰毒、摇头丸为代表的新型毒品案件增长趋势更为明显。

新型毒品易制造、易携带、易服食、易隐藏的特点，为新型毒品犯罪迅速蔓延提供了便利。据《人民法院报》显示，2007年至2013年，全国法院审结的所有毒品犯罪案件中，涉海洛因案件所占比例从77.7%降至39.01%，涉甲基苯丙胺案件所占比例则从11.58%增至44.51%，涉甲基苯丙胺案件所占比例已超过涉海洛因案件。

在滥用新型毒品方面，由于公众对冰毒片剂、氯胺酮等新型毒品的危害的认识普遍比较模糊，以青少年为消费主体，以追求刺激为目的的新型毒品滥用问题发展很快，我国面临巩固海洛因治理成果和遏制合成毒品快速蔓延的双重压力。据《2013年禁毒报告》显示，我国已登记吸食新型毒品人员79.8万名，比2011年底上升35.9%。因吸食新型毒品引发的自伤自残、伤害他人的恶性伤害案件，以及吸毒后驾车引发肇事肇祸案件等社会危害逐步显现。

5. 从犯罪主体来看，青少年涉毒犯罪突出，女性涉毒犯罪呈上升趋势，外籍在华人员涉毒犯罪成新问题。青少年涉毒犯罪在呈高发态势的同时，还表现出：①低龄化趋势明显；②吸毒现象严重；③重新犯罪率和戒毒人员复吸率高。

有的毒贩为了逃避打击，大肆组织、雇佣孕妇、哺乳期妇女当马仔，孕妇、哺乳期妇女已经成为毒品犯罪的"新生力量"。例如下面的案例：

孕妇、哺乳妇女也疯狂

2006年7月27日，昆明市公安局侦破一起以孕妇和哺乳期妇女为主的新疆籍妇女携带大量毒品案，查获嫌疑人员30名，其中包括孕妇19名，未成年儿童4名。

目前，由农民、进城务工人员、无业人员、下岗职工等弱势群体实施的毒品犯罪在犯罪中所占的比例很大，他们没有工作和收入来源，往往生活艰难，而毒品犯罪能够带来巨大的利润，这成了他们实施犯罪的主要动因。

此外，西非裔涉毒人员在广东等地落地生根，治理难度大。同时，一些地方外籍人员贩毒、外流贩毒以及利用孕妇、哺乳期妇女、病残人员贩毒的问题仍很突出，遏制毒品犯罪活动的难度依然很大。

6. 从犯罪方式上看，呈现组织化、智能化、武装化、国际化等特点。随着制毒技术的不断提高和毒品消费者对各种毒品需求的增多，毒品犯罪分子在高额利益的驱动下，开始大胆地实施大案、要案，并且涉案人员、毒品数量越来越多。为了追求超高利润，犯罪分子开始寻求更多的办法来对抗越来越严厉的禁毒斗争，这些犯罪组织不仅运用现代科技手段，使犯罪过程越来越隐蔽，并且开始使用武装暴力手段对抗缉毒执法，有的甚至在贩运新型毒品的过程中，既贩毒又贩军火，成为双料犯罪组织，以武装护毒；有的境外制贩毒分子主动勾结境内制贩毒分子，成立制贩毒组织，彼此分工合作，相互弥补对方毒源、消费市场的不足；有的具有高学历的化学生物专业的知识分子，或从事有关化学、生物、医学研究等具有一定工作经验的专业人员，受到利益、虚荣心的驱使，转而研究毒品，进而勾结制贩毒分子，从事与毒品有关的犯罪活动。这些运用科学知识研制毒品新配方或制造新类型毒品的行为，由于相对滞后的法律未来得及管制，禁毒工作人员未来得及认识，从而一度被其蒙骗过关。下面以两个案例略加说明：

新中国成立以来缴获最大数量氯胺酮案件

2005年9月19日，在公安部的统一指挥协调下，山东、广东和香港警方联合侦破了"801"特大跨国走私贩运氯胺酮案件，抓获6名犯罪嫌疑人，缴获产自印度的氯胺酮1010千克、汽车2辆、毒资8万元，该案是新中国成立以来一案缴获氯胺酮数量最多的案件。

高度组织化的陆丰"毒村"

2013年12月，我国警方动用了警用直升机、边防快艇和防暴犬，"清剿"了广东涉毒"第一大毒村"陆丰市博社村，摧毁18个特大制贩毒犯罪团伙，抓捕涉案人员182名，缴获冰毒近3吨、制毒原料23吨。该村分工明确，且老弱妇孺全参与，组织性极强。

7. 从犯罪方式来看，贩毒方式不断翻新，日趋多样化、隐蔽化。

（1）运输毒品的方式越来越隐蔽诡秘。犯罪分子为将毒品运到指定交易地点，在运输方式上动足了脑筋。在大宗贩毒活动中，主要利用公路和铁路运输进行集散，其藏毒的方式更加隐蔽，出现了利用地毯、汽车底轴、PVC管、化妆品等藏毒方式。

（2）通过邮寄方式和物流公司进行托运的案例也呈上升趋势。近年来，国内邮包速递公司迅速增多，并不断拓展业务。由于有关部门对多数邮包公司的邮递、速递业务缺乏有效监督，境内外贩毒分子利用邮政和物流渠道方便、经济、畅通的特点，巧妙伪装、包裹夹藏，秘密贩卖毒品的案例呈增多趋势。以下面的案例为例：

乌鲁木齐快递毒品案

2010年3月初，乌鲁木齐市公安局沙依巴克区分局禁毒大队获悉有人通过邮包快递的方式从四川成都购进大量氯胺酮。3月23日，禁毒大队确定大量毒品已由成都发出并于当日到达乌鲁木齐市某快递公司，经过缜密侦查，公安民警在乌鲁木齐抓获前来提取邮包的犯罪嫌疑人王某，并从其提取的邮包中缴获氯胺酮10包，重1900余克。

（3）通过人体藏毒方式运输毒品的现象时有发生。所谓人体藏毒，即将毒品放置在包装物内，然后吞噬在胃里或用胶带将毒品裹在腰、腹、腿部进行运输。人体藏毒虽然每次携毒的数量不大，但参与人数众多，毒品可以积少成多；而且其可以直接进入内地毒品消费市场，危害很大。以下面的案例为例：

海洛因吞入腹中运输

2006年11月8日，乌鲁木齐机场公安局发现一名欲乘乌鲁木齐至广州航班的黑人男青年十分可疑，通过X光透视检查，发现其胃内有疑似毒品的物体，经讯问，这名加纳籍犯罪嫌疑人是在乌鲁木齐从一名巴基斯坦籍人那里得到72粒包装好的海洛因并吞入腹中。

（4）网络毒品犯罪兴起。21世纪，计算机及其网络技术在给我们的生活带来巨大进步的同时，也使得利用该技术违法犯罪的问题随之产生，并成为日益严重的社会问题，网络毒品犯罪就是其中之一。以下面的案例为例：

"8·31"特大网络吸贩毒案件——我国首例网络吸贩毒案

2011年9月2日至10月27日，在公安部孟建柱部长和张新枫、黄明副部长的直接指挥下，全国公安机关先后调集禁毒、网安、技侦等多个警种的10.3万人次警力，经过56个昼夜的艰苦奋战，成功侦破"8·31"特大网络吸贩毒案，查获涉毒违法犯罪嫌疑人员12 125名（其中吸毒人员6112名），破获制贩毒案件496起，打掉制贩毒团伙144个、吸毒窝点340个、制毒工厂（点）22个，缴获毒品308千克。

该案涉及全国31个省、自治区、直辖市，是全国首例利用互联网视频交友平台进行涉毒犯罪活动的新类型毒品案件。涉案的视频聊天网站注册用户达数千万个，平时在线人数几十万，开设有3000多个"房间"，设有可容纳10人至500人不等的"十人房"和"百人房"，吸毒活动主要存在于涉毒人员申请开设的"十人房"中，部分"百人房"也存在吸毒问题。在吸毒"房间"里，大批青年男女伴随着网站播放的音乐节奏，呈现出吸食合成毒品特有的亢奋状态，大量吸毒人员在网站设立的虚拟"十人房"、"百人房"从事吸毒活动，表演吸毒行为，交流吸毒感受，甚至在网上进行毒品交易。

相对于传统犯罪形式，利用网络平台进行毒品犯罪是一种全新的犯罪手段，也是一种未来的毒品犯罪趋势，其主要是指利用互联网作为平台进行毒品犯罪的活动，主要包含以下形式：订购、销售毒品及易制毒化学品；提供各种毒品的配方及生产工艺；进行毒品犯罪的策划、通信与指挥；利用聊天室容留他人吸贩毒；发布药品类、非药品类易制毒化学品销售信息；利用视频交友平台进行吸毒表演；等等。

据《2012年中国禁毒报告》显示，2011年公安部禁毒局、网络安全保卫局部署28个省（区、市）公安机关开展"打击网上涉毒犯罪"专项行动，共侦破网上涉毒犯罪案件 274 起，摧毁制毒窝点 29 处，抓获网上涉毒犯罪嫌疑人 497 名，缴获冰毒 10.14 千克、冰毒半成品 20.29 千克、氯胺酮 105.80 千克、盐酸曲马多 158.15 千克、盐酸羟亚胺 6.65 吨以及其他大量制毒原料和设备。

这种全新的犯罪方式使原本隐蔽性就比较强的毒品犯罪更加难以侦破，其突破了犯罪时空的限制，而且，由于在很多网络平台上注册并不要求实名，这种匿名性大大增加了作案者的隐秘性，为行为人逃避打击提供了最佳掩饰，同时也为之后的调查取证工作制造了障碍。此外，由于在网络上实施毒品犯罪成本低，经济效益高，故其也成为更多毒品犯罪分子所青睐的方式之一。

三、毒品犯罪的原因分析

随着社会改革的深入、城市化建设的加快、产业结构的调整，流动人口迅速增长，社会管理的压力加大，相对使得毒品犯罪案件数在整体上也处于上升态势。从当前的情况来看，涉毒犯罪泛滥的原因主要有：

1. 毒品的巨额利润驱使毒贩铤而走险。拜金主义思想的产生是我国牟利性犯罪的培养皿，在这种思想观念的驱使下，再加上膨胀的贪利欲望以及毒品高额利润的巨大诱惑，毒品犯罪分子无可避免地以牺牲自己和他人的性命为代价进行毒品买卖。例如：某地贩毒分子一般以每克海洛因 180～200 元的价格购进 200～300 克，经过几次转卖，最终流到那些吸毒者手中时，海洛因的价格已从最初每克 180 元左右攀升到每克 500 多元。由此可见，毒品的利润是丰厚的。很多人也正是由于禁不住这样的高额利润的诱惑，再加上"不劳而获，一夜暴富"等不切实际的错误意识，所以才走上了毒品犯罪的道路。

2. 特殊的地理位置以及国际毒品犯罪的影响。由于我国处于特殊的地理位置，西南边境毗邻全世界最主要的毒源地"金三角"地区，西北境外的"金新月"及中亚地区也由于政府更替以及恐怖组织的日益猖獗，使得毒源传播发展迅猛，其传统流向是欧美，现在也开始流入中国，其中新疆等地已成为毒品走私的目标。从 20 世纪 80 年代开始，国际毒品犯罪分子利用我国改革开放的时机，以及毗邻"金三角"、"金新月"等地的"优越"地理位置，通过我国将境外毒品贩运到国际毒品市场，开辟了一条从缅甸—云南—广东—香港再到国际社会的所谓的"中国通道"。

正因为我国处于国际贩毒线上的关键位置，境外贩毒分子把我国作为贩毒活动的重要地区加以利用，我国的毒品犯罪开始呈现国际化趋势，到 20 世纪末我国已经由毒品过境国发展成为毒品生产、消费与毒品过境并存的受害国。这也是我国形成毒品犯罪并迅速增长的一大重要原因。

3. 庞大的毒品消费市场是毒品犯罪持续呈高发态势的重要原因。近年来，我国非法使用毒品，特别是吸食毒品的人数越来越多，已经成为毒品犯罪的重要诱因之一。

根据联合国 2000 年的报告，全球有 10% 的人口卷入了毒品的生产与消费中，并以每年 3% ~4% 的速度增长，迄今约有 1.8 亿吸毒人员，每年有 10 万人因吸毒死亡，1000 万人因吸毒丧失劳动力。全球毒品每年的非法交易额已高达 8000 亿~10 000 亿美元，与纺织品的贸易额不相上下，仅次于军火交易。

根据《禁毒报告》及相关报道，截至 2013 年底，全国累计登记吸毒人员 247.5 万名，其中滥用阿片类毒品人员 135.8 万名、滥用合成毒品人员 108.4 万名，分别占54.9% 和 43.8%。

4. 历史遗留的余毒影响。鸦片制品是在唐代传入中国的，人们早期只是发现了鸦片具有药用价值，并未认识到它的毒性。五代和宋元期间人们也只是利用罂粟治病，直到明朝末年葡萄牙商人向中国输入鸦片，使得人们掌握了提炼鸦片的方法。明末清初，鸦片吸食法的传入使鸦片开始泛滥，当时鸦片泛滥给中国造成了极其严重的后果。自此，我国遭受了百余年的毒品侵害，毒品对广大中国人民毒害极深，范围极广。

由于历史余毒的影响，人们甚至在心理上对毒品产生了相容性。这是由于：①毒品在很多人的头脑中的印象已经根深蒂固，虽然受到 20 世纪 50 年代的禁毒活动的打击，不敢公开贩毒，但并未改变他们靠毒品赚钱的思想；②目前毒品犯罪较为严重的地区大部分是旧社会毒品犯罪较多的地区，在这些地区的人们大都认为种植毒品、贩卖毒品是祖辈维持生计的本事，并不是犯罪。从微观上看，这些贩毒分子的家庭大多有毒品犯罪的历史，或多或少都受到家庭影响而走上毒品犯罪道路。

5. 国家在治理毒品犯罪上存在诸多问题。打击毒品犯罪是需要许多部门合力来完成的，主要需要在各级政府领导下，动员社会各界力量对毒品犯罪进行综合治理和预防。近年来，我国禁毒工作虽然取得不少成就，却也存在诸多问题，许多部门并未尽到责任，使禁毒工作主要都压在了政法部门身上。例如：针对娱乐场所的管制，涉及工商，文化，公安等几个部门，而这些部门之间尚未建立信息交流机制，不能形成相互配合、共同管理的作战模式，客观上给对娱乐场所的查处带来了困难，给毒品犯罪提供了可乘之机。

6. 诱发毒品犯罪的其他原因。

（1）由于生活所迫，不惜铤而走险。由于有些人没有生活来源，没有职业，又没有生存本领，要靠贩毒而生活下去，从而走上犯罪道路，这是从事毒品犯罪的其中一个原因。

（2）丧失信仰，精神空虚，通过吸食毒品来麻痹自己，从而走上犯罪道路。目前社会上有许多人，从小没有接受过良好教育，自律能力极差，受到不良人士的诱导，导致自己的人生观、价值观，世界观扭曲，道德沦丧，希望通过吸食毒品来寻找刺激；或者由于毒品的价格昂贵，希望通过吸食毒品，特别是吸食新型毒品来作为个人炫耀的手段甚至作为所谓"时尚"的标签。

（3）娱乐场所为了牟取暴利纵容毒品犯罪。改革开放以来，人们的生活水平不断提高，越来越多的人开始注重物质享受和精神享受。酒吧、歌厅、舞厅和洗浴中心等娱乐场所犹如雨后春笋般激增，成为吸毒、贩毒的重要渠道。近年来，公安部每年都要从禁毒、治安、警务督察等警种抽调人员组成暗访小组对全国各地的娱乐场所进行暗访，发现抽查的娱乐场所中有90%以上都不同程度地存在吸贩冰毒、摇头丸、氯胺酮等新型毒品的问题，并逐步向茶艺馆、咖啡厅、酒店、宾馆等场所蔓延，甚至出现家庭派对群体吸毒现象。

这些娱乐场所怕得罪顾客断了财路，或者为了增加客源、赚取钱财，往往对在其场内的毒品犯罪活动采取纵容、视而不见的态度，有的还暗中帮助。例如：为毒品犯罪活动通风报信，阻止公安机关查处贩毒、吸毒工具等。更有甚者为了牟取暴利，在自己经营的娱乐场所内直接从事毒品犯罪活动。

四、毒品犯罪的防控对策

毒品给我国乃至全球都造成了严重而深远的影响，如何预防、遏制毒品犯罪成了我们当前严峻而艰巨的任务。要防治毒品犯罪，单靠刑罚的制裁是不够的，我们应当充分认识到当今世界禁毒斗争的艰巨性和复杂性，做好长期准备，并且要相应调整我们的禁毒策略。

（一）将禁毒工作作为重要国策

历史的教训告诉我们，禁毒工作关系着国家的兴衰、人民的利益，不容小觑，不能将禁毒工作停留在嘴上，而要使其持续化、深入化，就必须将禁毒上升到我国重要国策的高度上，以示其重要地位。现阶段，毒品的泛滥以及毒品犯罪引发的各种犯罪十分猖狂，已经影响到了国家的稳定、民族的兴衰和人民群众的利益，我们不能再把禁毒仅仅当成一项工作，要正确认识它的紧迫性。这样不仅有利于引起全社会的高度重视，有利于动员全体人民坚持不懈地与毒品犯罪做斗争，还有利于增强我国人民的禁毒意识，增强地方政府应对禁毒工作的紧迫感，增强各禁毒部门的责任心，搞好缉毒、戒毒工作的基础和配套设施，使禁毒工作与计划生育，科教兴国等基本国策一样受到应有的重视，团结一切可以团结的力量与毒品犯罪斗争到底，这样才能起到预防毒品犯罪的效果。同时，必须坚持防治毒品的几个原则：①必须坚持注重预防、防治结合的原则；②必须坚持综合治理的原则，通盘考虑，注重发挥社会方方面面的积极因素；③必须坚持"四禁并举"的原则。"禁种、禁制、禁贩"是从源头上加强毒品的管制，从而有效遏制毒品的泛滥；"禁吸"则是致力于减少新增吸毒人口，萎缩毒品消费市场，从两方面相互促进，以达到预防毒品犯罪的效果。

（二）提高禁毒队伍素质，加大禁毒力量

要想对猖獗的毒品犯罪进行有效防控，一支技术过硬、纪律严谨、装备精良的缉毒队伍是必不可少的。1990年国务院成立禁毒委员会后，全国各省市陆续建立了许多专业的缉毒队伍，加大了缉毒力度，但是我们的缉毒队伍还存在着较多问题，必须进行相应的改善：①在更多有需要的地方组建专门的缉毒队伍，增加缉毒编制。具体而言，在毒品泛滥的地区应当在当地公安机关内部设立专门的缉毒部门并且加强业务培训，切实加强缉毒工作人员的整体素质，严明纪律，对缉毒人员徇私枉法的行为必须给予严惩，以纯洁队伍，提高缉毒力量。②改善缉毒队伍的硬件配备，增加缉毒经费，为缉毒工作提供更有利的条件。贩毒集团经过多年发展壮大，拥有大量毒资，交通、通信设施都比较先进，并且有较强的反侦查能力，要同这样装备精良、资金雄厚的犯罪集团斗争仅靠现在的条件是不够的，必须为缉毒队伍配备至少与贩毒分子相同的装备，否则根本无法起到预防、遏制毒品犯罪的效果。③缉毒部门之间应当加强合作，共同解决毒品犯罪问题，建议禁毒委员会就该问题作出具体规定，总结以往经验教训，制定出一套便于操作的可行性协作程序，力图起到事半功倍的良好效果。

（三）加大禁毒宣传力度，做好预防教育

禁毒的关键不仅在于事后打击，事先预防和警示也尤为重要。我们应当让全体民众都认识到毒品的可怕危害，把提高全体民众禁毒意识上升到战略高度。例如：①要在报纸、杂志、电台、电视台等媒体上大力进行禁毒宣传，利用社会舆论力量，让禁毒思想充斥每个角落。②在社会娱乐场所这种人口密集、人员流动量大的地方进行重点宣传，最大限度地减少新生吸毒人员。③在中小学设立有关禁毒方面知识的课程，指导学校开展禁毒教育活动。只有从思想上让人们彻底抵制毒品，才能从根本上消灭毒品，使其永远不再危害我国国民。

（四）加强国际禁毒合作，促进港澳等地的区际禁毒发展

毒品犯罪不仅对中国有巨大影响，也是全世界深恶痛绝的问题，毒品犯罪的国际化告诉我们，要想使禁毒斗争取得成功，有效预防毒品犯罪，就必须加入到国际社会的禁毒活动中，与世界各国通力合作，加强国际禁毒协作力度，促进与周边地区禁毒协作的发展，尽可能地减少境外毒品对我国的侵害。

（五）加强禁吸戒毒管理，遏制吸毒人员增长

毒品违法犯罪活动之所以长期猖獗，其主要的客观原因就是存在大量的毒品消费市场。我国当前有一百多万登记在册的吸毒人员，这一庞大的吸毒群体成了刺激毒品犯罪的重要因素，要有效遏制毒品犯罪的蔓延，必须切实减少毒品需求，萎缩毒品市场。这就需要加强戒毒管理，提高戒毒成功率，降低复吸率，还要加强毒品宣传教育，减少新增吸毒人员。

（六）健全禁毒法律法规，严厉打击毒品犯罪

事实证明要想对某种犯罪的发生起到预防震慑的效果，就必须在法律条文中作出详细严密的规定，特别是《刑法》，对毒品犯罪这类有严重社会危害性的犯罪行为必须给予严惩，这样才能有效预防和遏制此类犯罪的发生。根据近年来我国毒品犯罪的现

状，2007 年 12 月 29 日我国颁布了《中华人民共和国禁毒法》，其中对毒品管制、戒毒措施、毒品宣传、国际禁毒合作等方面都作出了详细规定，健全了我国禁毒法律法规，充实了打击毒品犯罪的法律依据。我们应当时刻注意毒品犯罪的发展趋势，适当补充和健全法律法规，不仅要做到严惩毒品犯罪，还应使法律起到预防和震慑犯罪分子的作用，使他们不敢轻易走上毒品犯罪道路。

除此之外，还应当禁绝非法种植毒品原植物，严惩制造毒品、走私贩运毒品等犯罪行为，加强对精神药品、麻醉药品等药品的管理，更要对前述几方面制定有效措施以进行综合治理，加大打击力度。

任务四　未成年人犯罪分析

教学情境

教学情境一：　　　　　　　**星二代李某某强奸案**[1]

李某某，著名歌唱家之子，1996 年 4 月出生于北京音乐世家，母亲也是知名歌唱家，曾就读北京海淀区中关村第三小学、人民大学附中、美国 Shattuck – St. Mary's School（沙特克圣玛丽学院）冰球学校。

2013 年 2 月 19 日，海淀分局接到一女事主报警称，2 月 17 日晚，其在海淀区一酒吧内与李某某等人喝酒后，被带至一宾馆内轮奸。接警后，分局立即开展工作，于 2 月 20 日，将涉案人员李某某等 5 人抓获，随后 5 人因涉嫌强奸罪被刑事拘留。2013 年 11 月 27 日，李某某等 5 人强奸案二审终审宣判，裁定驳回李某某等 5 人的上诉，维持一审原判，李某某获刑 10 年。

教学情境二：　　**北京一少年为偷钱上网　将奶奶砍死爷爷砍成重伤**[2]

两年前（2001 年，编者注），小新（化名）开始沉浸在网络世界里，学习成绩因此陡然下降，以致初中还没有毕业便辍学。因担心儿子整天沉迷于网吧，小新的妈妈让他照看家里的台球生意，而小新把看台球桌挣的钱拿去上网。后来家里不再为其提供上网的钱，小新就想到了偷。2003 年 6 月上旬，小新偷了父亲 2000 多元在网吧待了一个星期，被发现后遭到了父亲的打骂。但父亲的一顿打骂对小新来说已经起不到任何作用。仅仅几天后，上网的欲望又像虫子一样噬咬着他的心。此时，爸爸月初给奶奶生活费时说的一番话浮现出来，"爸爸说爷爷那儿有 4000 多块钱，当时听了也没太注意，后来就想去偷爷爷的钱"。6 月 15 日中午，小新跑去爷爷家，晚上，看爷爷奶奶都已经睡了，就去翻钱，因为怕把奶奶吵醒，就想用菜刀把奶奶砍伤了再翻。睡梦中的奶奶被小新砍倒在血

---

〔1〕　资料来源：综合各类新闻报道。
〔2〕　颜雯："北京一少年为偷钱上网　将奶奶砍死爷爷砍成重伤"，载《北京晨报》2003 年 8 月 4 日。

泊中，响声惊动了爷爷。不顾一切的小新又将菜刀砍向了他。爷爷受伤后逃出家门。小新翻箱倒柜也没有找到那 4000 元钱，只在奶奶兜里找到了 2 元钱。

工作任务

李某某的案子备受关注，人们除了关心案子是否获得公正处理外，更加关注作为星二代的未满 18 周岁的李某某为何会一而再，再而三地做出违法犯罪的行为，其背后的原因是什么？家庭教育？学校教育还是其他原因？预防未成年人犯罪和预防其他犯罪相比有何特别对策呢？

学习内容

一、未成年人犯罪的概念

未成年人，是一个法律概念，按照我国《宪法》、《未成年人保护法》、《刑法》、《刑事诉讼法》等法律规定，是指未满 18 周岁的人。相应地，未成年人犯罪，是指已满 14 周岁不满 18 周岁的人实施的危害社会的违法犯罪、越轨和不良行为。

二、未成年人犯罪的现状和特点

（一）现状

从表 7 - 11 来看，我国未成年人犯罪保持在一个较高的水平。

表 7 - 11：1990 ~ 2000 年全国未成年人犯罪状况统计表

年份	判处罪犯总数（人）	判处未成年人罪犯总数（人）	14 ~ 17 周岁人口总数（万人）	未成年人罪犯占总罪犯百分率%	未成年人犯罪率（单位：万分之一）
1990	580 272	42 033	9034.4	7.24	4.65
1991	507 238	33 392	7927.9	6.58	4.21
1992	492 817	32 408	7688.2	6.77	4.34
1993	449 920	38 388	7625.9	7.20	4.25
1994	545 282	35 832	7422.4	7.04	5.17
1995	543 276	35 832	7734.5	6.59	4.63
1996	665 556	40 220	8658.5	6.04	4.64
1997	526 312	30 446	7562.8	5.78	4.02
1998	528 301	33 612	7946.4	6.36	4.23
1999	602 380	40 014	7825.1	6.64	5.11
2000	639 814	41 709	8399.7	6.52	4.96

数据来源：康树华、张小虎主编：《犯罪学》，北京大学出版社 2011 年版，第 284 页。

进入 21 世纪以来，我国未成年人犯罪形势依然严峻。在 2001 年至 2010 年全国法院审理青少年犯罪情况的统计中，我们看到在上一个 10 年的基础上，未成年人犯罪继续发展的态势，如表 7 - 12：

表 7 - 12：2001 ~ 2010 年全国法院审理青少年犯罪情况

年份	刑事罪犯总数（人）	不满 18 岁（人）	18 ~ 25 岁（人）	青少年罪犯总数（人）	青少年占刑事罪犯（%）	不满 18 岁占青少年罪犯（%）	不满 18 岁占总刑事罪犯（%）
2001	746 328	49 883	203 582	253 465	33.96	19.68	6.68
2002	701 858	50 030	167 879	217 909	31.04	22.96	7.12
2003	742 261	58 870	172 845	231 715	31.22	25.41	7.93
2004	765 659	70 144	178 984	249 128	32.54	28.16	9.16
2005	842 555	82 721	203 249	285 970	33.94	28.93	9.81
2006	889 024	83 697	219 934	303 631	34.15	27.57	9.41
2007	931 739	87 525	228 872	316 379	33.96	27.66	9.39
2008	1 007 304	88 891	233 170	322 061	31.97	27.60	8.82
2009	996 666	77 604	224 419	302 023	30.30	25.69	7.78
2010	1 006 420	68 193	219 785	287 978	28.61	23.68	6.78

数据来源：2002 ~ 2011 年《中国法律年鉴》，部分数据依据统计资料整理。

（二）未成年人犯罪的特点和趋势

1. 犯罪人的主体特征。

（1）区域特征。农村未成年人犯罪急剧上升和农村流入城市的未成年人犯罪突出。根据学者调查，未成年人犯罪中，2010 年城市户籍的占 32.8%，农村户籍的占 67.2%；2001 年城市户籍的占 48.6%，农村户籍的占 51.4%。其中城市未成年犯包括"城乡结合部"者：2010 年 14.1%，2001 年 18.5%。2010 年农村未成年人犯罪比例较 2001 年大幅提升。农村未成年人犯罪类型也由过去较单一的盗窃、抢劫、流氓、强奸等几种犯罪，发展到抢劫、杀人、强奸、拐卖人口、非法制造枪支弹药、贩运假币、贩卖毒品等十多种犯罪。在农村流动人口犯罪案件中，有相当数量是共同犯罪及有组织犯罪。

（2）年龄低龄化。不仅未成年罪犯占全部罪犯总数的比例在不断上升，未成年罪犯在青少年犯中的比例也在不断提高（具体情况参见上文的相关表格）。这说明未成年人犯罪在整个犯罪总量中处于重要位置，犯罪人的年龄在一定程度上将被拉低；其次，在青少年犯罪总量的总体稳定或缓慢下降背景下，未成年人犯罪呈上升趋势，通过表 7 - 13我们可以看出在整个青少年犯罪中犯罪年龄在不断年轻化。

表 7 - 13：2001 年和 2010 年审结案件犯罪年龄统计比较

年份	14 岁	15 岁	16 岁	17 岁	平均年龄
2001 年	12.1%	26.8%	36.6%	24.4%	15.76 岁
2010 年	14.5%	27.8%	35.6%	22%	15.67 岁

数据来源：关颖："未成年人犯罪特征十年比较——基于两次全国未成年犯调查"，载《中国青年研究》2012年第 6 期。

（3）文化程度。从文化程度来看，未成年人未完成九年义务教育的比例 2010 年比 2001 年有所降低，但依然高达 7 成以上。虽然 2010 年犯罪的未成年人的学历水平比 2001 年犯罪的未成年人的学历水平高，但是仍整体呈现出学历水平偏低的特点。

表 7 - 14：2001 年和 2010 年未成年犯学历比较

年份	文盲	小学没毕业	小学毕业	初中没毕业	初中毕业	高中或中专没毕业	高中或中专毕业
2001 年	3.3%	22.5%	11%	46.4%	10.8%	4.8%	1.2%
2010 年	1%	14.4%	8%	52.5%	13.9%	8.5%	1.8%

数据来源：关颖："未成年人犯罪特征十年比较——基于两次全国未成年犯调查"，载《中国青年研究》2012年第 6 期。

2. 作案动机：冲动性、盲目性。从作案动机来看，未成年人犯罪基本上是出于原始的、本能的低层次需求，表现为以满足较低级欲望为目的的特征。未成年人犯罪以冲动性、盲目性居多。由于未成年人最大的特点就是身心发育不成熟，人生观、价值观尚未完全形成，法治意识也比较淡薄，因此犯罪一般比较少预谋，没有经过事前的周密考虑或精心策划，常常是受到某种因素诱发和刺激，或一时的感情冲动而突然犯罪。

3. 作案形态：团伙性趋势明显。渴望友情、乐于合群，是未成年人的一种心理需求，是其独立意识的外在表现。未成年人往往在父母面前封闭自我，而更爱与年龄相仿、趣味相投的伙伴在一起，形成一个小小的群体，因此未成年人犯罪更多以团伙的形式出现。而且未成年人经验少、能力差，结伙作案可以互相鼓励，在一定程度上减轻恐惧感和孤独感。在犯罪类型方面，以抢劫、盗窃为主，团伙犯罪还往往伴有杀人、轮奸、故意伤害等恶性事件。更为严重的是，现在的未成年人犯罪团伙已不同于过去以同学、邻居随意纠合为主的即兴作案，而是以流浪者、有劣迹人员和刑释解教人员等人较长时间纠集结成犯罪为主的团伙作案，他们的组织严密、活动比较隐蔽，一部分未成年人犯罪团伙已呈现出向黑社会性质组织演变的势头。特别值得注意的是，在未成年人犯罪团伙中，首领或者组织者多为成年人，他们诱使甚至强迫未成年人去从事盗窃、抢劫等严重犯罪活动。

4. 作案手段：趋向成人化、智能化。目前未成年人作案手段逐渐趋于成人化，并呈现出智能化倾向。有的未成年人在作案前多次踩点，精心准备作案工具，研究选择作案时机等；结伙作案时更是周密策划，注意分工，讲究配合，有的已会运用反侦查手段。尤其在实施如杀人、故意伤害、抢劫、强奸等暴力犯罪时，其作案手段比成年人往往有过之而无不及，极端残忍。例如：贾某等4名未成年被告人，因琐事把被害人骗至案发现场，乱刀砍死。死者全身多达48处创口，4人还在案发后将尸体进行焚烧、掩埋，以达到毁尸灭迹、逃避惩罚的目的。

5. 新趋势：网络成为青少年暴力犯罪的重要诱因。随着互联网络的快速传播，由网络诱发的未成年人暴力犯罪日益增多。有的未成年人是直接受网络上赤裸裸的画面和充满挑逗性的文字的影响，沉迷于网络，不能自拔，进而引发暴力犯罪，其中故意伤害、抢劫、强奸尤为突出；有的未成年人是由于没有固定的经济来源，无法得到足够的上网费用，以致结伙盗窃、抢劫；有的青少年则在预谋犯罪时，把网吧作为聚集的场所。

三、未成年人犯罪的原因

1. 自身因素。①一些青少年文化素质不高，社会阅历较浅，明辨是非能力较差，经不起诱惑，很容易被别有用心的人拉拢、利用，从而走上犯罪道路。②青少年独立意识较强，但认知能力往往较差。他们在心理上总有一种要求独立自主而力图摆脱对成年人依附的愿望，遇事常常自作主张、一意孤行，并且很容易产生逆反心理。但他们的认知能力又较差，思维方法多具有片面性，对许多问题都不能正确而全面地认识，所以做起事来往往任性冲动，甚至走向极端，导致发生违法犯罪行为。③自控能力弱。未成年人更易受到不良社会环境的影响，特别是黄色书刊、网络、影视作品与朋友的影响。

2. 家庭因素。缺乏良好的家庭教育是未成年人走上违法犯罪的重要原因，家庭对于未成年人的影响有如下几种情况：

有的家庭不和，父母离异，致使未成年人幼小的心灵受到创伤，长大后性格孤僻，报复社会，从而走上犯罪的道路。

有的家长无视子女的自尊和独立的人格，对他们动辄打骂。这一方面容易造成孩子的逆反心理，仇视父母，离家出走，流落到社会去找兄弟取得"温暖"，极易在别有用心的人的引诱下堕落成罪犯；另一方面家长的行为给孩子提供了学习的"榜样"，促使他们形成粗暴、好斗的性格。

有的家长整天忙于工作或生意，只注重对孩子物质需求的满足，而忽视与子女进行交流沟通，不能给予孩子足够的关爱和正确的教育引导，导致未成年人走向歧途。这一点在进城务工人员及其子女身上表现得尤为明显。

有的家长无原则地溺爱子女，满足子女各种合理和不合理的要求，导致子女从小就要风得风、要雨得雨，形成以自我为中心、从不顾及他人感受的个性。这种情况在独生子女家庭表现得更为明显。

有的家长虽然注重教育，从小就严格要求孩子学习各种知识和技艺，以求达到有一技之长或者学习名列前茅，但是却过分追求分数或者表面上的成功，忽视了对子女心理需求的满足和道德信仰的培养，从而导致孩子高分低能，更有甚者使孩子成为学习上的佼佼者，心理上的残缺者。

3. 学校因素。

（1）从教育体制上看，我国的教育体制还没有完成从应试教育到素质教育的真正过渡，学校不同程度地存在片面追求升学率的倾向。部分教师对后进学生缺乏爱心，教育方法简单，鼓励表扬少，批评指责多，未成年学生在长期得不到肯定的情况下，极易产生"破罐子破摔"的心态，走上犯罪的"不归路"。

（2）从管理制度上看，有些学校没有健全的管理制度，或者虽然定有制度，但因没有具体操作措施而无法发挥效用。特别是对于禁止学生有暴力倾向的不良行为，如禁止打架斗殴、寻衅滋事、私自携带管制刀具等，学校的规章措施显得软弱无力，不能有效制止学生有暴力倾向的行为。校园抢劫、斗殴等暴力行为屡有发生，和学校管理制度滞后有很大关系。

（3）学校教育中青春期教育缺位或者方式不当，使未成年人对性有一种好奇心理、神秘感和尝试的欲望，易接受外界不良刺激的影响。

4. 社会因素。社会中的消极因素是未成年人走上犯罪道路的催化剂。一些不健康的社会文化，对涉世不深的未成年人危害很深。电视、书刊、电子游戏中大量宣扬暴力、色情，强烈刺激着充满好奇、处于发育期的未成年人的感官，加之到处可见的疏于管理的网吧等娱乐场所，严重毒害、腐蚀着未成年人的心灵，成为诱发未成年人犯罪的重要原因。

四、未成年人犯罪的防治对策

1. 真正落实素质教育、全方位育人。从未成年犯的行为规律来看，其犯罪虽然普遍具有突发性、偶然性的特点，但是其犯罪意识和违法行为的产生并不是偶然的。由他们在成长过程中受到不良影响，直到走上犯罪道路，是一个逐步升级、逐步蜕变的过程。未成年人犯罪暴露了当今社会过于注重知识传授和学习分数、道德教育流于形式、法制教育严重欠缺等问题，未成年人实际上是社会问题的最大受害者。因此，预防未成年人犯罪，重点不在"打击"和"治理"，而在于坚持"育人为本"，让公德观念"入脑、入心"，这是预防未成年人犯罪最长效的、也是最有效的方法。

2. 加强法制宣传，增强未成年人法律意识。

（1）加强与学校的紧密联系，建议选派思想品质优秀、作风正派、热心法制教育的审判业务骨干担任中小学校法制副校长，采取多种易于未成年人接受的方式，结合审判实践中的典型案例，向广大中小学生讲解法律常识，培养在校生的法制意识，从小树立法制观念，自觉守法，以有效预防不良行为或违法犯罪行为。

（2）加强与新闻媒体的合作，利用广播、电视、报刊、网络等新闻媒介进行法制宣传。

（3）选择有典型意义的案件，组织在校学生旁听公开开庭的庭审，对广大未成年人进行法制教育。例如：2014年，广州番禺区开拓的"模拟法庭进学校"这一普法形式就是一个有益的尝试，该活动以"法律进学校、创平安校园、构筑中国梦"为主题，选取贴近青少年学生学习生活的典型案例，在番禺区大学城高校法学院、律师事务所的指导下，由学生担任审判长、审判员、公诉人、律师、被告、被害人、法警、证人等角色，向全校师生再现真实案件的审判过程，大大提高了校园法制建设水平。

3. 特别关注闲散未成年人和农村未成年人。在对犯罪未成年人主体特征的分析中我们可以清楚地看到，闲散未成年人、农村未成年人犯罪问题十分突出，这反映的是义务教育阶段学生辍学、农村留守儿童的监护缺失等社会问题。调查表明，高达3/4以上的未成年犯未完成九年义务教育。许多没有完成义务教育的孩子经历过这样的历程：对上学没兴趣——学习成绩不好——厌学——旷课逃学——辍学——犯罪。也就是说，如果他们旷课逃学的行为能得到有效抑制，避免闲散于社会，将在很大程度上减少未成年人犯罪的可能。研究表明，学业失败是未成年人走上犯罪道路的一个危险的信号。这一结论警示我们：在未成年人犯罪预防中应强化学校和家庭的责任；保证未成年人义务教育阶段不辍学，是避免学生浪迹社会、游离于社会控制之外最重要的防线。同时社会有关方面应积极为16岁以上离开学校的未成年人就业创造条件，帮助他们自食其力。

另一个值得关注的问题是农村未成年人犯罪。随着城市化进程的加速，我国城市人口比重加大。据2010年第六次全国人口普查结果显示，我国居住在城镇的人口占49.68%。同2000年第五次全国人口普查相比，城镇人口比重上升13.46%。但是2010年农村未成年犯所占比例大幅上升，而且农村未成年人犯罪年龄提前的幅度大于城市，农村未完成义务教育和处于闲散状态的未成年人的比例均高于城市。这与10年间我国农村劳动力向城市转移造成的农村留守儿童缺少父母监护以及农村学生义务教育阶段失学等问题的存在不无关系。预防农村未成年人犯罪尤其应关注留守儿童，我们不仅要保障他们的生活，更要满足他们的亲情需求，帮助、敦促、监督其父母或者其他监护人履行法定职责，使孩子感受到家庭的温暖。以减少和避免亲情缺失所导致的不良心理和行为隐患。

4. 建立同伴教育机制，引导未成年人正确交往。对犯罪动机、犯罪原因、犯罪目的的分析我们可以看到，有相当多的未成年人犯罪与"朋友"相关。从社会学的差异交往理论来看，社会越轨与其他社会行为一样，是通过与他人的交往而学到的。因为我们每个人的动机、态度、价值取向等，都是在社会互动过程中习得的，会对我们的行为选择产生重要影响。

就未成年人而言，如果他同不良同伴甚至罪犯交往，而且交往的频繁程度、关系的密切程度和持续的时间都超过同一般人的交往，那么他就很容易走上犯罪的道路。在未成年人犯罪预防体系中，有必要因势利导，尊重未成年人同伴交往的需要，挖掘其自我教育的潜能，从未成年人同伴交往和同伴教育中寻求解决问题的新思路：①倡导同伴互助，促进学校后进生转化；②关注同伴小群体，对那些不利于学生进步、对其他同学和正常群体构成威胁的小群体，采取正面引导和积极疏导的方法，帮助他们解决学习和生活中的困难，以多种方式满足他们正常的心理需求，以避免出现行为问题和群体偏离正确轨道的现象；③探索同伴教育机制，有目的地通过强化未成年人的自我教育，促使其自我抵御不良文化尤其是网络不良文化的侵袭。

5. 改善未成年人的生存环境，共同提升媒介素养。未成年人的生存环境变化最大的就是互联网等新兴媒体的迅速发展。当今的孩子一出生就生活在电视、互联网等各类传播媒介的包围之中，他们从中开阔了视野、得到了娱乐、受到了教育；与此同时，也不可避免地接触到了许多糟粕。调查表明，未成年人学习状况越差、家庭和学校对他们的排斥越多，他们对电视、网络的迷恋和依赖就越强；学校的学习越是不能吸引他们、父母的说教越是不被他们接受，他们就越是对大众传媒的各类信息感兴趣，也就越是相信媒介、利用媒介，越容易上瘾；当面对"儿童不宜"的媒介信息，学校和家庭越是没有能力予以过滤、对未成年人予以积极引导，其中的不良内容对未成年人的侵袭也就越深。

近年来，我国从法律、文件规定到综合治理、预防犯罪实践，都对大众传媒对未成年人的影响予以高度重视，网络安全、防沉迷等软件的开发，不良网吧的治理和管理的增强等，的确发挥了作用。但如果家庭、学校自身的问题依然存在，无法使他们生存的环境发生改变或改变很小，那么外部治理的效果只能是暂时的。如何提高媒介素养，对成年人而言，一是提高自身对媒体的评判能力，正确理解、积极运用大众传媒的信息和文化资源，从而更全面地了解社会、完善自我、服务自我，为影响教育未成年人打下良好的基础；二是提高对未成年人指导的能力，即帮助他们正确使用媒介，形成正确的价值判断，提高对负面信息的免疫能力，让他们接受大众传媒影响时学会选择，成为他们接触媒介影响的"过滤器"。这是减少和避免大众传媒对未成年人不利影响的关键。

6. 建立符合中国国情的未成年人司法制度，把"教育、感化、挽救"方针贯穿于诉讼全过程。我国新修改的《刑事诉讼法》单独设置了一章"未成年人刑事案件诉讼程序"，里面详细地规定了处理未成年人刑事案件的方针是"教育、感化、挽救"，原则是"教育为主、惩罚为辅"，同时规定了一系列针对未成年人刑事案件的特殊处理办法：未成年人的案件要和成年人分案处理、分别关押、分别管理和分别教育，办案人员专业化，公检法等部门可以对未成年人的成长经历、犯罪原因和监护教育等情况进行调查，对涉案的未成年人严格限制适用逮捕，询问审判时法定代理人在场制度，附条件不起诉制度，犯罪记录封存制度，等等。这些制度对于保护未成年人的诉讼权利，尽量地减少刑事诉讼给未成年人带来的不良影响起到了不可忽视的作用。

但是，我国还没有建立起独立的未成年人司法制度，相关的办案组织也没有实现专门化，前科消灭制度等重要制度也仍然缺失：对于未成年人的司法保护力度不足，不能满足我国预防未成年人犯罪的需要。对此，我国应该结合国情，建立符合我国实际的未成年人司法制度。

7. 进一步加大社区矫正力度。社区矫正是刑罚执行制度的一种方式，是一项"标本兼治"的刑罚制裁措施，体现了执行方式的文明化。实践证明，社区矫正是减少未成年人"交叉感染"、增强改造效果的有效手段。法院作为审判机关，要认真把好社区矫正的第一道关口，必须做到以下几点：

（1）在决定依法对部分犯罪情节轻微、认罪态度好的未成年人判处非监禁刑罚时，可以通知有关社区矫正组织旁听案件的庭审，征求社区矫正机构的意见，摸清社区民意，由社区矫正机构在调查研究的基础上出具该罪犯在犯罪前表现情况及能否落实考察帮教措施的书面材料，如果该罪犯在犯罪前表现一贯较好且该社区有监管条件的，法院可以对其判处非监禁刑罚。

（2）在宣判刑罚后，及时将判决书或裁定书等法律文书抄送有关社区组织。对宣判非监禁刑罚的罪犯，法院应当尽可能地将其直接移交给有关社区矫正机构，防止因漏送、错送而造成漏管、脱管。

（3）积极通过社区矫正机构定期对未成年罪犯进行回访帮教，及时了解情况，建立档案，并通过举办社区矫正人员培训班、回访矫正对象等形式，把在审判实践中摸索出来的感化挽救未成年罪犯的一些经验做法，引入到社区矫正工作之中，扩大和巩固刑事审判效果。

（4）把建立法制学校、法制教育基地等帮教活动与社区矫正工作结合起来，不断完善社区矫正工作的各项措施，共同推进社区矫正工作。

任务五　女性犯罪分析

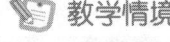 教学情境

教学情境一：　　　　　　　**为了取悦男朋友，她走上了犯罪道路**[1]

2007 年，16 岁正值花季的云云与邻村 19 岁的阿刚相识，云云对这个成熟的大哥哥十分崇拜，阿刚也看出了她对自己特别的情愫，后来两人建立了恋爱关系。2008 年初，阿刚开始学习并学会了一手驾驶技术，经常四处找别人借车开，但借的

---

〔1〕 赵雯："湖北女性犯罪调查"，网址：http://news.xinhuanet.com/society/2010 - 07/12/c __12324673.htm，访问时间：2014 年 12 月 1 日。

次数多了，身边的朋友也不情愿出借了。"要是有一台自己的车，那该多好了!"阿刚心中渐渐萌生了这个愿望。看着男友如此想买车，但在农村经济条件又不允许，云云十分心疼。2008年底的一天，阿刚带着云云和几个朋友聚餐。听完阿刚的烦恼，朋友纷纷帮他出主意。一个朋友说："干脆去路上搞一辆算了。"随口的一句话，却让阿刚真的动了心思。于是阿刚和朋友一起筹划，准备在村边的隐蔽小路上抢劫一辆"小面包"，云云极力支持男友的做法。2009年初的一天，阿刚和云云等人将目标锁定在村边一条偏僻的小路上。那天正午时分，一辆微型面包车缓缓驶来，云云便站在小路边向车招手示意要乘车。当面包车缓缓停下后，阿刚和几个朋友一起冲上车，将司机控制住。惊慌的司机只得听从他们的安排下了车。阿刚随后开车带着云云和几个朋友扬长而去。谁知，阿刚的车放在家里还没敢开出门，警察就找上了门。云云因参与抢劫价值3万元的微型面包车，被判处有期徒刑3年，2009年12月被投入湖北省未成年犯管教所服刑。

教学情境二： **22岁母亲将两幼女活活饿死**[1]

2013年6月21日9时许，南京市江宁区麒麟派出所社区民警王平元上门走访辖区居民乐燕（女，22岁）时，发现家中无人应答，其手机也处于关机状态。王平元觉得事有蹊跷，便叫来锁匠将门打开，发现两名幼女一个在门边，一个在床边，均已没有了呼吸，她们正是乐燕3岁和1岁的女儿。经查，乐燕有吸毒史，两个女儿平时由其本人抚养，但事发时乐燕下落不明。经警方全力搜寻，犯罪嫌疑人乐燕被抓获归案。2013年9月18日，乐燕被南京市人民检察院以故意杀人罪起诉，在南京市中级人民法院公开开庭审理，经过一天的审理，法院一审当庭宣判乐燕犯故意杀人罪，判处无期徒刑，剥夺政治权利终身。

工作任务

很多女性原本有着美丽的面貌，姣好的身材，原本可以相夫教子，尽享幸福，但是她们因为爱恨情仇、金钱名利而触犯法律，为了个人私欲不惜用生命、家庭、人格以及尊严作为赌注。如今，女性犯罪率的上升，带来了各种各样的社会问题，冲击着社会链条的各个环节。与男性犯罪人相比，女性有哪些男性所不具备的特质？在经济高速发展的新时代，女性犯罪有何新特点？如何遏制女性犯罪？这些问题的意义深远而重大。

---

〔1〕 江佳楠、丁红霞："饿死两个女儿的吸毒母亲被判无期"，网址：http：//news. sina. com. cn/c/2013－12－13/111628976208. shtml，访问时间：2014年12月1日。

 学习内容

一、女性犯罪的概念

女性犯罪，顾名思义，是指犯罪主体为女性的犯罪，是男性犯罪的对称。

要正确把握"女性犯罪"的概念，应当把握以下几点：

1. 女性犯罪是以犯罪主体的性别特征为根据分析犯罪现象的一种，它是与男性犯罪相对的。

2. 女性犯罪不是指只有女性才可能实施的犯罪，或者说并不是专指女性犯罪的特殊原因。

3. 女性犯罪这个用语，表明女性犯罪与男性犯罪确实存在差别。因此研究女性犯罪，重点要研究女性犯罪的比率，女性犯罪的特点，女性犯罪与社会发展的关系，女性的生理特点、精神特质和社会地位与女性犯罪的关系，以及女性犯罪的预防和改造等。

二、女性犯罪的状况和特点

（一）女性犯罪的状况

进入20世纪以来，世界女性犯罪呈高发趋势，但在发达的资本主义国家里，女性犯罪增加的幅度不大，甚至可以说是缓慢增加，美、英、日等国都是如此。但是，它们的女性犯罪在全部刑事犯中所占比例较高。1990年全部被检举的人员中女性比是：韩国为12.11%，法国为15.11%，英国为15.12%，瑞典为19.17%，日本为20.14%，美国为22.16%，德国为24.14%。[1]

新中国成立以来，女性犯罪在整个刑事犯罪中的比例一直很低，一般占整个刑事犯罪总数的2%~4%之间，基本上没有超过总体刑事犯罪的4%。

例如，在辽宁省的各种刑事制裁中，女性罪犯所占的比例详见表7-15：

表7-15：辽宁省刑事案件女性罪犯人数及比例

	1987年	1990年	1994年	1995年	1999年上半年
罪犯总数	17 171人	29 490人	27 121人	28 755人	10 919人
女性罪犯	452人	761人	1008人	1154人	370人
比例	2.6%	2.6%	3.7%	4%	3.4%

数据来源：张亚飞："从文化变迁看女性犯罪的社会预防"，载《河北公安警察职业学院学报》2008年第3期。

有学者曾经针对天津市做过调查，得出了相关数据，详见表7-16：

---

〔1〕　数据来源：康树华："中外女性犯罪的现状与特点研究"，《南都学坛》2005年第3期。

表7-16：天津市犯罪人性别分布情况　　　　　　　　单位:%

年度	男	女	合计
1990	97.19	2.11	100
1993	97.15	2.15	100
1996	97.13	2.17	100
1999	96.13	3.17	100
2002	93.19	6.11	100

数据来源主编：周路主编：《当代实证犯罪学新编——犯罪规律研究》，人民法院出版社2004年版，第102～103页。

我们从女犯占在押犯的比例变化看，女性犯罪的比例是上升的，再从历年女性在押犯的年增长情况与整个在押犯的年增长情况看，女性犯罪的变化基本与社会总体刑事犯罪的变化相同，且起伏很大，有时女性犯罪比例的增长高于整个刑事犯罪的增长。这种变化主要也与整个国家的犯罪形势和国家对犯罪的打击力度有关。从总体上说，女性犯罪无论在相对数量还是在绝对数量上都呈上升趋势。

（二）女性犯罪的特点与趋势

1. 作案方式和手段：攻击性、暴力性、灵敏性差，具有欺骗性。男性可以凭借自己的力量来使犯罪成功；女性则相反，很少实施力量型犯罪，而是充分施展自己的女性魅力，如以色情的手段，从事诈骗、盗窃、拐卖人口和卖淫等各类犯罪活动。例如：国内外许多女性犯罪都与购物有关。我国女性多是在商店或公共汽车上趁人们不注意时顺手牵羊，而国外女性在超级商场中伪装成顾客行窃财物的也很多。至于杀人、伤害等暴力犯罪，女性在选择对象、使用工具和作案方式等方面和男性差别很大。

近年来，我国有些女性犯罪也呈现出男性化犯罪手段的特点：由依附男性型犯罪向独立犯罪型转变，由一般盗窃型犯罪变为恶性杀人犯罪。

2. 作案动机：具有发泄某种愤懑情绪的报复性，夹杂着较多感情因素。人类的社会需要包括许多方面，如社交需要、尊重需要、自我实现需要等。女性往往在这些需要上过于敏感，如果一旦受到挫折，便会产生被侮辱、愤怒、痛恨等情绪，而这种情绪常常是激起犯罪的主要原因。有些女性因失恋或失身而心中充满怨恨，既不想求助于法律，又无法排遣。这时，她们便借助一时冲动，对人施行报复，甚至不计后果，愤懑杀人。

女性犯罪夹杂感情因素的比较多，特别是母爱、情爱的扭曲容易诱发犯罪。有的女性因为错误的婚恋观而走上违法犯罪的道路。以下面的案例为例：

深圳某知名地产公司的财务总监杨静，这个从上世纪90年代就来到深圳闯荡的湘西女性，凭借自己泼辣坚韧的性格和大胆睿智的商业头脑，很快就在房地产界打响了名号，几次成功的投资更让她拥有了数千万的身家，先后在华侨城等处买下多间豪宅。

尽管已是事业上的女强人，但年过不惑的杨静在感情上却一直没有找到称心的归宿。虽然精心保养之下貌美不改，不乏裙下之臣，可高高在上的气质和收入，还是让众多优秀的男性望而却步。不知不觉中，女强人也无奈成为大龄剩女中的一员。

杨静平时爱好广泛，打桌球就是其中之一。2011年下半年，杨静在南山区一家桌球城里见到了同样爱好桌球的郭强。相聊甚欢之际，郭强发现眼前这个打扮时髦、全身名牌、开着路虎豪车的女子竟然还没有男朋友，于是他开始暗暗勾勒出一个无耻的计划，下决心一步步把这"金矿"挖到手。1982年出生的郭强谎报了自己的年纪，更隐瞒了已婚并育有一女的事实。郭杨二人如胶似漆的同时，在家辛劳照顾女儿的妻子葛亚平还蒙在鼓里，以为游手好闲的丈夫郭强终于走上了正路，是因为工作繁忙才很少回家团聚。

然而纸里终要藏不住火。2012年年初，在和杨静确定关系后不久，郭强就找各种理由向杨静先后借钱多达四五十万元。为了不让男朋友感到自卑，郭强每次开口，杨静都会毫不犹豫地满足他的要求。直到最后一次，郭强拿着钱突然不辞而别。

几经周转，杨静找到了郭强和葛亚平在西丽租住的地方。眼见事情败露，郭强再次做出了无耻的决定，他抛妻弃子转而与杨静结婚。新婚燕尔，杨静却发现郭强并没有多么兴高采烈，反倒整天闷闷不乐地泡在茶馆里搓麻将。几个月后，夫妻俩的感情没有任何增进。为求恩爱如初，杨静在忙生意的同时也不忘经常关心一下自己的小丈夫。但2013年春节期间，郭强失踪了十几天。回来后，郭强解释说是因为与葛亚平离婚的事情对方娘家还不知道，为了不让老人和4岁的小女儿伤心，他才陪着葛亚平母女回江苏过年。话没说完，杨静就勃然大怒，再联想到平日里总有人说看到郭强陪着葛亚平母女逛街，怒火中烧的杨静发誓不会再让这个男人好过。

于是，杨静通过网络找到了"讨债公司"，悬赏53万元要求惩罚郭强和葛亚平，还专门授意一定要把葛亚平毁容。讨债公司负责人阿德拿到定金后立即安排下线阿涛办事，阿涛跟踪摸清郭强和葛亚平的生活规律后，从山东、北京等地找来职业刀手赴深行凶。

2013年7月26日下午，午饭时间刚过，郭强从一小区走出，走进了一辆汽车，突然2名壮汉手提西瓜刀，一左一右拉开前车门，二话不说就挥刀猛砍毫无准备的郭强。同年8月23日早晨，郭强的前妻葛亚平在公交站台候车时，被3名陌生男子当街拽倒、持刀将其脸部和脖子多处划伤，顷刻间容貌尽毁。

警方整理郭强的人际关系后，顺藤摸瓜，最终将杨静锁定为两个案件的犯罪嫌疑人，并实施了抓捕。然而在被戴上手铐的时候，杨静仍偏执地认为郭强欺人太甚，就应该遭到这样的报应，自己没有要他的命，已经是手下留情。

有的女性认为孩子是自己生的，自己可以随便处置，或者作为要挟丈夫的手段，打骂虐待孩子，或者恨铁不成钢，教育不当而过失伤害孩子。以下面的案例为例：

2010年7月，在济南陈家庄某一居民楼里，犯罪嫌疑人李某吃完饭后带着女儿回到自己家中，女儿正在看电视时，李某突然问她是否想死，女儿惊吓不已，连说不想死。但是，李某还是抓起女儿将其拖入卧室内，采取捂口鼻、掐脖子的手段，使女儿窒息。事发时，家中只有李某和女儿两人。李某的丈夫回家发现此事后，立即向邻居呼喊求助。邻居进门后，发现女孩头朝南、脚朝北，仰卧在南侧卧室的床上，人已奄奄一息，送到医院后不治身亡。犯罪嫌疑人李某向警方交代，丈夫下岗多年，她曾做过家政工。李某在工作和生活中事事不顺心，一直为自己和家庭的出路发愁，想带着女儿一起死。

女性在职务犯罪中，除了追求物质利益，贪图享受之外，因受情感支配而导致犯罪者较多，基于母爱、情爱而引发犯罪者占有较大的比重。以下面的案例为例：

首钢医院会计王某贪污主要是因为家庭因素。丈夫买断工龄后没有固定收入，父母重病导致家庭经济压力增大，王某为了解决家庭困难，开始利用单位财务制度的漏洞实施贪污。

3. 作案过程：被动性及恶逆变倾向，突发性及激情犯罪较为明显。在今天的中国，虽然女性的地位极大地得到了提高，尤其是我国新中国成立以来提倡的男女平等思想以及宪法的贯彻实施，都在一定程度上使女性的地位得以提高。但在现实生活中，女性仍然是一个弱势群体，而且在很长的时间内是不会得到快速的改观。因此，女性往往在犯罪中充当被引诱、胁迫、触发等次要角色。在女性犯罪案件中，有80%属于被动性犯罪，是由于受到伤害、欺骗、盲从而犯罪的。所谓恶逆变倾向，即先是受害人，后转为加害人。例如：存在家暴的情形，一开始，多数是采取忍让这种自我牺牲的方法，以期侵害人知错能改达到自然化解矛盾的目的，不懂得采取正确的方式，比如利用法律武器来解决问题。当侵害人的加害超出女性的容忍程度时，她们也经过一段时间的思考，才会不顾一切后果，采用暴力方式进行反抗。

再如：性犯罪的受害女性，她们往往受到不公正的对待，甚至非难，加上女性自身的感情脆弱、自卑心理，以及社会上不良环境和文化思潮的影响和冲击，使得这些女性不懂得运用法律武器来保护自己，与犯罪分子做斗争，而是自暴自弃，与犯罪分子同流合污；有的则是自己复仇，疯狂报复男性。

女性犯罪还有突发性的特点，这一特点源于女性犯罪的心理障碍——偏狭、自私和易走极端。女性暴力犯罪大多在心理上存在一定的障碍，如性格上有自私、偏激和狭隘等缺陷。因而在遇到冲突时，极易采取极端的方式。女性有两个特殊生理时期，一是青春期，一是更年期，在这两个时期的女性易烦躁、易忧郁、易产生攻击性行为。加之对于家庭纠纷，由于女性自身的性格特点，极易成为家庭生活中被侵害的对象。女性长期受压抑的生活一旦到了不能忍受的地步，就会使她们冲破道德和法律的约束，陷入犯罪的深渊。特别是在农村，一定数量的女性由于文化不高、心理承受能力不强，在情绪不稳定的时候，又由于受到外界的刺激，极易引发犯罪，如故意杀人、投毒、纵火等暴力性犯罪，从而导致严重的后果。

4. 犯罪形态上：形式团伙化并逐步趋向于男性化。女性犯罪在行为、手段、方法、犯罪情节、危害后果等犯罪的客观方面都趋向于男性，或与男性接近。女性由于其心理上的特点，如易激动、伤感、对事情敏感、多疑、恐惧等，以及生理上的变化引起的情绪波动，决定了她们在实施犯罪时会瞻前顾后，谨小慎微。但是近几年来，女性团伙犯罪中的一部分人犯罪持续时间长，经验丰富，恶习较深，她们在实施犯罪时比较大胆，犯罪情节恶劣，后果严重，逐步向男性化接近。从目前的女性团伙犯罪表现的情况来看，大多数女性进行团伙犯罪时已经不在乎道德规范，很少受到良心谴责，在畸形的性快乐和金钱利诱面前已经无所顾忌，甚至必要时还想到利用暴力和诡计来满足她们的需要。

女性犯罪团伙的形成，一般以各社会基层单位如自然村落、街道和学校、工作单位为地域基础，以同乡、同学、同宗为感情基础，在一定的外界条件作用下一起走向犯罪道路而形成犯罪团伙。这些团伙区域性强，横向联系少，呈割据状态，是条块分割型的团伙犯罪，以流氓团伙、盗窃团伙、拐卖人口团伙为主。而那些流窜于城市和沿海地区进行盗窃、抢劫和流氓犯罪活动的女性犯罪团伙，一大部分是以共同的犯罪意向纠集在一起的，同病相怜，臭味相投，呈现纠合性的特征。女性犯罪团伙形成后，除了几个骨干成员比较稳定外，其他成员大多是松散的、临时性的，并不稳定。而有的骨干成员也因为内部矛盾等原因从原团伙中分化出来而另立山头，特别是在流氓团伙中，成员走穴、跳槽现象比较突出，所以团伙成员不稳定，呈树枝状分散。

另外，女性犯罪的性犯罪在团伙犯罪之中具有很大的危害性，因为女性一旦成为犯罪团伙的成员，她们就将起着流氓团伙凝固剂的作用。她们一方面以出卖色相和肉体、传播淫秽书刊、跳脱衣舞等卑鄙手法拉人下水；另一方面，她们又以色相和肉体满足团伙中男性流氓的性欲，因此，能控制男性流氓，从而成为犯罪团伙中的蜂后或支柱。可见，女性的性犯罪在团伙犯罪中具有很大的危害性，是危害社会秩序的一个重要因素。

5. 从犯罪类型看，财产犯罪居首位，性犯罪所占比例大，职务犯罪呈上升趋势。财产犯罪方面，根据各省市的统计资料，女性侵犯财产的犯罪一般占全部女性犯罪的45% ~ 50%左右，一直在女性犯罪中居于首位。在侵犯财产犯罪中，盗窃犯罪又占绝大多数，而诈骗犯罪也占有相当比例，这符合女性在体质上和男性的差异。

性犯罪方面，近年来，女性性犯罪在所有犯罪类型中所占的比例也很大，尤其是女性卖淫现象十分突出，在我国的一些地区尤其是沿海地区的开放城市和内地迅速蔓延，而且卖淫活动使性病恶性发展，并直接诱发和助长了盗窃、诈骗、伤害、凶杀等犯罪，同时以性行为犯罪为主并形成团伙。女性犯罪团伙与"性"的联系最为紧密，直接或间接的性犯罪占全部犯罪的90%以上，对社会有严重的腐蚀作用。

职务犯罪方面，呈上升趋势。2009年至2013年，全国检察机关立案侦查职务犯罪案件227 039人，其中女性职务犯罪人数虽然只占立案查处职务犯罪案件总人数的9%，但犯罪率逐年上升，快速增长的态势十分明显（见图7-3）。近几年来女性职务犯罪的手段也呈现多样性，女性官员涉案金额逐渐加大。辽宁省抚顺市国土资源局顺城分局原局长罗亚平贪贿1.45亿，被称为"级别最低、数额最大、手段最恶劣的"辽宁"三最"女贪官。

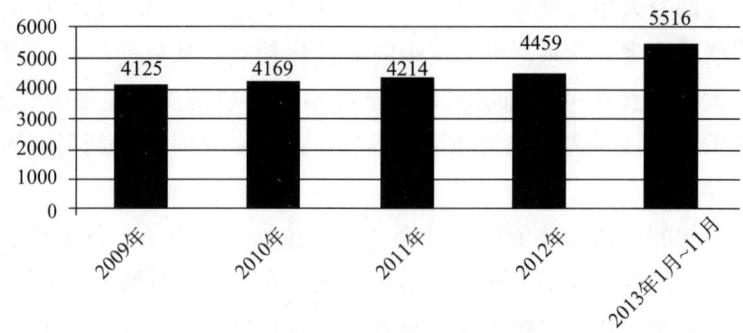

图7-3：2009~2013年全国检察机关女性职务犯罪人数立案人数

数据来源：刘星星："女性职务犯罪：'夏娃'的蜕变"，网址：http://yuqing.people.com.cn/n/2014/0814/c383468-25465729.html，访问时间：2014年8月14日。

三、女性犯罪的原因

（一）内在原因

女性犯罪的内在原因是指控制女性外在表现的心理原因。女性作为不同于其他群体的一个独立群体，有其独特的心理特点，这些心理特点在女性犯罪人身上又表现出不同于普通女性的一些特点：

1. 依附心理强而辨识能力差。妇女解放运动伴随着新中国的成立和发展逐渐普及，男女平等已经是大势所趋。然而，几千年来形成的男尊女卑等以男性为中心的传统观念并不是能够在短时间内就剔除干净的，目前，女性在参政、招聘、晋升、薪金待遇等方面仍不同程度地受到歧视和不公正的待遇，甚至女性自身观念中就根深蒂固地存在着不如男性的自卑心理。

女性还有一个固有心理，那就是成就动机不稳定。女性无论是在家庭还是在工作中，总是惯于依赖男性而实现其自我价值。这就加重了女性对男性的依附、从属心理。女性在看待问题时，总是愿意看表面现象，而不钻研事物背后的本质。女性参与社会事务晚于男性，社会经验本身不足，再加上看待问题的角度片面，使得女性辨别能力较低，自我保护能力差，同时女性更加易于轻信他人。所以，当女性心理上恰恰依附于道德品行不端的男性，又上了贼船，成了一根绳上的蚂蚱的时候，想脱离也身不由己了。此时女性因轻信他人，盲目听从他人教唆、诱导而踏入犯罪；而女性的体力和认识能力不如男性，自我保护能力差，又使得女性无法脱离沾染上的环境。共同犯罪中的女性犯罪人能够参与犯罪的原因就是由于以上所述的其特有的心理特点造成的。

2. 情感丰富、细腻但情绪变化快。这是造成很多女性情绪性犯罪的重要原因。由于女性和男性的染色体、性激素的不同，女性和男性的性格相比，女性的高级神经兴奋程度较强，抑制较弱。因而，女性的情感比男性丰富、细腻，遇到问题时比男性容易动情。

3. 特殊的生理时期。研究发现，当女人处于月经期、怀孕期、产期、哺乳期和绝经期时，会出现植物神经功能紊乱、大脑皮层控制失调、心烦易怒、情绪失控等现象。这时候女人的心里会有一股无名火，遇到不良刺激很容易诱发犯罪。很多女性杀人犯的犯罪都是在非常时期产生的。

4. 主观的心理需求失衡。①性的需求失衡。青春期的少女在性早熟与晚婚之间有一个较长的性压抑时期，如果缺乏正确的教育和引导，在一定条件刺激下就会寻求性释放。成年女性如果性的需求被长时期压抑，很容易会形成超越社会规范的异常性爱心理。在异常的性爱心理的驱使下，她们会开始性犯罪活动；而这些性犯罪活动又强化了她们的异常性爱心理，致使性犯罪活动愈演愈烈。②安全需求失衡。女性与男性相比，感情比较细腻、脆弱，依附心理较强，渴望得到关爱和保护。部分女性一旦失去来自男性的关爱、丧失安全感、自尊心受到重创，就会产生强烈的自卑感；一旦遇到"知己"，就会轻信并依赖，心甘情愿地为其付出一切，甚至违法犯罪也在所不惜。

（二）外在原因

女性犯罪人犯罪的外在原因是指影响女性犯罪人犯罪行为的各种社会环境原因。女性作为社会群体，踏入社会晚，家庭氛围浓，然而社会的各种体制和条件还不成熟，对于女性的各种要求还停留在原始阶段，譬如"相夫教子"、"夫为妻纲"等传统观念仍然很有市场。在这种大环境下，女性犯罪人所处的社会环境仍与普通女性有所区别。

1. 家庭教育和学校教育的缺失。这个原因在农村女性身上体现得更为明显：一些农村仍然存在着重男轻女的愚昧思想，未成年女性得不到与未成年男性同等的教育机会，这就致使未成年女性文化程度不高、法律意识淡薄、辨别能力差。有些农村未成年女性为了生计，不得不较早地离开学校，离开农村，踏入城市。文化程度低、认识范围狭窄、人生阅历少，就容易被表面现象所迷惑。再加上女性特有的心理特点，未成年女性极易依附于道德品行不端的人，误入犯罪团伙，从而走上犯罪道路。就外在原因而言，家庭教育和学校教育的缺失是未成年女性走上犯罪道路的重要原因。

农村女性也是这种外在环境的受害者，农村女性教育程度低集中表现在学法、懂法、守法、用法能力的欠缺上。农村女性得不到应有的基础教育和法律教育，造成她们思想愚昧、行为简单、思维狭隘，遇到问题时思想容易钻牛角尖，解决问题不考虑后果，或者说是预见不到后果。这就容易导致因家庭暴力或邻里纠纷引起的暴力型犯罪的发生。无知必然导致愚昧，愚昧恰是野蛮的根源，野蛮又是因为受教育程度不够。农村女性整日劳作于田间，同时承受着繁重的家务劳动，很难得到基本法律知识的教育，遇到问题时也就不能用法律来保护自己，往往会采取简单粗暴的方法来解决问题，结果害人又害己。

2. 对女性群体社会期望的转变。在中国传统社会，家庭是女性生活的重心。而如今，女性的社会地位提高了，相应地，她们所面临的压力也增大了。历史上妇女的生活是单纯的，她们只和柴米油盐酱醋茶打交道。但是，今天的女人要出得厅堂，入得厨房。过去的女性不用为家庭的经济犯愁，不用考虑家庭安危的问题。现如今，女性是"半边天"，同样要养家糊口，同样要交际应酬。但是，男性的社会地位没有改变，他们的社会角色没有大的变化，他们面临的压力没有变化。而女性就不同了，在旧思想、旧观念与新思潮的碰撞下，一方面女性要驻守家庭，另一方面女性要独立：性格独立、经济独立、思想独立。可想而知，女性生活压力之大是前所未有的，可以说，女性现今所面临的压力甚至时常要超过男性。在这个转型期下，女性独有的优势固然发挥得淋漓尽致，但是同时，其特有的心理和生理弱势也会被放大。女性如果不能适应社会角色的转变，就会很容易出现一些过激行为，有时甚至是不能控制自己情绪的行为，进而造成难以挽回的局面；又或者不能抵制诱惑，抱着侥幸心理，铤而走险，最终走上犯罪道路。

3. 社会对女犯的权利保护和救助不利。对于受到刑罚处罚的女犯，部分执行人员缺乏对其最起码的尊重和人性关怀，使得部分女犯对社会的怨恨更深，在惩罚结束之后，不但不悔过自新，反而自暴自弃，甚至变本加厉地报复社会。对于刑满释放的女性，社会如果不能做好帮教工作和再就业的安置工作，就会使得部分女性为了生存又重操旧业，违法犯罪。

四、女性犯罪的防治对策

1. 强化家庭、学校和社会的保护网络。家庭、学校和社会是与女性生活密切的外部环境，是实施非正式控制的主要载体，当前对女性犯罪控制的一个很重要的措施，就是构造一个家庭影响、学校引导和社会保护的三级控制保护网络。

2. 尊重和保护女性的合法权益。保护女性正当、合法权益不受侵害，是预防和减少女性犯罪的另一项重要措施。我们不仅仅需要法律制度上的完善，更需要已经颁布的法律能够切实有效地起到保护女性权益的作用：不仅仅明确什么是违法的，什么是合法的，更要明确当女性权益受到损害时，谁来保护，如何保护，受到的损害如何补偿。很显然，只有法律规定切实可行，并且法律的规定得到切实的执行，我们才有可能实现对于女性权益真正的全面保护。同时，我们应该设立更多的法律援助机构，健全各级民调组织、社会治安综合治理机构等基层组织，帮助受害女性寻求合法的手段保护自身的权益，切实帮助那些处于法律困境中的妇女，对纠纷能及早发现、及早预防、及早调解，在调解无效的情况下要积极引导受害者拿起法律武器解决问题，避免悲剧的发生。对于有可能导致恶性案件的矛盾、纠纷，要认真做好教育和疏导工作，把矛盾消灭在萌芽状态。在这个维护妇女权益的工作过程中，妇联组织应该发挥积极的作用。妇联组织是法律法规授权的行使特定行政职能的非国家机关组织，它是党和政府联系妇女群众的桥梁和纽带，其基本职责是"维护妇女权益，促进男女平等"。妇联组织应深入细致地做好妇女工作，化解矛盾，把妇女的需求和利益放在第一位，把全心全意为妇女服务作为全部工作的出发点和落脚点，提高服务能力、维护能力，极力为妇女办实事、做好事、解难事，真正做她们的贴心人、娘家人、代言人，维护好、实现好、发展好广大妇女的切身利益，在妇女权益遭到侵害时，要接受被侵害人的投诉，协助法院多息诉、少缠诉，实现优势互补，同时又要注意与司法机关协调配合，不要越权，在制度框架内完成自己的使命。

3. 加强对女性流动人口的管理和保护。针对女性人口流动引发的各种消极现象，应该采取有力措施进行治理，包括：建立和健全职业介绍机构，畅通就业需求信息渠道，宏观调控和督促流动劳动力市场的性别平等和健康发展；建立职业培训和就业指导机构，促使流动妇女提高就业竞争力并在最适合自己的岗位上就业，以消除劳动领域性别不平等的基础；建立流动劳动力市场的市场执法监督机构，消除流动劳动力市场上的性别不平等和流动妇女难以享受到特殊劳动保护的现象；充分发挥工会保障流动就业妇女劳动合法权益的职能和作用；强化劳动法和妇女权益保障法的宣传教育，促使用人单位提高执行性别平等和妇女劳动保护法律法规的责任感，促使流动就业妇女提高自身的维权意识和能力。

4. 加强女性学教育和性知识教育。要在全社会推行现代女性文化宣传和教育，特别要在学校教育中增设女性需要的课程，不断提高女性正确的社会角色观念，重塑女性的社会性别角色，逐渐消除依附心理，增强现代社会的适应能力。

生理方面的成长和发育是女性个性心理形成和发展所必须的前提，各级妇联组织和卫生、妇女保健部门及社会家庭、学校应经常开展普及女性知识的教育活动，对女性进行性道德教育，培养其正确的性爱观，形成正常的性爱心理，防止性意识的歪曲发展和性心理的畸变。

加强对女性性违法犯罪的性道德教育，目的在于矫正她们的异常心理，使她们在社会主义伦理原则的指导下，树立正确的性道德观，帮助她们将性爱从金钱的枷锁下、从疯狂的纵欲中解脱出来，分清自身行为的美与丑、荣与辱，按照社会主义的性道德规范约束自己，形成科学、健康、文明的性爱心理，自觉抵制不良性文化的侵蚀。

5. 运用多种方式，提高女犯改造效果。女性犯罪的特殊预防是通过对监管场所里的女性罪犯的教育改造，使之不再实施犯罪行为，以期减少女性犯罪人在回归社会后重新犯罪的一种预防手段。注重行为矫治，搞好特殊预防。对女性违法犯罪者要区别不同对象，采用送工读学校、收容教养、收监改造等组织形式进行行为矫治，以教育、挽救、改造她们。在矫治过程中，要针对女性特点，讲究方式方法，因人、因类施教，做耐心、细致的转化工作。感情细腻丰富是女性的情感特点，女性犯罪人也不例外，在对女性犯罪人进行矫治工作之前，应该先同女性犯罪人做好情感沟通，使其感受到心灵的依靠并产生共鸣，进而敞开心扉。这时再同女性犯罪人深入谈论犯罪事实，容易起到事半功倍的效果。对女性犯罪人情感的疏通，还有一条途径，就是平复其不平衡的心理，使其不厌世、不仇恨，走出心理误区。心理障碍消除后，应该通过开导使其了解为什么她的行为是犯罪，犯了什么罪，她的行为会对社会造成什么样的危害等，帮助女性犯罪人从内心深处知错、认错，愿意改错。通过思想教育、文化教育、生产劳动教育以及严格的规范化管理，帮助她们改掉恶习，形成良好的行为习惯，确立正确的观念，以防再犯。

另外，还要做好女性犯罪人的再就业安置工作，消除她们的后顾之忧。对于女性犯罪人，最困扰她们的就是将来如何再次面对社会的问题。她们不仅要考虑如何面对故人、家人、朋友，还要考虑重新踏入社会后所面临的社会评价。很多女性犯罪人往往因为重新踏入社会以后，没有像她们预期的那样被社会重新接纳，以致再次选择犯罪，反社会心理更加严重。所以，做好女性犯罪人的再就业安置工作是预防再次犯罪的重要途径。

任务六　狱内犯罪分析

教学情境

罪犯袭警越狱[1]

2006 年 5 月 6 日晚 21 时许，某省监狱八监区三楼管教室内，警察朱某正在与罪犯邓勇根（盗窃罪，原判 10 年）进行个别谈话教育。由于邓犯最近改造表现不好，经常抗拒改造，为了帮助邓犯进行改造，警察朱某正以一番肺腑之言来劝说邓犯。然而，令朱某万万没料到的是，危险正悄悄地向他靠近。

经过几十分钟的谈话教育，邓犯趁朱某转身去倒水喝之机，拿起墙角的木方，狠狠朝朱某的后脑砸过去，朱某当场倒地昏迷不醒。

邓犯见朱某昏倒后，立即上去脱下朱某的警服，夺取了朱某的手机，并拆下管教室电脑主机。21 时 31 分，邓犯身着警服，借助电脑主机挡住面部作伪装，从监狱大门值班室警察专用通道脱逃。21 时 40 分，昏迷在地的朱某被值班警察发现，并立即送至郴州市人民医院抢救，但终因伤势过重于 6 日晚 23 时 59 分牺牲。

监狱立即展开了侦查，经过分析判断，21 时 31 分，穿着警服、用电脑主机遮挡面部出监的那个警察应该就是罪犯邓勇根假扮的。监狱随即全面部署开展追捕工作，组织监狱警察和武警在监狱四周的交通要道上捉拿逃犯，并同时向省监狱局作了汇报。

---

〔1〕　资料来源：综合各类新闻报道。

5月7日凌晨2时，经过追捕小组的大量走访工作，监狱获得一条重要的信息，据某出租汽车司机反映，有一名身穿警服的警察曾坐他的车到耒阳火车站，根据出租汽车司机的描述，该警察很像监狱正在捉拿的邓犯。监狱获得此信息后，立即发出协查通报，请求衡阳铁路公安处协助抓捕逃犯。

接到监狱的查缉请求后，衡阳铁路公安处立即布置沿线各所队开展查堵工作。于4时7分，在衡阳火车站将身着警服的罪犯邓勇根捉拿归案。

工作任务

本案中罪犯邓勇根的犯罪行为与普通犯罪行为有何区别？罪犯在监狱又犯罪的原因如何？我们要充分认识狱内犯罪行为，并与普通犯罪行为区分开来：

1. 什么样的行为被称为狱内犯罪行为？狱内犯罪行为具有哪些明显特征？

2. 狱内犯罪行为的类型有哪些？

3. 狱内犯罪的原因是什么？

 **学习内容**

一、狱内犯罪的概念

狱内犯罪，是指依法被判处刑罚的罪犯在监狱执行刑罚期间，实施的严重危害监管安全，符合我国《刑法》规定，应受刑罚处罚的行为。狱内犯罪行为是整个社会犯罪行为的一个组成部分，因此，它与社会普通犯罪行为一样，都具有社会危害性、违法性和应受惩罚性的特点。但是，和其他犯罪行为相比，它又明显区别于普通犯罪行为：①犯罪的行为人是被人民法院宣判刑罚正在监狱接受刑罚处罚的罪犯；②犯罪行为发生的场所是在监狱这一特定的场所；③犯罪被害人主要是监狱警察和罪犯，社会普通人相当少；④狱内犯罪类型主要体现为脱逃、破坏监管秩序、故意伤害和诈骗等犯罪类型。

狱内犯罪作为一种客观存在的社会现象，实际上是在押罪犯原有犯罪心理的强化和巩固，是原有犯罪技能的沿袭和发展。如果不能对之进行有效的控制和防范，必将削弱监狱行刑效应，影响到监狱职能的发挥。

从我国监狱开展依法治监以来，罪犯的权利得到保障，监狱警察的执法活动更加文明规范。但是，与此对应的是，随着我国打击黑、恶势力的强度不断加大，监狱作为关押、惩罚犯罪分子的场所，黑、恶性质罪犯的关押数量急剧增长，其危险性、狂暴性、突发性远远超过社会水平，狱内犯罪行为发生将越来越多，手段将越来越残忍，性质更加恶劣，社会影响极坏。基于狱内犯罪的新特点、新情况，多角度、多层次地认识狱内犯罪行为，掌握狱内犯罪行为规律，提高预防狱内犯罪的能力和水平，能够确保监狱监管秩序稳定，行刑活动高效运转，保障监狱惩罚、改造罪犯职能的实现。

二、狱内犯罪的特点

在新的监管安全形势下，狱内犯罪的冲突性、互动性、扩张性及反社会性等特点表现突出，波及面广，危害后果严重。而狱内犯罪行为发生在监狱这一特定场所，罪犯的作案动机和犯罪手段都受到很大的限制，其犯罪行为也体现出一定的规律性。

（一）犯罪人

罪犯一般是刑期较长的暴力犯罪分子，主要集中在男性青壮年，一般累犯、惯犯较多。刑期较长的暴力型罪犯对前途比较悲观，不安心在监狱服刑，心理状态相对不稳定，容易产生消极改造和抗拒改造的对立情绪。而男性青壮年罪犯一般身体素质较好，活动能力较强，具备了暴力攻击行为和克服脱逃障碍的能力。而累犯、惯犯由于在监狱服刑的次数和时间相对较多，熟悉监狱警察的工作规律和监狱存在的安全漏洞，反改造工作的经验比较强。

（二）犯罪被害人

由于罪犯被关押在监狱这一特定场所，接触的人员有限，其作案动机非常简单，其犯罪行为所侵害的对象主要是监狱警察和其他罪犯，当然也有个别外协人员、家属被侵犯的情况发生。罪犯在服刑过程中，由于对监狱警察的管理方法、处分不满，或者在生活中与其他罪犯发生矛盾、产生积怨，或者对他犯的检举揭发产生报复心理，从而会对狱警和他犯实施犯罪。家属被侵犯的更多的是罪犯在会见过程中，因为家庭矛盾导致罪犯实施暴力行为进行对抗的。

（三）犯罪手段

从当前发生的一些罪犯脱逃案件来看，狱内犯罪手段残忍性、暴力性突出。罪犯为了达到脱逃目的，面对监狱警察，报复心强，心狠手辣、手段残忍，不计后果，不惜以杀害监狱警察为代价。而在犯罪工具的收集上，罪犯所搜集准备的犯罪工具也主要以伤害身体为目的的工具为主。

（四）犯罪行为

从当前发生的狱内犯罪行为来看，由于犯罪人自身心理特征不同，犯罪的智能性、突发性和盲目性并重。

智能性特点是由罪犯的智力所决定的，罪犯的智力特征决定了罪犯采取何种犯罪手段和实施何种犯罪。罪犯的智力特征是罪犯认识理解客观事物、运用知识经验解决问题的智能特征，包括记忆力、观察力、分析力、想象力、思考力、判断力等。监狱的软硬件建设和执法工作越来越规范，罪犯实施狱内犯罪行为的难度越来越大，因此罪犯在实施犯罪前善于伪装并掩盖其真实意图和想法，并进行周密的策划、计算，时间长达数月甚至数年。这类特点的犯罪主要体现在脱逃犯罪和诈骗犯罪中。

突发性、盲目性犯罪主要在于罪犯年轻气盛，性格暴躁，自制力不强，行为实施前没有征兆，盲目冲动，突然爆发，不计后果。这类犯罪主要体现在故意杀人和故意伤害犯罪中。

三、狱内犯罪类型

狱内犯罪是在特定领域发生的一种犯罪现象，因受到犯罪人、被害人、空间范围和时间范围的限制，狱内犯罪类型有别于社会上发生的犯罪类型。根据《刑法》的规定和监狱工作实践，常见的狱内犯罪主要有以下几种类型：

（一）脱逃

脱逃是狱内犯罪行为中最常见也是发生最多的一种犯罪类型，是罪犯逃避惩罚、摆脱人身自由束缚的首选犯罪行为方式。罪犯脱逃一般具有隐蔽性、预谋性、突发性、时间性、团伙性、暴力性、技术性等特点，容易造成严重危害后果。因此，脱逃案件是监狱重点防范的犯罪行为。

（二）破坏监管秩序

破坏监管秩序是狱内犯罪行为非常常见的一种犯罪类型，是罪犯不服从管理、抗拒改造的突出表现。这类犯罪行为具有组织性、团伙性、预谋性、危害性等特点。实施这类犯罪行为的罪犯一般是受到心理不健康、自制力差、错误的法律意识、极度的悲观消极心理、小环境不良因素等的影响，从而导致实施破坏监管秩序的行为。

（三）故意伤害

故意伤害也是狱内犯罪行为中比较常见的一种犯罪类型。狱内服刑罪犯又犯故意伤害案件，会侵犯其他罪犯的身体健康权利，严重威胁监管场所的监管改造秩序和监管安全稳定。故意伤害有突发性、暴力性特点，犯罪人一般学历低、为青壮年、属于累犯、自控力较差。

（四）诈骗

诈骗是最近几年狱内新发的犯罪类型，发生率也越来越高。这类犯罪主要是一些累犯、多进宫罪犯，其反改造经验丰富，熟悉监狱工作特点，利用初犯进入监狱急于减刑、假释、保外就医而离开监狱回到社会的迫切心理，虚构与监狱警察交往关系好可以帮忙减刑、假释、保外就医，指使被害人叫其亲属汇款给其账户的行为。这类犯罪行为的犯罪人一般是累犯，采取欺骗的方式取得其他罪犯的信任，从而实施诈骗行为。

（五）聚众斗殴

聚众斗殴是狱内罪犯因拉帮结派、称王称霸、报私仇等犯罪动机而聚众打架斗殴，严重影响监管改造秩序的犯罪行为。这类犯罪行为参与罪犯人数多，一般具有组织性、预谋性、暴力性等特点，容易造成多人受伤，往往容易发展成故意伤害和故意杀人，严重影响监管秩序和监管安全稳定。

狱内犯罪类型除上述五类外，还有危害国家安全、绑架人质、纵火、组织越狱、传授犯罪方法等犯罪类型。这些犯罪类型发案数量较少，但也要有针对性地进行分析，以便采取针对性的防控对策。

四、狱内犯罪原因

从犯罪原因角度分析，犯罪行为的发生受多方面的因素影响，各种犯罪因素交织在一起，相互影响、相互作用，从而导致犯罪行为的发生。但由于狱内犯罪行为与社会普通犯罪行为在犯罪地点上存在差异，其犯罪原因、犯罪动机均与社会普通犯罪存在差异，相对应地其犯罪原因也比较简单，概括起来主要是主观原因和客观原因。

（一）主观原因

1. 认罪、悔罪意识淡薄。罪犯被判刑投入监狱服刑改造，被剥夺人身自由，不仅会感受到极大的心理压力，而且会感觉到诸多不便，觉得正常的生活需求受到限制。基于对判决存在一定的错误认识，或者与狱内其他罪犯交流判决结果和刑期，不能深刻认识自己的犯罪原因，罪犯会觉得判决不公，产生怨恨心理；还有的认为自己犯罪被抓是因为粗心大意导致，如果自己小心一点就不会被抓到，仍然存在侥幸心理；有的是累犯、惯犯，犯罪已经成为他们生活的一部分，犯罪思想在他们头脑中根深蒂固。正是这些错误认识的存在，容易导致罪犯罪责意识淡化，抵制和拒绝人格重塑的意识增强，产生不认罪服法的思想，实施狱内犯罪行为。

2. 心理状态不正常。人的心理活动受生活的社会环境所影响，罪犯心理与其所处的环境密切相关。罪犯在监狱执行刑罚，人身自由被剥夺，与社会、家庭处于隔离状态，交往对象仅限于监狱警察和其他囚犯。罪犯心理是罪犯在服刑过程中原有心理与服刑环境相互作用下表现出来的心理和行为动态，是导致狱内犯罪行为发生的重要因素。从狱内犯罪发生的原因来看，罪犯实施狱内犯罪行为的心理因素主要有怨恨心理、悲观心理、称霸心理、抗改心理等。有些罪犯自我意识强烈，改造功利思想严重；有些罪犯心理承受能力差，存在着强烈的抵触和破坏心理；有些罪犯心理变态，行为怪异；有些罪犯是非不分，从众心理和群体意识强，拉帮结派。这些不良心理状态，容易使罪犯产生犯罪动机，实施狱内犯罪行为。

3. 拒绝改变原有犯罪心理意识。罪犯被投入监狱执行刑罚改造后，其法律身份和地位均已改变，但是部分罪犯的犯罪心理意识却没有发生同步变化。在罪犯的心理意识中，原有的犯罪心理意识仍然占有很大的比重，影响着入监后的服刑改造活动，虽然监狱一直在试图改变罪犯的这种犯罪心理意识，但是由于一些客观原因，某些罪犯在内心深处抗拒改变。这种犯罪心理意识具有历史延续性，在受到犯罪诱因的影响作用下，又可能促使发生新的犯罪行为。

（二）客观原因

1. 监管制度落实不严成为各种犯罪行为发生的隐患。罪犯被投入监狱服刑改造，就必须按照监狱的规章制度规定的行为要求积极改造。为了促使罪犯从"要我改造"向"我要改造"转变，监狱通过规范罪犯行为、改变思想意识、学习劳动技能来转变罪犯的人生观和价值观。但是，监狱与部分罪犯的"改造与反改造斗争"仍将持续。监管安全制度执行不严格，仍然是当前狱内犯罪行为发生的最主要隐患，有犯罪动机的罪犯随时在寻找监管安全以漏洞以实施犯罪行为。

2. 监狱警察的管理方法落后也是诱发狱内犯罪行为发生的因素。监狱警察既是服刑罪犯的管理者，又是服刑罪犯的教育者。在国家推行依法治监、狱务公开、文明规范执法后，部分监狱警察的个人能力已不适应罪犯改造的需要，主要体现在：知识能力结构单一，执法水平落后，责任意识淡化，管理方法简单、粗暴，教育手段单一、老套等。由于监狱警察能力所限，导致在罪犯管理过程中，方法简单落后，动辄打骂体罚，导致罪犯反抗意识增强；或者警囚关系不清，给罪犯以可乘之机；或者漠视不管，激化群体矛盾等，从而引发罪犯实施狱内犯罪行为。

3. 社会的负面因素对罪犯的影响。社会上的一些负面、消极因素也侵扰着罪犯的头脑，影响着其改造行为。如家庭、婚姻变故，"贫富分化"现象，社会帮教制度不完善，安置就业前景不乐观等，都影响着罪犯对改造前景的认识，甚至会使其在改造过程中自暴自弃，不惜以身试法，再次实施犯罪行为。

五、狱内犯罪防控对策

对狱内犯罪的防范，是监狱为消除狱内犯罪因素，阻遏、减少和防止狱内犯罪发生而主动采取的种种有效措施与方法，主要有：

（一）重视监管改造场所的安全检查

安全检查是监狱排除隐患、消除祸根、预防狱内犯罪的重要环节。安全检查应定期或不定期进行，范围包括监舍、人身、生产区、禁闭室、警戒设施、院落、保管室、枪弹库等。检查的重点是：①危险物品和可资行凶作案的违禁物品，如易燃易爆、剧毒物品，凶器，棍棒，绳索，铁器，石块等；②生产工具保管；③枪支弹药管理；④安全警戒设施；⑤反动、淫秽书画。

（二）加强对有犯罪危险的罪犯包夹控制

对狱内犯情、敌情的调查，是监狱常采取的一项调查研究措施，通过对调查结果的综合分析研究，即可预测出具有犯罪可能的危险分子。对已列出的各类危险分子，要单独立档建卡，并指定干警分工包管、包教、包转化，同时，还要在干警的直接领导下，选择一些改造表现好、有接近危险分子条件的犯人，对其包夹控制。

（三）制订和完善紧急处置预案，建立健全快速反应的作战体系

监狱要针对狱内犯罪的实际情况，制订出多套应付暴动越狱、聚众闹监、骚乱等突发事件的预案，并不断予以补充、完善。预案应明确各部门和参展人员的任务、要求，具体落实查缉、堵截和围捕案犯的岗位职责，以备"战时之需"。

（四）重视技防工作，增强防控能力

技术预防是监狱防范、控制狱内暴力犯罪的又一专门性措施。技术防范有助于及时发现和揭露犯罪、震慑和控制狱内犯罪活动，确保狱内要害部位安全，有效制止犯罪，及时拦截、捕获逃犯，迅速制服犯罪分子，减少犯罪机会，降低狱内犯罪率，以及多方位、多渠道地搜集犯罪情报信息。随着科学技术的迅猛发展，技术预防发挥的效用越来越大。当前，监狱要根据同狱内犯罪做斗争的实际需要，加大投入，逐步加快实现狱内报警、监听、监视、通信联络、现场勘查、物化技术检验、防暴、警戒防护、信息处理等技术装备、方法和手段的现代化，不断提高技术预防水平，增强防控能力，减少、阻止狱内暴力犯罪的发生。

（五）强化对罪犯的教育改造，充分发挥预防犯罪的作用

强化对罪犯的教育改造，是为了从根本上促进罪犯转变思想，矫正恶习，增强法制观念，提高道德水平，重树正确的人生观，坚定改造的决心和信心，从而达到预防和减少狱内犯罪的目的。这是一项防治暴力犯罪的治本之举。当前，监狱应根据在押罪犯的实际情况，坚持共性教育和个性教育相结合的原则，有针对性地开展好教育改造工作。

 实训项目

项目一： **我国新型毒品滥用问题**[1]

截至 2009 年底，全国累计登记吸毒人员 133.5 万名，其中海洛因成瘾人员 97.8 万名，占 73.2%。2009 年新发现滥用海洛因人员 9.7 万名。同时，滥用新型毒品问题更加突出，累计查获登记 36 万余人，新查获 9.7 万人，多数是 25 岁以下的青少年。全国有 22 个省份新型毒品缴获量超过海洛因。

截至 2010 年底，全国共发现登记吸毒人员 154.5 万名，其中海洛因成瘾人员 106.5 万名，占 69%。滥用合成毒品问题更加突出，仅查获登记的就有 43.2 万名，其中新查获 11.94 万名，多数是 25 岁以下的青少年。

截至 2011 年底，全国共发现登记吸毒人员 179.4 万人，其中海洛因成瘾人员有 115.6 万人，占 64.5%。滥用合成毒品人员 58.7 万人，占全国吸毒人员总数的 32.7%，同比上升 35.9%；全国新增滥用合成毒品人员 14.6 万人，同比上升 22%。滥用合成毒品人员中，25 岁以下的青少年占 67.8%，低龄化趋势明显。同时，合成毒品

---

〔1〕 资料来源：2010～2014 年《中国禁毒报告》。

问题进一步呈现向中小城市、农村发展蔓延的趋势。

截至 2012 年底，尽管海洛因问题快速发展蔓延的势头得到了遏制，但以冰毒、氯胺酮为主的合成毒品滥用现象发展迅猛，我国面临巩固海洛因治理成果和遏制合成毒品快速蔓延的双重压力。目前，我国吸食海洛因人员基数仍很庞大，戒断巩固难、复吸率高的问题仍很突出。全国累计发现登记吸食合成毒品人员 79.8 万名，比 2011 年底上升 35.9%。因吸食合成毒品引发的自伤自残、伤害他人的恶性伤害案件，以及吸毒后驾车引发肇事肇祸案件等社会危害开始逐步显现。

截至 2013 年底，全国累计登记吸毒人员共 247.5 万名，同比上升 18%。全国海洛因成瘾人员 132.6 万名，同比上升 6.6%，占吸毒人员总数的 53.6%。冰毒滥用人数增长迅猛，滥用冰毒（含片剂）人员 84.7 万名，同比上升 42.1%，占吸毒人员总数的 34.2%。滥用毒品引发的治安刑事案件逐渐增多，"毒驾"导致肇事肇祸频发，严重危害公共交通安全。

实训任务：

1. 请收集至少两例有关滥用新型毒品诱发次生危害（自伤自残或诱发的其他犯罪）的案例。

2. 结合以上数据和案例，谈谈新型毒品的危害和控制新型毒品犯罪的对策。

项目二：　　　　　　　　　　　　　**狱中行骗**

罪犯张某，因犯盗窃、破坏电力设备、销售赃物罪，被人民法院判处有期徒刑 13 年，于 2007 年 8 月开始在某监狱服刑。

在服刑期间，张犯因平时改造表现良好且具有技术特长被选用为车间机修员。后来，张犯认识了新入监罪犯江某。张犯见江犯是新犯，刚进来到处询问有无减刑的捷径，遂起歪念，想以此道骗取江犯的钱财。于是，张犯平时装作对江犯很关心的样子，问寒问暖，搞得江犯直把张犯当大哥看待。

张犯经过多次与江犯接触和交谈，终于骗得了江犯的信任。张犯觉得机会已经来临，在一次和江犯的交谈中，悄悄告诉江犯："我和监区里的警察某某关系比较好，他能帮忙减刑，但需要钱疏通关系。"江犯一听说有捷径可以减刑提前出狱，感觉遇到了大救星，忙说只要能减刑提前出狱，给多少钱都愿意。张犯随后多次以帮江犯搞关系、拿嘉奖、弄减刑为借口向江犯索要钱财。同时，张犯暗中还利用私藏的手机与江犯的父亲取得联系，骗取了江父的信任，要求江父在会见时将钱交与江犯带回监仓。

2007 年 10 月，江父来监狱会见江犯，按照张犯的指示，将内藏有 5000 元人民币的两包凉茶交给江犯带回监舍内。江犯回到监舍后，随即将携带进来的 5000 元现金交给了张犯。

将钱交给张犯后，江犯就开始静等减刑的消息。但是，减刑对象过了一批又一批，江犯均未等到自己减刑的好消息。江犯几次去催张犯，要求张犯赶紧落实。张犯均回答说："不急，慢慢来。"在多次等待减刑无望之后，江犯怀疑张犯是在诈骗自己的钱财，于是就向监狱举报了张犯的诈骗行为。监狱收到举报后，非常重视，立即组织力量开展对张犯的侦查取证。张犯对所犯事实供认不讳。

实训任务：

1. 根据该案中张犯的犯罪行为，结合案例分析犯罪人与被害人如何推动犯罪行为的发生？

2. 结合该案例，谈谈狱内犯罪的特点。

 拓展阅读

西方女性犯罪研究的发展[1]

西方女性犯罪研究从早期龙勃罗梭和菲利的实证主义研究发展到现在多角度、多层次的现代主义研究，经过了近一个半世纪的沧桑演变。在这一百多年的发展过程中，有的学说因缺乏科学性和合理性而遭到严厉的批判，几至于为历史所淘汰；而有的则因为具有广泛的思想基础和深邃的内涵，在当今的女性犯罪研究领域依然闪烁着夺目的光芒。

按照当代德国犯罪学家施奈德对犯罪学历史时期的划分，19 世纪中期至 20 世纪初是犯罪实证主义学派阶段，不可避免地，对于女性犯罪问题的研究，实证主义学派的一些研究方法和思想必然对其有一定的影响。为了系统地研究和解释女性违法犯罪现象，犯罪实证主义学派创始人、犯罪人类学家、意大利著名的精神病医生龙勃罗梭和他的学生，另一位犯罪实证主义学派的代表人之一菲利从 1895 年开始深入到关押女性罪犯的监狱，对她们的言行、举止、相貌、人格、犯罪性等进行了一系列的观察和分析。他们指出：从生物学的观点解释，女性犯罪是生物性因素作用的结果，女性罪犯是一种"假男人"，她们的体格和男人相似，尤其是她们的身材、头盖骨、脑和肌肉的力量。女性在社会中是二等性别。与正常的男人和女人相比，女性罪犯处于一个初期的和未进化好的发展阶段。她们通常智力低下，缺乏思考能力的野蛮人是对她们最恰当的比拟。另外，他们还认为，女性罪犯根本就不是女性，而是两性人，而且是两性最劣品质的合成物。在分析女性犯罪的动机时，他们进一步指出：贫穷可以是男性犯罪一个可以理解的动机，因为男人的势力范围在社会，家庭的负担和正当机会的缺乏，男人便有可能因为贫穷而去偷窃，这是可以理解的动机，但决不适用于女性。女性的活动场所只是在家中的锅台边，超出家庭范围的犯罪不仅是道德上的而且是女性角色的真正越轨。很显然，龙勃罗梭和菲利认为女性罪犯也是"天生的犯罪人"，这与他们认为男性犯罪人是"天生犯罪人"的观点是同出一辙的，而且，与男性犯罪一样，决定和导致女性犯罪的因素同样是其生物特性。他们的这种观点，在今天看来，是缺乏

---

[1] 参看何湘娜："近现代西方女性犯罪研究发展综述"，载《公安大学学报》2000 年第 6 期。

科学性并具有很大局限性的。首先，从研究方法来看，他们选择的研究对象——监狱里关押的女犯是相当缺乏代表性的女性犯罪样本。实验没有对照组，而且缺乏适当的测量手段和科学的评估体系。其次，任何一种现象均不是由单一因素造成的。他们的这种过分强调生物性因素，忽略社会因素、文化因素等的观点，是不能真正解释女性犯罪原因的，他们的理论受到批判是理所当然的。施奈德将中期的西方女性犯罪学思想划分为现代学派时期，认为在这一阶段的女性犯罪研究中，虽然犯罪社会学派的研究已初见端倪，但犯罪实证主义学派的学说仍占很大比重。这一时期的女性犯罪研究学者中最具代表性的是 O. 波拉克和 W. I. 托马斯。他们的学说在很大程度上与龙勃罗梭和菲利的传统的"生物性决定论"观点一脉相承。

O. 波拉克认为：①大多数的女性犯罪多发生在家庭和职场；②大多数的女性犯罪之所以很"隐蔽"，与女性生性狡诈、善变有关；③女性是虚伪的，这一点在女性对性的态度表现上得到了充分的说明。她们能够完成性交而毫无肉体的情欲，并且能够假装饶有乐趣和喜欢。波拉克认为：女性被动接受和完成性交的事实的存在充分反映了女性对待真诚和虚伪的暧昧态度。女人的虚伪是波拉克著作中一个特别突出的论题。从以上这些观点可见，O. 波拉克研究女性犯罪原因的角度仍然秉承着龙勃罗梭和菲利二人创下的"个性因素"。但他也并非对龙勃罗梭和菲利的观点完全赞同，他对龙勃罗梭关于"女性犯罪之所以比男性犯罪少是因为女性罪犯比男性罪犯智商低"的观点就持不同意见。通过研究、调查，他指出，女性犯罪率和男性犯罪率几乎是一样的，之所以在统计时显得比男性犯罪少，其主要原因在于：有些案件未及时报告，有些案件未被侦破，而有些则干脆被司法系统从轻发落。可见，O. 波拉克理论在某些方面要比龙勃罗梭和菲利的观点更胜一筹。

W. I. 托马斯是这一时期的一位女性犯罪研究学者。在《未经调适的少女》（The Unadjusted Girl）一书中，他认为，女性犯罪主要是女性爱和性的需要未及时得到满足所致。基于这种认识，他指出：女性卖淫的原因主要是因为她们需要爱。此外，他还指出，女性犯罪（他认为，女性犯罪多为性犯罪）的另一个原因是：她们通过这种方式以打破束缚她们，以致使她们不能外出工作，也不能外嫁他族或他区的传统约束。如果一旦除去这些约束，女性将是最乐于为所欲为的。因此，他主张一些社会福利机构应尽早地介入那些处于早期违法犯罪阶段的少女的生活，反对将她们过早地从一些社会关系中被分离出来。另外，他强烈反对妇女解放，因为他认为这样会不可避免地导致女性违法犯罪的急剧增长。尽管一般来看，W. I. 托马斯的学说中已有了些许社会学观点的影子，但是很可惜，他的仍以"生物因素"占主导地位的分析，无疑因为其科学性和合理性不足而最终招致批驳。

20 世纪 80 年代，有许多学者意识到，与学派林立，多层次、多角度理论争奇斗艳的男性犯罪研究相比，一直为实证主义学派、经验主义研究占主导地位的女性犯罪学思想亟需突破和革新。这种理论研究严重不足的局面实际上给女性犯罪的治理和预防等带来了诸多的不良影响。首先，女性犯罪是"隔代遗传"的。龙勃罗梭等人认为的"研究女性违法犯罪现象是犯罪学发展过程中的一种倒退"的观点，导致女性犯罪研究僵化在实证主义阶段。其次，长期以来集中研究犯罪个性因素方面，导致在高度发达的工业社会，仍然对女性存在着一种"她们通常是不理智、易冲动的和神经质的"刻板印象，从而在对待女性罪犯的问题上出现严重偏差。成年女性往往因为并非犯罪的"性行为不当"而比成年男性遭受更多的约束和规范。由于受"生物决定论"的影响，许多监狱只提供给女性罪犯"治疗"，而不像对男犯那样提供职业训练，因为大多数人误认为：女性罪犯是有"病"的，只要治疗好她们的类似人格变态、精神失常等病症，她们即能成为一名社会的好公民。对于这样的惩罚制度的形成，犯罪学者们负有不可推卸的责任。最后，由于对女性"本质"的认识存在陈腐观念，大多数的研究均集中在对女性性行为不当的问题上。因此，处理男性问题和处理女性问题时的"双重标准"在理论研究界、法律界、犯罪处遇界和犯罪控制界等普遍存在。在当时处理、对待卖淫、强奸问题的态度和方式便充分反映了这种"双重标准"的存在。同样是与"性"有关的问题，卖淫比强奸更受社会关注，人们总爱对卖淫女子指指点点，而对强奸犯却很审慎。当时，研究强奸犯的问题时，人们大多认为强奸犯的强奸行为多是由于受害者自身行为不当（如衣着暴露、言语具挑逗性等）所招致的，不用考虑如何惩治强奸犯而应多教育受害女性如何检点自身的行为。而且在当时，人们研究强奸问题时，居然有大多数人的研究角度是如何加强对强奸犯人权的保护，使其免受不当的处遇和惩罚，而对强奸犯严重的犯罪侵害性等问题避而不谈。可见，在当时的情况下，女性犯罪研究不足所带来的不良后果发展到何等严重的程度。大多数学者意识到，这种理论研究的不足，不仅对于保护女性自身权益不利，而且也不能很好地帮助治理和预防女性犯罪。恰在此时，以"女性解放"为中心的第二次妇女运动浪潮在西方蓬勃发展，女性要求平等、自由和解放的呼声越来越高涨。在这样一种背景下，一支新兴的，被称之为研究"女性犯罪学"的研究大军出现了。大体上这些学者的学说可归入如下几个学派：

第一，现代生物学派。以考伊（Cowie）和斯莱特（Slater）为代表，主张：①性角色问题仍然应是女性犯罪研究的中心问题；②生物特性上的一些不正常表现仍然要比社会因素和文化因素更多地用于解释女性犯罪；③染色体异常是女性犯罪的根源；④与人格异常的原因相比，贫穷和机会不均等原因居次要地位。

第二，现代社会学派。现代社会学派学者的研究通过哲学的、历史的、美学的等多社会学科的角度，向传统的、几至于公理的女性性本质、性角色、地位等犯罪人类学说发起了强有力的挑战，并且在大批优秀的女权主义者的支持和参与下，在挑战大男子主义的有关学说中形成了一系列成功的理论。他们勾画出了一个"从社会化过程差别、犯罪机会（违法机会）结构差别和社会反应差别等方面分析女性犯罪原因"的时代。在过去的十多年里，现代犯罪社会学派的学者在三个方面取得了卓著的成绩：

①女性犯罪与女性解放之间的关系；②证明了"从轻发落"导致一系列女性犯罪的假设不合理；③从控制论中分离出了男性和女性性别差异而形成的"分性别控制论"。此外，有学者从人种学、社会角色、犯罪亚文化、文化冲突等角度分析和阐述了犯罪产生的原因。不足的是，许多的学说和理论仍然是基于以男性犯罪为基础，针对以男性为主的犯罪行为的研究而产生的，与女性犯罪的结合还显得相当不够。实际上，由于性别的差异，犯罪原因是有相当大的不同的。

第三，女权主义者的批判思想。对于理论界中有关女性犯罪生物学、社会化角度等的解释，女权主义者认为：在这些理论中同样折射出一种在道德和权力意义上的"双重标准"。这种"双重标准"的存在使"性"和"性别"的概念模糊不清。女性既定的生物本质决定了她在社会中既定的社会角色。任何一种与女性刻板形象不一致的"不轨"或"不适当"行为均被视为生物缺陷或女性角色的内在生物不足的结果。女性的社会本质是由女性的生物本质所决定的。这些解释和观点的形成显然是带着"有色眼镜"观测的结果。她们严肃指出：女性犯罪的研究应着眼于诸如权利、经济和社会资源分配、社会地位等存在着严重男女不平等现象的社会问题上。由于着眼点和侧重点的不同，她们的理论主张大致可分为保守主义派、自由主义派、马克思共产主义派、激进派和社会主义派等。正是她们这些不同派别的研究和理论，极大地丰富了女性犯罪研究的内容。然而，可惜的是，由于她们的主张是批判性的，对于现实男权主义社会的强烈不满，无疑使得她们的研究带有浓烈的感情色彩。她们的一些主张由于具有"大女子主义"色彩而遭到批判。

2014 年度十大禁毒案件[1]

一、沪苏粤鲁四地联合侦破"聂燕群制毒案"

2014 年 9 月 11 日，公安部禁毒局积极协调台湾法务调查部门，指挥上海、江苏、广东、山东等 4 省（市）公安禁毒部门，历时 5 个多月的苦心经营，成功侦破"聂燕群制毒案"（部目标 2014 - 415 号），全案共抓获犯罪嫌疑人 34 名（其中台湾人 4 名），捣毁制毒工厂 2 处，缴获甲卡西酮 1.04 吨、制毒原料麻黄素 1.6 吨、仿六四式手枪 1 支、子弹 6 发，查扣涉案汽车 4 辆，扣缴毒资人民币 120 余万元。该案是我国 2014 年以来单案所缴获毒品和麻黄素数量最大的案件。

二、中印（尼）联合侦破"11·22 跨国走私贩毒案"

2014 年 4 月至 11 月，广东、山东公安禁毒部门联合作战，在广州、揭阳、深圳、青岛等地实施 4 次收网打击，成功侦破"11·22 跨国走私贩毒案"（部目标 2014 - 828 号），全案共抓获犯罪嫌疑人 16 名，缴获冰毒 172 千克。11 月 22 日，公安部禁毒局将有关跨国走私贩毒线索及时通报印度尼西亚肃毒委。同日，印尼禁毒部门根据我方准

---

〔1〕 摘自《2015 年中国禁毒报告》。

确情报，在印尼实施"控制下交付"侦查行动并取得成功，一举在印尼抓获犯罪嫌疑人3名，缴获冰毒157千克。

三、粤辽浙三地联合侦破"罗伯特跨国走私贩毒案"

2014年12月4日，在公安部禁毒局的协调和公安部禁毒局"驻粤办"指挥下广东、辽宁、浙江等3省公安禁毒部门，成功侦破"罗伯特跨国走私贩毒案"（部目标2014-875号），全案共抓获犯罪嫌疑人6名（其中加拿大籍1名），缴获冰毒726千克。

四、山西、广东、黑龙江等9省市成功侦破公安部"2014-359"、"2014-525"号毒品目标案件

"百城禁毒会战"期间，山西省公安机关通过追查零包案件毒品来源，逐步摸清涉及北方七省一市的贩毒网络；广东省公安机关从已破案件深挖入手，拓展出多个团伙勾结成链，盘踞粤港、辐射内地及东南亚，集制造、走私、分销于一体的犯罪网络。经山西、广东专案组共同研判，查明两案指向同一毒源。2014年10月13日，在公安部统一指挥下，山西、广东与辽宁、黑龙江、河北、北京、湖南、江苏、福建省、市公安机关通力协作，历经数十轮梯次收网，成功侦破"部目标2014-525"、"部目标2014-359"特大制贩毒案，抓获犯罪嫌疑人83名，缴获冰毒691.31千克、枪支8支、子弹213发，查扣涉案汽车25辆，扣缴毒资人民币727万元。

五、粤湘联合侦破公安部"2014-741"、"2014-773"号毒品目标案件

2014年11月21日，在公安部禁毒局积极协调下和公安部禁毒局"驻粤办"的直接指挥下，广东省公安厅禁毒局部署惠州、深圳、东莞、中山、韶关等地市，协调江西、湖南等地公安禁毒部门，实施同步收网，成功侦破公安部"2014-741"和"2014-773"号2起毒品目标案件，共抓获犯罪嫌疑人39名，捣毁位于湖南耒阳、广东韶关的制毒工厂2处和位于广东惠州的藏毒窝点2处，缴获氯胺酮1.01吨、冰毒100多克、麻古108粒、仿六四式手枪1支、子弹5发、毒资124万余元，查扣涉案汽车14辆及制毒工具一批。

六、湘粤联合侦破"李晖彪、陈海军制贩毒案"

2014年4月，在公安部禁毒局的指挥协调下，湖南省公安厅禁毒总队联合广东省公安禁毒部门，指挥衡阳市公安局禁毒支队成功侦破"李晖彪、陈海军制贩毒案"（部目标2014-151号），全案共抓获犯罪嫌疑人16名，捣毁制毒工厂1处，缴获冰毒631.65千克、毒资30余万元，查扣涉案汽车1辆。

七、云南铁路公安机关侦破"2014.2.17贩运毒品案"

2014年10月15日，在公安部禁毒局和铁路公安局的组织协调下，昆明铁路公安机关从列车查缉发现的一张可疑身份证线索入手，历时240余天，与云南、湖南、广西等地铁路、地方公安机关通力协作，成功侦破"2014.2.17贩运毒品案"（部目标2014-285号），全案共抓获犯罪嫌疑人19名，缴获冰毒177.167千克，查扣涉案汽车

12 辆，扣缴毒资人民币 11 万元。

八、广东侦破"902 制贩毒案"和"1112 专案"

2014 年 10 月 26 日，公安部禁毒局积极协调台湾刑事警察局、香港毒品犯罪调查科，直接指挥广东省公安禁毒部门，先后在深圳、东莞、汕尾等地部署实施 4 次收网行动，成功侦破"902 制贩毒案"（部目标 2014 - 641 号）和"1112 专案"，共抓获犯罪嫌疑人 19 名，捣毁制毒工厂 1 处，缴获固态冰毒 409.7 千克、液态冰毒 180 千克、氯胺酮 20.72 千克，查扣涉案汽车 2 辆。

九、福建侦破"20141114 余振存制贩毒案"

2014 年 11 月 22 日，福建省公安厅禁毒总队指挥龙岩长汀、武平两地公安禁毒部门成功侦破"20141114 余振存制贩毒案"（部目标 2014 - 827 号），全案抓获犯罪嫌疑人 4 名，捣毁制毒窝点 1 处，缴获冰毒 319 千克、氯麻黄碱 200 千克及一批制毒设备。

十、广西侦破"2·20 贩卖毒品案"

2014 年 11 月 10 日，经过近 3 年艰苦侦查，广西壮族自治区公安厅指挥玉林市公安机关成功侦破"2·20 贩卖毒品案"（部目标 2012 - 213 号），全案共抓获犯罪嫌疑人 12 名，捣毁制毒工厂 1 处，缴获毒品 542.97 千克。经全力追捕，12 月 5 日，专案组在南宁市良庆区成功抓获案发后潜逃的主要犯罪嫌疑人庞汉财（男，1984 年生，广西玉林人，公安部 A 级通缉逃犯）。

参考文献

1. 张小虎主编：《中国犯罪学基础理论研究综述》，中国检察出版社 2009 年版。

2. 康树华、张小虎主编：《犯罪学》，北京大学出版社 2011 年版。

3. 张小虎主编：《犯罪学研究》，中国人民大学出版社 2007 年版。

4. 康树华：《当代中国犯罪主体》，群众出版社 2005 年版。

5. 周良沱：《犯罪学群论》，中国人民公安大学出版社 2007 年版。

6. 叶高峰主编：《暴力犯罪论》，河南人民出版社 1994 年版。

7. 康树华、刘灿璞、赵可：《女性犯罪论》，兰州大学出版社 1988 年版。

8. 李林、田禾主编：《法治蓝皮书（2014）》，社会科学文献出版社 2014 年版。

9. 康树华主编：《全面建设小康社会进程中犯罪研究》，北京大学出版社 2005 年版。

10. 周路主编：《当代实证犯罪学新编——犯罪规律研究》，人民法院出版社 2004 年版。

11. 陆志谦、胡家福主编：《当代中国未成年人违法犯罪问题研究》，中国人民公安大学出版社 2005 年版。

12. 张远煌主编：《中国未成年人犯罪的犯罪学研究》，北京师范大学出版社 2012

年版。

13. 关颖："未成年人犯罪特征十年比较——基于两次全国未成年犯调查"，载《中国青年研究》2012 年第 6 期。

14. 赵秉志、于志刚主编：《毒品犯罪疑难问题司法对策》，吉林人民出版社 2000 年版。

15. 陈晖：《走私犯罪论》，法律出版社 2002 年。

16. 杨凤瑞主编：《新型毒品防范手册》，法律出版社 2005 年版。

17. 杨显光主编：《狱内犯罪的预防和矫治》，成都科技大学出版社 1993 年版。

18. 徐为霞：《狱内犯罪防控模式》，法律出版社 2014 年版。

19. 王亮主编：《狱内侦查实务》，暨南大学出版社 2011 年版。

20. 梅传强、胡江："我国毒品犯罪的基本态势与防治对策（上）"，载《法学杂志》2009 年第 2 期。

21. 吴笛："严格履行职责，依法严惩毒品犯罪——近年来人民法院禁毒工作综述"，载《人民法院报》2014 年 12 月 12 日。

22. 高贵君、马岩、李静然："当前我国毒品犯罪的主要特点与加强禁毒工作的对策和建议"，载《人民法院报》2014 年 6 月 26 日。

23. 胡敬阳："狱内犯罪的特点、原因及对策"，载《黑龙江省政法管理干部学院学报》，2004 年第 4 期。

24. 陈静、冯颖、李又兵："罪犯狱内犯罪的心理原因与对策"，载《重庆工学院学报（社会科学版）》，2008 年第 3 期。

25. 魏平雄、赵宝成、王顺安主编：《犯罪学教科书》，中国政法大学出版社 2008 年版。

26. 历年《中国禁毒报告》。

学习模块三
为什么发生——犯罪原因分析

项目八

犯罪原因的一般原理认知

任务一　认识犯罪原因的概念、特征

教学情境

教学情境一：　　　　　　　　**小偷的成长**[1]

今年 4 月 12 日，18 岁的小伟（化名）被人以年薪 10 万元的承诺骗到武汉后，被人逼着在街头行窃，并经历了一连串令人胆战心惊的"培训"：开水中夹硬币；裤袋里摸老鼠夹，手被夹得鲜血直流……

……

从那天起，我开始接受那个东北人的"培训"：在"家"里，我们几个人被要求站成一排，然后各给我们 5 元钱放在裤袋里，东北人站在后面教我们怎么下手。教完后，东北人从一个随身携带的皮包内取出一个黑色的盒子，并不动声色地揣在裤子口袋中，要我们中的一个人去偷。那人刚将伸进去便疼得大叫起来，手拿出来的时候，指头上挂着一个老鼠夹子。"这么慢，不夹你夹谁"，看着血淋淋的手，东北人竟大笑不止。东北人告诉我们，手伸进去再缩回，这两个动作必须在 0.05 秒内完成，不然就会被老鼠夹子夹住。按这种"训练方式"试了 3 次后，我的手被夹得血肉模糊。

我们还被东北人逼着天天练习用中指和食指夹东西。一次吃饭前，东北人将滚烫的开水倒在脸盆里，然后将一枚 1 元硬币投到水中：谁能夹出开水里的硬币，谁就有饭吃。那一次，我们中只有一个块头较大的人吃成了饭，而我和其他几个人当天晚上只能喝水充饥。东北人还逼着我们没事就用力拉食指，目的是把食指拉得跟中指差不多长。按照东北人的说法，一个好的小偷，中指和食指的长度应该是一样的。

第一次"出工"，"大姐"要求我们晚上 10 点钟回家，而且要有 100 元收获。在人

---

〔1〕　节选自许章润主编：《犯罪学》，法律出版社 2007 年版，第 177～180 页。

群里转了几个来回，我始终不肯下手。"大姐"三番五次给我使眼色，要我偷一个喝醉的民工。我仍然下不了手，再次回到"大姐"身边时，竟被"大姐"一反常态地狠狠揍了一拳。晚上回到"家"里，我被东北人带到了一个陌生的地方，那里有三四十个人，东北人将我的脖子掐的死死的，不许我跑。我极力挣扎的时候，一个小孩被人从旁边的木房内拉了出来。看得出来那小孩也是聋哑人，有人将他的左手按在木桩上，然后就用刀猛地砍了下去，他的手一下就没了。小孩用右手抓着左腕，疼得弹了起来，然后跌倒下去，脸一下变成了可怕的苍白色，无力地在地上挣扎着……原来那个小孩也不想偷东西。

教学情境二：　　　　　犯罪是各类因素相互作用的产物[1]

事实上，如果说犯罪仅仅是社会环境的产物，那又怎么解释下面这一众所周知的事实呢？在同样的社会环境下，在同样贫穷、被遗弃和缺乏教育的情况下，为什么有60%的人不犯罪呢？而其余的40%中，为什么有5%的人自杀，5%的人发疯，5%的人只是乞讨或流浪但并不危害社会，而剩下25%的人却犯了罪？在犯罪的25%的人中，为什么有些人仅仅犯了非暴力盗窃罪，而有些人在被害者抵抗、威胁他们或呼救前就杀害了被害者呢？

有时候，犯罪并不是自己愿意的。我们不禁要追问的是：究竟是什么因素导致了他们犯罪？为什么一些人比另外一些人更可能实施犯罪？到底是自身的因素还是外在环境（政治制度、文化等）的因素引起他们犯罪？其实，这些问题终归为一个问题：人为什么会犯罪？接下来我们来认知：

1. 什么是犯罪原因？
2. 犯罪原因有何特征？

学习内容：

一、犯罪原因的含义

（一）原因与结果的含义

原因与结果是一对哲学范畴。恩格斯曾经指出："相互作用是事物真正的终极原因。"[2]因果关系是客观世界中各种现象彼此联系、相互制约、相互依存的一种形式。整个世界是一个普遍联系、相互制约的整体，因而有这样一种普遍的情况：自然界和社会

---

〔1〕引自［意］恩里科·菲利著，郭建安译：《犯罪社会学》，中国人民公安大学出版社2004年版，第146页。标题为编者所加。

〔2〕《马克思恩格斯选集》第3卷，第552页。

中任何一个（或一些）现象，都会引起另一个（或一些）现象的产生；反过来，任何现象的产生都是由其他的现象所引起的。我们把引起某种现象的现象称作原因，把被引起的某种现象称作结果。概言之，原因与结果的关系，就是引起与被引起的关系。

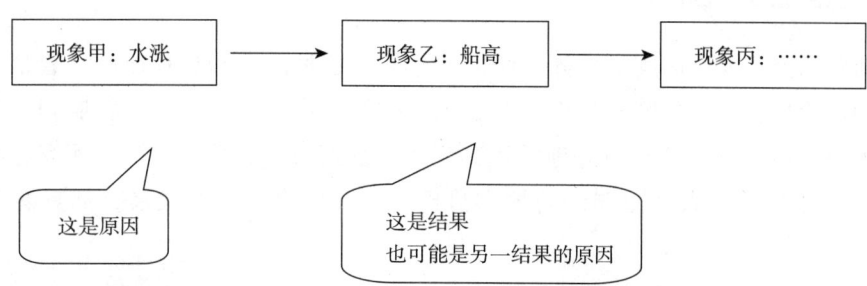

（二）犯罪原因的含义

一个社会为什么会存在犯罪现象？一个人为什么会实施犯罪行为？这是人们普遍关注的问题。这个问题从犯罪学上来说，就是犯罪原因。探究犯罪原因是犯罪学中的核心问题，它不仅是正确把握犯罪现象不可或缺的前提条件，也是制定犯罪对策和处置犯罪者的重要基础。

那么，什么是犯罪原因呢？犯罪是极其复杂的社会现象，与其他社会现象一样，它的产生是有原因的。根据原因与结果的关系，把犯罪现象作为一种结果，那么犯罪原因就是引起犯罪现象发生的一切因素。

二、犯罪原因的特征

犯罪现象形形色色、多种多样，每种具体的犯罪行为的发生都有自己的原因和规律，但总体来看，也有共同的特征。认识犯罪原因的特征，即在纷繁芜杂、具有个性特征的犯罪原因中找出他们的共性，对于揭示犯罪现象的发生、发展、变化和规律有重要的意义，对制定犯罪防控战略也有重大意义。犯罪原因的特征如下：

（一）复杂性

犯罪的产生因素不是单一的，也不是少量的，它不仅多种多样，而且十分复杂。既有社会环境的，又有个体心理的；既有政治的、经济的，也有文化的、思想的；既有生物的、种族的，又有气候的、职业的，等等。各种因素与关系错综复杂，形成了犯罪原因的复杂性。

（二）综合性

多种多样的犯罪因素构成的犯罪原因中，他们不是各自孤立地发挥作用，而是综合为一体，在原因整体中，互相配合，形成合力，共同发挥作用。

（三）系统性、层次性

包含在犯罪原因中的各种因素，是有系统、按层次、有机地排列组合成一体的，而不是杂乱的堆砌。因此，各种因素只能在它们各自所处的相应位置和层次上发挥其作用。

三、探究犯罪原因的意义

为何要探究犯罪原因呢？世界是统一的整体，各种现象和过程彼此有着密切的联系。人们认识事物，首先就是从事物合乎规律的联系中揭示其产生、发展和灭亡的原因。了解原因后，人们才能更好地掌握其规律，预见过程，驾驭过程。探究犯罪原因对于认识犯罪规律、做好犯罪的防控和治理，以及促进学科的发展，都具有重要的意义。

（一）有利于深入认识和把握犯罪现象发生、发展变化规律

事物的规律是事物内在的、本质的和必然的联系，它支配着现象的发生与发展，是在现象发生与发展中始终起支配作用的比较稳定的和一致的因素。从本质上讲，犯罪是一种社会现象，支配犯罪现象发生与发展变化的内部相对稳定态势和倾向的便是犯罪的规律，而犯罪原因是推动犯罪发生的动力和促进犯罪发生的关键，因而，探究犯罪原因是人们认识犯罪和把握犯罪现象发展变化规律的重要根据。犯罪现象的形态是千奇百怪、光怪陆离的，人们只有查清它们发生的原因，才能从深层次上认识它们的本质，并从本质上把握它们，探索它们的发展变化规律。

（二）探究犯罪原因是做好犯罪防控的基础

人们研究犯罪的目的就是为了预防和治理犯罪，而要有效地预防和治理犯罪，首先就要认识和掌握规律，就必须探求和研究犯罪原因。因为犯罪原因是引起犯罪发生的决定条件和力量，只有消除犯罪原因，才能有效地防止犯罪发生。当然，在现有的社会条件下，要彻底地消灭犯罪的原因是不可能的，但我们可以改变犯罪的条件和相关因素，设置抑制犯罪的条件和相关因素，从而更好地预防和治理犯罪。所以，通过对犯罪原因的探求和研究，查清形成它的各种因素和形成过程，是制定预防和治理犯罪对策的根本途径，是做好犯罪防控的基础。

（三）可以为犯罪人的矫治提供充分的依据

犯罪人的犯罪都是由一定的犯罪原因引起的。犯罪人犯罪的具体原因总是从属于犯罪现象总体原因的，并受犯罪现象总体原因影响和制约。因此，要改造和矫治犯罪人，就必须透彻地研究犯罪的具体原因和分析影响和制约其犯罪具体原因的犯罪现象总体原因。只有这样，才能全面、科学地作出正确判断；才能在改造和矫治犯罪人的实践过程中，实事求是，以理服人；才能洞察犯罪人的思想状态和心理变化，实施教育、感化、改造的方针，进行有效的矫治和改造。

（四）促进犯罪学学科的发展

犯罪学作为一门学科，其产生在很大程度上可以说是由研究犯罪原因引起的，而

犯罪原因也是犯罪学研究的核心内容，犯罪学的发展在很大程度上也是由研究犯罪原因推动的。研究犯罪原因的直接目的是预防和治理犯罪，而在犯罪原因的研究中又间接地促进了犯罪学的发展。

任务二　犯罪原因系统分析

 **教学情境**

犯罪原因的单因素论和多因素论

随着犯罪学理论研究的深入发展，人们认识到犯罪现象的产生是一个复杂的过程。早期犯罪学有关犯罪原因的探讨，多是单因素论，即认为犯罪是由某一因素作用导致的，而反对者也以另一单因素加以反对。以片面反对片面，因此，不能得出科学的结论。后来，又出现了多因素论。所谓多因素论，是指认为犯罪是由多种与犯罪没有性质和程度区别的、互相没有关联的、引起犯罪发生的因素导致的理论。多因素论在某种程度上克服了单因素论的片面性，但由于它只是将一些犯罪因素简单相加，并不按层次、分系统进行整体研究，因而同样未能得出科学结论。

工作任务

推动个人实施犯罪行为的因素有很多，各种因素相互作用，相互依存，没有彼即没有此，没有此即没有彼。那么，这么多的致罪因素中，他们的关系是怎么样的，我们来认识和分析：

1. 什么是犯罪原因系统？
2. 它们之间的层次结构如何？
3. 它们之间的内在联系如何？

学习内容

一、什么是犯罪原因系统

犯罪原因系统，又称犯罪原因结构，是指引起犯罪发生的原因是由多种因素彼此联系、相互作用组成的有序动态体系。

现代犯罪学研究认为，犯罪原因既不是单一因素，也不是不分层次的多因素简单相加的集合体，而是一个有序的、按作用大小构成的有机系统，是一个有序的结构。同时，犯罪原因系统不是静止不变的，而是一个动态结构。犯罪原因系统的观点，排除了犯罪原因单一因素论的片面性错误，又排除了犯罪原因多因素论简单相加的机械性错误，反映了犯罪原因是由多种因素彼此相互联系、相互作用的有机结合，形成推动犯罪发生的合力的实际情况。

构成犯罪原因系统的各种因素对犯罪结果的影响所起的作用力和范围是不同的，从而形成组类层次的差别。在犯罪原因系统中，各种因素与犯罪结果之间的关系，并不是等同的，按照它们与犯罪结果之间的联系以及在犯罪过程中所起的作用不同，大体可分成：犯罪根源、犯罪的一般原因、犯罪条件以及犯罪的相关因素。

二、犯罪原因系统的层次结构

（一）犯罪根源

犯罪根源是指引起犯罪产生的最深层次的中介原因。它虽然距离具体犯罪行为的产生较远，但是，它却是从社会整体上最终制约着犯罪的产生和变化。犯罪根源一般不直接产生犯罪，但在深层次上决定和影响着犯罪的发生。

犯罪作为一种社会疾病，人们一直关注着它的产生原因。在一般情况下，人们主要是注意犯罪产生的直接原因。可是，当犯罪不断增加，严厉的刑罚也无法抑制它的时候，人们便更多地对犯罪发生的深层次原因进行探讨。这种对犯罪产生原因的追根问底的探索，事实上就是对犯罪根源的探索。犯罪根源的概念意味着犯罪产生后面有一系列的因果链条。犯罪根源是最深层次的犯罪原因，是最终的原因。

犯罪根源，是对犯罪的发生起根本性决定作用的因素。它包括生产力发展水平的提高，婚姻家庭的变化，各种社会关系、社会结构、阶级矛盾、阶级斗争和剥削制度等方面的原因，它们反映犯罪产生和存在的本质，是不以人们的意志为转移的。马克思曾经指出：犯罪和现行的统治都产生于相同的条件。所谓相同的条件即物质生活的生产方式、人口素质和地理条件。其中生产方式是根本的，因为它制约着整个社会生活、政治生活和精神生活的过程。[1]当生产力发展到一定阶段，社会中有了剩余产品，出现了私有财产，为剥削他人剩余劳动和强行占有创造了物质前提条件，并产生了以私有制为基础的生产关系时，也就出现了犯罪、阶级、剥削、国家、军队、警察、法庭、监狱和法律。所以，一定的生产力状况及与之相适应的私有制，是犯罪产生的根源。

（二）犯罪的一般原因

犯罪的一般原因，有时也称犯罪原因（是指狭义上的），指引起、影响犯罪行为发生的事物和现象。它是以具体犯罪事件为中心的犯罪原因等级，在较长视角和较大空间内同犯罪发生存在联系，是直接引起犯罪结果的现象和因素。

1. 犯罪产生的社会环境因素。犯罪产生的社会环境因素，是指引起犯罪产生的各

---

〔1〕《马克思恩格斯全集》第 3 卷，第 379 页。

种具有社会性质的刺激、诱发因素，包括政治的、经济的、文化的、人口的，社会管理的等方面的刺激、诱发因素。如社会的工业化过程，一方面促进了城市化的发展和物质财物的增多，另一方面又促进了人的金钱欲望的增大，促使一些人为了满足金钱欲望，追求金钱与快乐而犯罪。同时，也使一些人增长了攀比之心，看到自己的生活与富有者存在着巨大差距，心理上产生了不平衡感而陷入犯罪。又如政治冲突，引起权力斗争，国家功能失调，削弱了国家的控制能力，给犯罪发生创造了机遇，尤其是社会动荡时期，更有利于犯罪发生。再如，社会组织、家庭、学校等微观社会环境不良因素的影响，都对犯罪发生起诱发、刺激作用。

2. 犯罪产生的犯罪人个体因素。犯罪产生的犯罪人个体因素，是指犯罪人个体自身存在的引起、促成和影响犯罪发生的各种因素，包括犯罪人的意识因素、生理因素和心理因素。其主要部分是犯罪人的意识因素，这种因素的形成来源于客观环境的不良影响，并以人的需求的本能性自然发展为基础，是客观环境不良因素内化的结果。犯罪意识的萌生与发展，会形成人的不良道德品质，它的形成时间较长，但一般往往在儿童时期和青少年时期形成。这个时期的人的一个明显特征是心理尚未成熟，最容易受外部环境的各种影响。因此，这个时期的人具有很大的可塑性。其心理因素在很大程度上也是由这一特点决定的，由于世界观、人生观尚处于形成过程中，正确的人生观还没有牢固地树立起来，所以心理还缺乏稳定状态，极易受不良的社会心理影响，一遇到挫折或者诱惑，便会形成反社会心理，成为反社会者或犯罪者。

（三）犯罪条件

犯罪条件是犯罪原因系统中的要素之一，在犯罪原因系统中起相应的作用。它的存在有促进和便于犯罪产生的作用，也就是便于犯罪产生的要素。犯罪条件一般包括犯罪工具、犯罪环境、犯罪人自身的素质与能力等要素，这些要素都具有客观性和中立性。比如一把刀，当它作为劳动工具时，它便起到积极的良好的作用，但如果被犯罪人用来实施犯罪，它就对社会和被害人起消极的破坏作用。所以，犯罪条件从某种意义上来说，是犯罪人实施犯罪时可以利用的一切要素，当它们被犯罪人用于实施犯罪时，对犯罪的得逞就能起到积极作用。

（四）犯罪的相关因素

犯罪的相关因素，在犯罪原因系统中是次要的部分，它们对犯罪的发生既不是必然的，也不是必要的，但却是相关的。它们不独立地对犯罪发生起作用，而是伴随犯罪原因和条件影响犯罪的发生。例如："月黑杀人夜，风高放火天。""月黑"和"风高"既不是某个具体犯罪的原因，也不是犯罪的直接条件，它们与犯罪的发生没有必然的联系，也不是杀人犯杀人和纵火犯放火的必备条件，但它们的存在对杀人、放火的得逞起到了积极有利的作用，产生了相关性影响。

犯罪的相关因素，在犯罪原因系统中虽然不起决定性作用和重要作用，但在犯罪原因的链条中确是不能缺少的因素，这是因为它们同其他要素有相应的联系，为犯罪提供了辅助性的便利。

三、犯罪原因系统中各要素的内在联系

（一）犯罪的社会根源是决定犯罪现象发生的深层次、根本性的原因

犯罪的社会根源，是决定犯罪现象产生和存在的宏观规定条件。有了这种宏观规定条件，犯罪现象就受其规定和刺激，它从总体上决定犯罪的社会存在，不管这种社会存在以什么形式出现，都与它的作用分不开。如前述，私有制的产生是犯罪的根源。人类脱离动物界之初，生活资料来源于对天然产物的利用，如采集果实、打猎、捕鱼。随后知道了饲养、繁殖家禽和培植植物，再后来懂得了制造、合成器物和食品，于是剩余财产增多，便产生了私有的家庭经济。私有制的产生是具体犯罪原因产生的社会基础和动力，所以它是决定犯罪现象产生和存在的深层次、根本性的原因。而具体犯罪的原因也在不同形式和不同程度上反映和体现犯罪的社会根源，表现出犯罪的社会根源对它们的规定性和制约。它们不可能脱离社会根源而存在，不可能越出社会根源规定的范围和性质。

（二）具体犯罪的原因在具体犯罪行为的实施中起决定作用

具体犯罪的原因是犯罪社会根源的体现和反映形式，是对具体犯罪产生起决定作用的因素，犯罪社会根源在特定的时空条件下又往往通过具体犯罪的原因体现出来。

具体犯罪的原因在具体犯罪中起决定作用。因此，它在犯罪原因系统中处于核心地位，是具体犯罪发生的直接根据。它既同犯罪的社会根源存在密切的联系，也同犯罪条件、相关因素存在密切的联系，是犯罪所需要的各种因素的核心因素，在犯罪原因反应机制中处于中心地位，是犯罪动力的发动机、推动器，也是犯罪社会根源同犯罪条件及相关因素联系的纽带。

 实训项目

新疆暴恐犯罪

近年来，新疆暴恐犯罪事件频发。2015 年全国"两会"期间，全国人大代表、新疆维吾尔自治区党委副书记、自治区主席雪克来提·扎克尔接受南都记者采访表示：这些年新疆暴恐事件频发，背后有很复杂的历史背景、社会背景及周边环境的背景，不是一两句话能概括的。

这些年的暴恐犯罪大多以宗教为掩护，受到披着宗教外衣的极端思想影响。三股势力（民族分裂势力、暴力恐怖势力、宗教极端势力）试图影响新疆稳定，他们各有政治图谋、各有其历史背景和意识形态，又相互勾连，各自利用一些社会问题制造暴恐事件来达到其目的。

除了历史遗留下来的问题，更主要是境外的一些反华势力、敌对势力从中操纵、煽动、利用和影响这些暴恐犯罪分子。这些暴恐犯罪分子往往是以团伙式、家族式、独狼式进行暴恐犯罪活动。[1]

实训任务：

1. 根据上述材料，请列出近年来新疆暴恐事件频发的各种因素。

2. 请将上述各种致罪因素进行系统排列，阐述各种因素的层次结构联系。

 拓展阅读

认识犯罪原因的过程：从单因素论、多因素论到层次系统论[2]

我国犯罪原因的研究经历了以下的发展脉络：从犯罪原因的单因素理论、犯罪原因的多因素理论到犯罪原因的层次系统论。在犯罪学研究初期，中国犯罪学者受西方犯罪原因理论的影响，从单一方面来探寻犯罪原因。可以说，中国犯罪原因研究也是从单因素论开始的。继单因素论之后出现的是多因素论，其基本含义就是犯罪行为是由多种因素而不是由单一因素影响产生的，该理论只说明引起犯罪的诸多因素是什么，而没有揭示诸多因素在犯罪产生中的地位与作用及其相互关系。现代犯罪学是层次系统论的主要代表。该理论认为犯罪原因实质上是一个犯罪的原因系统，在犯罪的原因系统中，引起犯罪结果的发生诸多因素，分层次有机结合，彼此联系、相互作用形成一个系统。

一、犯罪原因的单因素理论

犯罪原因的单因素理论，是指只从一个方面去解释犯罪产生的原因，或从单一方面来探寻犯罪原因，强调某种单一犯罪因素在犯罪发生中的主导作用的理论。西方早期的犯罪学理论在认识犯罪原因时，往往都从某一角度入手，主张某一单一因素决定犯罪的发生，如龙勃罗梭的"天生犯罪人"论，认为犯罪是天生遗传的生理上的特异性所造成的。后来，一些研究犯罪原因的学者注意到生物学因素、心理学因素以及各种社会因素对犯罪的影响和作用，但他们仍然从某一个他们认为决定犯罪发生的犯罪原因出发，来解释犯罪行为的发生。

在今天看来，早期的单因素论具有很大的片面性，但是，如果没有前人的这些有益的探讨，也就没有我们今天对这个问题的深入认识。今天我们逐渐认识到，无论是个体犯罪现象还是群体犯罪现象，都不存在唯一决定性的因素。因此，单因素理论逐渐被多因素理论、层次系统论所取代。

〔1〕 刘其劲、彭美、陈志刚："有决心有信心有能力打赢反恐硬仗"，载《南方都市报》2015 年 3 月 14 日。

〔2〕 参看张小虎主编：《中国犯罪学基础理论研究综述》，中国检察出版社 2009 年版，第 140～153 页。

二、犯罪原因的多因素理论

多因素理论，也称为机械的、静止的多因素理论。这种理论认为，犯罪的发生不能简单地只从某一方面来解释，而应当从多个方面来解释。至于多因素中的"因素"究竟包含哪些内容，由于学者们的理解、研究角度的不同而各不相同。有的认为犯罪原因包括根本原因与其他因素；有的主张包括阶级根源与社会根源；有的区分一般原因和主客观因素；有的强调宏观社会环境与微观社会环境，有的关注客观原因和主观原因；等等。

多因素理论是针对传统的单因素理论在解释犯罪发生原因不周全的状况下提出的犯罪原因理论，对人们认识犯罪原因有积极的意义。该理论不再把研究方向局限于某种特定的因素，而是转向全面观察、分析某一案件中同犯罪有关的一切因素，从而使针对犯罪因素所制定的犯罪对策更具可行性。但是，多因素理论没有对各种影响犯罪行为因素的性质和程度进行区别，没有揭示诸多因素在犯罪产生中的地位与作用以及其相互关系，而是停留在机械的、静止的层面，因而仍然不能揭示犯罪的全貌，不能正确地认识一个社会犯罪现象的发生和发展变化。

三、犯罪原因的层次系统论

这种理论认为犯罪原因是一个复杂的系统结构，从系统论的认识出发，提出犯罪是一种复杂的社会现象，它的产生是一个复杂的过程，是各种社会现象纵横交错、综合作用的结果。这一理论认为犯罪不是由单一因素而是由多种因素相互影响、共同作用所引起的，该理论将各种犯罪因素按其作用的性质、作用的程度进行区分，并认为这些因素相互影响、相互作用共同构成了能引起犯罪行为发生和发展变化的整体系统。这种理论从整体和各要素之间辩证统一的角度研究犯罪原因的做法，逐步取代了单一地和孤立、静止地研究犯罪原因的传统，成为犯罪原因研究的主流和未来犯罪原因研究发展的趋势。当然，学界对于犯罪原因的层次系统论的看法，也存在很大的差异。比如，在《中国犯罪原因研究综述》中，作者就介绍了 21 种关于犯罪原因体系及其结构层次的观点[1]。此后，学界又有若干观点。

犯罪场[2]

犯罪场是我国著名学者储槐植教授提出来的一个概念、范畴。储教授在研究、反思各种犯罪原因系统理论的基础上提出，各种理论都存在着结构缺陷和机制疏漏。这种缺陷疏漏主要是指种种研究没有认识或没有重视犯罪原因（确切地说是致罪因素或者可能的犯罪原因）在发挥其致罪功能之前不可避免地要受到"免疫系统"阻挡这样

---

〔1〕 曹子丹主编：《中国犯罪原因研究综述》，中国政法大学出版社 1993 年版。

〔2〕 参见储槐植：《刑事一体化论要》，北京大学出版社 2007 年版，第 255～268 页；另参见许章润主编：《犯罪学》，法律出版社 2007 年版，第 176～177 页。

的两种反向力量的斗争。两种反向力的较量对产生犯罪因素以及种种因素之间发生怎样的相互作用具有重要意义，各种致罪因素都必须闯过免罪系统的屏障才有可能成为真正的犯罪原因。人类社会（任何形态的社会）本来就存在强大的免罪系统，最有力的证据就是犯罪者总是社会的少数。犯罪形成机制犹如病理学理论所示，人体的外界存在无数致病因素，但并非人人、时时都得病，健康人总是多数，功劳在于人体有强大的免疫系统。疾病只是在免疫系统未能战胜致病因素的情况下发生。免罪系统未能克服致罪因素，犯罪便可能发生。

犯罪原因（致罪因素）越过免罪系统屏障，便形成潜在犯罪人，此时未必出现犯罪；潜在犯罪人只有在特定环境条件（背景）下形成的犯罪场中，才产生犯罪。所以，特定背景和潜在犯罪人是理解犯罪场的关键。

犯罪场的定义是：存在于潜在犯罪人体验中、促成犯罪原因产生犯罪行为的特定背景。背景（环境和条件）包括四个方面因素：时间因素、空间因素、侵犯对象（被害人）因素、社会控制疏漏。因为这些因素在一般情况下是中性的，之所以称它们为"特定"背景，是因为潜在犯罪人体验（接受）到它们传递的犯罪得逞的信息。可见，犯罪场的形成是潜在犯罪人与犯罪背景因素的结合。没有潜在犯罪人，也就没有犯罪场。潜在犯罪人是指受到外界犯罪原因影响并形成犯罪心理（犯罪意识）的人。犯罪原因（社会的和个体的）是潜在犯罪人得以出现的客观根据。同一时、空等背景条件对不同的人（存在或者不存在犯罪心理的人）会产生迥然不同的体验，对某些人构成犯罪场，而对另一些人则不构成犯罪场。因此，犯罪场是主体与客体相交融、客观与主观相结合、存在于潜在犯罪人体验中的特定环境和条件（背景）。犯罪场不是纯客观的实体范畴，而是主体与客体之间的一种关系，即关系范畴。这是犯罪场的基本特征。可见，犯罪场既不同于一般所说的犯罪条件，也不同于刑事侦查中的犯罪现场。犯罪场也不是犯罪的主观原因，因为犯罪场具有不以人的意志为转移的客观属性，而且它通常也不具有形成犯罪动机的原动力。犯罪场在犯罪原因系统中的功能是促成可能的犯罪原因转变为现实的犯罪行为，其转变过程就是一种信息传递机制。时、空、被害人因素等客观条件作为信息载体，潜在犯罪人作为信息受体，载体与受体接触，信息得以传递，便形成犯罪场，同时，潜在犯罪人即将实施犯罪行为则是犯罪场效应。财物保管不严这一客观条件对具有盗窃、贪污意识的人来说传递的是犯罪机会的信息；夜晚街道里弄照明幽暗、老翁弱女，对已有抢劫动机的人而言，传递的无疑是犯罪易于得手的信息；法网疏漏、执法不严、司法无能，对潜在犯罪人传递的便是高概率逃脱法律制裁的信息。

犯罪场的研究价值在于控制犯罪。控制犯罪的捷径是控制犯罪场，甚至可以说，犯罪控制就是犯罪场控制。控制犯罪场的任一构成因素便能收到控制犯罪的效果。控制犯罪场比控制犯罪原因（社会的和个体的）简便、省力。这是因为，控制犯罪原因的最大困难在于很难协调社会基本结构（生产力与生产关系、经济基础与上层建筑）

之间的内部矛盾，古往今来主要精力就用在这方面。控制罪犯精神世界的能力远不及控制外在环境的能力。事实上很难做到"不让人去偷"，但有可能做到"使人偷不到"。

参考文献

1. 曹子丹主编：《中国犯罪原因研究综述》，中国政法大学出版社 1993 年版。
2. 储槐植：《刑事一体化论要》，北京大学出版社 2007 年版。
3. 许章润主编：《犯罪学》，法律出版社 2007 年版。

项目九

犯罪的社会环境因素分析

任务一　自然环境因素与犯罪

教学情境

表 9-1：英格兰、法国和意大利的强奸犯罪

月份	英格兰（1834~1856）	法国（1829~1860）	意大利（1869）
	百分数	百分数	总数
1 月	5. 27	5. 29	26
2 月	7. 39	5. 67	22
3 月	7. 75	6. 39	16
4 月	9. 21	8. 98	28
5 月	9. 24	10. 91	29
6 月	10. 72	12. 88	29
7 月	10. 46	12. 95	37
8 月	10. 52	11. 52	35
9 月	10. 29	8. 77	29
10 月	8. 18	6. 71	14
11 月	5. 91	5. 16	12
12 月	3. 08	4. 97	15

资料来源：［意］切萨雷·龙勃罗梭著，吴宗宪等译：《犯罪及其原因和矫治》，中国人民公安大学出版社 2009 年版，第 7 页。

工作任务

从上表龙勃罗梭的研究揭示，一般而言，强奸犯罪的发生与月份（气候）存在某

种关联关系，犯罪与时间、空间这些自然环境因素存在什么样的关系？本任务将分析：

1. 时间因素对犯罪的影响。
2. 空间因素对犯罪的影响。

 学习内容

一、犯罪的自然环境因素

时间和空间因素是制约人类活动的基本条件。随着空间环境和时间条件的改变，人类的情感体验、主观认识、行为动机、行为方式和内容也会发生相应的变化。因而，不仅人类一切外在的时间活动具有时间和空间属性，人类的精神活动也具有时空性。同样，犯罪现象作为人类社会生活中某些失调状态或者矛盾、冲突比较激烈的反应，总是表现为在一定时空范围内对某种现实的社会价值和社会秩序的侵害，不可避免地具有时空特性。这种特质既表现在随着时空条件的变化，犯罪的方式与内容，犯罪活动的地理分布、数量波动以及成员构成等方面会呈现不同程度的变化，也表现为在不同的时空背景下，社会的犯罪观和对犯罪反应方式上的不同。

所谓自然环境因素是指人类活动所依赖的各种自然条件的总和，它主要包括地理环境、气候、季节、其他自然资源等。就具体的犯罪而言，犯罪的产生与实施可能借助也可能受制于自然条件，而且犯罪现象往往会因循季节、气候的更替而出现有规律的起伏，在不同的地理环境中犯罪也会呈现出与其适应的特点。

二、时间因素对犯罪的影响

犯罪之规定及犯罪状态都具有时间特性。从大的方面而言，在文化背景不同的历史条件下，犯罪自然有其相应的历史特征，即使在文化背景大致相同的同一国家或地区的不同时期，犯罪也具有鲜明的特征。有关这方面的比较研究，对于了解犯罪现象随着社会、经济条件的变化而演变的历史过程是必要的，这同时也构成了对未来一段时间内的犯罪进行宏观预测的重要基础。但基于犯罪行为一般都具有较明显的时间选择性，在不同的季节和不同的时刻，犯罪率和犯罪的类型有所差别。

（一）犯罪的季节特征

季节是由于地球的公转而形成的春、夏、秋、冬四季在一定时间内周而复始的有序变动。季节变更的基本标志是同一空间范围的气候变化。由于人们的社会活动及生活节律随着气候的冷暖而不同，所以作为社会生活表现形式之一的犯罪现象，也随着季节的变化而有显著差异。但是，这种变化并不具有绝对性，依据犯罪种类的不同，犯罪的季节变化程度又有所不同。

经验和调查研究表明，财产犯罪、性犯罪和暴力犯罪受季节的影响最大，其他

类型的犯罪，受季节影响产生的波动则较小。一般而言，盗窃、抢劫等财产犯罪，自秋季开始增加，至冬季尤甚。针对人身的犯罪，尤其是强奸、流氓等有关风化的性犯罪，自春季开始增加，至夏季尤甚。而其他类型的犯罪，受季节影响产生的波动则较小。

犯罪现象的这种相对季节性，并非个别学者的理论推导或某个国家单独考证的结果，事实上，这一结论已成为犯罪学研究中的一种近乎规律性的认识，犯罪的季节性已为国内外充分的统计资料所证实，例如：教学情境一：英格兰、法国和意大利的强奸犯罪。另外，该结论也有其深刻的社会心理学基础。

季节的变更不仅意味着气候条件的变化，而且意味着人类实践活动的方式和内容在一定周期内和一定程度上有规律的变化。从本质意义上讲，真正意义上的社会活动，应当是社会性和自然性的和谐与统一。如果人类无视季节变更所引起的自然条件的变化，则其活动的过程就会受阻，甚至遭受自然力的报复。同样，犯罪活动虽然可以发生在人类生活的任何领域，但犯罪行为的实施除了要受多种社会因素的影响外，也要受自然因素的制约。随着季节的自然更替，犯罪者也会在相当程度上改变自己的行为方式，通过这种对自然的顺应，以图利用更多的犯罪机会和获取更多的"罪益"。

犯罪活动是在人的心理驱动下实施的反社会行为，而人本身在生理和心理上受季节影响客观上存在着差异。例如：在由春季进入夏季时，随着气温的逐渐升高，人体会出现机能代谢减弱，血液循环加快，情绪易于兴奋等生理反应；加之此时女性衣着单薄，第二性征暴露比较充分，视觉刺激较为强烈，这种外在情境本身就容易激起人格结构中伦理道德意识不健康者的不良冲动。这就是当气温升高时，性犯罪一般也明显上升的一个重要原因。又如：在广大的农村地区，伴随着秋季的来临，人们逐渐开始了劳作后的收获，家庭财产也随之有所积累，这对意图实施侵财犯罪的不良分子而言，也进入了"有财可捞"的时候。再如，随着冬季的来临，人们衣着厚实，很难想象寒风刺骨的户外易激起人的不良动机而实施性攻击，倒是为衣食所迫者，易生盗心。但在春暖花开和气候变暖之时，由于人们户外活动量的增加和活动空间范围的扩大，不仅增加了人们在彼此接触中发生冲突和引发人身侵害的可能性，而且随着人们活动方式的改变，社会防范的空白面往往趋于扩大，实施性犯罪的机会也大为增加。如在气候炎热时，为了消暑临街而卧或夜不闭户，青年男女长时间在公园及其他休闲场所逗留，夜深不归等，都有可能给寻机作案者以可乘之机。

（二）犯罪的昼夜周期特征

犯罪现象不仅受季节影响，而且在白昼和黑夜的不同时间点及不同社会周期内，其表现形态也因时而异，并呈现出一定的时间规则。

就犯罪的时刻而言，据美、日学者的研究，盗窃（除扒窃外）、抢劫、杀人、重伤、强奸、猥亵等犯罪，多在夜间 22 时以后，其中，盗窃以 22 时左右为最多，而其他犯罪则多发生在 22～2 时这段时间里。台湾地区的犯罪统计资料表明，盗窃案多发生于 9～10 时之间，伤害案多发生于 18～19 时之间，杀人案多发生于 21～22 时之间。表 9-2 是中国某地的情况：

表 9-2：不同犯罪类型与犯罪时间交互分析（单位：人）

犯罪类型	0～6 时	7～12 时	13～18 时	19～24 时	合计
财产犯罪	290/13.7%	370/17.5%	474/22.4%	981/46.4%	2115/100%
杀伤犯罪	35/6.7%	84/16%	162/30.9%	243/46.4%	524/100%
性犯罪	39/12.4%	51/16.2%	81/25.7%	144/45.7%	315/100%
经济犯罪	13/7.4%	49/27.8%	76/43.2%	38/21.6%	176/100%
危害公共安全犯罪	22/23.4%	17/18.1%	28/29.8%	27/28.7%	94/100%
其他犯罪	5/9.1%	12/21.8%	14/25.5%	24/43.6%	55/100%

资料来源：周路主编：《犯罪调查十年——统计与分析》，天津社会科学院出版社 2001 年版。

上述统计均说明，在一天的不同时刻里，犯罪的分布呈现出不均衡性，杀人、伤害、抢劫、强奸等针对人身的犯罪以及用强力破坏障碍物的入室盗窃犯罪，夜间发生最多，白天发生较少。出现这一现象的原因主要在于：从生理和心理角度看，夜间人体处于休息和疲惫状态，警觉性降低，抵抗力减弱，常常疏于防备或难以防备外来侵袭，易于给犯罪者以可乘之机；在社会防范方面，夜间的防范力量有所减少，有效的社会控制面相对缩小，可以为犯罪人利用的作案空间相应扩大；并且，由于夜幕的掩护，犯罪者既便于作案，也易于隐蔽和逃脱，这在一定程度上也强化了犯罪人的作案心理，也正因如此，对物质环境进行整治，减少建筑群形成的死角，增加街区在夜间的照明度，不失为对犯罪进行情境预防的有效之举。此外，夜间饮酒者多，容易兴奋而生事。实践中，许多暴力案件正是因此发生。

在分析和确认犯罪的昼夜周期特征的同时，应当注意：

1. 犯罪的具体时间分布受地域、气候、民俗及居民的生活习惯等方面因素的影响较大，同一类型的犯罪，在不同空间范围内的发生时间可能存在着各自的特点，对这些特点和规律的准确揭示，应当以对该地区犯罪发生时间的系统分析为前提。例如，在美、日等西方国家，盗窃案件之所以发生于上午 9～10 时的极少，与其作息制度和居民的生活方式有关。在这些国家，居民习惯于夜生活，早上上班或外出的时间迟，因而那时入室行窃的机会不多。在我们国家，早睡早起仍是大多数人的生活习惯，8 点左右上班的作息制度，形成了 8～9 时多数家庭人去屋空的情形，这无疑给盗窃分子提供了有利的时机。

2. 同一犯罪类型的不同表现形式，在发案时刻上也可能差别很大。以盗窃犯罪为例，有入室盗窃和室外盗窃之别。在室外盗窃中，可以表现为扒窃或者利用器物钩取物品；而入室盗窃，既可能事前潜入，也可能乘虚而入或破门而入。由于扒窃以人多拥挤的场合被害人注意力容易分散为作案之要件，故专以白天发生为主；但企图翻墙入室或撬门而入者，则只有在夜深人静之时，才方便下手。因此，对一种犯罪的不同表现形式，也应注意进行分别统计和分析，如此才能正确把握其时间特点，以组织有针对性的预防。

（三）犯罪的社会性周期特征

犯罪的社会周期特征是指在具有社会性内容并循环往复的社会周期（周末、节假日、上下班高峰时刻）中，犯罪现象的波动变化趋势。

在时间范畴内，除了季节和时刻外，由于社会生活的作用或受传统文化的影响，还形成了若干时间长短不一的社会性周期。随着这些社会性周期周而复始的更替，同样作为一种社会行为的犯罪也出现有规律性的变化。认识和把握这类变化，也是进行有效犯罪预防的重要环节。节假日是社会周期的基本表现形式，每逢此时，人们得以暂时摆脱劳作放松休息，在较之平时普遍更为宽松的气氛下，不仅人们的自我约束减弱，社会性接触的机会大为增加，而且酗酒、纵欲、狂欢之类的消遣活动，极易引发各种越轨行为。当这类社会周期来临时，加强社会治安就尤显重要。同理，在城市社会中，当上下班乘客流量达到高峰的时刻，扒窃犯罪活动开始猖獗，此时组织专门力量活跃于公共交通线路上，才能有效地遏制这类犯罪活动。

三、空间环境与犯罪

空间以一定的自然环境（地理位置、气候、自然资源）和人文环境（如社会风气、社会制度、观念、风俗、民情）为其内容。探讨空间环境与犯罪的关系，实质上是以某一自然因素或人文因素作为划分的依据，对一定区域内的犯罪现象进行比较研究。通过这种研究，可以发现犯罪现象在地域分布上的不均衡性和差异性，如某一地区内的犯罪较别的地区为多，或者某种犯罪特别突出，或者在犯罪形式上出现了新的变化趋势。有关这方面的规律性认识，对于防止犯罪对策的确立无疑是大有裨益的。

（一）气候条件对犯罪的影响

气候是指一定地区和一定时间内的气象变化情况，包括温度的高低、日照的强弱、降雨量的多寡及相对湿度和风力的大小等。气候，作为人类赖以生存的自然环境的构成要素，不仅对人类文化传统的形成、生活方式的演变都有着较为深刻的影响，而且也构成了影响犯罪的外部情境条件之一；尤其是气候条件中的温度变化与犯罪的关系，更为犯罪学所关注。

气温变化与一定范围的犯罪种类和数量变化之间存在一定的联系。随着气温的升降，会相应引起人体的一定生理反应，并进而在一定程度上影响到人们的心理状态和行为倾向。以高温天气为例，天气炎热会使人体出现血管扩张、热积蓄量增加、代谢量降低等一系列生理反应。这些生理性反应对人的心理和行为的影响往往表现为心情易于烦躁、精神欠佳、注意力不易集中以及克制力相对降低。在这种情境下，如遇有其他因素的刺激，相较在气温适宜时就更容易引发各种攻击性行为。同时，随着气温的上升，人们户外活动的时间和场所得以增加，彼此接触频繁，发生纠纷和冲突的概率增大，这也是某些暴力犯罪增加的原因。至于在气温偏低，尤其是天气寒冷时，以盗窃为主的财产犯罪呈现增加趋势，主要是由于此时围绕着衣食住行等方面的需要有所增加，加之某些社会成员在此时谋生更为艰难，更容易萌发获取不义之财的动机。

除了气温变化外，其他气候条件也可能对犯罪产生影响，如我国传统的盗窃犯罪多发生在"月黑风高"之时，这就表明了气候条件是制约犯罪人作案心理的因素之一。再如犯罪分子总结出入室盗窃的天气条件"偷雨不偷雪，偷风不偷月"，意思是下雨天入室盗窃，雨声和脚步声可以混为一体，房主不易辨识。若是下雪天，则容易留下脚印。刮大风时，风声和作案声可以混在一起，不容易听清楚，而在月光下作案，容易暴露目标而被发现。

（二）人文因素对犯罪的影响

由于人的社会属性，人文因素对犯罪的影响较之气候条件远为深刻。即使在地理位置邻近、气候条件相同的地区，由于人文因素的组成不同，犯罪的空间分布也有很大差别。

1. 在政治文化中心，尤其是经济活动活跃的地区，财产犯罪和经济犯罪甚多，暴力犯罪相对较少。因为这类区域的社会成员知识程度普遍较高，自我控制力较强，遇有纠葛直接付诸暴力的较少；但这些地方经济发达，极易刺激物质欲望，加之交易频繁，容易发生经济纠纷，由此导致财产犯罪和经济犯罪突出。

2. 在偏僻或较为封闭的地区，民情淳朴，居民的物欲较为淡漠，加之这些地区一般不存在复杂的经济关系，因而财产犯罪较少；但由于居民文化结构整体偏低，加之受社会活动范围狭小的限制，在人格结构方面容易形成某些缺陷，如认识好走极端、多猜疑、心胸狭窄、性情刚烈等，遇有冲突容易倾向于通过人身攻击解决问题，因而实施暴力犯罪较多。

3. 在居民变动频繁或外来人口活动集中的地方，犯罪率较高；反之，在居民稳定的住宅区和流动人口甚少的地方，犯罪率较低。其原因在于，在前一种情形下，社会成员之间的联系极为短暂，难以发挥社会的监督与控制力，作奸犯科者往往无所顾忌；而在后一种情况下，由于居民定居的时间长，彼此间熟悉，能够形成较为稳固的社会关系，社会性的控制作用得以发挥，实施犯罪极易被发现，故违法犯罪者较少。

4. 人口密度大的地区犯罪较多，人口密度小的地区犯罪较少。犯罪人也是社会的构成分子，犯罪行为始终表现为对他人或者群体合法利益的侵害，所以在其他条件类似的情况下，犯罪的数量和人与人之间接触的程度、生存与发展的竞争程度形成正比关系，即在人口稀少、社会关系简单的地方，人们发生冲突的事由及范围相对有限，因而犯罪较少；反之，在人口众多、社会关系复杂的地方，人们发生争端的可能性增大，加之这类地区的社会控制难度更大，犯罪自然较多。

（三）特殊空间的犯罪问题

所谓特殊空间，是指在一定空间范围内容易滋生犯罪的某些局部自然地理和人文地理环境。这类空间因其地理位置和社会控制方面的特殊性，往往成为犯罪的多发地带，是实施犯罪防治的重点和难点。

1. 城市死角。建筑物的密集和各类公用设施的齐全是城市的重要特征，也是城市繁荣和城市居民生活便捷的重要保证；但城市的这一特征同时又很容易形成社会防范控制方面的一些死角，使一些地域成为利于实施犯罪或犯罪后潜逃和隐匿的空间。如立交桥桥洞、地下建筑设施、建筑工地、无人居住的住宅、棚户区、幽深的胡同、公园、封闭式电梯、地铁等。这些空间因其特殊的地理因素，往往为社会控制力所不及，成为违法犯罪案件的多发地带。

2. 城乡结合部位。城乡结合部多为往来于城市和乡村的咽喉颚位，人口及车辆的流量大，社会成员的构成较为复杂，加之地处两个或两个以上行政区划的交界处，在社会管理方面不易协调、容易出现脱节现象，从而在一定程度上成为社会控制的薄弱或真空地带，常常被利用为流窜作案分子和逃犯的落脚藏身之地以及不法分子进行窝赃、销赃、制假贩假的理想场所。

3. 偏僻的矿山、施工区及工厂区。这类地区远离城市，缺乏文化娱乐设施和消遣场所，并且在成员构成上男女比例严重失调，青壮年居多。他们精力旺盛，体力充沛，但知识程度与其体力往往不相平衡，缺少适当的自制力，闲暇时乐于好勇斗狠，并常常借助于酗酒、嫖赌行为打发单调的时光，因而由此引发的流氓、伤害、斗殴案件远比其他地区高。

4. 国（边）境地区。国（边）境地区是国家间或地区间人员往来和货物流通的通道。外来人口比重大、人员流动频繁、商贸发达、信息灵通，是这类地区的基本特点。正是由于这一特殊的地理位置和人文构成，这里不仅成为国内流窜犯罪分子的重要聚集地，而且也是走私、贩毒、偷渡及间谍等犯罪的频繁发生地。

任务二　经济因素与犯罪

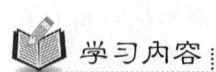 教学情境

教学情境一：　　　　　　　　**贫困与犯罪**

产生违反公共生活准则的捣乱行为的社会根源是群众受剥削和群众贫困。[1]

当无产者穷到完全不能满足最迫切的生活需要，穷到要饭和饿肚子的时候，蔑视一切社会秩序的倾向也就愈来愈增长了。[2]

教学情境二：　　　　　　　　**管仲的言论**

"仓廪实而知礼节，衣食足而知荣辱。"[3]

工作任务

经济发展与犯罪的关系是犯罪学关注的一个传统领域，今天，发展经济已成为一个世界性的主题，这一问题也因此成为犯罪学关注的一个热点，尤其在我国正经历着社会经济结构的深刻变化和经济的高速发展的时期，有关这方面的探讨更显现实意义。经济发展不仅涉及物质产品的增长、社会福利的改善、贫困现象的减少和消除以及劳动适龄人口就业率的上升等经济方面的内容，而且还涉及非经济方面的内容，如社会和经济制度以及价值体系的变化。本任务我们将来分析：

1. 经济发展与犯罪数量和比例的增减变化。

2. 经济发展对犯罪结构的影响。

3. 经济贫困与犯罪的关系。

学习内容

一、经济发展与犯罪数量的关联性

关于经济增长与犯罪数量的关系，无论是统计上还是理论上都有不同的结论，这些不同的观点大致可分为两类：①经济发展与犯罪增长呈正相关关系，即认为经济增长与犯罪率增长之间存在着密切的联系，伴随着经济的发展，犯罪数量也会相应增加。例如：19 世纪的意大利学者波莱蒂就是这类主张的早期代表人物之一。波莱蒂认为，福利、工业、商业的增加等所有物质繁荣的进步都与犯罪数量成比例的增长，因为前

---

〔1〕《列宁全集》第 25 卷，人民出版社 1958 年版，第 450 页.

〔2〕《马克思恩格斯全集》第 2 卷，人民出版社 1957 年版，第 400 页。

〔3〕司马迁：《史记·管晏列传》。

者增加时，必然对后者产生刺激，因此，犯罪的增长只是物质繁荣的一种表面现象。②经济发展与犯罪增长呈负相关关系，即认为经济增长不仅不会导致犯罪率的上升，面且还会为阻止犯罪的增长提供良好的社会条件。加罗法洛是否认经济发展与犯罪率增长有关的代表人物之一。

例如：从我国的历史发展来看，一方面，自 1950 年，党和国家开始把恢复和发展国民经济提上重要日程，到 1952 年，国民经济得到了根本好转，基本上解决了 6 亿人口的吃饭问题，在生产发展的形势下，刑事案件从 1950 年的 51 万件下降到 1952 年的 24 万件，发案率也由万分之 9.25 下降到万分之 4.81；随着社会主义改造的成功和经济的进一步发展，到 1956 年，全国居民平均消费指数比 1952 年提高了 12.3%，刑事案件的数量也下降到 18 万件，发案率进一步下降为万分之 3.4。另一方面，1961 年，在政治环境剧变（反右扩大化、苏联撕毁援助协议）以及经济建设中"左"的错误造成破坏，经济形势趋于恶化，全国居民平均消费指数大幅度下降的背景下，出现了我国的第二个犯罪高峰，刑事犯罪案件又急剧上升到 42 万件。

单纯从数据对比看，上述犯罪现象的增减变化较明确地表明，社会主义经济的发展，人民生活水平的改善，与犯罪数量及发案率的升降有着较密切的关系，并呈现出伴随着经济的发展犯罪下降的趋势。但有关这一认识的一例反证就是，自 20 世纪 70 年代末期开始，我国经济一直保持着两位数左右的高速增长势头，然而社会治安的调查评估结论表明，我国的社会治安虽然基本稳定，但全国刑事案件总量和发案率并无下降迹象；并且在 1988 年以后出现犯罪急剧增长的趋势，以致到 1991 年，全国受理的刑事案件达 236.6 万件，比 1990 年增加 14.9 万件，全年刑事案件发案率也达到历史最高水平——20.9‰，比 1990 年增长 0.38 个万分点。在这里没有像历史上那样出现随着经济的增长犯罪率下降的情形，反而还有所上升。如何解释这种在同一社会制度下经济增长的同时犯罪现象既呈现"负相关"又呈现"正相关"的现象？这无疑是一个令人困惑的问题。

显然，对这一问题的回答不能仅仅着眼于经济发展本身，而应立足于经济发展的具体历史背景。在众多的致罪因素中，经济因素只是其中之一，它对犯罪状况的影响只能是"迂回曲折式"的间接影响。也即这种影响在更大程度上需借助于经济发展所引起的其他领域的次生变化的方向、性质、速度和范围来影响犯罪现象，而不可能像过去那样对犯罪的数量和比例具有直接"感应式"的功效。这就是为什么在现代社会中单从经济因素角度难以看清经济增长与犯罪现象消长趋势。

关于经济发展与犯罪的关联性，不能仅从经济发展本身来考察，它对犯罪的增长是起诱发作用还是起抑制作用，只能从经济发展的历史条件才能作出具体的回答。在探讨两者之间的关系时，除了应当结合影响犯罪的其他社会因素进行动态的综合分析外，强调对以下问题的关注应当是必要的。

1. 应当准确衡量经济发展与犯罪数量波动之间的比值。从可比性原则出发，为了确定现在的犯罪数量实际增减幅度及其犯罪的破坏能量是否超过了过去，应当以现在的经济增长速度与犯罪率的比值是否超过了过去的经济增长速度与犯罪率的比值为依据。如果仅仅从犯罪数量角度来进行纵向的比较，犯罪绝对数量的增加，并不能准确衡量现在的犯罪动态和犯罪现象对社会的实际冲击力。这就正如在比较古代旅行方式和现代旅行方式哪一种安全系数更高时，答案的得出不能通过比较坐四轮马车与坐飞机两种旅行方式下各自死伤的总人数，而应当通过各自情况下死伤者在旅行人数中所占的比例来确定一样。

2. 应考虑犯罪的增长与人口增长的比例。在经济发展的同时，如果人口出现相应的增长，则此时衡量犯罪波动的变化时，应参照人口数量和结构的变化。

3. 犯罪的增长与社会防卫力量增长的比率，在经济增长和出现率上升的现象时，如果社会防卫力量仍处于经济增长之前的水平或者明显滞后，在确认犯罪现象的增加在多大程度上可归因于社会防卫力量的不足之前，也难以断定经济增长与犯罪的数量关系。

二、经济发展与犯罪结构的关联性

尽管经济发展与犯罪率波动的确切关系由于涉及一系列错综复杂的相关因素需作具体分析，但经济发展会引起犯罪结构的变化则具有必然性。因为，犯罪作为一种法律现象，犯罪现象的结构直接取决于刑事法律调控社会生活的深度和广度。而法律作为社会生活的调节器，必然会随着社会生活的变化，适时改变自己的调整力度和范围，在经济发展或增长时期，伴随着立法者对经济生活和经济秩序关注的增加，法律对经济生活的调整力度和调整范围会相应扩大，并由此出现犯罪结构的变化。这种变化主要表现为：

（一）商业性犯罪的数量和种类会出现增加

这首先表现在诸如诈骗、滥用信用以及滥用公共财物（如贪污、挪用公款）等传统型犯罪数量的增加；其次，在经济高速发展或转型时期，一些新的商业性犯罪也会不断出现，如签发空头支票、违反自由竞争规则、利用现代媒介发布给受害人造成重大经济损失的虚假信息以及披露商业秘密和违反证券交易规则的犯罪等。此外，伴随经济的发展和竞争的加剧，某些与工业生产有关的犯罪也往往出现增加的趋势，如违反环境保护、劳动自由与安全以及产品质量的犯罪等。

（二）犯罪人的构成会出现变化

这突出地表现在经济发展对青少年犯罪的增加有较为明显的影响。因为在经济发展的情况下，必然加速人口的横向和纵向移动，社会的组织结构和人际关系趋于松散，从而使社会小群体（首先是家庭）的职能遭受破坏，易于使青少年的社会化过程出现缺陷；加之经济的发展，使青少年有更多的机会及早介入社会生活，这也会在一定程度上增加青少年适应新环境的困难，由此出现"少年违法在经济繁荣时期有所增加，而在萧条时期则会减少"的现象。此外，随着以法人或社会组织的形式实施侵害经济秩序的行为的危害性的增大，也会导致刑法对这类行为的干预，从而出现新的犯罪主体。

三、经济贫困与犯罪

贫困与犯罪的关系十分密切，对此，马克思主义经典作家有经典论述（见教学情境一）。就包括中国在内的世界各国的情形来看，贫困仍然是一种重要的犯罪促发因素。贫困人口包括绝对贫困人口与相对贫困人口，无论哪一种贫困人口，都对犯罪的发生有着直接的影响。

统计资料和犯罪学研究表明，失业对人的行为影响极大，长时间的持续失业，就会不可避免地导致一些人犯罪，对没有一技之长的青年更是如此。长期失业必然带来经济状况的急剧恶化，使家庭和所有家庭成员遭到困境。家庭成员在心理上受到打击，青少年不能得到很好的教育。特别是失业者的自尊心受到强烈挫伤，有一种被社会抛弃的强烈的受歧视感，很难形成坚强、积极和健康的个性。一些人因受到冷漠和失望的打击而可能堕落，从而实施各种越轨和违法犯罪行为，如酗酒、吸毒、盗窃、卖淫等。

另外，相对贫困，即贫富差距悬殊超出了人们的心理承受能力，给人们造成严重的心理上的不平衡感，引发了严重的社会心理失衡。当前中国最严重心理失衡的主要存在于农民和城市下岗职工。随着城市化和市场经济的快速发展，涌入城市的流动人口和城市失业人口相结合，构成庞大的城市贫困群体和社会心理失衡群体，形成对社会稳定和社会治安的严重威胁，也是犯罪的主要隐患所在。

任务三　文化因素与犯罪

📖 教学情境

教学情境一：　　　"刑不上士大夫"与"法律面前人人平等"

在封建社会，同样的犯罪行为，会因犯罪者和被害者的身份的不同，在罪行的认定和行为人的处罚上有很大差别。而在今天，无论在理念上或法律上，都是不能认同这种差别的。这种判定上的不同，是因为文化背景发生了变化。封建文化以确认封建等级制度和宗法制度为己任，因此，"以下犯上"就会被视为"大逆不道"而遭受严惩；相反，如果这种侵害是"自上而下"发生的，当权者并不认为对社会的和谐有多大损害，于是便可以不被认定为犯罪，即使被认定为犯罪，也能找到"赎罪"或从轻处罚的"理由"。而在社会主义制度下，任何故意对社会或他人权利造成严重损害的行为都将毫无例外地构成犯罪。在这里，罪行的成立所体现的是对基本人权的维护和"法律面前人人平等"的公平价值观念。

教学情境二： "杀人者无死罪"与"杀人偿命"

在现代国际社会中，因文化传统的不同，对同样的行为在性质的认定和处罚上出现偏差。在欧共体成员国，"杀人者无死罪"已成为一种社会现实，这种现实的由来在于公众的自觉选择和认同，因为修改刑法取消死刑是经过民意调查而为多数人所赞同的。在我国，"杀人者偿命"在社会公众看来是天经地义的，如果取消死刑，民众就会觉得对凶犯过于宽容，对被害人是极大的不公平，于是就会激起民愤和出现"为民请命"的麻烦，其原因在于我们的文化尚不能承受这样的现实。再如，对诸如"安乐死"的合法性之类的问题，之所以在各国引起争议，关键不在于立法技术，而在于文化观念。

工作任务

文化，狭义而言，是指信仰、风俗习惯、价值标准及道德观念，广义的文化则还包括作为文化载体的语言、艺术、法律、知识及社会的组织与运作方式。文化规定了人类的思维与活动方式，构成了一切实践活动的"大舞台"。犯罪是社会文化的一个侧面，是一定文化的产物。影响犯罪的除了文化因素外，还包括犯罪人自身的心理和生理因素及其周围环境中的经济因素和政治因素等，并且，就个案进行考察时，也会发现构成犯罪原因诸因素的组合状态各不相同，因此，在判断哪种因素对犯罪的影响更为重要时，似乎难以一概而论。虽然影响犯罪的因素众多，但当把犯罪作为一种社会现象而不是具体的行为进行深入分析时，文化就显示出了其特殊的影响力。

接下来，我们来分析和探讨文化与犯罪的若干问题：

1. 文化因素在一般意义上对犯罪有什么影响？
2. 文化对犯罪的具体影响是什么？
3. 大众传播中的暴力、色情文化与犯罪有什么关系？

 学习内容

一、文化因素对犯罪的一般意义

社会作为基于共同行动而组成的有机体，必以社会成员的团结、协作和共同意志为其存在和发展的前提条件。文化的基本功能正在于确立必要的社会价值体系和社会的组织与行为模式，阻止社会成员过度追求私利和满足欲望的非组织行为，确保社会成员在思想及行动上具有最大限度的趋同性，以此实现社会或集体的正常运转和发展

目标。而社会或集体的团结与协作需以其成员承担相应的社会义务为条件，即对代表集体或社会意识的习惯、道德规范、行为模式的遵从与维护。当社会成员没有履行这种义务时，就会被视为对社会或集体的团结与共同价值的削弱和破坏，于是这类行为就被判定是一种"病态"或反常现象。为了维护社会的团结一致，社会必然采取一定的防卫措施，并在必要时借助于法律制裁强化社会成员义务。

因此，对什么是犯罪的评断，首先是一种文化上的理解。从文化角度看，犯罪并非都是不道德的，它也可能是被社会或所处的集团认为是"错误的"或"不合时宜的"，甚至仅仅因为是一种"不受欢迎的行为"而被社会的统治者认为是犯罪。正因如此，同样的犯罪在不同的文化中有着不同的意义，即使在相同或相近文化中，在不同的历史时期，其含义也是不同的。[1]

文化对犯罪的特殊意义还表现在：文化作为影响犯罪的深层因素，对犯罪的影响具有超越一定时空范围的效力。较之政治或经济因素，文化渗透到了人的精神世界，决定着社会成员的思维定式，并表现为一定社会或民族的共同的生活方式；加之其特性形成诸多前后相继的传统，其对犯罪的影响就更显持久性，即使社会的经济形势或当政者的政策发生了变化，文化仍然在相当长的时期内一如既往地规定着犯罪的原因、动机和手段。由此，对犯罪的划分就始终存在着"传统型犯罪"与"现代型犯罪"的区别，并且不少作案手法也能一脉相承沿袭至今。

二、文化因素对犯罪的具体影响

文化对犯罪的具体影响，不仅表现在犯罪的实施者方面，同样也表现在对犯罪被害人及国家的犯罪对策体系方面。

（一）文化对犯罪人方面的影响

文化对犯罪者的影响，主要表现为对犯罪人人格、犯罪的原因及其犯罪的手段与技能的影响。人格的形成过程，是一个文化熏陶的过程，犯罪人人格的形成主要是家庭教育、学校教育及大众传播媒介中与主导文化相背离的负面文化潜移默化的结果。犯罪学的实证研究表明，置身于低层次文化氛围中的个体，因其人格形成上的缺陷，如需求层次低、社会责任感淡漠，缺乏自制力、行为倾向于粗暴等，不仅犯罪率较高，而且往往易于实施暴力犯罪和激情性犯罪，犯罪动机也大多源于满足感官刺激和物质利益的需要。

犯罪的文化原因表现为一定的文化条件是诱发犯罪的重要因素。文化背景条件在相当程度上决定着犯罪的一般原因和类型原因，规定着犯罪的整体状况和不同类型的犯罪在整个犯罪结构中的比重。例如，从相对意义上讲，在"官本位制"文化条件下，

---

[1]　可以参看教学情境一、教学情境二。

权力的社会功能被异化，权力的社会价值被极大地扩展，"以权谋私"、"徇私舞弊"以及"贪污受贿"等腐败型犯罪就比较突出，并且由于国家管理职能的弱化和社会风气的败坏，往往又由此诱发出大量的其他犯罪。而在商业文化背景下，社会心理定式倾向于"轻官重利"，经济类型犯罪的比重相应增大，色情性犯罪也相应变得更为突出。

（二）文化对犯罪被害人方面的影响

传统上，当论及文化对犯罪的影响时，常常忽视了文化对犯罪被害人方面的作用。被害人作为犯罪人的对应者，其自身的文化素养、生活态度、生活方式及举止习惯等，不仅决定着他参与犯罪发生的程度，而且也决定着他成为"潜在的被害人"的概率。

一方面，在相对意义上，社会中"潜在的被害人"越多，则犯罪的机会和可供选择的作案目标就相应增加。正是在这种意义上，现代犯罪学在考察犯罪原因和寻求犯罪对策时，积极引进了犯罪被害人这一能动因素，以此扩展犯罪学自身的支撑点。

另一方面，犯罪被害人对犯罪行为的反应方式，也对犯罪状况有着实际的影响。犯罪被害人作为犯罪行为的重要"把关人"，其报案意识的强弱，在很大程度上成为判断一个国家或地区实际犯罪状况的"晴雨表"。而报案意识的强弱，与法律制度和司法人员的工作效率有关，但主要仍取决于社会文化背景。较之强调主体意识和注重个人合法权利的西方国家的公众，我国公民的报案意识是比较淡漠的。在这种淡漠的背后，同样可以找到一系列文化因素方面的影响，如主体意识与权利意识普遍弱化，"息事宁人"、"多一事不如少一事"的社会心态等。

（三）文化对犯罪对策方面的影响

文化也决定着国家犯罪对策体系的构建。在封建制度下，天下万物均为天子所有，因此犯罪行为被视为对"皇权"、"天子"的一种侵犯，其犯罪对策体系自然建立于严刑峻法的基础之上，死刑、酷刑得以广泛适用。在现代西方国家，不认同犯罪的阶级性，确认犯罪只是对社会公共秩序和个人合法权利的侵犯，强调犯罪的社会责任，"废刑主义"思潮颇有市场，刑法的传统功能日趋弱化，对犯罪的治理转而求助于各种刑罚的替代措施、治疗方法和福利手段。而在社会主义的中国，确认犯罪的阶级性，坚持"惩办与宽大相结合"的刑事政策，注重发挥刑法在犯罪控制方面的积极作用，并对犯罪实行打击与预防相结合的治理。因此，一定的文化必有与之相适应的犯罪观和犯罪对策体系。

三、大众传播对犯罪的影响

所谓大众传播与犯罪的关系主要是指那些有打斗、凶杀、盗抢、色情等内容的影视书报对暴力犯罪、财产犯罪、风俗犯罪的影响。社会文化对于犯罪的影响，最明显、最集中的表现就在于大众传播中的暴力文化与色情文化。由于文化作用于人们的价值观念和行为准则，作用于人们的活动方式，因此，社会所倡导的主文化，其社会作用是积极的，而低级庸俗文化的社会作用是消极的。暴力、黄色的书刊影视，以大众传媒所具有的生动性、形象性、普及率高和覆盖面大的特点影响人们，其消极效应十分显著，尤其是对处于文化需求高峰期而又模仿性强、可塑性强的青少年，具有相当的教唆、示范犯罪的作用。

大众传播对犯罪的影响，实际上是对犯罪动机、欲望的形成的影响，这种影响取决于两个条件：

1. 暴力、色情等不良内容的多少及密度。一般地说，那些纯粹以营利为目的，不含任何有益说教，通篇充满暴力或色情的影视书刊，是不良内容密度较大的传播媒介。这种媒介往往给受众（即听众、观众和读者）以强烈的刺激，并诱发类似的模仿行为。对青少年来说，更是如此。这不仅由许多实验所证实，而且现实生活中也不乏其例。可以说，不良内容的密度越大，引起犯罪的动机、欲望的可能性越大。

2. 受众参与传播过程的程度。按照一般的看法，受众在传播过程中只是被动的接受者，传播中有什么内容刺激，受众头脑中就会有什么映像。但是随着现代传播学、社会学和心理学的发展，人们发现，大众传播过程并不是单向的过程，而是信息发送者与接收者之间的交流和互动的过程，也就是说，传播媒介对于受众的影响，不仅取决于媒介本身给出的刺激的强度，而且取决于一定的受众积极主动参与传播过程的程度。一定接收者根据自己的需要、价值标准对一定内容的传播媒介进行选择、评价，在这个过程中，传播中的内容越接近实际生活，或者说，一定受众的现实生活越真实地反映在传播内容中，那么，这一传播媒介所肯定的价值标准、行为方式、态度倾向就越可能被接受，以致表现到他的行为当中。所以说大众传播的实际效果在很大程度上取决于传播媒介与接收者之间发生交流的现实可能性，这种现实可能性越大，传播产生影响的程度就越大。

任务四　家庭、学校、社区与犯罪

教学情境

教学情境一：　　　　　　　　　　**流浪少年连抢仨妇女**[1]

2006 年 11 月 11 日 20 时 15 分至 20 时 40 分，1 名外地来哈尔滨的 17 岁青年王玉喝醉酒后，在 25 分钟内连抢 3 名妇女，并对其中 2 名妇女进行猥亵，当晚被抓获。12日，王玉因涉嫌抢劫、猥亵妇女被警方刑事拘留。王玉在谈到自己经历时如此说道：

---

〔1〕　案例来源：何兴丽："从小流浪 17 岁的他连夜抢仨妇女"，载《生活报》2006 年 11 月 20 日。标题为编者所加。

"我小时候住在尚志市，6岁时父母离婚了。7岁时，我跟着母亲改嫁，和继父一起生活。继父对我不好，我不愿意和他一起生活，偷着和一个武术教练学武术。上到小学三年级，我10岁时，实在忍受不了继父，就偷偷离开了家，去了上海。从此我就和家人失去了联络，彼此不知道对方的死活。我成了一个孤儿，没爸没妈，没有家。"

教学情境二： **"慢班"学生，坏学生？**[1]

据某省少年犯管教所的调查表明，72%的少年犯在校时就是备受冷落的"慢班"学生。对哈尔滨市郊一所少年犯管教所98名少年犯的问卷调查发现，13%的少年犯就是在被学校除名或开除后在社会上游荡，被坏人引诱而犯罪的。另据对某市辖区1985年至1987年9月流失生（包括有书不读、自动流失的学生和被开除的学生）违法犯罪情况的调查发现，3年中有210名流失生受到司法机关的处罚，其中，有相当一部分是因受到学校处分后在社会上走上犯罪道路的。

教学情境三： **六合彩：像水蛭一样吸干农民**[2]

1999年，粤东首次发现地下六合彩赌博活动。随即，这一非法赌博活动迅速蔓延，疯狂肆虐广东、福建、海南、江西、湖南、湖北、浙江等地，并继续向其他地区扩张。

在对湖南农村地下六合彩进行充分调查后，一名支农大学生惊呼："如果不是亲身经历，我根本无法相信，地下六合彩在农村竟是如此猖獗，它在摧毁了一个地区的农村经济后，又迅速吸附到另一个'健康肌体'上。所到之处，人们不分贫富、职业、年龄，一旦接触它，就像中了鸦片的诱惑一样欲罢不能。"

 **工作任务**

人一出生首先接触的社会环境便是家庭，然后是学校、社区，家庭、学校和社区这些人成长的社会环境因素与犯罪有何关系，本任务将一一分析：

1. 家庭因素与犯罪有什么关系？
2. 学校的哪些不当教育与犯罪有关联？
3. 不同的社区环境与犯罪有何关系？

学习内容

一、家庭因素和犯罪

家庭是社会的细胞，家庭的稳定将给整个社会带来稳定。家庭对犯罪的影响至关

---

〔1〕 摘自康树华：《犯罪学——历史、现状、未来》，群众出版社1998年版，第652~653页。标题为编者所加。

〔2〕 资料来源：叶含勇、罗会彬："地下六合彩：像水蛭一样吸干农民"，载《半月谈》（内部版）2006年第9期。

重要。人出生时不过是一个带有人的自然属性基因的动物，其社会化的程度和方向是从家庭开始的，家庭环境是影响少年儿童心理和行为健康的重要因素。

家庭有抚养和教育子女的功能，并对儿童的人格的发展产生重要的影响。因此，支配一个人实施犯罪行为的犯罪人格也必然与家庭环境的影响有或多或少的联系。家庭是人格的塑造场。家庭和睦温暖、重情感、守信义，则是孕育健全人格的良好环境，反之，如果家庭破裂、冷酷无情和唯利是图则会导致儿童的人格向着异常的方向发展。

（一）家庭内在关系对犯罪的影响

未成年子女需要由家庭来抚养，是出于未成年人生理的原因，而且是出于社会条件的限制。唯有家庭发挥其抚养和教育的功能才能形成未成年子女的良好品格。母亲是子女的第一位导师，母亲贤惠、善良、正直的品行会给子女形成良好的品格打下基础。反之，母亲奸诈、粗狂、轻浮的习性又会把子女推向火海深渊。"许多走卖淫道路的妇女都是受过其母亲放荡的生活影响。"[1]父爱是一种权威性的爱，父亲如果遵纪守法，能给家庭带来一种安全感，可以帮助子女形成遵纪守法的好习惯。反之，如果父亲有酗酒、赌博、残暴等恶癖，子女就会学习、效仿其行为，有的因此走上了犯罪的道路。父母的言行是子女的楷模，父母的犯罪史将对子女的言行产生极其消极的影响。一般认为，17岁是未成年人犯罪的高峰，他们扭曲的人格表现为自私和没有社会责任感，而这种扭曲的人格大多是由家庭因素造成的。夫妻关系对子女的影响也很大，例如：有的家庭，夫妻之间的"战争"成了他们一天生活之中必不可少的内容，在这样的家庭生活的子女的心情异常的痛苦。他们感到自己无人关心，精神无从寄托，思想感情上受到极大的创伤，时时感觉自己比别人低一等，孤僻、沉默成了他们最重要的特点。另外，他们又因为丧失了父母的爱抚，与父母的感情逐渐变得冷淡，父母就会丧失孩子们的信任。生活在这种环境中的孩子往往蛮横、暴躁、缺乏同情心和责任感，若有坏人稍加引诱，则极其容易犯罪。在多子女的家庭中，兄弟姐妹之间的关系不融洽，致使每个人的性格都可能形成阴险、乖戾、内向、沉默的特点，进而产生反社会的倾向，在一定的条件下这种反社会的倾向就会生成犯罪行为。

（二）家庭结构对犯罪的影响

完整家庭的成员也不一定不犯罪，因为犯罪的原因是复杂的，是多种因素作用的结果，既有家庭本身的问题，又有家庭以外的原因，但是家庭成员犯罪毕竟较少。普遍认为缺陷家庭的子女违法犯罪率较高。缺陷家庭是由于家庭成员的变动造成的，一般是指双亲一方或双方的死亡、离婚、再婚、遗弃或者其他情况，家庭结构或关系出现了破裂、缺损，这种现象又叫不幸家庭、破裂家庭，或者称之为家庭解体、家庭解组。缺陷家庭的子女犯罪率大大高于完整的家庭，主要原因是：

---

〔1〕 康树华主编：《犯罪学通论》，北京大学出版社1996年版。

1. 缺陷家庭破坏了健全家庭中父母角色功能。心理学的研究表明，健全完整家庭对子女身心发展有很好的作用，父亲和母亲的作用是不完全相同的，缺少任何一方对孩子的成长都是不利的。母爱是孩子心理发展的基础，没有母爱或者缺乏母爱会使孩子心理上没有稳定感，产生情绪上、人格上的障碍，这类孩子孤僻、冷漠、粗暴、内向。如果没有父爱或缺乏父爱，一是会使教育方式向溺爱型发展，二是子女缺乏独立、自主、有权威的学习对象，三是失去家庭的稳定和减弱家庭的教育职能。

2. 缺陷家庭之所以成为缺陷家庭，有一个发展过程。比如离婚，一般要有一个较长时间的家庭争吵，这给孩子的心灵带来无法弥补的创伤，使在这种家庭气氛中成长的孩子形成一种扭曲的内心世界。

3. 缺陷家庭的子女在社会上处于一种特殊的不平等地位。一方面，诸如父母离婚之类的社会行为会受到社会的非议和指责，而且这种社会行为态度会转移到孩子身上，使他们受到嘲笑、讥讽等不公正待遇；另一方面，当孩子需要父母关心、爱护时，由于家庭自然结构的破坏而失去这类功能，使其无法得到关心爱护。

在上述因素的综合作用下，缺陷家庭的孩子可能会逐渐形成不健康心理，甚至形成人格障碍，形成一种反社会心理状态。司法实践也表明，缺陷家庭中的青少年，其犯罪率要明显高于完整家庭中的青少年。

（三）家庭教育对犯罪的影响

家长作为一个家庭中的"主持人"，在家庭中起着主导的作用。家长的素质对家庭的综合情况有决定性的作用，家长素质低，就难以给孩子正确的教育和指导。许多家长对孩子由宠爱到溺爱，使孩子从小就养成以己为核心、做事随心所欲的坏习惯，从而形成自私自利、骄横任性、我行我素的性格，缺乏鲜明的是非观和道德判断能力。从某种角度来说，这种纵容的态度，直接或间接地鼓励了孩子的犯罪心理。

另外，现实生活中，导致未成年人犯罪的基本原因之一是缺乏基本家庭教育，或者父母教育不当。家庭教育不当的主要表现形式有：

1. 溺爱型。娇宠和溺爱容易造成儿童心理发展上的扭曲，形成不良的意识和行为习惯，同时又使儿童缺乏独立生活能力，难以适应社会。长期溺爱还会使子女形成极端的"自我中心"意识，凡事从个人角度出发，不达目的不罢休。这样，在个人利益、需要不能满足时，他们就可能不择手段，甚至以身试法去追求和满足。

2. 粗暴型。简单粗暴的教育方式同样会导致子女容易走向犯罪。父母对子女动辄打骂，容易引起子女的反叛，轻则形成逆反心理，形成代沟、隔阂；重则导致子女离家出走，滑向邪路，甚至引起仇恨报复，导致家庭暴力悲剧。简单粗暴的家庭教育方法容易使孩子的身体和心灵受到刺激，自尊心和自信心受到伤害，逐渐形成了孤僻、冷漠、固执、玩世不恭的个性。

3. 放任型。又称为自流型、放荡型。父母认识不到自己承担的教育子女的社会责任，把教育子女的义务推给社会，任子女自然发展。青少年正处于成长阶段，是非辨别能力弱，缺乏对自己行为的评价能力。如果放任不管，极易在社会不良因素的影响下染上恶习，走上违法犯罪的道路。

二、学校教育因素与犯罪

教育，是预防犯罪的重要环节。然而，教育活动进行得当与否，与犯罪现象的产生、发展有着密切的联系。教育应以德育，即人格与性格之陶冶为终局目的。对犯罪可发生预防效果的教育，应是智育、德育并重的教育，如果智育不伴随德育，在某种程度上不但不减少犯罪，反而增加犯罪。

学校教育对犯罪的个体来讲当然是客观的，但是学校教育通过改变客观环境，自然会影响和改变人的主观意识。这就是学校教育在预防和减少犯罪上的作用和意义。学校通过对学生进行科学文化知识的传播和道德、法律知识的传授，改变学生的主观世界，让他们明白和清楚什么样的行为是犯罪以及犯罪所带来的严重后果。这就可以让孩子们从小就养成一种良好的道德习惯和遵纪守法的品德。

我国学校教育有很多弊端，这些都导致部分青少年犯罪。主要表现在以下几个方面：

1. 应试教育片面追求升学率忽视素质德育教育。许多学校把主要精力放在应付考试和追求升学率上，甚至把升学率作为衡量教育质量的唯一标准。因为升学率的提高是能看得见、摸得着的东西。很多学校急功近利，未将德育教育放在首位，法制教育和心理教育更是无从谈起，甚至是空白。

2. 教育方式陈旧、简单。一些学校和老师的教育内容和方式脱离当今社会，陈旧地、粗暴地对学生进行体罚或变相体罚，侮辱学生人格，教育内容也是记忆性的课本内容，很难启迪学生对知识的兴趣和爱好，难以塑造学生健全的人格和高尚的情操，使得学生反叛、厌学、自暴自弃，甚至对生活绝望。

3. 青少年失学对犯罪的影响。虽然我国法律规定，凡年满 6 周岁的儿童均须入学接受九年制义务教育，但一些贫困地区儿童的退学率和辍学率仍然很高。辍学的青少年是文盲更是法盲，很难明辨是非，流浪社会后极易染上恶习，进而实施违法犯罪活动。

三、社区因素与犯罪

社区是社会学中的概念，它有两层含义：①聚集在一起的社会成员所形成的相互交往与关联的生活共同体；②社会成员形成的生活共同体所处的地理区域。实际上，社区是构成社会整体的单元，也是相对于整体社会的一个"小社会"。街道、市区、郊区、都市、乡镇、村庄等都是规模不等的社区。

社区人口虽然具有共同的生活环境，处于相同的社区文化之中，但是在个人素质、社会地位、经济状况等方面千差万别，因此，行为表现也不尽相同。在社区环境的共同影响下，有的人表现出较强的遵纪守法意识，有的人则相对而言意识较弱。社区的整体守法状态，取决于守法意识与违法意识的较量结果。当不良的意识和不良行为倾向，在社区环境中得不到有效的抑制或者消除，逐渐取得优势地位时，这种社区就会演变为藏污纳垢的场所，成为违法犯罪的高发区。掌握社区与犯罪的内在联系，有助于分析社区犯罪的原因和规律，从而确定社区预防犯罪的对策。

（一）城市社区与犯罪

城市是现代化进程中的产物，是现代文明的象征，是社会经济、政治和文化生活的中心。但是人类社会逐步过渡到现代化的过程中，城市犯罪成了一种无法摆脱的社会现实。从我国目前的犯罪态势来看，城市中的犯罪现象的严重程度远远超过非城市地区。城市犯罪无论是在犯罪人口所占比例方面，还是在复杂程度和危害程度上都高于其他地区。这说明城市环境与犯罪之间有着十分密切的联系，城市中存在着更多的导致犯罪的因素。具体来说，城市社区的经济、文化和地理特征对犯罪有着巨大的影响。

1. 城市作为国家或者地区的政治、经济、文化中心，是社会财富、社会活动高度集中的地区。在城市中，人、财、物极大丰富，因而成为诱发犯罪的重要因素。在这里犯罪分子容易找到犯罪目标，犯罪频率自然较高。

2. 城市社区中人口众多，且人员构成较为复杂，个体之间差异性大。不同的人在受教育程度、职业、就业机会、经济实力以及社会地位等方面的差别很大，并由此导致了人们实际生活质量和生活水平的高低，凸显出贫富分化严重的局面。

3. 现代城市文明的一个基本特征是文化的多元性。文化的冲突和碰撞容易产生纠纷和矛盾，从而导致犯罪。

4. 城市经济、文化、生活的繁荣，使得城市在一定的区域内成为地缘的中心，对周边地区形成辐射影响，对社会人口形成巨大的吸引力，引导着人口的流动趋向。

（二）农村社区与犯罪

从发展的实际来看，我国仍然处在由传统农业社会向现代工业社会进步的过渡时期。农村地区十分广泛，农村人口占到总人数的80%左右，农业经济在国民经济中占有举足轻重的作用，因此，我国整体上还处于农业社会。犯罪学研究离不开这一社会现实，所以必须高度关注农村社会的犯罪现象。这是农村社会从封闭、落后、传统向开放、文明、现代化转变的过程中难以避免的伴生现象。农村犯罪中，侵财案件、性犯罪案件和伤害案件较为突出。由农村人口的总量所决定，其犯罪的绝对数量也超过城市犯罪。农村犯罪所涉及的社会原因，同样具有复杂多变的特点。

1. 农村社会的小农经济观念不适用于现代市场经济的环境。市场经济的发展促进了中国农村社会的变革，但是，中国农村经济经历了几千年自给自足的封建农耕传统，受生产方式的制约，狭隘、自私和短视的小农经济观念在农村社会还较为普遍地存在。因此，在市场经济运作中，因缺乏市场观念和规则意识，甚至在追求"一夜暴富"的幻想下，尽失道德操守。

2. 传统文化在我国农村根深蒂固，影响深远。在一些地区，落后的传统习俗和道德观念实际上控制着农民的思想、心理和行为，起着非正式约束机制的作用，对国家法律的实施形成很大的冲击，使得农村人口，尤其是农村青少年普遍缺乏法律意识。

3. 农村基层组织建设不力，社会控制不足。最突出的表现是农村基层组织建设不足，造成农村社会控制疲软，社会矛盾得不到正常化解，各种隐患不能及时消除。

4. 文化教育落后，人口素质低下。我国农村整体上经济发展缓慢，由此造成文化生活比较贫乏、文化教育普遍落后的局面。农民文化程度低，法律意识淡薄，文盲、半文盲所占的比例相对较高，以致低级、庸俗甚至迷信、反动的落后文化乘虚而入。

上述社会因素的存在，为农村地区的犯罪增加提供了适宜的土壤，也是解释农村地区犯罪特征的基本因素。这些社会因素，有的反映了社会变革时期的社会整体特征，有的则是在传统城乡二元模式下形成的不合理的地区差异。因此，预防农村地区的犯罪，既应着眼于社会的整体预防，更应针对农村地区的特点，采取有针对性的预防措施。

 实训项目

犯罪新闻报道

一直以来，犯罪新闻报道都备受关注。它不仅与公民的合法权益、国家社会的稳定运行息息相关，其跌宕起伏的过程、新奇刺激的案例都是吸引人们眼球的重要因素。正因如此，很多媒体面对犯罪进行新闻撰写时，无视自身的职业道德和媒体素养，过分地追求刺激猎奇。

1. 过多的细节披露。这表现在对犯罪过程的描述。媒体为了增强新闻的故事性，刻意用骇人听闻的笔法渲染犯罪过程。这样做的恶劣后果是，增加读者的心理负担，也为其他潜在的犯罪分子提供了效仿的可能性。英国传媒学者伯顿在其所著的《媒体与社会》中说道："无怪乎最为持久的担忧就是：大众传媒当中的暴力引发了社会当中的暴力……安德森的调查结果显示，约77%的研究证明了媒体暴力确实引发了现实生活中的暴力，时至今日，这一结论仍然是成立的。"

2. 煽情的词语描绘。犯罪新闻报道的主体对象大多为犯罪分子或犯罪嫌疑犯，记者在采访和撰写新闻稿件的过程中，很容易加入自己的强烈的主观感情，使用煽情、夸张失实的词语对报道对象进行描绘。例如，在案件还没有最终宣判的时候，就称呼"犯罪嫌疑人"为"犯罪分子"；遇到家庭比较富裕的青少年罪犯，就称其为"富二代"、"官二代"；用"杀人狂"、"淫魔"等吸引受众的眼球。将越轨者标签化，容易引发群体性的模仿，无形中成了犯罪行为的催化剂。

实训任务：

根据上面提供的材料，请思考并讨论：

1. 犯罪新闻报道在多大程度上对犯罪有影响？
2. 犯罪新闻报道应该如何掌握报道的尺度？

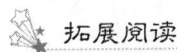 **拓展阅读**

无讼[1]

中国正处在从乡土社会蜕变的过程中，原有对诉讼的观念还是很坚固地存留在广大的民间，也因之使现代的司法不能彻底推行。第一是现行法里的原则是从西洋搬过来的，和旧有的伦理观念相差很大。我在前几篇杂话中已说过，在中国传统的差序格局中，原本不承认有可以施行于一切人的统一规则，而现行法确实采用个人平等主义的。这一套已经使普通老百姓不明白，在司法制度的程序上又是隔膜到不知怎样利用。在乡间普通人还是怕打官司的，但是在新的司法制度却已推行下乡了。那些不容于乡土伦理的人物从此找到了一种新的保障。他们可以不服乡间的调解而搞到司法处去。当然，在理论上，这是好现象，因为这样才能破坏原有的乡土社会的传统，使中国能走上现代化的道路。但事实上，在司法处打官司的，正是那些乡间所认为"败类"的人物。依着现行法去判决（且把贪污那一套除外），时常可以和地方传统不合。乡间认为坏的行为却正好可以是合法的行为，于是司法处在乡下人的眼光中成了一个包庇作恶的机构了。

有一位兼司法官的县长曾和我谈到过很多这种例子。有个人因妻子偷了汉子打伤了奸夫。在乡间这是理直气壮的，但是和奸没有罪，何况又没有证据，殴伤却有罪。那位县长问我：他怎么判好呢？他更明白，如果是善良的乡下人，自己知道做了坏事决不会到衙门里来的。而这些凭借一点法律知识的败类，却会在乡间为非作恶起来。法律还要去保护他。我也承认这是很可能发生的事实。现行的司法制度在乡间发生了很特殊的副作用，它破坏了原有的礼治秩序，但并不能有效地建立起法治秩序。法治秩序的建立不能单靠制定若干法律条文和设立若干法庭，重要的还得看人民怎样去应用这些设备。更进一步，在社会结构和思想观念上还得有一番改革。如果在这些方面不加以改革，单把法律和法庭推行下乡，结果法治秩序好处未得，而破坏礼治秩序的弊端却已经发生了。

---

〔1〕 引自费孝通：《乡土中国　生育制度》，北京大学出版社 1998 年版，第 57～58 页。正如费老先生指出的，中国正处于"礼治"向"法治"过渡的阶段，在这个过程中，"传统"与"现代"、"中国"与"西方"的文化之间会有冲突，而有些犯罪现象，正是这种冲突的产物。

参考文献

1. 刘英茂：《普通心理学》，大洋出版社 1987 年版。

2. 康树华主编：《犯罪学通论》，北京大学出版社 1996 年版。

3. 张远煌：《犯罪学原理》，法律出版社 2008 年版。

4. 何为民、解玉敏编著：《犯罪与罪犯改造心理学教程》，法律出版社 1989 年版。

5. 张小虎主编：《犯罪学研究》，中国人民大学出版社 2007 年版。

6. 王娟主编：《犯罪学概论》，中国政法大学出版社 2007 年版。

7. 许章润主编：《犯罪学》，法律出版社 2007 年版。

8. 宋浩波、靳高风主编：《犯罪学》，复旦大学出版社 2009 年版。

9. 张小虎主编：《中国犯罪学基础理论研究综述》，中国检察出版社 2009 年版。

项目十

犯罪的个体因素分析

任务一 犯罪个体的生理因素分析

教学情境

教学情境一：

表 10 - 1：某市受调查犯罪人性别比例表

年度	男（人数、百分比）	女（人数、百分比）	合计
1990	4178　97.9%	88　2.1%	4266　100%
1993	3764　97.5%	95　2.5%	3859　100%
1996	4390　97.3%	122　2.7%	4512　100%
1999	3246　96.3%	123　3.7%	3369　100%

数据来源：引自周路主编：《犯罪调查十年——统计与分析》，天津社会科学院出版社 2001 年版，第 37 页。

教学情境二：

表 10 - 2：龙勃罗梭的统计：年龄与犯罪

年龄	意大利人（%）	英国人（%）	奥地利人（%）
出生到 20 岁	12.9	25.10	0.4
20～30 岁	45.7	42.4	42.6
30～40 岁	28.8	16.8	27.07
40～50 岁	11.6	8.4	12.1
50～60 岁	3.8	4.2	5.9
60 岁以上	0.9	2.0	1.24

数据来源：［意］切萨雷·龙勃罗梭著，黄风译：《犯罪人论》，中国法制出版社 2005 年版，第 235 页。

▥▥**工作任务**

从上述表格看出，性别、年龄这些犯罪人的个体性因素，与犯罪有重要的关联，这些个体性因素与犯罪存在什么样的关联，本任务将分析：

1. 性别因素与犯罪。

2. 年龄因素与犯罪。

3. 遗传因素与犯罪。

4. 其他个体性因素与犯罪。

 学习内容

性别、年龄、遗传等作为生理性因素，对犯罪有着重要的影响。性别能够影响犯罪机会和犯罪成本并进而影响犯罪类型。男女两性在作案手段的选择、犯罪发生和演变方式上都存在差异。年龄对犯罪的影响主要表现在对犯罪率和犯罪类型的影响以及初次犯罪年龄与再犯率的关系方面。

虽然在一般犯罪原因论意义上，我们确认社会因素是影响犯罪的主要因素，但这并不意味着生理因素对犯罪的影响不重要。因为犯罪首先是具体的人所实施的严重危害社会的行为，所以必然也要受到人的各种生理因素的直接或者间接的影响。

一、性别因素与犯罪

受人体结构和社会环境等多方面因素的影响，男女在生理和心理方面都存在着重要的区别。在生理方面，女性的体型、雌性激素及经期等生理因素影响着女性的犯罪活动；在心理学上，受到心理学家公认的两性差异就包括男性比女性更富于攻击性；从社会学上来说，女性是弱者，受到男性的保护，女性的活动范围较小，纠纷和受犯罪诱惑少。这些因素导致了男女在犯罪上出现了明显的差异，包括犯罪率、犯罪类型、犯罪方式等。

（一）性别与犯罪率

1. 男性犯罪发生率总体上远远高于女性。总体来说，女性犯罪者在女性总人口中所占比例甚微，女性犯罪者在犯罪人中所占比例也很低。根据英国 1989 年的一项调查表明，男性犯罪者约占女性总人数的 1/3，女性犯罪者仅占女性的 1/13 左右。[1]

在我国，女性犯罪的比率低于世界其他国家，1950 年女性犯罪比例为 2% ~ 3%，1986 年为 3.79%，最近几年，我国女性犯罪发生率也趋于上升，但也是只有 10% 左右。

---

〔1〕　数据来源：宋浩波、靳高风主编：《犯罪学》，复旦大学出版社 2009 年版，第 239 页。

为什么男性犯罪发生率远远高于女性，原因主要在于：

（1）从伦理学角度上来说，犯罪是违反道德的行为，在通常情况下，女性的道德观念要强于男性，更容易受到传统观念的约束。

（2）从心理学角度来看，犯罪大多数需要主动的心情和积极的行为能力，但女性天性较为柔顺和服从，不如男性富有竞争性和攻击性。

（3）从社会学的角度看，犯罪是反社会的行为，犯罪率与行为人参加社会生活的程度成正比关系，较之男性而言，女性在家庭的时间更多。

2. 女性犯罪发生率的增长速度高于男性。随着历史的推进，西方工业革命的开始，社会经济的飞速发展，全世界包括中国都在提倡男女平等，因而女性获得了该属于自己的合法权益，开始逐渐频繁地接触社会，融入社会，结果导致了犯罪率提高。

在美国，从 1932 年到 1946 年，女性犯罪从占犯罪总数的 7.4% 上升到 10.7%。20 世纪 60 年代开始，女性犯罪率不断上升，到 1970 年女性犯罪率已经上升到 15.3%。1971 年到 1982 年，美国的女性犯罪人数占总犯罪人数的比例一直处于 22% ~ 24% 之间。不仅美国如此，俄罗斯 1997 年女性犯罪人数占 13.6%，到 2003 年就上升到 16.6%。此外，一些发达国家如英国、日本等国家的女性犯罪也在 10% ~ 20% 之间。[1] 德国犯罪学家汉斯·约阿希姆·施奈德的《犯罪学》中也有相关论述，他认为在当今发达的工业化国家中，犯罪女性大致为罪犯总数的 10% ~ 20%，在发展中国家则是在 3% ~ 5% 之间。

在中国，女性犯罪率也在逐步上升，犯罪类型主要以财产犯罪和性犯罪最为突出，但随着中国改革开放的到来，女性对社会各类事务的参与，也同时为女性犯罪提供了比以前更多的机会。例如，外地或农村"打工妹"大量涌入大城市，由此女性犯罪必然提高，而且犯罪类型也在向男性化发展，具有了攻击性和城市性，出现了抢劫、杀人、放火、诈骗、毒品、拐卖人口等具有暴力和财产并有的犯罪，而且犯罪人年龄在逐渐偏低。

尽管女性罪犯比例有所上升，但男性犯罪的绝对数目远远高于女性。

（二）性别与犯罪类型

在确认女性犯罪数量大体上低于男性的同时，应当注意到男女两性在犯罪的类别上是有区别的，比如，女性几乎不发生的犯罪为强奸、恐吓、强制猥亵、渎职等；犯罪数甚少的犯罪为逃脱、伤害、骚扰、伪造有价证券、诈骗等；犯罪率甚高的犯罪为放火、失火、杀婴、遗弃等。

为何因性别的不同而在犯罪数量和种类上出现较为明显的差异？我们对于男女两性之间犯罪类别存在差异的原因，可以着重从以下几个方面予以解释：

---

〔1〕 数据来源：丛梅："当前犯罪主体的性别特征分析"，载《理论与现代化》2008 年第 4 期。

1. 女性的权力意识和对公共生活的关注兴趣一般要逊于男性。就人类的需要而言，借助于一定的手段支配和影响他人的权力欲望并非男性的专利，事实上，权力意识构成了人类活动的基本社会动机之一。但是现实生活中，由于受传统文化的约束和广大女性尚有待克服的自身偏见的影响，权力领域很大程度上仍然是男性的一块世袭领地，女性参与权力生活往往只能由占据社会生活中心的男性去安排。这就是为什么在各级党政要员的任命和选举中一定要规定女性占一定的比例，以此确保女性最低限度的参政议政之权。与女性追逐权力意识的弱化相适应，女性参与社会生活的广度和深度整体上不及男性，由此决定了与政治信念、权力的追逐和运用相关的一些犯罪较少发生在女性身上。

2. 某些体质和心理因素也限制了女性的犯罪行为。就体质而言，女性可谓犯罪中的弱者，在各种需要以身体的力量为条件或者后盾的犯罪中，女性涉猎的可能性明显较少；在心理方面，尽管现代社会女性的法律地位与男性平等，但两性之间社会分工的不同也是客观存在的，除了职业生活外，操持家务、抚养子女仍是女性日常生活的基本内容。因此，由于日常家庭事务在女性生活中所占的比重较大，由此引发的冲突和矛盾导致的犯罪也较为突出。

3. 就业余生活方式而言，由于男性更富于冒险和寻求感官刺激的心理特征，他们在业余生活中较女性更容易沾染上各种不良的习气，如酗酒、赌博、吸毒、斗狠等，显然这些不良的习气都是诱发犯罪的重要原因。

应当指出的是，随着年龄的增长，某些男性特征开始趋于中性化，老年人犯罪的男女性别比例的差异性一般呈逐步缩小的趋势。

（三）性别与犯罪方式

性别对犯罪方式的影响，主要表现在以下几个方面：

1. 在作案方式上，男性多选择攻击性的暴力手段，而女性多利用女性的特点来作案。女性由于天生的体力不及男性而往往"扬长避短"，利用自己的女性魅力和不易引起警觉与怀疑的社会心理，实施各种与其身份相适应的犯罪。例如，在财产犯罪方面，女性一般所涉及的主要是扒窃、盗窃商场小件物品以及诈骗等犯罪形式，而很少采用撬门锁入室行窃或者是公然抢劫。

2. 在犯罪的发生方式上，男性犯罪大多具有突发性、公开性的特点，而女性犯罪多表现出渐进性、隐蔽性的特点。女性的这一特点与女性内在情感体验较强、不易表露心声和行为较为谨慎的人格特点是相适应的。女性所实施的冲动性犯罪较少，在犯罪意图的产生和犯罪行为的实施之间有一个较男性更为明显的动机斗争过程，犯罪行为的过渡是其反社会性动机日益强化，最终战胜适应社会动机的逻辑结果。也正因为如此，女性在进行流氓淫乱犯罪之前，必然有一个在心理上克服传统的贞洁观念、羞耻感、舆论压力及其家庭责任的过程，而这一过程的完成大多是潜移默化和缓慢演进的。

3. 在犯罪行为的演变上，男性犯罪多具有顺向性，而女性犯罪多具有逆变性的特点。所谓的逆变性，一般包括两方面的含义：①女性在初次犯罪遭受制裁后，人格自尊比较难以恢复，破罐子破摔的心理倾向较为突出，犯罪后的改造难度较大；②女性在遭受犯罪侵害后，在不良心理的支配下和其他因素的推动下，导致女性被害人的逆向变化，由被害人向加害人方向转化，如女性受到性侵或者被拐卖后，在得不到法律保护和社会同情下，就往往容易产生报复社会的心理，由被害人转化为加害人。

同时，不容忽视的一个社会现象就是，女性犯罪人受到的社会歧视也往往比男性更为严重，当她们重新步入社会生活的时候，在婚姻的缔结、家庭的重建、职业的选择、事业的追求以及自我形象的重树等方面都面临着严峻的压力，从而使其重新适应社会的过程较之男性而言更为艰难。由此也表明，对于处罚完毕的女性犯罪人应及时地予以耐心细致的帮教，帮助她们解决在实际生活中她们自己难以解决的困难，对于促进女性的重新社会化，预防重新犯罪有着特殊的意义。

4. 在作案人数上，女性往往以单独作案为主。这是与女性社会生活的一般特点相适应的，女性犯罪以单独作案为主，极少形成向专业化方向发展的犯罪团伙，但在异性团伙中，他们又往往成为团伙存续的重要基础，起到"黏合剂"的作用。

二、年龄因素与犯罪

年龄是影响犯罪的因素之一，年龄有生理年龄和心理年龄之分。犯罪学上的年龄主要是指人的生理年龄，年龄对犯罪的影响主要表现为年龄对犯罪率、犯罪类型的影响以及初次犯罪年龄对再犯率的影响。随着年龄的变化，个体犯罪的内容也有所差异。各个年龄阶段的人因其生理特点、生活条件、婚姻状况、受教育程度以及职业环境等都有所不同，其实施社会行为的方式也就不尽相同，从而在犯罪方面也相应表现出年龄与犯罪的具体原因、犯罪的类型以及犯罪行为的特征之间的某些对应关系。通过分析犯罪人的年龄结构，有助于掌握各种犯罪类型在不同年龄阶段的分布状况，确认在一定时期内犯罪的初发年龄段和高发年龄段及其在未来一定时期内的变化趋势，并进而考察不同年龄段的犯罪人犯罪的共同原因和特殊原因。为有针对性地提出防治不同年龄阶段的人实施犯罪的对策提供依据。

（一）年龄与犯罪率

犯罪统计数据表明，不同年龄段的成员其犯罪比例差别甚大。一般来说"青少年犯罪"居于突出位置，而老年人犯罪也不容忽视。犯罪的高峰是在 18～30 岁这一阶段。这是由于青春期的生理躁动和好奇、享乐、自我中心、未成熟、性欲提高等，他们体力充沛，未形成独立人格，缺乏自制力、判断力，最容易冲动误踏法网。相反，60 岁以上的老年人的犯罪率最低，这主要由于老年人社会生活减少，与外界纠纷少，再者因为老年人生理活动能力弱，实施攻击性的能力也很弱。

一般来说，年龄与犯罪率的关系主要表现在：

1. 青少年是犯罪的高发年龄段，青少年犯罪是当今世界性的一大严重社会问题。犯罪是各个国家各个历史时期都普遍存在的社会现象，是社会的一面特殊的镜子，能从反面反映某一社会中人们的文化、道德素养以及精神面貌，暴露社会某些方面的弊病与问题。

近年来，我国的青少年违法犯罪呈上升趋势，有资料显示，目前我国在青少年犯罪初始年龄与20世纪70年代相比提前了2～3岁，14岁以下青少年违法犯罪比例上升，表现出低龄化、团伙化、成人化、智能化、凶残化等新的犯罪特点，这已引起社会各界以及学校、家庭的高度关注。

2. 老年人属于犯罪的低发年龄段。人口老龄化使社会出现新的特点，也给社会带来种种问题，其中包括老年人犯罪问题。一般说来，在整个社会的犯罪中，老年人犯罪的比例是很低的，在整个老年人口中，犯罪的比率也是很低的。可是，随着人口老龄化的进程，老年人犯罪问题也会变得越来越突出。日本每年一册的《犯罪白皮书》在谈到日本犯罪的两个特点时，其中之一就是随着人口老龄化，老龄者犯罪增加，在老年人犯罪中，初犯的比例很高，这说明，老年人犯罪具有自己的独特之处。

（二）年龄与犯罪类型

不仅犯罪率的高低与年龄有关，而且犯罪类型与年龄也有联系。不同年龄阶段的人，由于生理发育状况、心理特点及生活阅历和活动技能等方面的差异，必然会影响行为人对犯罪类型的选择。

少年犯的身心发育尚未成熟，体力与生活经历都还相当有限，多犯盗窃、流氓及其他较轻微的罪行。到了20岁左右的青春期，随着活动能力的增强和生理性需求的日益旺盛，实施抢劫、强奸、伤害等暴力性犯罪及较严重的流氓犯罪的就大为增加；但此时由于生活阅历较浅，活动技能较低，尚难以实施诈骗、伪造等各种专业性较强的犯罪，而这些犯罪类型对于生活经历已较为丰富，活动技能趋于成熟的中年犯罪者而言往往是得心应手的；当进入老年，随着体力和思维能力的减弱，参与社会活动的范围与深度便日益缩小，容易出现诸如固执、幼稚、偏激和多疑等异常心理，从而在犯罪方面出现相应的变化，这时所实施犯罪的对象多为反抗力微弱的儿童、妇女、有生理残疾或精神疾病者；在犯罪类型方面，多实施与其生活经历、体力和思维能力大致相适应的窝藏、教唆、奸淫幼女、传授犯罪方法以及纵火等犯罪行为。

年龄因素能够影响犯罪手段的选择并进而影响犯罪的类型，此外，年龄因素也能够影响犯罪动机并进而影响犯罪类型。某些犯罪在各个年龄组都可能发生，但是由于年龄的差异，所实施的方式往往不同。盗窃是一种多发性的犯罪，虽然在各个年龄段的犯罪中通常都占有相当的比重，但不同年龄层次的人实施盗窃的方式却差别较大。

青少年的身体机能较为协调、活动较为敏捷，实施扒窃的比例相当大；在入室盗窃方面，因涉世尚浅，多具有活动频率高但盗窃机能较低和案值较小的特点。中年盗窃犯则大多有了一段时间的犯罪生涯，积累了相应的犯罪经验，因而，其所实施的入室行窃犯罪活动具有较强的目的性，计划较为周密，行窃的机能较高，能够实施比较复杂的盗窃，并且涉案值一般也较大。同样，在杀人犯罪方面，青少年伴随着情感的冲动和矛盾计划而实施的杀人居多，因而在实施犯罪的时间、地点和方式方面很少顾及和选择；中老年人即使出现杀人的动机，但对由动机转化为实际侵害的条件也往往有所考虑，因而实施谋杀的比例也是最高的。

（三）初次犯罪年龄与再犯率

再犯率也称为再次犯罪率，或者重新犯罪率。导致犯罪人再犯罪的因素很多，既有社会因素，也有犯罪人的个人因素。初次犯罪年龄与再犯也有密切关系，一般而言，犯罪人初次犯罪年龄越低，其出狱后的时间也就相对越长，再犯率也会相应增高；犯罪人初次犯罪年龄越低，其社会化缺陷的弥补和心理恢复的过程也就越长，犯罪人再次犯罪的可能性也就越大。

三、遗传及其他生理因素

遗传是生物的一种属性。对于遗传对犯罪的影响问题，犯罪学鼻祖龙勃罗梭在19世纪就发表观点认为，犯罪有隔代遗传的特点，罪犯先天具有成为罪犯的素质，这种素质是必然的，不可抗力的。有些学者认为人的身体特质可以遗传，则精神特质也同样可以遗传。有学者根据犯罪人家谱来证明遗传与犯罪的关系，例如，杜格狄曾对朱克家族进行调查，发现在1200名成员中有140名犯罪人，其中60人是盗窃，7人杀人，58人卖淫，280名乞丐及440名性病患者，30名私生子。

高尔顿是最早提出犯罪遗传的人。早在1861年，高尔顿就坚信人类形形色色的肉体、精神和道德特征都是遗传的。1865年，他在《遗传的天赋和特征》一文中提出，人的社会性能够通过"优育"的方法而得以进步。几年前，华盛顿大学医学院的精神病科医生C.罗伯特·克洛宁格提出一份报告，认为男孩的父母如果是罪犯，即使他从小就给别人哺养，成长后比起亲生父母不是罪犯的人来，犯罪的可能性要高出4倍之多。美国南加利福尼亚大学一位名叫梅迪尼克的心理学家，曾耗时30年专门研究犯罪及其家属之间的关系。他研究了14 427名丹麦男性养子的情况，发现在这批人中，如果亲生父母是经济犯罪分子，那么孩子成为经济罪犯的可能性达到20%；如果亲生父母和赡养父母都是犯罪分子，那么孩子成为罪犯的可能性上升为24.5%；如果亲生父母和赡养父母都是清白公民，那么这个比率将下降为13.5%。上述数字尽管并非太清晰，但至少可以看出一种趋势：就是犯罪和遗传之间存在着一定联系。

其他的异常生理因素也与犯罪紧密相关，具体包括：①脑电图异常一般认为与冲动、爆发性和控制不良之间具有关联性；②内分泌异常可能导致精神上的变态，而性激素异常与精神症状、性欲亢进有关；③物质代谢异常、性染色体异常，也与犯罪行为之间具有特殊关联性；④就脑损伤来讲，往往会产生性格变化，冲动性增强，智力低下及能力减退。

任务二　犯罪个体心理因素分析

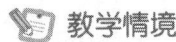 教学情境

教学情境一： 　　　　　　　　　**邱兴华杀人案**

2006年6月18日至7月2日，邱兴华与其妻何冉凤先后两次到陕西省汉阴县铁瓦殿道观抽签还愿。期间，邱兴华发现两块刻有自己先祖名字的墓碑被铁瓦殿道观用做踏板，便将这两块墓碑取起移往墙边靠放，遭到道观管理人员宋道成的反对和辱骂，双方发生争执，争执中邱兴华认为道观住持熊万成还有调戏他妻子的行为，因此产生杀人灭庙的恶念。

7月14日晚，邱兴华趁道观内管理人员和香客熟睡之机，持斧头、弯刀，将陕西省汉阴县铁瓦殿内的工作人员和香客等10人杀死，作案后邱兴华烧殿潜逃。

7月26日，公安部发出A级通缉令，并悬赏5万元捉拿邱兴华。7月30日，邱兴华在湖北省随州市武安铁路工地一临时工棚内，持铁铲将工人周建平划伤，抢走黑色背包。

7月31日上午，邱兴华窜至湖北省随州市曾都区万福店农场魏岗村村民魏义凯家，以帮魏义凯家补盆子和合伙做干鱼生意为名，骗取魏的信任。当天吃完晚饭后趁其家人休息之机，用斧头和弯刀向魏义凯、魏妻徐开秀、魏之女魏金梅的头部连砍数刀，将三人砍伤后，抢得现金1302元。魏义凯因抢救无效，于9月9日死亡，徐开秀、魏金梅经鉴定系重伤。

10月19日，安康市中级人民法院审理后当庭作出一审判决：以故意杀人罪和抢劫罪数罪并罚，决定判处邱兴华死刑，剥夺政治权利终身，并处没收个人财产5000元。

12月28日上午9时，陕西省高级人民法院刑事审判庭在安康市中级人民法院再次开庭，由于没有对邱兴华进行司法精神病鉴定，法庭当庭宣布省高级人民法院维持安康市中级人民法院一审刑事判决的终审裁定、决定：判处被告人邱兴华死刑，剥夺政治权利终身。审判长宣读判决书时，邱兴华一直左顾右盼，当听到判决结果时，邱兴华微笑起来，并回答审判长说："听清判决结果了。"

教学情境二： 　　　　　　　　　**同室操戈拔刀相向**

罗卡娜，女，23岁，广西北海人，2003年上半年到北京外国语大学成教院培训二

部本科班英语专业进修，其同寝室的室友李某以前曾是某一外语学校的英语老师，两人的关系曾经是非常的要好，成绩也都不错，但由于某些小的生活习惯不同，两人的关系由友好走向敌对，整天钩心斗角，李某又背着罗某说罗某性情孤僻，自私而不宜交往。2004 年 7 月 9 日早晨，两人在寝室卫生间发生口角，进而大打出手，结果罗某一时激愤，用本来削水果的水果刀将李某刺死，连刺 17 刀，其中 3 刀为致命伤。2004 年 11 月 30 日，北京市第一中级人民法院以故意伤害罪判处罗卡娜死刑，剥夺政治权利终身，赔偿李某死亡赔偿金共计 25 万余元。[1]

工作任务

随着科学的不断发展，人们对许多未知科学领域的涉猎逐渐加深的同时，犯罪心理分析的科学基础也越来越明晰。犯罪心理分析并不像人们想象的那样，是不可捉摸的玄学，其具有哲学、生物学、遗传学、心理学、社会学等多种学科理论的支撑，是具有科学性与可行性的。接下来我们将分析：

1. 人生观与犯罪的关系。
2. 个体的需要对犯罪的影响。
3. 性格、气质、能力、兴趣和情绪情感与犯罪的关系。

学习内容

一、人生观与犯罪

人生观是人们对人生的根本看法和态度，也是其对外部世界如何认识，并据以决定对生活道路的选择以及个人的思想情操、道德品质、伦理观念、法律意识等主观认识的总和，同时又是人的言行作为终极内驱力的活动准则，其内容主要由幸福观、法纪观、友谊观、英雄观、伦理观和恋爱观等构成。一个人之所以违法犯罪，其主观原因可以从根本上归结到他们的不良人生观，具体表现为以下几种不同形式：①强烈的物质追求。这是指追求物质享受和金钱财富的思想倾向和价值观念，受这种思想支配的人，其物欲、钱欲和享受欲恶性膨胀，把吃、喝、玩、乐等感官享受当成人生的唯一乐趣和终极目的，认为"人生在世，吃喝二字"、"站在花下死，做鬼也风流"。②法纪虚无性。这是指对社会行为规范和社会秩序的无视或者蔑视，以及对社会义务的不负责任的态度。他们游离于法律之外，甚或明知故犯，以为法律奈何不了他们而肆意妄为。③哥们儿义气感。这是影响青少年的一个重要原因，也是青少年违法犯罪团伙赖以组成和维系的精神支柱。④自我显示感。这主要是指违法犯罪分子对勇敢行为的歪曲认识。他们公开宣扬"软的怕硬的、硬的怕愣的、愣的怕横的、横的怕不要

---

〔1〕 摘自《人民公安》2005 年 1 月。

命的"。把亡命哲学当作人生的莫大光荣，倍加推崇。⑤伦理观念混乱这主要表现为道德观念的丧失和伦理观念的低下，缺乏道德准则，颠倒人际关系，就成了违法犯罪者的内部机制所在，他们对一般应遵从的社会——伦理价值往往持否定或排斥态度，转而信奉与此相对立的生活准则。如视"自由"为随心所欲、想干什么就干什么；视"友谊"为讲义气，能够为哥们儿两肋插刀；视"英雄"为胆子大、敢拼命；视"爱情"为满足生理欲望、传宗接代；等等。同时，对代表人类真、善、美的一些基本价值观念，如正义、勤劳、秩序、助人为乐、集体主义等则不屑一顾。正是在这些观念的支配下，他们的生活态度才表现得与社会格格不入，其行为也才具有反社会性。不良的人生观因素是违法犯罪个体原因中的最高层次，它直接决定着违法犯罪行为的实施。

二、需要结构对犯罪的影响

需要是指个体对某种目标的渴求或愿望，它是个体行为的原动力。人的需要有社会性需要和生物性需要之分，正常人的需要结构是由这两种需要的合理配置，并与物质需要和精神需要协调配合构成的。但在违法活动人的需要结构中，生物性需要往往强于社会性需要，低级的物质需要又往往强于高级的精神需要，是犯罪行为现实化的内在原动力和犯罪心理活动发生的起始。因而他们更注重原始欲望和感官的满足，轻视或根本无视精神世界的充实，在他们感到精神世界空虚时，往往又转而求助于物质享受以代偿，当其奢望与贪欲同现实发生冲突时，就可能转而以非法手段来满足，不惜违法犯罪，以身试法。如某省曾对5350名在押青少年犯进行了调查，被调查对象在回答"你认为人生最重要的是什么？"时，选择"金钱"一项的居首位。显然，追求低层次的需要，已成为这类人生活的中心内容。

三、其他对犯罪产生影响的心理因素

犯罪行为是犯罪心理现象外化（客观定向化）的结果，也是犯罪心理高度协调统一的必然产物，除上述引起犯罪行为发生的心理因素之外，还包括以下几个方面：

（一）性格

性格是指一个人对客观现实的稳固态度和与之相适应的习惯化了的行为方式，它是一个人个性中的核心部分，对个体行为的调节起重要作用。犯罪人的性格多为冲动型的性格，他们理智性差，思维狭窄，偏激固执，嫉妒心、虚荣心、报复心极强，自制力差，冒险、侥幸心理强。这种性格特征决定了犯罪人在社会交往、人际关系中适应不良；一旦产生挫折，往往受本能或情感的作用，盲目冲动，攻击报复，不计后果。例如：在司法实践中，那些为人虚伪狡诈，人前一面，人后一面，极不老实，撒谎而面不改色心不跳的人，往往具有虚伪、狡诈、冒险、侥幸、玩世不恭的性格品质，这

类人往往易实施盗窃、诈骗等犯罪。而那些性格过于内向，具有过度的忍耐与克制的人，在遇到挫折、矛盾冲突、外界刺激的情况下，尽管内心感受非常强烈，但言语和行为上却不作出反应，将不满和愤怒埋藏在心底，这种不满、愤怒的情绪日积月累，强度逐渐增加，当达到一定量的积累时，内心犹如一个装满炸药的"火药桶"，如果再稍有刺激和挫折，就会起到"导火线"的作用，使长期积累起来的不满和愤怒情绪，一下子爆发出来，激起强烈的报复。心理性格过于外向的人，自我控制力不强，性情急躁、易怒，这种人一旦受到刺激、侮辱与损害，情绪急剧发生变化，短时间内出现激情状态丧失理智，导致激情犯罪。

（二）气质

在现代心理学中，气质是指表现在人的心理活动和行为动力方面的稳定的个人特点，这些特点一般不受个人活动的目的、动机、内容的影响，是人的心理最一般的特征，它影响到个人活动的一切方向。

气质对犯罪人所实施的犯罪行为有一定的影响，但对犯罪不是起到绝对的、决定性的作用。在现实生活中，机械地划分哪一种犯罪一定是什么气质类型的人所为是不足取的，因为任何一种气质的消极方面如果得不到控制，都有可能在外界因素的作用下走上犯罪道路。应该明确的是，气质与犯罪虽不是因果关系，但是当个体形成不良心理因素，并构成犯罪心理结构，影响和支配个体发生犯罪行为时，其所实施的犯罪类型与气质有一定联系。据调查，杀人犯的气质类型多为胆汁质、粘液质。胆汁质气质的消极发展，容易形成急躁、易怒、自我控制薄弱的不良性格品质，容易导致激情犯罪。粘液气质的消极发展，容易形成压抑、内向的性格，遇到挫折和刺激一般不作出反应，不良的情绪积蓄久了，也会爆发，导致犯罪。据湖北省某监狱对70名女奸情杀人犯的调查，属于胆汁质的占70%以上。[1]

（三）能力

能力是使人顺利完成某种活动所必须的并影响活动效率的心理特征。能力与活动是联系在一起的，一个人的能力高低直接影响着他能否参与某种活动及参与活动的效果。能力的强弱，并不能直接决定个人是否犯罪，能力只是在犯罪类型方面表现出一定的差异，同时，能力与犯罪人采用某种犯罪手段有一定的关系。例如：在诈骗犯罪活动中，犯罪人的言语、模仿、交往能力很强，善于根据对方的需要、心理状态，伪装各种身份，编造各种谎言，投其所好，主动进行交往。往往几句话，一杯酒、一支烟，就能交上"朋友"，取得被害人的信任，在行骗时一旦露出马脚，便马上变换手法，进行弥补，使对方丧失警惕。在盗窃犯罪活动中，犯罪人观察、思维能力强，判断准确，善于集中注意力。作案动作敏捷、迅速、果断、能力专门化。有的购买各种

---

〔1〕 数据来源：袁宪音："犯罪的个体原因中心理因素探析"，载《社科纵横》2003 年第 5 期。

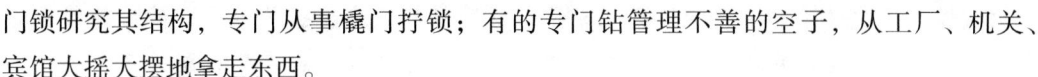

门锁研究其结构，专门从事橇门拧锁；有的专门钻管理不善的空子，从工厂、机关、宾馆大摇大摆地拿走东西。

（四）兴趣

兴趣是个人积极探究某种事物或从事某种活动的意识倾向，体现个体在认识上的需要，有的人缺乏正当的、高尚的兴趣以丰富自己的精神生活，形成了某些低级的、不健康的、有损身心健康的兴趣。心理学的研究表明，很多犯罪人的犯罪行为与他们的某种低级、庸俗的兴趣有关系。例如：一个具有低级趣味而又缺乏道德、法制观念的青年，欣赏了有关人体的艺术品或看了有关性生理知识的书，可能诱发强奸妇女的犯罪动机。

（五）情绪情感

情绪情感是人对客观事物与人的需要之间关系的反映，人对这种关系进行反映的形式就是内心体验或感受，所以也可以说，情绪情感是对客观事物态度的体验。情绪情感对犯罪的影响主要表现在两个方面：①情绪体验不稳定会导致行为失常而诱发犯罪。例如：因社会交往和人际关系矛盾冲突而引起的犯罪，都是在犯罪人对被害人的愤怒、仇恨、嫉妒、恐惧等消极情绪状态的支配下实施的。由于被害人的侮辱、挑衅或暴力行为，使主体的名誉、财产、人身安全等受到威胁产生消极情绪状态，引起强烈的内心感受而产生某种强烈的欲望或情绪冲动，并且自我又失去了控制，导致形成犯罪动机，犯罪人处于消极的激情状态下，行为被冲动的情绪所控制。因此，对于犯罪的手段、方法、危害后果的控制等都无暇顾及与选择，犯罪手段公开、残忍。这种犯罪决意的形成和犯罪行为的实施由于外界的强烈刺激和犯罪主体内心强烈的情绪触发而产生，二者缺一不可。②情感倒错与犯罪，违法犯罪者的道德意识往往比较淡漠，缺乏与社会的道德情感。

如前所述，犯罪既是一种社会现象，又是一种个体行为，犯罪行为是犯罪的个体原因外化的结果。因此，犯罪的个体原因是犯罪行为产生的决定因素，而犯罪的个体原因中，犯罪的心理因素对犯罪行为的发生起着举足轻重的作用。正如恩格斯明确指出的，不仅都一定要通过行为人的头脑，而且还"一定要转变为他的愿望的动机"，才能使其实施犯罪，如果没有这种个人的内驱力的发动或推动，任何犯罪行为都无从发生。

 实训项目

邱兴华杀人案件心理分析

对于邱兴华杀人案，著名的犯罪学家李玫瑾教授对其进行了问卷调查和分析。

李玫瑾：我给邱兴华做了问卷调查。一份是回答与不是的封闭性问题，大约70道题，我借此来判断他的焦虑状况和情绪稳定性。另外，还有不到20道的开放性问题。他的人格障碍的特点就是在人际交往中心理风格一贯让人感觉不舒服。邱兴华5

年之内搬了 7 次家，他借钱借了整个村子，到后来都没人再搭理他了，然后他帮人修理东西时还故意给人弄坏。后来他所实施的犯罪行为，是在他走投无路的情况下出的问题，所以他还是在人格上存在问题。

对于犯罪心理，我把它分为两个层面：一是基本层次，我认为行为人基本不具有承担刑事责任的能力，也就是说他在认知方面，包括想象、思维方面完全混乱。二是人格障碍，这时一个人的认知没有问题，比如有些人很聪明，周围人却很讨厌他。……所以我们再来看邱兴华的认知是不是正常呢？他完全正常，他知道警察在抓他，也知道攒钱，还知道怎么样逃跑。他明白自己水性很好，于是找了一件捡破烂的衣服穿在身上，在脸上抹泥，再混到河边，这样才通过潜水突破的警察的包围圈。通过他所实施的很多行为来看，他在辨别、认知方面完全正常。[1]

实训任务：

1. 请搜集更多关于邱兴华各方面的细节，力求"还原"一个比较完整的面貌。
2. 结合以上分析和搜集到的信息，试分析邱兴华的犯罪心理。

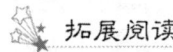 **拓展阅读**

画像（profiling）[2]

画像（profiling）这个术语用于描述收集和分析关于某人或某些人各种相关信息的行为。为了更为清晰地说明此概念，我们把这个术语分成五种有一定重叠的类型：①心理画像；②犯罪画像；③地理画像；④不明死因分析；⑥种族画像。

犯罪画像（criminnal profiling）是在对犯罪特征进行分析的基础上，确认罪犯的人格特征、行为方式、居住地点和人口统计学特征的过程。一些研究者引进犯罪现场分析（crime scene analysis）这个术语，或更技术化的术语"刑事侦查分析"，作为对犯罪现场分析的改进。

很明显，根据有限的信息对某人的一般特征进行描述或画像，这种方法在战略情报局或联邦调查局使用之前就已经为人们所用了。犯罪画像可以追溯到开膛手 Jack 案，Jack 是一名连环杀人犯，1888 年他在伦敦东部残酷地杀死了 5 名妓女。尽管该案悬而未决，但首席法医 George Baxter Philips 博士试图通过对被害者创伤特点的分析来推断罪犯的人格特征，从此来帮助警察开展调查。他注意到创口的形成是凶手必须具有熟练技术和丰富知识，说明杀手精通人体解剖。"尤其需要指出的是，凶手对一名被害者 Annie Chapman 作器官切除时，切口简洁而刀法精确"。

---

〔1〕 孙东东等："司法精神病鉴定与犯罪心理分析——从邱兴华特大杀人案谈起"，载《证据学论坛》2007 年第 2 期。

〔2〕 ［美］Curt R. Bartol, Anne M. Bartol 著，杨波等译：《犯罪心理学（第七版）》，中国轻工业出版社 2012 年版，第 256～257 页。

地理画像（geographical profiling）是指根据对犯罪场所的地理和空间关系的分析，确认不知名犯罪者可能的居住地以及下一次可能犯罪的场所和地点的方法。因此，地理画像通过定位罪犯生活的大致地点和通过缩小监视范围以预判下一次犯罪最可能出现的地点，为犯罪调查提供帮助。这种类型的画像实质上是尝试确认那些罪犯熟悉、感觉最舒适、倾向于寻找被害者的地理区域。犯罪画像推测了犯罪人的人口统计学特征、动机特征和心理特征，而地理画像更关心犯罪地点与犯罪者居住地之间的关系。地理画像不但在寻找系列暴力罪犯中有用，在寻找财产罪犯如夜盗惯犯中也有用。

不明死因分析（equivocal death analysis）也叫作重构心理评估（reconstructive psycholygical evaluation），是对死者情绪、行为方式和认知特征的重建。在这种意义上，它是死后的心理分析，因此也称心理尸检（psychological autopsy）。不明死因分析或心理尸检多用于调查死者是否是自杀以及自杀的原因。

种族画像（racial profiling）被描述为"以人种、民族或国籍而不是以个人行为和信息为依据的警方调查"。

参考文献

1. 曹漫之主编：《中国青少年犯罪学》，群众出版社 1987 年版。

2. 李田夫、杨士祺、黄京平：《犯罪统计学》，群众出版社 1988 年版。

3. 张远煌：《犯罪学原理》，法律出版社 2008 年版。

4. 刘灿璞：《当代犯罪学》，群众出版社 1986 年版。

5. 张小虎主编：《犯罪学研究》，中国人民大学出版社 2007 年版。

6. ［荷］W. A. 邦格著，吴宗宪译：《犯罪学导论》，中国人民公安大学出版社 2009 年版。

7. 宋浩波：《犯罪学原理》，中国人民公安大学出版社 2001 年版。

8. 康树华主编：《犯罪学通论》，北京大学出版社 1996 年版。

9. 许章润主编：《犯罪学》，法律出版社 2007 年版。

10. 林纪东：《刑事政策学》，台湾编译馆 2000 年版。

11. 周密：《论证犯罪学》，群众出版社 1991 年版。

12. 何为民、解玉敏编著：《犯罪与罪犯改造心理学教程》，法律出版社 1989 年版。

学习模块四
怎么办——犯罪预防分析

项目十一

犯罪预防基本知识认知

任务一　犯罪预防的概念与特征分析

教学情境

教学情境一： <center>女大学生失联事件</center>

2014 年 8 月 28 日凌晨，江苏吴江 19 岁女大学生高秋曦失联半个月后确认遭抢劫被杀害。

2014 年 8 月 9 日，20 岁的女大学生高渝在重庆"搭错车"不幸遇害。

2014 年 8 月 21 日，22 岁的女大学生小金在济南被黑车司机绑架、囚禁 4 天，并惨遭殴打、性虐。

2014 年 11 月 19 日凌晨，广东女大学生在学校附近吃完宵夜后突然失联，21 日凌晨，失联 2 天后在学校附近天桥底下被找到，处于受伤昏迷状态，且手机等财物全部丢失。

教学情境二： <center>他信险遭暗杀</center>

2003 年，泰国总理他信发誓要在 3 个月内清除干净泰国境内的毒品。泰国政府从 2003 年 2 月 1 日开始，展开了一场大规模的打击非法毒品交易的"扫毒战争"。他信在打击毒品问题上的强硬立场使一些犯罪团伙首领对他心生仇恨，所以，暗杀行动瞄准了他。在美国情报系统的预警下，泰国随即多方采取措施加强对他信的安全保卫，避免了血光之灾。

工作任务

2014 年 8 月以来，接连发生了多起大学生被侵害事件，引起了社会的广泛关注。从失联到被囚禁性侵、被伤害甚至遭杀害，犯罪的魔抓频频伸向正值青春年少的女大学生。我们在深感痛惜的同时，应该更关心一个问题：怎样才能避免下一个"失联大学生"的出现？

犯罪是否可以预防？他信的案例已经告诉了我们答案。下面，我们的任务包括：

1. 认识什么是犯罪预防？

2. 了解犯罪预防有什么特征？

 学习内容

一、犯罪预防的概念

提到犯罪预防，总会涉及犯罪控制，犯罪防控是避免犯罪发生的两个不同阶段，二者的最终目的是防止犯罪的发生，但却有着不同的内涵。犯罪预防指的是社会上所有的主体在犯罪发生之前积极采取各种措施，防止犯罪发生的各种可能。犯罪控制指犯罪发生之时或发生之后，由各相关机关或个人所采取的将犯罪控制在一定范围之内的活动。二者所处的时间段不同，主观能动性也存在差别，前者旨在积极主动的防止犯罪的发生，后者具有一定的被动性，犯罪行为发生后才会去处理。综上，我们把犯罪预防定义为：国家、社会、组织、个人以减少或消除犯罪为目的，采取的各种积极有效的措施与策略。

犯罪预防由于其特殊性，其定义包含以下几方面的内容：

1. 犯罪预防的主体是国家、社会、组织和个人。犯罪作为一种普遍发生的行为，由于其主体的广泛性，仅仅依靠一方的力量难以达到预防犯罪的最终目的，必须联合各个主体共同采取措施，最终实现社会治安的普遍好转。

2. 犯罪预防的目的是减少或消除犯罪。犯罪作为一种具有严重危害性的行为，不予处理或者放任自流都有可能会导致社会治安的严重恶化，人民的生存环境受到巨大的威胁与挑战。在此情况下，必须采取各种措施，尽量减少或者消除有可能发生的犯罪，把某些犯罪扼杀在萌芽之中。

3. 犯罪预防的对象是有可能引发犯罪的各种群体和行为。各种各样的群体或者个体行为都可能成为犯罪的诱发因素。明确犯罪预防的对象，可以在具体操作过程中做到有的放矢，制定具体的政策或采取各种手段以防止这类群体出现问题，防止容易导致犯罪行为产生的各类行为。

二、犯罪预防的特征

（一）犯罪预防具有必要性

犯罪是一种难以避免的社会恶行，它对社会、公众造成巨大的物质损失、人身乃至生命损害，同时也带来了精神和心理方面的损害，必须对犯罪加以预防和控制。如果犯罪得不到有效的预防和控制，将会导致政府的公信力下降，最终导致现存的统治秩序遭到毁灭。

（二）犯罪预防具有可能性

犯罪能不能预防？这是犯罪学家历来所争议的焦点。有些西方学者认为犯罪是天生的，是人身心、社会因素、自然因素共同作用的结果，是与人类社会同时存在的，犯罪只能予以遏制和控制，却无法消灭。马克思认为犯罪是一种社会历史现象，将会随着社会生产力水平的不断提高和生产关系基本矛盾的解决而最终消灭。

犯罪作为一种社会现象是可以预防的，犯罪具有可识别性，这是进行犯罪预防和控制的前提条件。犯罪本身具有强大的社会恶性，影响着每个社会成员的日常生活，而社会中蕴藏着预防犯罪发生的强大动力。经过长期探索，人们已经总结出一套完整的预防犯罪的方法，这些都使得犯罪预防成为可能。

任务二　犯罪预防的措施与体系分析

教学情境

教学情境一：　　　　　　　　　　　**药家鑫案**

2010 年 10 月 20 日 22 时 30 分许，药家鑫驾驶陕 A419N0 号红色雪弗兰小轿车从西安外国语大学长安校区返回市区途中，将前方在非机动车道上骑电动车同方向行驶的被害人张妙撞倒。药家鑫恐张妙记住车牌号找其麻烦，即持尖刀在张妙胸、腹、背等处捅刺数刀，将张妙杀死。逃跑途中又撞伤二人。同月 22 日，公安机关找其询问被害人张妙被害是否系其所为，药家鑫矢口否认。同月 23 日，药家鑫在其父母陪同下到公安机关投案。2011 年 4 月，西安市中级人民法院对此案作出一审判决，判处药家鑫死刑，剥夺政治权利终身，并赔偿被害人家人经济损失费；药家鑫随后提起上诉。2011年 5 月，二审判决宣布维持原判；6 月 7 日，药家鑫被执行死刑。

教学情境二：　　　　　　　　　　　**复旦投毒案**

林森浩，广东汕头人，学习成绩优秀，尤爱英语，高考时以 780 多分的高分考入中山大学。2010 年，林森浩因成绩优异被中山大学推荐免试进入复旦大学医学院攻读研究生。

林森浩与黄洋均为复旦大学上海医学院 2010 级硕士研究生，分属不同的医学专业。2010 年 8 月起，林森浩入住复旦大学某宿舍楼 421 室。1 年后，黄洋调入该寝室。之后，林森浩因琐事对黄洋不满，逐渐怀恨在心。

2013 年 3 月 29 日，林森浩在大学宿舍听黄洋和其他同学调侃说愚人节即到，想做节目整人。林森浩看到黄洋笑得很得意，便联想起其他学校用毒整人的事件，于是计划投毒"整"黄洋，让同学难受。

2013 年 3 月 31 日中午，林森浩将其做实验后剩余并存放在实验室内的剧毒化合物带至寝室，注入饮水机槽。4月1日早上，与林森浩同寝室的黄洋起床后接水喝，饮用后便出现干呕现象，最后因身体不适入院。2013年4月16日下午，黄洋经抢救无效于当天下午3点23分在上海某某医院去世。警方表示，在该生宿舍饮水机内剩余的水中检验出某些剧毒化学成分，认定其寝室室友林森浩有作案嫌疑。

2014年2月18日，上海市第二中级人民法院一审宣判，被告人林森浩犯故意杀人罪被判死刑，剥夺政治权利终身。2015年1月8日，上海市高级人民法院终审维持原判：因故意杀人罪被判死刑。

▓ 工作任务

大学生犯罪已经不是社会上罕见的话题，从马加爵到药家鑫，再到林森浩，都是经过正规小学、中学、大学教育培养起来的天之骄子。尤其是林森浩，名牌大学医学研究生，竟然只是因为看人不顺眼，想开个玩笑，向自己室友的水中投毒。这些都让我们相当费解，我们应当采取怎样的预防措施才能避免类似的悲剧发生呢？下面，我们的任务包括：

1. 犯罪预防的措施包括哪些？
2. 每种预防措施的内涵是什么？

 学习内容

我国根据犯罪预防手段的不同将犯罪预防措施划分为四大类，即犯罪的社会预防、心理预防、治安预防、刑罚预防。

一、犯罪的社会预防

从广义上讲，犯罪的社会预防包含社会的方方面面，同时也包含了犯罪的心理预防、治安预防、刑法预防。但是作为与这些预防措施相对应的概念，其又具有特定的含义。本书将犯罪的社会预防定义为：以犯罪产生的原因和条件为基点，通过对社会组织的构成、自身结构进行调整，消除犯罪发生的社会隐患，最终达到预防犯罪的效果。

从目的上来看，进行犯罪的社会预防是消除犯罪发生的社会原因，以达到预防犯罪的效果，还社会以和平；从主体上来看，犯罪社会预防的主体包括社会上的党政机关、家庭、学校、医院等各种有可能发生犯罪行为的组织，这些都是预防犯罪发生的社会主体；从手段上来看，社会预防主要是通过对社会组织自身的调整，及组织本身安全性、防御性的构建，增强社会组织预防犯罪发生的能力。

二、犯罪的心理预防

犯罪的心理预防是针对个体的身心进行的一种预防方式，指通过对个体健全人格

的培养和个体的自我修养，增强自身的社会适应能力和自我控制力，以便作出符合社会法律和伦理规范的行为选择。

人是社会性动物，具有自我完善能力，能够根据自身需求进行适当选择。犯罪心理预防的重心在于人的自我完善和内在充实，既培育个体的健全人格，同时也关注内在控制与外界社会控制的相对均衡。社会教化与自我修养是犯罪心理预防的主要方面。

三、犯罪的治安预防

犯罪的治安预防也是犯罪控制，是指具有警察职能的国家机关运用法律所赋予的权力，及时发现诱发犯罪产生的外部条件，预防、减少控制犯罪行为对社会产生危害的各种行政措施。

犯罪治安预防的实施主体一般是承担大部分社会治安管理工作的公安机关，治安预防任务贯穿于公安日常工作的整个过程当中。基于实施主体的特殊性，治安预防工作在整个犯罪预防体系中占有非常重要的地位。治安预防的主要工作内容包括：重点人员管控、重要场所管控和特殊行业管控。

四、犯罪的刑罚预防

犯罪的刑罚预防是指国家通过刑罚的方式，对已经触犯刑法规定的行为人给予限制人身自由的处罚措施，通过刑罚处罚防止犯罪行为人再次实施犯罪行为。

犯罪刑罚预防的实施主体是承担限制人身自由功能的专门国家机关，使用的工具是具有强制性的法律制裁手段。刑法预防的对象除了已经犯罪正在接受刑事处罚的行为人之外，也包括没有犯罪的社会普通公民，即通过对犯罪行为人的刑罚处罚可以对其他普通大众产生一定的威慑作用。刑法预防除了具有惩罚性之外，对犯罪人的矫治方面也发挥了重要的作用。

任务三　犯罪预测分析

教学情境

教学情境一：　　　　　　　　　　　　**犯罪预测软件**

《每日邮报》12月2日报道，德国柏林警方正考虑采用好莱坞大片《少数派报告》中类似的软件预测犯罪，并在犯罪行为发生前进行阻止。这款软件名为 Precobs，由德国奥伯豪森 Prediction Technique 研究所研发，借鉴了《少数派报告》中"precog"预测软件的名字。Precobs 可以根据不同数据预测犯罪最有可能发生的时间和地点。Precobs 依赖于过去犯罪（比如非法强行闯入）发生的地点、时间以及其他细节性数据。当接到新的报告时，这款软件会分析数据寻找一种模式，从而指向未来目标。

教学情境二： "蓝色粉碎"项目

2006年，美国孟菲斯警察局与孟菲斯大学合作开展"蓝色粉碎"（Blue Crush）项目。孟菲斯警察局成立"犯罪活动实时监测中心"，由社会学家、研究人员、数学家运用计算机软件系统对搜集到的犯罪信息进行整理运用。"蓝色粉碎"项目不是预测特定个体的行为，而是在空间和时间上预测特定犯罪类型的发生概率。到2012年，孟菲斯重大财产和暴力犯罪发生率下降了26%，其中车内盗窃、抢劫、谋杀案件的发生率降低了40%。

工作任务

犯罪预测是犯罪学理论体系的重要组成部分，是犯罪预防必不可少的前提条件，世界各国都不同程度地重视犯罪预测工作，有些国家也成立了用于犯罪预测的工作机构。但究竟犯罪可否预测，孟菲斯警察局"蓝色粉碎"项目的工作原理给了我们答案。下面，我们的任务包括：

1. 认识什么是犯罪预测？
2. 了解犯罪预测包括哪些内容？

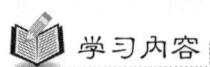 学习内容

一、犯罪预测的概念

犯罪预测是运用科学的理论和技术方法，结合过去和现在犯罪发生的实际情况，对未来的犯罪趋势所进行的推测。犯罪预测既不是针对过去的犯罪也不是针对现在正在发生的犯罪，而是对未来即将发生的犯罪进行推测，通过这种推测提前采取措施，以达到预防犯罪的目的。

犯罪之所以能够进行预测，主要是基于以下理论作为支撑：

1. 犯罪是可以认识的。马克思主义认为，世界上一切事物都是可以认识的。犯罪作为一种复杂的社会现象，无论是犯罪的发生原因还是犯罪的参与人和犯罪的最终结果，均有变化性。我们在认识、分析犯罪的过程中应坚持从实际出发，去伪存真，找出犯罪的发生规律，认识犯罪，对进行犯罪预测奠定基础。

2. 犯罪现象具有稳定性和历史延续性。在同一个国家中的不同发展阶段，由于政治体制、经济制度的统一性与延续性，在犯罪的特点方面存在相似性。如新中国成立后开展的专项严打斗争，虽然处在不同的时间阶段，但开展严打的背景基本都是基于社会经济发展过程中所出现的问题，或者由于社会的发展所带来的各种社会问题。由此我们可以判断，犯罪现象具有稳定性和历史延续性，我们可以反观历史，通过历史

的指引来帮助我们开展犯罪预测和犯罪预防工作。

二、犯罪预测的内容

犯罪预测的内容包括犯罪主体预测、犯罪时空预测和犯罪规律预测等。

1. 犯罪主体预测。犯罪主体包括自然人和法人组织，本文主要指自然人。社会由不同年龄段的自然人构成，这些都有可能成为犯罪的主体。例如：最近人们关注比较多的是留守儿童的犯罪问题。留守儿童由于长期远离父母，缺乏父母的关爱和照顾，在成长过程中缺乏对事物的正确认识。留守儿童辍学率居高不下，在过去的几年中，由留守儿童实施的犯罪也不在少数。我们可以根据前一个阶段的案例，分析留守儿童身上所存在的问题，为进行犯罪的预测奠定主体基础。

2. 犯罪时空预测。由于犯罪总是发生在一定的时间、空间范围内，我们可以对某种类型的犯罪行为的时空条件进行分析。如某些高档住宅小区在正常上班时间范围内，由于空巢作用，经常会发生居民家中被盗案件。因为这类小区的居民在此时间段内都处在工作单位，小区形成居住真空地带，小偷一旦摸清业主上下班时间和整体居住状况，便可以实施盗窃行为。这就需要小区物业和附近的治安管理部门根据小区居民情况采取一些安保措施，以预防在此时间段内再次发生犯罪。

3. 犯罪规律预测。在一些流窜作案或者由同一个犯罪行为人或者同一个组织的犯罪行为人所实施的犯罪中，往往具有一定的规律可循。此类行为人，由于人员的特定性，行为人在实施犯罪时会留下自己的生理痕迹或者生理物证。如某流窜作案中采取相同的犯罪手段，这个犯罪手段就可以作为此类案件的并案依据，同时也可以根据之前的犯罪时间、地点和受害人进行分析，推断即将实施的犯罪行为，提前采取预防措施，防止案件的继续发生。

犯罪基于其构成的复杂性，在进行犯罪预测过程中，这些预测内容并不是各自独立的，而是相互交叉、相互印证的，以便帮助研究者得出预测结论。

三、犯罪预测的方法

犯罪的预测方法多种多样，比较常见的有：统计法、调查法、专家评估法、因果分析法、推理判断法等。

 实训项目

2014 年 5 月 25 日，网上一则关于"实拍北京朝阳奶西村 3 男子轮流殴打一少年"的视频引起广泛关注。视频中，3 名男子围殴一少年近 9 分钟，肘击、脚踢、用石块砸……据被打男孩介绍，他今年 14 岁，读六年级。3 名打人者和他是同村人，均无业。上周三，3 人在学校找到他，并把他叫到村边一处空地实施殴打，殴打持续了 10 余分钟。被打男孩说，他之所以被打，是因为 3 人之前因打架被抓，怀疑其告密。发

现网上的视频后，警方当日下午找到被打少年及网传视频拍摄者，经过警方连夜工作，犯罪嫌疑人郭某（男，1999 年出生，河南人）在家人陪伴下，于 5 月 26 日凌晨 1 时许主动到派出所投案。26 日上午 10 时许，警方在河北燕郊将另外 2 名嫌疑人程某（男，1999 年出生，甘肃人）和杨某（男，1997 年出生，甘肃人）控制住。

依北京警方提供的消息，可以归纳出几个涉事者的共性男孩：①4 人都属于少年阶段，其中有 2 人出生于 1999 年，1 人出生于 1997 年，被打的男孩仅 14 岁；②包括被打者在内都缺少父母的关照，受害人被打后竟未告知父母，也未及时报警；③法律意识淡薄，用暴力摆平事情的行为毫无疑问是违法的，但是看到视频中那近乎招招致命的举动，感觉不到施暴者有任何忌惮。

实训任务：

1. 我们的社会应当怎样对青少年进行正确的引导，以防止此类事件的再次发生？

2. 青少年应如何从自身做起，不成为暴力事件的当事人？

 **拓展阅读**

综合治理：中国犯罪预防的基本模式[1]

20 世纪 70 年代末 80 年代初，我国犯罪率上升，社会治安状况明显区域恶化。这种现象是我国改革开放之初的各种社会矛盾的一种综合反映。针对我国社会治安状况趋于恶化的现实情况，并且基于社会治安状况恶化是我国各种社会矛盾的综合反映这一基本认识，党中央、国务院提出了对犯罪和其他社会治安问题实行综合治理的方针。这一方针的基本内涵和要求是：在各级党委和政府的统一领导下，动员和组织全社会的力量，运用政治的、法律的、行政的、经济的、文化的、教育的等多种手段，打防结合，标本兼治，对违法犯罪问题进行综合整治，从根本上预防和减少犯罪，维护社会秩序，保障社会稳定。

综合治理方针不仅明确了我国犯罪预防实践的总战略和总目标，而且设定了我国预防犯罪的具体制度、原则、主体和措施。因此，综合治理不仅被作为我国 20 世纪 80 年代初以来的基本刑事政策和预防犯罪的基本方针而提出，而且它实际上也规定了自身的实践形式，找到了合适于中国国情和犯罪预防一般规律的预防犯罪途径，规定了中国犯罪预防的基本实践模式，这个模式就是综合治理。

综合治理作为犯罪预防的方针和实践模式是在 1981 年被明确提出的。1981 年 5 月中央政法委员会召开了京、津、沪、穗、汉五大城市治安座谈会，讨论了当时我国社会治安的形势、任务、政策和措施，座谈会纪要中明确提出要全党动手，实行全面综合治理，中共中央批转了座谈会纪要，对"全党动手，实行全面综合治理"的提法予

---

〔1〕 许章润主编：《犯罪学》，法律出版社 2007 年版，第 310～313 页。

以了肯定和确认，至此，综合治理作为我国预防犯罪和维护治安的总方针被确定下来。中共中央以及中央政法委员会等中央有关部门在以后下发的有关文件和所作出的有关指示中，对综合治理的内容作了进一步的阐发和完善。

　　1991 年 3 月 2 日第七届全国人民代表大会常委会第十八次通过了《关于加强社会治安综合治理的决定》，标志着我国综合治理的总体思路和战略已经成熟。决定不仅规范化地表述了综合治理概念的内涵，而且具体规定了它的实践原则、工作制度以及措施手段。

参考文献

1. 张远煌等：《犯罪学专题研究》，北京师范大学出版社 2011 年版。
2. 康树华编著：《新中国犯罪学研究形成与发展》，北京大学出版社 2011 年版。
3. 李明琪主编：《犯罪学理论与实务教程》，对外经济贸易大学出版社 2012 年版。
4. 张可创主编：《犯罪学的实证研究方法》，广西师范大学出版社 2009 年版。
5. 许章润主编：《犯罪学》，法律出版社 2007 年版。

项目十二

犯罪的社会预防分析

任务一 犯罪社会预防的概念和特点分析

教学情境

2012 年 8 月，中国犯罪学学会第五届会员代表大会在北京召开，其主题是"社会管理创新与犯罪防控"。会议围绕以下分议题进行专题研讨：①社会冲突与公共安全机制建设；②流动人口的服务管理与犯罪预防；③特殊人群管理服务与防治体系；④食品药品安全监管机制与食品药品犯罪防控；⑤信息网络违法犯罪的防控；⑥犯罪学基础理论与方法研究。刘飏副会长表示犯罪防控既是一个法律问题，更是一个社会问题，需要从犯罪学的视角，以社会管理创新为切入点，深入剖析违法犯罪产生与发展的社会因素，以及从源头上预防、遏制、消除犯罪的路径对策。

工作任务

犯罪防控的话题为社会、团体所关注，为什么犯罪防控可以成为一个永恒的话题？犯罪防控与社会管理又有着什么样的关系呢？下面我们的任务包括：

1. 认识什么是犯罪的社会预防？
2. 了解犯罪的社会预防有哪些特征？

 学习内容

一、犯罪社会预防的概念

一般来讲，一切以社会名义实施的犯罪预防措施都可以称作是犯罪的社会预防，比如犯罪的治安预防、犯罪的刑罚预防。在本书中，犯罪的社会预防是与上述预防手段相对的概念，所以本书将犯罪的社会预防定义为：通过对社会中的经济制度、文化制度及社会组织管理结构进行调整和完善，减少或消除犯罪现象产生的原因和条件，

防止犯罪的发生，实现社会健康和谐的发展。

由于犯罪发生的主要原因在社会，所以犯罪的社会预防的内容是相当广泛的，涵盖了社会经济、政治、文化的方方面面。犯罪的社会预防就在于通过对存在于社会中所有的机构、组织及各种社会现象的调整，增强社会的物质文明与精神文明建设，消除犯罪发生的社会土壤，提高个人的文化素质，使社会整体进入公序良俗的发展状态，从根本上改变容易滋生犯罪的社会土壤。

二、犯罪社会预防的特点

犯罪的社会预防具有以下特点：

1. 犯罪社会预防的主体与客体存在统一性。犯罪社会预防的主体包括国家机关及其各职能部门、社会组织和社会群体。这些职能部门和组织机构在日常的管理工作过程中，所实施的预防措施直接指向的客体同样是社会制度、经济、文化制度的调整与完善。因此国家及社会组织在作为社会预防的主体的同时也是社会预防的客体，具有主客体统一性。

2. 犯罪社会预防具有综合性。犯罪社会预防措施的综合性是指社会预防的措施和手段具有广泛性和多样性。社会预防的领域十分广泛，涉及社会经济、社会规划、社会发展的方方面面，其主要实施者是国家机关及其各职能部门、社会组织。社会预防的手段主要包括：制定完善的社会制度，完善社会管理体制，创造良好的社会微观环境，促进社会整体发展等。要实现这些所有的目标，必须运用综合性的预防手段。

3. 犯罪社会预防的效果具有潜在性。犯罪社会预防的效果是通过对社会的不断完善来实现的，无论是犯罪的治安预防还是犯罪的刑罚预防，都具有明显的效率性，对犯罪的打击和控制是立竿见影的，而犯罪的社会预防是一项长期、稳定具有潜在性的预防措施。犯罪社会预防的目的是要从根本上消除犯罪产生的社会原因和条件，而不是对犯罪的事后打击和惩罚，社会预防的作用就是长期采取预防措施和手段，让社会整体处于一个健康发展的环境，以此改变社会环境，从根本上改变犯罪发生的社会土壤，改善犯罪发生的社会条件，从根本上预防犯罪的发生。

任务二　犯罪的宏观社会预防分析

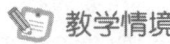 **教学情境**

教学情境一：　　　　　　　　　　　　**天网工程**

吉林省长春市自 2007 年 10 月开始建设"天网工程"，截至 2012 年 5 月已建成14 000 个监控点，这些监控设施的建立为破获发生在 2013 年 3 月的"盗车弑婴案"发挥了重要作用。

天网工程，指为满足城市治安防控和城市管理需要，通过在交通要道、治安卡口、公共聚集场所、宾馆、学校、医院以及治安复杂场所安装视频监控设备，利用网络把一定区域内所有视频监控点的图像传输到监控中心（即"天网工程"管理平台），对刑事案件、治安案件、交通违章、城管违章等图像信息进行分类，为强化城市综合管理、预防打击犯罪和突发性治安灾害事故提供可靠的影像资料。

教学情境二： **社会主义核心价值观**

2013 年 12 月 23 日，中国共产党新闻网公布中共中央办公厅印发的《关于培育和践行社会主义核心价值观的意见》。该意见分培育和践行社会主义核心价值观的重要意义和指导思想、把培育和践行社会主义核心价值观融入国民教育全过程、把培育和践行社会主义核心价值观落实到经济发展实践和社会治理中、加强社会主义核心价值观宣传教育、开展涵养社会主义核心价值观的实践活动、加强对培育和践行社会主义核心价值观的组织领导六大部分。

工作任务

"天网工程"的推广运用为侦查破案和开展犯罪预防活动起到了重要作用。社会主义核心价值观的建设属于精神文明建设的重要内容。无论是类似于"天网工程"这样的物质文明建设，还是核心价值观这样的精神文明建设都对犯罪的预防发挥着作用。下面，我们的任务包括：

1. 了解物质文明建设对犯罪的社会预防有什么作用？
2. 了解精神文明建设对犯罪的社会预防有什么作用？
3. 认识社会政策对于犯罪的社会预防有何意义？

学习内容

犯罪的社会预防可以分为宏观与微观两个层面，它们分别由若干种具体措施构成。宏观社会预防是将社会视为一个整体进行全局性的犯罪预防活动，建立一个完善的、能够最大限度地防止犯罪发生的宏观社会环境。

一、社会的发展进步是犯罪社会预防的根本保障

社会的发展进步主要体现在物质文明建设与精神文明建设两个方面。社会的物质文明建设与精神文明建设对犯罪的社会预防起着至关重要的作用。物质文明建设为犯罪预防提供了丰富的物质基础，精神文明建设为犯罪预防提供了根本的改进措施。

（一）物质文明建设对犯罪社会预防的作用

1. 社会的物质文明建设水平对犯罪的产生、预防有着重要的影响。物质文明的发展程度影响着犯罪的手段、方式、方法及危害程度。在物质文明发展的不同阶段，犯罪的形式会有很大差异。在物质文明发展比较低的阶段，犯罪的手段也较为原始，随着物质文明水平的不断提高，犯罪逐渐呈现智能化、集团化、手段先进化的特点。

犯罪对物质文明的发展具有制约作用。犯罪是一种随着社会文明产生便存在的固有社会现象，纵观历史长河，人类历史上物质文明发展比较强大的阶段也都是犯罪的高发期，若国家没有采取合理的治理犯罪的措施，物质文明的生产者则无心进行经济建设，犯罪必然会影响社会物质文明的进一步发展。所以，严重的犯罪是阻碍物质文明进步的消极因素，会造成物质文明建设的停步不前。

2. 物质文明建设对预防犯罪的作用。犯罪的预防工作涉及社会的各个领域，是一项综合性、系统性的工程，大力发展生产力，加强社会的物质文明建设，是预防犯罪的前提和基础。物质文明建设对预防犯罪的作用主要表现在：

（1）物质文明建设为犯罪的预防提供了物质保障。国家机关和社会组织为了预防和控制犯罪的发生，采取了各种预防措施，包括制度的改进、设备的投入、人员的培训等，这些都需要强有力的物质保障作为基础。

物质文明建设为国家的重要场所和重要设施，如银行、学校、医院、车站、机场等地方提供了安全的防范措施，尽量减少了这类重要场所发生犯罪的可能性，即使发现危险问题，也能够及时进行处置，在客观上起到了预防和控制犯罪的效果。在打击犯罪方面，物质文明建设为打击犯罪提供了必要的物质设施和经费保障，以致对违法犯罪行为能够进行及时有效的处置，从而起到震慑犯罪嫌疑人的作用。物质文明建设的成果能为犯罪预防提供先进、精良的设备，提高具有打击犯罪职能的国家机关打击犯罪的能力。物质文明的进步还能够不断加强对预防犯罪工作人员的培训，提高对犯罪的发现意识和打击犯罪的意识。

（2）物质文明建设能够减少由于经济落后、愚昧无知所产生的犯罪。经济生活贫困是导致犯罪产生的主要原因之一，从罪的数量上看，经济类型的犯罪在《刑法》条文的规定中也占有很高的比率。从犯罪的起因来分析，由于财产问题或者是经济问题导致的犯罪情形也很常见。这是由于经济的贫困会导致人身体上的匮乏，基本的生活条件达不到满足，以致缺乏进行精神修养、个人完善的动力，进而可能会引发犯罪。物质文明的建设以社会经济的整体发展和进步为目标，同时会积累大量的财富，无论对于满足个体经济需求还是满足社会物质条件的整体改善都是重要的基础。当物质文明得到充分发展之后，由于经济贫困、经济落后所带来的犯罪问题会明显减少。

在生产力条件比较低的情况下，人们的大部分时间都会用来劳作，通过劳动创造满足最低生活的经济财富，没有时间学习新的知识和开展娱乐活动。人们由于长时间处于无学习、无娱乐的状态，而变得愚昧无知，极易导致封建迷信的产生。当封建迷信与愚昧无知到达严重恶劣的情况时，会阻碍社会生产力的发展。随着社会物质文明的进步和生产力的高速发展，人们所创造的物质财富越来越多，在能够满足基本需求还有剩余之后，便有空余的时间开展娱乐活动，学习新的科学文化知识，人们的道德修养也会越来越高，触犯法律走向犯罪的可能性就会越来越小。物质文明建设的进步与发展，可以在此基础上减少由于愚昧无知和经济落后所导致的犯罪。

（二）精神文明建设对犯罪预防的作用

精神文明建设是人们在改造世界的同时，能动地改造主观世界的表现。物质文明建设是精神文明建设的基础，精神文明建设对物质文明建设有促进作用，二者相辅相成，推动社会的文明程度不断提高，促进社会的进步与发展。在我国，精神文明建设主要包括科学、文化、教育、思想道德几个方面的内容。

1. 精神文明建设与犯罪相互影响。在关于犯罪人的研究中，可以非常明显地体现出行为人的个人思想道德修养、受教育文化程度、心理健康状况，对行为人是否实施犯罪的不同影响。即使是相同的情况下，由于个人的精神文明程度不同，有人会实施犯罪，有人不会实施犯罪。所以，精神文明的建设是预防犯罪发生的重要措施，精神文明的发展可以使社会成员进行正确的行为选择，在内心产生抵制犯罪的驱动力量，从根本上预防犯罪的发生。

犯罪的很大一部分原因是精神文明的欠缺，但是犯罪行为的泛滥又会对精神文明的建设产生巨大的副作用。社会的各个方面都有滋生犯罪的土壤，有些犯罪具有潜在性，到某个点才会爆发，但是大部分犯罪是具有显现性的，整个发展过程都具有极强的社会危害性。这些犯罪现象的存在和发展会给社会人提供反面的案例，但是对于某些具有犯罪心理或者犯罪潜质的人而言，更容易受到影响，这会导致犯罪现象的进一步恶化，严重影响精神文明的建设与发展。

2. 精神文明建设对犯罪预防的作用。精神文明建设是发展科学文化教育事业，提高全民族的科学文化素质，为预防犯罪创造必要条件的前提。对犯罪人的学历情况的调查表明，文化素质低的犯罪人在传统的犯罪类型中占有很高的比例。因其没有受过正规教育培训、文化水平低，在经济发展迅速的今天，无论是工作还是生活大多处于劣势状态，对于某些社会现象的认识有可能会出现偏差，在遇到一些不良现象或者受到错误的诱惑时很容易走向违法犯罪的道路。提高全民族的科学文化素质，能够使人民的生活丰富多彩，培养良好的兴趣爱好，可以让人们崇尚科学、文明，自觉抵制愚昧无知和错误的引导，大部分人也将因此远离犯罪。

在全社会开展思想道德建设，从根本上预防犯罪的产生。思想道德建设的主要内容是树立正确的世界观、人生观、价值观，这也是精神文明建设的核心要素。犯罪人的成长历程和心理状态的变化表明，绝大多数犯罪行为人之所以实施犯罪，很大一部分原因是其所处的家庭环境、学习环境和生活环境中出现的某种错误的引导，在此过程中家庭的因素相当重要，正是由此，导致行为人在成长中世界观、人生观、价值观存在缺陷，以至于当受到某种刺激时会出现异于平常的行为，从而走向犯罪的道路。

由此可见，在全民族开展思想道德建设，对于犯罪的社会预防至关重要。

二、社会政策良性实施是犯罪社会预防的主要路径

社会政策是国家及党政机关用于确定社会基本原则，协调社会关系，解决社会问题，保证国家能够有效合理运行的所有措施的总和。社会政策涵盖了国家基本制度、国家政策、法律制度建设三个大的方面。这三个方面的合理有效实施，对犯罪的社会预防具有重要作用。

（一）国家基本制度是进行犯罪社会预防的制度保障

国家基本制度涉及国家经济、政治、文化、民族政策等多个方面。根本政治制度确定之后，所有各方面的建设都是围绕经济的发展、文化的繁荣、人民的安居乐业而进行的。据统计，大多数犯罪源于犯罪行为人没有基本的经济保障，没有受过良好的教育，没有一个健康的成长环境，有些人迫于无奈才实施犯罪，有些人出于愚昧无知而犯下罪行，由此可见，国家基本制度的建设与完善对于犯罪的预防有着多么重要的作用。

国家基本制度的有效运作是一个相当复杂的工程，需要遵循一些基本的原则，以保障其正常运行。首先，要遵循经济与社会协调发展的原则，该原则是物质文明建设与精神文明建设"两手抓两手都要硬"在制度建设方面的表现。要求国民经济和社会发展计划各个方面都应当相匹配，预防犯罪作为社会中的常见现象，也应当纳入该项总体规划中去。其次，在国家基本制度建设中要兼顾效率与公平。效率在经济发展中意味着对资源进行有效配置，发挥其最大作用；公平则代表着均衡与正义。历史经验表明，无论是只重效率还是只重公平，都不利于社会的合理发展，但是又难以找到一个使二者相统一的路径。

（二）国家政策的制定是犯罪社会预防的行政保障

国家政策一般是指国家政府机关对社会公共事务所实施的组织和管理。政府机关是实施社会管理的主要部门，政府部门根据有关的国家政策、行政法律、法规，对社会进行管理，同时在管理过程中也会根据实际需要和现实状况的变化对政策、法规进行适当的修改，所以政府部门即是政策的制定者，也是政策的实施者。政府部门对社会秩序有条不紊的运行起着相当重要的作用，犯罪的社会预防中需要政府部门的政策作为保障。

为了保障社会预防的顺利实施，政府部门应当保持高度的权威性。政府部门作为国家政策的主要实施者以及地方的掌权者，承担着对社会进行管理、调控宏观经济政策的任务，若政府不具有权威性，很难保障这些基本制度、政策的有效实施。政府部门及其工作人员应当保持良好的权威和形象，为社会大众树立好的榜样。同时，政府的权力也不能无限制地扩张，应当在法律、法规规定的范围内行使自己的权力。

政府行政的基本形式是执行国家的法律法规、制定发布行政法规和命令。为了保障政府工作的高效性，必须要做好行政法规政策的颁布和实施工作。政府部门还应当进一步建立和完善行政处罚制度。各具体执法部门应当严格按照政策、法规的规定履行职责，维护正常的社会秩序，净化滋生犯罪的社会土壤。

（三）法律制度是进行犯罪社会预防的法律保障

法律制度是国家和政府用来管理社会公共事务、调整社会关系和管理经济发展的法律、法规和制度的总和。法治是和人治相对的一种概念，在封建社会，"普天之下，莫非王土；率土之滨，莫非王臣"，君主掌握着一个国家的命脉，法律只是君主用来统治国家的一种手段。法治则是指国家的所有运作方式均按照法律的规定来进行，个人意志无法操作一个国家的运作。法治相对于人治有很大的优越性。法治与德治也有很大的区别：德治是一种非正式的社会控制力量，凭个人的自我修养进行社会治理。法律中规定了罪与非罪、合法与非法的明确划分，对罪的法律后果也有明确的规定。

法治完善是社会完善的主要标志之一，同时也是实现犯罪的预防与控制的重要力量。法治的过程分为立法、执法、司法、守法四个环节。立法要求立法主体要符合法律规定，在我国全国人民代表大会是法律的制定主体。每一部法律法规的制定都应当符合社会现实情况，专家要经过长期的调研、严密的论证才可以制定一部法律。执法要求执法主体必须合法，执法过程要严格按照法律的规定，创造一个公平合理的执法环境，避免出现违法执法的情况。司法是针对法院、检察院、监狱整个法律程序的参与主体而言的，强调公正性，对待相同情况的案件进行相同的处理，避免出现冤假错案。守法是针对所有的公民而言的，公民是社会活动的主要参与者，守法可以维持良好的社会秩序，违法则会破坏社会秩序，走向犯罪的深渊。

法律法规的完善，立法、执法、司法、守法各阶段的有效推进，可以创造一个开放有序的社会环境，犯罪行为在这样的环境之下会暴露无遗。因此法治的有效推进，对犯罪的社会预防有重要的意义。

任务三　犯罪的微观社会预防分析

📝 **教学情境**

教学情境一：　　　　　　　　　　**群众参与"雷霆扫毒"**

广东省 2013 年 5 月开始开展"雷霆扫毒"专项行动，广大民众积极参与举报毒品犯罪，截至 2014 年 6 月，警方根据民众举报线索破获的毒品案件占破案总数的 18.6%。在广东省公安厅公开悬赏通缉的 158 名陆丰籍涉毒在逃嫌贩后，仅一天之内就接到各类举报线索 69 条。群众主动参与提供案情线索，为"雷霆扫毒"专项行动的顺利开展起到了重要的作用。

教学情境二： 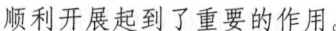 **志愿巡防队员防窃贼**

广州市天河区中海康城小区常住人口 1.68 万人，有 109 栋住宅楼，配备 1 名社区民警、2 名社区辅警。由于社区面积大、治安盲点多，2013 年全年几乎每个月都要发生一两起入室盗窃案。2013 年 7 月 1 日，首批 30 位志愿巡防队队员就此产生，成员以退休人士和小孩为主，最老的 70 岁，最小的 11 岁，巡防效果非常明显。中海康城小区 2014 年 1 月至 11 月发生的入室警情 6 宗，与上年同期的 17 宗相比明显减少；诈骗警情 5 宗，与上年同期的 10 宗相比减少一半。警情整体减少近 60%。

工作任务

近年来，在各种专项行动或者治安、刑事案件的侦破过程中，居民自治巡防队的建设过程中，群众都以自己的微薄之力为案件的侦破和居住地的安定团结贡献了重要的力量。群众路线既是公安工作的主要方法，也是进行犯罪预防的主要手段。下面，我们的任务包括：

1. 了解什么是犯罪的微观社会预防？
2. 了解防卫空间理论讲述了什么内容？
3. 掌握公民个人、社区、团体怎样开展犯罪预防？

 学习内容

一、犯罪微观社会预防的概念

犯罪的微观社会预防是通过对具体微观环境的改善，创造一个使犯罪行为人无法实施犯罪行为的社会环境，从而达到预防犯罪的目的。具体来讲，犯罪的微观社会预防是指为了消除产生或实施犯罪的机会和条件，以社区、群体、公民个人为单位而进行的犯罪预防活动。它能够创造抑制犯罪产生的微观社会环境。

二、通过环境设计建立防卫空间

犯罪总是发生在一定的时间、空间范围内，没有时间、空间条件，行为人事很难实施犯罪。环境设计是基于工程建筑学的角度，规划和建设人们生活的物理环境，创造一个不利于犯罪发生的防卫空间，从而达到预防犯罪的目的。

通过环境设计来预防犯罪的倡导者是美国的犯罪学家 C. R. 杰佛瑞和 O. 纽曼，二人分别出版了著作《通过环境设计预防犯罪》和《防卫空间：通过城市设计预防犯罪》。这两本书系统地突出和阐述了环境设计与防卫空间的相关理论，为我们的犯罪微观社会预防奠定了基础。

通过环境设计预防犯罪的具体方法多种多样，如在居民社区建设过程中控制社区规模，加建围墙，设置社区进出关卡；在城市中安装摄像监控装置，形成"天网"，随时监控违法行为；在居民楼房设计过程中保留公共活动区域，形成邻里守望模式，便于实施社会监督；在城市和居民区内安装照明装置，消除环境死角；等等。但是，在加强和改善环境设计的同时一定要注意，此种行为不得妨碍公民的权益和侵犯公民的隐私，否则就失去了其建设的应有之意。

三、动员公民个人、社区和群体开展犯罪预防

公民个人、社区和群体是社会构成的基本单位，既是政府管理的对象，也有一定的自治性。在犯罪的社会预防中他们既可以配合国家政府的行动，也可以采取一些自治措施，积极进行自卫行动。

（一）公民个人的自我约束和自我防卫

公民作为社会的主体，有责任以实际行动参与到犯罪预防中来，具体包括两个重要方面：①树立正确意识，遵守法律规定和道德准则，在面临违法行为、利益诱惑时具有自我约束，不做违法事项；②面对犯罪威胁时，运用自身体力和智力，与犯罪分子做斗争。

（二）在社区中进行社会预防

社区是因为共同的地理位置或者血缘、宗族属性聚居在特定区域而形成的一种自治组织。我们传统意义上的村庄、街道、小区可以作为社区的一种形式。社区导向警务便是以社区为基础，在社区中开展各种各样的活动，将犯罪消灭在社区之中。我们在此讲述的犯罪社区预防也是基于此种观念出发的。

社区参与社会预防的具体做法有以下几种：

1. 成立社区自治组织，定期开展社区活动。活动内容包括政府和公安机关领导的文明社区建设、犯罪预防宣传，也包括本社区自治组织开展的一些有利于社区发展的活动。

2. 在社区中开展社区工作和社会服务。随着社区功能的不断完善，社区这个单位所承担的社会责任也越来越重，如社区工作者对老人、留守儿童采取帮教，对社区戒毒人员进行引导，对社区中的一些特殊人员进行帮助等，这些都是社区工作者所应当承担的工作。

（三）发挥群众自治组织、社会团体的作用

群众自治组织是群众根据自身需要有组织地进行自我保护和自我管理活动的团体。社会团体是社会中的组织或个人，出于某种目的而建立的一种松散型的社会组织。无论是群众自治组织，还是社会团体，都有一定的自治性，同时在犯罪的社会预防中也发挥着巨大的作用。

最常见的群众自治组织是治安联防队。它由本社区推选出一部分适龄男性青年，或者雇佣一些人，定期进行巡逻，保证出现紧急事件时能够及时出现，协助警察或社区工作人员开展一些工作。治安联防队的出现，有利于对发生在社区内部的犯罪产生威慑作用，能在一定程度上预防犯罪。

社会团体既是容易被犯罪侵犯的对象，也是预防犯罪的主体。从预防犯罪角度来讲，社会团体可以呼吁内部成员积极同犯罪做斗争，也可以从团体的职能角度出发，开展一些宣传和帮扶活动，预防犯罪。

 实训项目

2014 年 12 月 26 日，中央纪委监察部网站发布消息，国家工商行政管理总局副局长、党组成员孙鸿志涉嫌严重违纪违法，目前正接受组织调查。自中共十八大后，中央反腐力度不断加大，据统计，全国已有 60 名省部级以上官员落马，其中省部级官员 56 名，副国级以上官员 4 名。山西省委常委、统战部部长白云是目前唯一的女性。依据最高人民检察院的工作报告以及媒体的公开报道，1993 年至 2012 的 20 年里，最高人民检察院立案侦查的县处级干部共计 50 660 人，厅局级干部约 3001 人，省部级干部 102 人；落马的省部级干部约 151 人。1993 年至 2002 年的 10 年间，每年立案侦查的干部人数波动较大，而 2003 年至 2012 年的 10 年里，这一人数波动则比较小。

实训任务：

1. 请讨论国家应制定什么样的政策，以预防腐败案件的继续发生？
2. 公民应如何从自身做起，避免自己卷入腐败案件？

 拓展阅读

"防卫空间" 理念[1]

在犯罪学中，犯罪条件是指使犯罪行为的实施成为可能的那些因素，包括犯罪目标的性质和状态、时间空间条件、犯罪工具等。当犯罪人的犯罪动机形成之后，犯罪条件就与之发生联系，这种联系可能是正向的，就是强化犯罪动机，促进或方便犯罪行为的发生和实施；也可能是负向的，就是削弱犯罪动机，抑制或阻碍犯罪行为的发生和实施。由于犯罪条件的状态可以促成或抑制犯罪动机而对犯罪发生产生影响，换句话说，没有作案的目标和条件，犯罪是不可能发生的。因此，从预防和减少犯罪行为的角度看，相对于预防个体产生犯罪动机和预防重新犯罪这两道防线，从犯罪的目标和条件方面限制犯罪，改变和减少有利于犯罪发生的条件较为方便并容易见效，而

---

〔1〕 李明琪："城市犯罪预防与'防卫空间'理念"，载《公安大学学报》2001 年第 3 期。

对犯罪条件的状态及其与犯罪行为之关系的研究也就成为犯罪预防研究的一个不可忽视的重要方面。

"防卫空间"思想又被称为环境预防理论，产生于20世纪70年代的美国，是指通过改变和保护环境，消除便于犯罪的条件，预防犯罪发生的一种理论。环境预防理论认为，现代城市环境给犯罪提供了机会，如人员结构复杂并且流动性大，使犯罪人容易混于其中；地面、地下交通发达，畅通无阻，便于犯罪人接近目标和逃脱；门窗不牢固、照明条件差等为犯罪人提供了方便。另外，大城市的建筑结构、造型及城市建设规划使个人向私生活隐退并孤立，居民彼此之间不相识，匿名化突出，导致社会联系削弱，这既不利于对犯罪行为的非正式控制，也增加了对犯罪的恐惧心理。既然城市环境中存在这些便于犯罪产生的因素，那么，改变这种环境就可能减少城市的犯罪发生数量。因此，环境预防理论提出，有必要通过环境设计，制造一种"防卫空间"，即在城市规划、建筑设计、旧城改造、社区氛围的营造等各个环节造成不利于犯罪、诱发犯罪行为的机会，预防犯罪的发生。环境预防理论提出后，在犯罪预防领域产生了巨大影响，随后欧美的许多国家也开展了相关研究并将成果付诸实施，收到了明显的防范效果。

环境预防理论代表人之一——奥斯卡·纽曼在其著名的《防卫空间》一书中指出：为了能达到预防犯罪的效果，"防卫空间"应当符合四个条件：①地区性，即某一区域的居民能够区分本区域的合法使用者和陌生人，从而产生一种自治气氛，对本区域实行控制，减少本区域的被害机会；②可监视性，即该区域内的合法使用者能够方便地观察到这一区域的日常活动，便于发现可疑行为并采取对策；③外观要求，即这一区域的外观应当既不吸引犯罪人，也不与周围的社区隔离，不方便犯罪行为的实施；④安全性，即这一区域应位于低犯罪率地区。某一区域如果具备了这四个条件，就意味着在这一区域内实施犯罪行为不易成功，并且要冒很大的风险，而区域内的合法居住者则能够在一定程度上预防被害。

由此可以看出，"防卫空间"不只是一个简单的名词，而是一个集防卫理念、环境设计、防范技术应用、预防措施的实施于一身的综合体。"防卫空间"的概念提出之后，一系列相关的程序和技术的实施与应用也在西方国家受到重视，其中包括将"防卫空间"的标准应用于城市规划和建筑设计的全过程中，并且加以规范化、法制化；改善街头照明，以震慑犯罪，增强人们对本地区的观察能力和监视能力；尽可能多地组织社区居民参加各种联谊活动，使他们相互熟悉，以增加亲和力及参与社区防范的积极性；增设监控设施和人员，及时发现犯罪、制止犯罪；安装安全门、锁、窗，制造犯罪障碍等。据调查，此类方法对减少犯罪确实有效。

参考文献

1. 李春雷、靳高风：《犯罪预防理论与实务》，北京大学出版社 2006 年版。

2. 李永升：《犯罪论前沿问题研究》，中山大学出版社 2009 年版。

3. ［澳］亚当·苏通、阿德里恩·切尼、罗伯·怀特著，赵赤译：《犯罪预防：原理、观点与实践》，中国政法大学出版社 2012 年版。

4. 莫洪宪、王明星、张勇：《重大刑事案件趋升原因及对策》，中国人民公安大学出版社 2005 年版。

项目十三

犯 罪 的 心 理 预 防 分 析

任务一 犯罪的心理预防基本知识分析

📋 **教学情境**

马加爵杀人案

2004 年 2 月 23 日，云南大学发现 4 名大学生被杀死在宿舍内，经公安机关侦查，认定作案人系该校化学院生物技术专业学生马加爵，但其已潜逃。公安部于 2 月 24 日发出 A 级通缉令，3 月 1 日又向社会公开发布悬赏 20 万元的通缉令。3 月 15 日晚，海南省三亚市公安机关将马加爵抓获。

据供述，2004 年 2 月上旬，马加爵在昆明市云南大学学生公寓与其同学在打牌过程中发生冲突。2004 年 2 月 13 日至 15 日，马加爵采取"用铁锤打击头部致颅脑损伤死亡"的同一犯罪手段，将 4 位同学逐一杀害，并把 4 具尸体藏匿于宿舍衣柜内。马加爵作案后潜逃到海南三亚。据悉，马加爵杀人的直接原因是打牌时那几个同学污蔑他作弊，而平时他也常受到同学们的嘲笑，故实施杀人行为予以报复。

"没想到你连玩牌都玩假，你为人太差了，难怪龚博过生日都不请你……"这是打牌时其中一个受害者邵瑞杰对马加爵所说的。但这句话不过是个导火索。马加爵的郁闷积蓄已久。"我觉得我太失败了"，"我觉得他们都看不起我"，"他们老是在背后说我很怪，把我的一些生活习惯、生活方式，甚至是一些隐私都说给别人听。让我感觉是完全暴露在别人眼里，别人在嘲笑我。"马加爵后来向警方承认。

▦ **工作任务**

马加爵杀人一案引起了社会各界的广泛关注和讨论。一个来自农村并且主攻生物技术专业的重点大学的大学生，本来有着美好的未来，最后却走上了杀人的不归路。而其直接原因仅仅是因为遭到了同学的"污蔑"和"嘲笑"，这不仅是学校教育的悲哀，更是社会的悲哀。

是什么促成了马加爵犯罪心理的形成？如何避免第二个马加爵的出现？这是值得整个社会深思的问题，也是犯罪学要探究的一个重要问题。围绕这些问题，我们先来完成下面的任务：

1. 什么是犯罪心理预防？

2. 犯罪心理预防有什么特点？

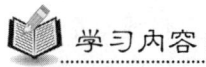 学习内容

任何犯罪都是行为人在犯罪动机支配下实施的，既是特定的社会背景特征，也是行为人主观能动性的外化。而犯罪现象的社会原因主要是通过犯罪人自身的心理原因起作用的，因此，要想预防犯罪，所采取的措施就必须以作用于人的心理层面为出发点才能真正起作用，在强调犯罪社会预防的重要性的同时，还必须注意对犯罪进行心理预防。

一、犯罪心理预防的概念

犯罪心理预防，是指运用心理学的理论和方法，采取有效措施控制和消除诱发犯罪的心理因素和条件，增强人的社会适应能力和自我控制能力，防止个体形成犯罪心理以及发生犯罪行为的过程。简言之，犯罪心理预防包括犯罪心理结构形成的预防和犯罪行为发生的预防。

犯罪心理的形成是一个复杂的生理与心理、社会与个人等各种因素的互动作用的过程，是一个由量变到质变的过程。人们生活在社会中，外界各种因素与自身的心理因素相互作用、相互影响，难免会出现矛盾和斗争，一旦调节不好，就会出现心理冲突导致失衡，从而产生犯罪心理。在犯罪心理萌芽状态和犯罪行为发生之前，实施具体的措施进行犯罪防范是一项复杂和困难的系统工程，但也是减少犯罪最有效的根本性措施。犯罪心理预防的作用就在于增强个体的社会适应能力和自我控制能力，使个体在特定的社会背景和具体场合下能够做出符合社会法律和道德规范的行为选择，防止犯罪行为的发生。

犯罪的心理预防作为犯罪预防体系的一个层次，同社会预防、情景预防、治安预防、刑罚预防等一起构成了犯罪预防体系，这些预防措施相互补充、相得益彰。本项目强调犯罪心理预防的重要性与前面所介绍的社会预防并不冲突，只是旨在强调预防犯罪的基础不仅在于社会的完善，也在于人的内心完善；预防犯罪不仅需要一定的外在社会控制，还需要行为人自身的心理调节，而犯罪预防措施基本上都要通过人的心理活动才能有效地发挥作用。

二、犯罪心理预防的特点

犯罪心理的形成是一个复杂的过程，要预防犯罪心理的形成就必须采取多层次、

全方位的措施并形成一个相对完善的体系，以做到对症下药。而犯罪心理预防具有以下几个特点：

（一）主体的群众性

就一般意义而言，犯罪心理的形成原因是多方面的，仅仅依靠某个机关或部门难以达到预防控制的目的，必须从宏观角度对犯罪预防的措施进行设计。因此，就需要社会各个方面的参与和投入，而不能仅依靠某个专门机关，必须要建立群众性的犯罪预防体系。把专门预防与群众预防相结合，并充分调动群众的积极性，形成整个社会对犯罪现象的积极、自觉的抵制和严密的监控形态，以获得良好的预防犯罪的效果。

（二）手段的多样性

犯罪心理预防的手段和措施应是多方面的，不仅包含法律、政治、经济和教育、心理等手段，还可以包括药物治疗等各种有效方法的有机结合，并且要根据不同的社会背景、不同的犯罪现象采取不同的、适宜的犯罪心理预防方法。例如对于已经形成犯罪心理但还未实施犯罪行为的个体可以通过法律宣传、法制教育等手段瓦解其犯罪心理，遏制其外化为行为；对于已经实施犯罪行为的个体，则需要通过刑罚、行政处罚等手段对其形成威慑力，使其犯罪心理趋于良性的转化。在犯罪心理预防的过程中，如遇特殊情况如变态人格还需要药物治疗的介入。

（三）范围的广泛性

犯罪心理预防范围的广泛性，一方面要求对于凡是可能产生犯罪的各种社会诱因与弊端要设法进行纠正，并尽可能将负面影响降到最低；另一方面要求各个部门做好犯罪的防范工作，在职责范围内，尽量减少或消除促成犯罪的机遇。使得那些虽然已经形成犯罪心理的个体，因为缺少犯罪机遇而放弃犯罪行为。由此可见，在犯罪的防控中，需要社会各个方面，包括从要害部门一直到犯罪多发地区，乃至社会的每一个区域与角落，都要设计相对完善的管理系统。

任务二　犯罪心理预防的途径分析

教学情境

教学情境一：

表 13 - 1：1978～2009 年全国与浙江省刑事立案数及犯罪率统计表

年份	立案数		犯罪率		年份	立案数		犯罪率	
	浙江	全国	浙江	全国		浙江	全国	浙江	全国
1978	26 862	535 698	72.0	56.0	1994	103 997	1 660 734	239.5	141.5

续表

年份	立案数		犯罪率		年份	立案数		犯罪率	
	浙江	全国	浙江	全国		浙江	全国	浙江	全国
1979	28 403	636 222	74.9	66.0	1995	107 018	1 619 256	244.9	136.7
1980	35 243	757 104	92.1	77.0	1996	104 615	1 600 716	237.8	133.9
1981	48 741	890 281	125.9	89.0	1997	157 718	1 613 629	356.6	133.8
1982	42 538	748 476	108.4	74.0	1998	213 581	1 986 068	472.7	163.4
1983	39 503	610 478	99.7	60.0	1999	224 042	2 994 282	493.9	244.4
1984	27 441	514 369	68.7	50.0	2000	280 781	3 637 307	623.7	287.0
1985	23 857	542 005	59.2	78.8	2001	308 280	4 458 000	682.1	349.3
1986	25 558	547 115	62.8	52.0	2002	289 064	4 336 712	637.0	337.6
1987	28 610	570 439	69.2	81.3	2003	419 543	4 393 624	921.7	340.0
1988	40 716	827 594	98.8	76.1	2004	509 844	471 800	1113.8	362.9
1989	80 342	1 971 901	190.8	178.7	2005	512 001	464 800	1112.5	355.8
1990	127 117	2 216 697	300.2	196.2	2006	499 930	4 744 136	1078.5	360.9
1991	159 888	2 365 709	375.2	207.1	2007	486 700	4 807 517	1044.6	363.9
1992	78 312	1 582 659	182.7	137.3	2008	473 683	4 885 000	925.2	367.8
1993	90 644	1 618 879	210.2	139.0	2009	467 023	5 300 000	902.3	397.0

数据来源：曾赟、孔一、张崇脉：《犯罪原因分析》，清华大学出版社 2010 年版，第 142 页。

教学情境二：

日本和瑞士犯罪率低的原因

日本在世界范围内一直保持较低的犯罪率和较低的犯罪增长率，原因主要有：①日本人作为集体成员来思想和生活，家庭、集体责任感强；②日本具有一种"羞耻文化"，并把个人的声誉、行为与集体、家庭的声誉联系起来；③日本的父权主义（家长制）并不意味着管束和统治，而是意味着父辈、上级的关照，及对父辈、上级权威的尊重；④日本的社会结构是一个等级制的社会，人与人之间相互依赖、忍耐和宽容，由此形成了一种稳定的社会结构；⑤在日本社会，大家共同参与预防和打击犯罪，非正式监督力量比较有效，集体支持警察，警察设法支持集体，警察效率高，而且具有良好的声誉；⑥习惯通过非正式的方法如仲裁来处理犯罪冲突。[1]

瑞士一直保持较低的犯罪率的原因在于其社会结构的特殊性：由于其水资源和能

---

〔1〕 参见〔德〕汉斯·约阿希姆·施耐德著，吴鑫涛、马君玉译：《犯罪学》，中国人民公安大学出版社 1990 年版。

源丰富，工业设施遍布全国各地，布局均匀，发展平衡；存在社会解组区的那种集合城市（拥有卫星城的大城市）尚未发育；瑞士人保持着良好的自治精神和社区情怀，非正式社会控制机制保存完好；瑞士青少年很好地融入了社会。[1]

工作任务

纵观我国20世纪80年代以来的犯罪历史，一直呈现一种与经济"同步增长"的趋势，虽然犯罪的发生是经济增长的必然产物，但我们是否可以借鉴教学情境中诸如日本、瑞士的做法，从本国国情出发以寻找相关措施或途径来预防犯罪心理的滋生？首先，我们需要完成以下两个工作任务：

1. 在社会化的过程中，如何塑造个体人格？
2. 个体如何完善自我人格？

学习内容

犯罪心理预防主要通过个体的社会化和个性化加以体现。社会化强调社会对个体人格的塑造，个性化主要强调个体自身的不断修正与完善。因此，犯罪心理预防的基本途径主要围绕个体的社会化与个性化这两点展开。

一、个体的社会化——强调社会对个体人格的塑造

所谓社会化，是个人借以学习社会规范和价值标准、生产生活的知识和技能，并形成独特的个性的过程。个体顺利完成社会化，获得健全的人格和特定的社会角色，是犯罪心理预防的基本途径之一。在个体完成社会化，实现犯罪心理预防目标的过程中，还必须要强调以下几个方面的工作：

（一）完善社会，创造一个有利于健全人格发展的社会文化环境

众多社会科学和心理学研究成果已经证明，人格的健全发展需要具备一定的社会文化条件，良好的文化背景与稳定的政治经济环境对于社会成员的人格塑造具有潜移默化的良好影响。这种社会文化环境的基本特征是：民主、科学、公平、正义、法治，并且尊重人的价值，能够满足社会成员的物质文化需要，而非凌驾于个人之上，与个人的道德观与价值观相冲突。

（二）加强社会的综合治理

社会综合治理主要是建立家庭、学校、社会、媒体等相结合的立体网络，全方位进行犯罪的心理预防，并通过掌握社会规范，接受社会文化，将其内化为自己的价值

---

[1] 参见［美］路易斯·谢利著，何秉松译：《犯罪与现代化——工业化与城市化对犯罪的影响》，群众出版社1986年版。

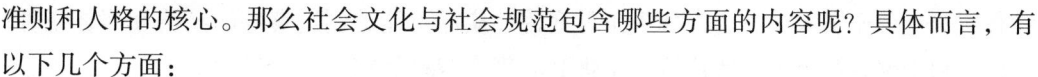

准则和人格的核心。那么社会文化与社会规范包含哪些方面的内容呢？具体而言，有以下几个方面：

1. 科学的文化知识与劳动技能。一个自然人要想发展成为社会人，他不能仅依靠本能去获取生存的条件，还必须掌握一定的适应社会发展的知识与技能。一方面掌握相关的科学文化知识与劳动技能是培养健全人格的重要条件，另一方面，人们在不断向前发展的社会潮流中还必须不断掌握新知识与新技能，以适应社会前进的步伐。

2. 社会习俗与行为模式。社会习俗与行为模式是社会经过长久的发展与积淀所形成的。一个社会人要在社会上立足，必须遵守相关的社会习俗与行为模式，这是一个个体参与社会活动并被社会接受的必不可少的条件，也是维持社会正常生活所必备的条件。如果一个个体不具备该条件，那么很容易适应不了社会、与社会脱节，进而产生消极的情绪，形成与社会的严重冲突，甚至走上违法犯罪道路。

3. 法律规范。个体之所以犯罪是因为实施了与法律规范相悖的行为，这很大程度上跟个体的法律知识的贫乏与法制观念的淡漠有关。因此，有必要将法律规范纳入教育体系中，对每一个社会成员进行法制教育。这是心理预防的一项重要措施。然而单纯地掌握法律知识还不能完全防止犯罪，还必须在社会化的过程中，通过法规学习将社会法律所保护的价值观融入自己的价值体系当中，内化为自己的行为准则。

4. 道德规范。犯罪心理学的一些研究表明，大多数犯罪行为都是在较低的道德水平的影响下产生的，较高层次的道德水平可以有效地避免行为人做出违法犯罪行为。因此，开展道德教育，是一项任重而道远的重要任务。在道德教育过程中，不仅要注意消除旧道德的消极影响，更要注重培养个体的社会责任感和道德选择能力，加强美的观念与情操的教育学习，使人们能在社会化的过程中明辨是非，主动以良好的道德观来约束自己的思想与行为，抵制不法现象，维护社会的稳定秩序。从某种意义上讲，道德教育既是预防犯罪的有效手段，也是促使犯罪心理转变的重要措施。

（三）传授社会文化和社会规范

传授社会文化和社会规范的主要途径有以下几种：

1. 家庭教育。家庭是传授和学习社会文化与社会规范的第一课堂，家长是孩子的第一任老师，要担当起预防未成年人犯罪的重要责任。为了充分发挥家庭的教育职能和社会预防功能，促使孩子健康心理的形成，在家庭教育过程中应当注意如下几点：①家长必须不断加强自身的道德文化修养，时刻注意自己的言谈举止，起到榜样的作用。②父母应营造良好的家风，净化家庭环境，保持家庭结构的稳定和家庭氛围的和睦。③家长应该注意教育孩子的方式，宜成为孩子成长的良师益友，而非家里的独裁权威者。管教方式应该是民主、宽容的，切忌溺爱与放纵或动辄就给予严厉惩罚，有关犯罪心理学的研究表明，惩罚不仅会使受罚者更具有攻击性，还可能将攻击行为由上一代传给下一代。④家长还要积极配合学校和社会，对孩子开展法制和自我防范的教育，避免孩子误入歧途。⑤如果条件允许，应尽可能地创造良好的经济和居住条件，这样有利于缓解社会生活所造成的生理和心理疲劳。

2. 学校教育。学校作为传授社会文化与社会规范的专门场所，与家庭教育相比，其职能更具有针对性。家庭教育主要表现为潜移默化的过程，暗示与模仿是家庭教育的重要机制，而学校则是有计划、有目的地教育学生习得社会文化与社会规范，学生也是有意识地接受学校教育的影响。因此，学校教育在犯罪心理预防的过程中处于相当重要的位置，学校应当采取各种有效措施完善教育内容，不仅要重视文化知识的传授，也要注意素质教育的培养，使学生掌握一定的社会规范和价值准则，形成健康的人格。

3. 人际交往。一个个体是社会中的个体，其生活、学习、工作难免要与社会中的其他个体产生交集。在相互交往的过程中，自身所持有的生产技能、价值观念和行为模式都会产生相互的影响。因此，人际交往也是传授和学习社会文化与社会规范的一个重要途径。但正常的或不正常的社会风气也会在人际交往中传播，有必要采取过滤措施营造良好健康的交际环境，引导个体特别是青少年从事正常的交际活动，防止不良嗜好的侵蚀。

4. 大众传播。在现代社会，影视、书刊、广播、网络等大众传播媒介对于人们的价值观和生活方式的选择有着巨大的影响。速度快、内容广、影响大是该途径的重要特点。因此在传授社会文化与社会规范的过程中，大众传播媒介起着不容忽视的作用。但与此同时，由于相关监管措施的滞后，由大众传播媒介带来的新的时尚、风气和文化思潮中夹带的不良信息并未被过滤掉，从而对传统文化构成冲击和威胁。这就需要政府抓好对新闻出版事业及文化市场、网络文化的管理和控制工作，禁止传播并取缔各种诲淫诲盗和宣扬暴力、色情的读物及视听材料，引导和控制社会的良性发展，树立良好的社会风尚，防止由文化冲突、犯罪亚文化所导致的犯罪行为的产生。

（四）重视开展心理卫生工作

个体心理健康与否，对其是否能够自觉抵制不良环境的侵蚀有着重要作用。因此，注意心理卫生，使个体心理保持健康发展是犯罪心理预防的原则之一。影响心理健康，造成心理障碍的心理社会因素是多方面的，其中关系比较密切的有：早期教育与家庭环境、生活事件与环境变迁、心理冲突和特殊的人格特征。如何维护和保持心理健康，以及心理失调时怎样恢复心理平衡，是个体进行犯罪心理自我预防的一个重要方面。

1. 树立正确的人生观、世界观。要认清人生的意义，树立远大的理想，避免无关紧要的小事对情绪的消极干扰。正确看待亲情、友情和爱情，豁达大度，善待他人也善待自己。坚持辩证唯物主义世界观，正确对待生活中发生的矛盾，不钻牛角尖，锻炼较强的心理素质，能经受得住各种考验与挫折。

2. 正确认识自我，接受自我。人无完人，一个人不仅要看到自身的优点，也要接受自己的不足，并在自己的能力范围内去改变；既不能狂妄自大，也不能妄自菲薄，努力去发现自身的价值。一个个体只有欣然接受自己，才能避免心理冲突；只有接受现实的自我，才能根据社会和时代的需要创造出理想的自我。

3. 确定合适的理想目标。一个人应该有理想，但不可不顾现实。只有脚踏实地，将理想确定在自己的能力范围内去奋斗，才可以享受到追求成功的喜悦。个体在确立理想时应将个人的优缺点与环境的利弊相结合，一方面要具有拼搏的决心，发挥主观能动性去改造客观方面，另一方面要确定合适的理想目标，并正确地归因，以免受挫。

4. 情绪合理管理。一个在社会中奋斗的个体，难免会因为生活、学习、工作等压力产生情绪，积极的情绪管理方法有助于个体看清事实，从而重新振作以应对压力，解决问题。而消极的情绪发泄方法可能会导致更多的问题来袭，如人际关系紧张、身体机能紊乱等。因此，一个人要学会控制并调节自己的情绪，排除不良情绪的干扰，避免在消极情绪下产生违法犯罪行为。

5. 积极参与社会活动，主动与人交往。参与社会活动，不仅有助于密切与他人的联系，获得心理上的安全感，还可以进行经验交流，获得学习与发展的机会。

现代社会生活节奏加快，人际关系复杂，竞争加剧，压力源越来越多，人的心理更加难以维持平衡，因此，加强心理卫生工作对于犯罪心理预防具有重要的现实意义。

二、个体的个性化——引导自我修养与人格完善

随着社会化的进程，人逐渐由自然个体成长为社会个体，逐渐形成了较为清醒的自我意识。自我意识主要包括三个方面的内容：自我认知、自我情感和自我意向。自我认知是对自己的认识；自我情感是对自己的情感体验；自我意向即是与认知、情感相随而生的对自己思想行为的调节与支配等。自我观察、自我评价、自我控制等都属于自我意识，它对人格的发展具有重要的意义。因此，培养每一个社会成员的自我意识，引导他们积极地进行自我修养与完善，增强自我控制与调节能力，既是塑造健康人格的一种途径，也是犯罪心理预防的基本途径之一。

（一）不断提高自我认识的水平

自我认识是自我意识形成和发展的基础。要培养社会成员的自我意识，首先应提高自我认识的水平。①要推动人们主动去增强自我认识；②促使他们做出符合自身实际情况的自我评价；③借助社会等外界的力量帮助他们形成丰富、完整且稳定的自我形象。

（二）促进自我意向的进一步发展

自我意向，即伴随自我认知、自我情感而产生的各种思想和行为倾向。它常常表现于对个体思想和行为的发动、支配和控制。它与自我认识、自我情感一起作用于个

体的思想和行为。例如，对自己人际关系紧张的认知可以产生焦虑、不安的情绪体验，进而产生加强个人修养或学习人际交往技能，做一个受人尊重、讨人喜欢的人的意向。因此，要促进自我意向的进一步发展，可以从下述两个方面的相关工作入手：

1. 可以通过帮助人们形成比较远大的抱负和理想的目标，并根据该目标来合理安排自己的生活、学习与工作以实现理想自我的需要。同时还可以通过提高人们自我监督和自我控制的能力使他们能根据别人的评价和自己的行为结果来进行反省，及时调整不符合自我发展的行动。

2. 要丰富自我意向的内容。具体而言就是要丰富和发展正确的独立自主的意向，培养适度的获得尊重的意向，并确立不断自我完善、有利于人的自我意识持续、稳定、健康发展的意向，增强自我实现的意向，树立为真理、为科学而献身的精神。

（三）培养积极的自我体验

培养积极的自我体验一是要进一步增强积极的自我体验，如自尊感、自信感、责任感、荣誉感、正义感等；二是要帮助人们克服消极的自我体验，如苦闷感、孤独感、自卑感、失落感和挫折感等。

（四）发展自我调节与控制的能力

作为犯罪心理预防主体的个人，要善于自我调节和自我控制。发展自我调节与控制的能力主要体现在加强人们的自觉性、坚持性和自制力等内容上：①要促使人们形成合理而远大的追求目标，并培养他们锲而不舍的精神；②要提高个体在实践中自我控制的能力，经常进行自我监督、自我反省、自我强化与自我调节；③要形成良好的生活、学习、工作习惯，增强适应能力，加强意志品质的锻炼。

 实训项目

2013 年，复旦大学上海医学院 2010 级硕士研究生黄洋中毒身亡，而涉嫌投毒的犯罪嫌疑人恰恰是被害人的舍友林森浩。名校、投毒，这两个元素组合起来的案件新闻迅速引发了全社会的关注。4 月 25 日，黄浦区检察院以涉嫌故意杀人罪对林森浩批准逮捕。11 月 27 日，法院开庭审理此案，林森浩称自己看不惯黄洋，决定投毒系出于愚人节整人想法。2014 年 2 月 18 日上午 10 点半，该案在上海市第二中级人民法院依法公开一审宣判，被告人林森浩犯故意杀人罪被判死刑，剥夺政治权利终身。

实训任务：

1. 分组收集有关被害人黄洋和犯罪嫌疑人林森浩的信息：①黄洋与林森浩的个性特征及其之间的关系；②林森浩作案前后的心理发展变化；③案发后众人对林森浩的评论；④林森浩落网后的表现。

2. 分组讨论：从以上各个方面的信息分析，林森浩的犯罪心理是如何形成的？

3. 集体讨论：如何预防此类校园惨剧的发生？

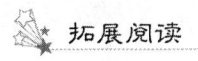

气质及其测评方法[1]

心理学认为，人的气质是天生的，不以后天的变化而变化，可以分为胆汁质、多血质、粘液质和抑郁质四种，每种气质类型有其固定的特点。因此，通过对气质的测评，对于性格培养、处理人际关系，甚至分析被试心理特点都有重要意义。现将气质测评量表介绍如下：

下面60道题，可确定你的气质类型。回答这些问题，必须实事求是，并尽快地完成，不必在一个题目上停留太长时间。若某个问题非常符合你自己的情况，就在题后的括号里记2分，比较符合的记1分，不能确定的记0分，不大符合的记 −1 分，完全不符合的记 −2 分。

1. 做事力求稳妥，不做无把握之事　　　　　　　　　　　　　（　　）

2. 遇到生气的事就怒不可遏，想把心里话全说出来才痛快。　　（　　）

3. 宁肯一个人干事，不愿很多人一起干　　　　　　　　　　　（　　）

4. 到一个新环境很快就能适应　　　　　　　　　　　　　　　（　　）

5. 厌恶那些强烈的刺激，如尖叫、危险镜头等　　　　　　　　（　　）

6. 和人争吵时，总是先发制人，喜欢挑衅　　　　　　　　　　（　　）

7. 喜欢安静的环境　　　　　　　　　　　　　　　　　　　　（　　）

8. 善于和人交往　　　　　　　　　　　　　　　　　　　　　（　　）

9. 羡慕那种克制自己感情的人　　　　　　　　　　　　　　　（　　）

10. 生活有规律，很少违反作息制度　　　　　　　　　　　　（　　）

11. 在多数情况下情绪是乐观的。　　　　　　　　　　　　　（　　）

12. 碰到陌生人觉得很拘束　　　　　　　　　　　　　　　　（　　）

13. 遇到令人气愤的事，能很好地自我克制　　　　　　　　　（　　）

14. 做事总是有旺盛的精力　　　　　　　　　　　　　　　　（　　）

15. 遇到问题常常举棋不定，优柔寡断　　　　　　　　　　　（　　）

16. 在人群中从不觉得过分拘束　　　　　　　　　　　　　　（　　）

_____

〔1〕 由山西省教科院陈会昌等编制，共60题，每种气质类型15题，测量出四种气质类型：胆汁质、多血质、粘液质和抑郁质。

17. 情绪高昂时，觉得干什么都有趣；情绪低落时，又觉得什么都没意思　　（　　）

18. 当注意力集中于某一事物时，别的事很难使我分心　　（　　）

19. 理解问题总是比别人快　　（　　）

20. 碰到危险情景，常有一种极度恐怖感　　（　　）

21. 对学习、工作和事业怀有很高的热情　　（　　）

22. 能够长时间做枯燥单调的工作　　（　　）

23. 对符合兴趣的事情，干起来劲头十足，否则就不想干　　（　　）

24. 一点小事就能引起情绪波动　　（　　）

25. 讨厌做那些需要耐心细致的工作　　（　　）

26. 与人交往不卑不亢　　（　　）

27. 喜欢参加热烈的活动　　（　　）

28. 爱看感情细腻、描写人物内心活动的文学作品　　（　　）

29. 工作学习时间长了，会感到厌倦　　（　　）

30. 不喜欢长时间谈一个问题，而愿意实际动手干　　（　　）

31. 宁愿侃侃而谈，不愿窃窃私语　　（　　）

32. 别人说我总是闷闷不乐　　（　　）

33. 理解问题比别人慢些　　（　　）

34. 疲倦时只要经短暂的休息就能精神抖擞起来，重新投入工作　　（　　）

35. 心里有话宁愿自己想，不愿说出来　　（　　）

36. 认准一个目标就希望尽快实现，不达目的誓不罢休　　（　　）

37. 与别人同样学习或工作一段时间后，常比别人更疲倦　　（　　）

38. 做事有些莽撞，常常不考虑后果　　（　　）

39. 老师讲授新知识时，总希望他讲慢些，多重复几遍　　（　　）

40. 能够很快地忘记那些不愉快的事情　　（　　）

41. 做作业或完成一件工作总比别人花的时间多　　（　　）

42. 喜欢运动量大的体育活动，或各种文艺活动　　（　　）

43. 不能很快地把注意力从一件事转到另一件事上去　　（　　）

44. 接受一个任务后，就希望迅速解决它　　（　　）

45. 认为墨守成规比冒风险强些 （　　）

46. 能够同时注意几件事物 （　　）

47. 当我烦闷的时候，别人很难使我高兴起来 （　　）

48. 爱看情节起伏跌宕、激动人心的小说 （　　）

49. 工作始终认真严谨 （　　）

50. 和周围人们的关系总是相处不好 （　　）

51. 喜欢复习学过的知识，重复做已掌握的工作 （　　）

52. 喜欢做变化大、花样多的工作 （　　）

53. 小时会背的诗歌，我似乎比别人记得清楚 （　　）

54. 别人"出语伤人"，可我并不觉得怎么样 （　　）

55. 在体育活动中，常因反应慢而落后 （　　）

56. 反应敏捷，头脑机灵 （　　）

57. 喜欢有条理而不甚麻烦的工作 （　　）

58. 兴奋的事常使我失眠 （　　）

59. 老师讲新概念我常常听不懂，但是弄清后就很难忘记 （　　）

60. 假如工作枯燥无味，马上就会情绪低落 （　　）

在回答了以上 60 道题后，请你把各题得分填入下表，并算出各横栏的得分合计数，填入小计栏。

胆汁质	题序	2	6	9	14	17	21	27	31	36	38	42	48	50	54	58	小计
	得分																
多血质	题序	4	8	11	16	19	23	25	29	34	40	44	46	52	56	60	小计
	得分																
粘液质	题序	1	7	10	13	18	22	26	30	33	39	43	45	49	55	57	小计
	得分																
抑郁质	题序	3	5	12	15	20	24	28	32	35	37	41	47	51	53	59	小计
	得分																

结果分析：

如果某一种气质类型的得分明显地高出其他三种（均高出 4 分以上），则可定为该种气质。如果两种气质的得分接近（差异低于 3 分），而又明显地高于其他两种（高出

285

4 分以上），则可定为两种气质的混合型。如果三种气质的得分相接近但均高于第四种，则为三种气质的混合型。由此，计有以下 15 种气质类型：①胆汁质；②多血质；③粘液质；④抑郁质；⑤胆汁—多血质；⑥多血—粘液质；⑦粘液—抑郁质；⑧胆汁—抑郁质；⑨胆汁—粘液质；⑩多血—抑郁质；⑪多血—粘液—抑郁质；⑫胆汁—多血—抑郁质；⑬胆汁—粘液—抑郁质；⑭胆汁—多血—粘液质；⑮四种气质的混合型。

四种基本气质类型的特点分析：

1. 胆汁质。

容易冲动，攻击性强。精力旺盛，勇敢激昂。有决心和忍耐力，能克制自己。出事沉着、谨慎、细致、果断，情绪反映快而强烈。

粗暴、易怒，对人、对事主观、傲慢。

代表人物：普希金。

2. 多血质。

活泼、好动，对外界刺激反应迅速，易于感受影响。表情丰富、乐观。

缺乏忍耐力、毅力，注意力不集中。

代表人物：赫尔岑。

3. 粘液质。

沉静、坚毅，动作缓慢，情绪稳定，不易波动。生活态度安闲、冷静，不易激动。善于辨别、三思而后行。

对人冷淡，软弱，缺乏勇气。

代表人物：克雷洛夫。

4. 抑郁质。

胆小懦弱，言行不生动、不活泼。对外界刺激反应不强烈，但敏感，想象丰富。为人处世顾虑多，疑心重。

悲观失望，多愁善感，缺乏决断。

代表人物：果戈理。

参考文献

1. 蔡应明：《犯罪预防学》，上海三联书店 2010 年版。

2. 魏健馨、张学林：《犯罪心理学》，南开大学出版社 2003 年版。

3. 陆时莉、魏月霞主编：《犯罪心理学》，高等教育出版社 2007 年版。

4. 梅传强主编：《犯罪心理学》，法律出版社 2003 年版。

项目十四

再犯罪的防控分析

任务一　认识再犯的可能性评估

教学情境

教学情境一：　　　　　　　　**"二进宫"的犯罪人**

2005 年 3 月 20 日，夜 10 点至凌晨，杭州市西湖区龙坞镇大岭村一村民路经大清谷隧道时被害。杭州西湖区警方为此发布悬赏通告，寻找破案线索。在警方的努力下，抓获 3 名犯罪嫌疑人。

经查，3 名犯罪嫌疑人中，甲为刑满释放人员，其在出狱后无所事事，心生邪意。为寻找合适的作案对象，甲与在杭州打工的犯罪嫌疑人乙联系，让其在杭州物色合适的作案对象。犯罪嫌疑人乙提供信息：其曾经打工的矿场老板有钱。于是犯罪嫌疑人甲与犯罪嫌疑人丙从河南来杭，会同犯罪嫌疑人乙，在一番预谋、多次踩点后，实施了前述的抢劫杀人行为。

教学情境二：　　　　　　　　**刑释再犯的有关研究**

影响出狱人员再犯罪的因素有哪些呢？

王彬、李宝花、胡俊梅对 2006 年在四川某监狱服刑的 100 名累犯和 103 名初犯（均为随机抽取）的研究表明，累犯重新犯罪行为受多种心理因素的影响，既有父母对子女教养的问题，也有其童年受到的创伤性经历，还有自身的处世方式，具体可以分为：情感忽视、体罚情况、处世方式、过分干涉、否定与偏爱。[1]

广州监狱课题组[2]调查指出刑释后影响再犯的各主要原因所占比例详见表 14 - 1：

---

[1]　王彬、李宝花、胡峻梅："重新犯罪行为与童年期创伤的关系"，载《中国心理卫生杂志》2008 年第 8 期。

[2]　广州监狱课题组："对 250 名重新违法犯罪人员的调查报告"，载《犯罪与改造研究》2009 年第 8 期。

表 14 - 1：刑释后影响再犯的因素

原因	家庭经济窘迫	就业困难	受原不良朋友影响	其他刑释人员的影响
比例	29.6%	16.0%	21.6%	14.0%

工作任务

刑满释放人员再犯罪问题一直是社会刑事案件发案率居高不下的主要原因之一。刑满释放人员大多好逸恶劳、急功近利，没有一技之长，又缺乏正确的引导，面对优胜劣汰的残酷现实唯有重操旧业。根据此种情况，将此类人群重新投入到社会之前，对其进行再犯的可能性评估就相当有必要。因此，我们将要在本小节中完成以下几个内容的学习：

1. 再犯的可能性能否被评估？如果能，依据是什么？

2. 影响刑满释放人员再犯的因素有哪些？

3. 再犯罪评估的方法有哪些？

学习内容

再犯罪是指服刑人员、刑满释放人员和假释者再次实施违反刑法规定，应重新接受刑法处罚的行为。再犯罪可能性评估，即再犯罪预测，是运用心理学的原理与技术，对上述已受刑法处罚者的再犯罪可能性进行的预测。在出狱时做好再犯的可能性评估，对社会的稳定与和谐发展都具有重要意义。

一、再犯可能性评估的依据

任何行为的发生都受心理活动的支配，而且行为在正式发生以前有许多的预兆与迹象，人们发挥主观能动性可以对其进行认识和了解。再犯可能性评估的理论基础一方面是基于犯罪行为发生的规律，通过研究造成犯罪行为背后的原因并对原因进行控制来达到预防犯罪的目的。另一方面犯罪心理结构是支配犯罪人实施犯罪行为的心理原因，是由主体内外因素相互作用、形成综合动力的结果，要预防犯罪，就要瓦解其犯罪心理结构。因此，只要科学分析影响出狱人员的个体因素与出狱后的社会环境因素，以及他们之间的相互作用机制，就能对再犯的可能性做出有效评估。

总的来说，影响出狱人员的个体因素与出狱后的环境因素如下：

（一）个体因素

个体因素具体包括：①再犯罪动机，包括报复、补偿、泄欲、求生、犯罪习惯、心理病态等；②原有的犯罪经历，属于初犯、累犯还是惯犯，初犯的年龄，原判刑期的长短等；③改造时的表现，罪犯在狱内的改造表现是其认罪伏法的综合反映；④原有的犯罪心理结构及个性社会化程度；⑤刑满释放前的心理状态和行为表现，如个体对遵守社会规范的态度、对出狱后生活的期望、出狱后遇到困难与挫折的心理准备等。

（二）社会环境因素

社会环境因素具体包括：①回归社会后的家庭环境，如家庭的人际关系、家庭对其犯罪与回归的态度、家庭的社会经济地位等。婚姻与家庭是罪犯成功重返社会的关键因素，和睦的家庭可以抑制犯罪动机的产生。②社区帮教情况，罪犯释放后适应社会的能力十分脆弱，并且面临着各种现实问题，如就业、社会歧视等，因此，落实帮教措施，能够帮助刑释人员顺利渡过回归后的再犯危险期。③回归后的社会交往因素，如与原来的不良朋友的交往、与狱内结交的朋友交往及其他社会交往关系。④犯罪亚文化，刑释人员在原先犯罪及服刑过程中学习和内化的犯罪亚文化，对其再犯罪有推动作用。

二、再犯罪评估的方法

再犯罪评估的方法有很多，常见的主要有以下两种形式：

（一）根据矫治工作者的经验进行评估

经验来源于对罪犯日常表现的观察、心理测验结果及其变化情况、日常改造成绩考核情况等各种心理诊断的结果。矫治工作者可以根据多种结果，综合分析罪犯的心理矫治状况，从而判断其有无再犯罪的可能性。

（二）制定专门的再犯罪评估量表

根据分值的高低评价出狱人员的再犯罪可能性，这种方法操作过程简单，有量化的标准，比较简便易行。但评估量表的制作较有难度，特别是在评估因素的选择上，必须严谨慎重。国外学者在这方面给我们提出了许多不同的意见。如美国的格鲁克夫妇编制了"违法行为预测表"，在品格特征方面提出了五种预测因素，即冒险性、行动的外向性、受暗示性、顽固性和情绪不安定性；德国的希德提出了14种因素；伯杰斯提出了21种因素；等等。

在我国，再犯罪的评估主要是根据可能重新犯罪的人员在日常生活、学习、工作、劳动及人际交往等方面的表现，运用犯罪心理学的有关理论，来评估他们重新犯罪的可能性。因此，在因素的选择上，除了要根据国外的经验选择外，还要具体结合我国出狱人员再犯罪的原因构成情况，再罗列出适合我国再犯罪评估的因素。其可以包括以下内容：①出狱时的年龄；②服刑期限的长短；③犯罪类型；④有无共犯；⑤罪犯各项人格因素；⑥出狱后的安置情况，有无正式的经济来源；⑦家庭结构状况，父母与配偶的态度；⑧社会舆论的支持与拒绝；⑨人际交往关系等。每一因素的分值大小，可以通过罪犯自评和专家评定结果综合而定。达到多少分值就具有再犯罪的可能性，需要专家依据经验判断和追踪调查等各种手段，经历一个较长的周期才能最后得出比较科学的结论。目前，国内已有多种再犯罪可能性评估的量表问世，例如：黄兴瑞、孔一等人在2008年3月到2010年9月期间对浙江刑释人员再犯状况的调查研究中所制作的再犯罪预测量表，以及司法部重点科研项目《中国罪犯心理评估系统》已研制完毕的若干份测验，可以对罪犯的重新犯罪倾向进行预测。

任务二　犯罪人的矫治分析

教学情境

浪子不回头

俗话说"浪子回头金不换"，可有人就是"一条道上走到黑"。蓝某从 22 岁被判刑坐牢，现年 52 岁的他前后"七进官"，刑期总计达 26 年。近日，蓝某又被广东五华法院以诈骗罪、危险驾驶罪判处有期徒刑 1 年并处罚金 7000 元。

蓝某作案"履历表"：

1984 年 11 月，因盗窃罪被判处拘役 6 个月；

1990 年 1 月，因盗窃罪、销赃罪判处有期徒刑 4 年 6 个月；

1994 年 11 月，因盗窃罪被判处有期徒刑 2 年 6 个月；

1997 年 4 月，因盗窃被梅州市劳动教养管理委员会决定劳动教养 1 年；

1999 年 2 月，因盗窃罪被判处有期徒刑 2 年；

2001 年 12 月，因拐卖儿童罪被判处有期徒刑 14 年 6 个月；

2014 年 7 月，因诈骗罪、危险驾驶罪被判处有期徒刑 1 年。

工作任务

类似蓝某这类"几进官"的人很多，他们成了影响社会和谐的不安定因素。如果你是蓝某的管教干警，为避免其重蹈覆辙，你该从哪几方面对蓝某进行矫治？

学习内容

刑释人员回归社会之后，有一部分人会因为种种原因而重蹈覆辙，重新走上犯罪的道路，这源于其内部的犯罪人格没有得到矫正，再加上外界因素的刺激而使其重新犯罪。在犯罪预防体系中，对犯罪人进行矫治，是事前预防失败后的有力且有效的措施，可以有效控制再犯罪，并降低再犯罪率。

个体在社会化的过程中，会受到来自社会的各种因素的影响。犯罪行为作为一定的客体外界因素与行为人主观内在因素综合影响的结果，既有社会原因，也有心理原因。它不是某个人或某类人天生的、与生俱来的，是可以通过后天的努力改变的。因此，犯罪人是可以矫治的，而途径主要是通过心理矫治和行为习惯矫治以消除其犯罪意识，严格管控其行为，并将其引至符合社会法律规范的轨道。

一、犯罪心理矫治

所谓犯罪心理矫治，是指监管改造机关运用心理学、精神病学等学科的理论技术，通过对犯罪人的犯罪心理进行诊断、咨询和治疗，判明犯罪人的个性心理特点，深入剖析犯罪人的心理结构及发展变化规律，消除犯罪人的犯罪心理和不良行为习惯，帮助犯罪人重新适应社会的过程。任何犯罪总是在一定的心理状态支配下实施的，改变犯罪人的主观恶性心理，是防止再犯罪的重要途径。

（一）加强犯罪人的思想认识水平

犯罪人法律意识淡薄、道德意识败坏、是非不分往往是犯罪心理和行为形成的重要影响因素。因此，对其进行法制教育，帮助他们认识到法律规范与道德规范的严肃性，使其不再随意违反。要努力提高自身的法律、道德认识能力，充分认识到自身行为的社会性质和产生的原因，并将其纳入法制化的轨道，不实施危害社会及他人的行为。

（二）帮助犯罪人培养健康的认知结构

犯罪行为产生的一个重要原因，就是行为人不能正确对待和处理社会中出现的问题和矛盾，在面对挫折时，会由于认知或思维的片面性而产生消极情绪，加之自我抑制力薄弱，进而采用错误的手段去解决问题。对于犯罪人进行心理矫治，就要帮助他们克服认知结构中的缺陷，培养犯罪人形成健康的认知思维模式，加强对意志力和控制能力的培养。

（三）正确疏导犯罪人的消极情绪

消极情绪的积累往往会导致违法犯罪行为的产生，特别在激情犯罪中尤为突出。当一个人的消极情绪积累到一定程度并超出其能承受的范围时，在外界偶然环境因素的刺激下，极有可能引发犯罪行为。因此，努力消除犯罪人紧张、焦虑、抑郁、绝望、不满、愤怒、悲观等消极情绪，通过引导、教授、演示等方式帮助其形成良好的情绪反应方式并建立情绪发泄的良好渠道，以恢复情绪平衡，并保持积极的情绪状态，是犯罪心理矫治的一项重要内容。

（四）培养犯罪人的自我控制能力

自我控制能力低下的人往往容易受冲动驱使而不顾法律规范的制约做出违法犯罪的行为。因此，培养犯罪人的自我控制能力，使他们能在挫折或者犯罪诱因面前主动有效地调节自身的心理与行为，才不致产生过激行为。

（五）重建目标体系

人们对目标的确定往往是根据目标的价值与现实可能性做出判断和选择的。而通常情况下犯罪人所确定的目标往往是短浅、狭隘的，只顾眼前利益或个人私利，不计长远利益。因此，帮助犯罪人重建目标体系，是犯罪心理矫治的一个重要环节。只有通过提高犯罪人的思想道德水平，帮助其建立健康的认知结构，从而使其改变对原有错误目标的认识，重新建立正确的目标体系，才能有效避免其再次犯罪的发生。

（六）依靠社会力量和家庭力量，巩固犯罪人心理矫治的成果

犯罪人最终会回归到社会，社会与家庭的接纳与支持的程度直接关系着犯罪人心理矫治的效果是否能够得以实现。利用社会力量对犯罪人进行教育和影响，使其充分融入社会化的进程中，能够体现犯罪人的主体意识，并启发犯罪人接受矫治。家庭力量是犯罪心理矫治中的一股中坚力量，利用家人对犯罪人进行规劝、教育往往会产生明显的效果，以亲情作为切入口，可以加快对犯罪人的心理矫治进程。

二、犯罪习性矫治

犯罪习性是长期或多次实施犯罪而形成的动力定型，在累犯、惯犯中表现得较为突出。犯罪习性一旦形成，在通常情况下，犯罪人不需要特定的刺激环境就可以发生犯罪行为。他们对于犯罪行为不但没有羞耻感，反而觉得理所当然，甚至感到荣耀。他们在对犯罪行为的性质认识上不能停留在罪与非罪的层面，而是会更多地考虑实施什么样的犯罪以及怎样提升自己的犯罪技巧以逃避刑罚打击。已形成定性的行为习惯及性格倾向很难再被外界改变。因此，对于犯罪人的犯罪习性进行矫治是一项非常艰巨的任务，同时也是犯罪预防效果较好的一项重要工作。

（一）严格惩处犯罪行为，矫治犯罪习性

犯罪习性是犯罪人在长期的社会生活中由于内外因作用而形成的，其顽劣性及难改变性使得犯罪人不可能主动接受矫治，需要在特定场所采取强制手段才能奏效，如监狱等刑罚执行场所。只有严格的管理约束环境才能限制犯罪人的恶性心理膨胀，使犯罪人脱离不良环境条件的影响，唤醒他们的社会责任感和道德感，重新回到法制的轨道。由于矫治犯罪习性的难度较高，因此时间条件可以说是犯罪习性矫治的必要保障。不能只顾一朝一夕的变化，而要追求矫治效果的稳定。

（二）淡化原有犯罪行为习惯，形成新的动力定型

这一措施主要借鉴的是行为心理学派的观点，即"刺激——反应"理论。行为疗法中把异常的行为看作是"学习"的结果，因此对于惯犯和累犯的矫治，更需要采取心理学技术或药物进行个别强化与消除。首先，要利用监狱封闭的环境，和特殊的监管制度、措施、教育、劳动等作用，隔断不良信息的传输渠道，不断弱化原有刺激行为发生的诱因；其次，需要采取干扰或转移的方法转移犯罪人的注意力，使其接受正面的引导；最后，必须通过严格的纪律训练及健康的集体生活劳动训练、精神文明训练等促使犯罪人形成符合社会规范要求的动力定型，养成遵纪守法、与他人和睦相处的习惯，并抵制不良习性的再次侵袭。

对犯罪人进行矫治，不仅要靠外界的约束与限制，更需要发挥犯罪人的主观能动

性去抵制犯罪心理的形成，并改变以往的犯罪习性，培养良好的行为习惯。在矫治工作中，要贯彻心理矫治与行为矫治相结合，个别矫治与群体矫治相结合，强制矫治与自觉矫治相结合的原则，真正达到矫治犯罪人，控制和减少犯罪发生的目的。

 实训项目

案例：任务二教学情境。

实训任务：

针对教学情境中提供的案例，假如你是管教干警：

1. 分析在对蓝某进行矫治的过程中遇到的难题。

2. 请拟定一份对蓝某的矫治计划。

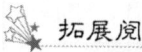 拓展阅读

表14-2：世界各国（地区）著名再犯预测研究检选出的预测再犯罪的因子[1]

序号	伯杰斯	格鲁克夫妇	希德	欧林	台大法律所	张甘妹
1	犯罪性质	勤劳习惯	遗传负因	罪名	犯罪类型	犯罪者类型
2	共犯人数	犯罪重度与次数	先系之犯罪	判决刑期	判决刑期	判决刑期
3	国籍	本犯以前检举	不良的教育关系	犯罪人类型	初犯年龄	受刑经验
4	双亲状态	收容前受刑经验	不良的学业成绩	家庭状态	婚姻状态	初犯年龄
5	婚姻状态	判决前经济责任	学徒之半废	家属的关心	犯罪时职业	配偶状况
6	犯罪类型	入狱时精神异常性	不规则的上班	社会类型	勤劳习惯	文身状况
7	社会类型	在监中违反规则频度	18岁之前之犯罪	职业经历	不良交友关系	
8	犯罪行为	假释期间的犯罪	4次以上前科	出狱后工作的适当性	家庭经济责任	
9	居住社会大小	释放后不良的社会关系	特别的累犯性	居住社区		
10	近邻类型		涉及他地区之犯罪	共犯人数		
11	被捕时有无固定住所		性格异常	人格		
12	宽大处理与供述		饮酒嗜癖	精神病学预后		

---

〔1〕 转引自曾赟、孔一、张崇脉：《犯罪原因分析》，华中科技大学出版社2010年版。本表根据张甘妹教授、许春日教授、黄兴瑞教授、马傅镇教授等人的研究编写，参见张甘妹：《犯罪学原论》，汉林出版社1985年版；徐春全：《犯罪学》，三民书局1996年版；黄兴瑞：《人身危险性评估与控制》，群众出版社2004年版；马傅镇："再犯预测"，载《犯罪学与刑事政策》2000年第3期。

序号	伯杰斯	格鲁克夫妇	希德	欧林	台大法律所	张甘妹
13	收容时有无经过小犯罪答辩		狱中一般行状之不良			
14	宣告刑性质与长度		36 岁之前之释放			
15	假释前实际所服刑期					
16	以前犯罪记录					
17	以前职业记录					
18	机构内惩罚记录					
19	释放时年龄					
20	智能年龄					
21	性格类型及精神医学的诊断					

表 14－3：美国威斯康星州社区服刑罪犯危险性评估表

预测因子	得分	预测因子	得分
1. 本次判刑前 5 年是否被逮捕（不包括因交通违法的逮捕）		8. 本次犯罪被决定给予监禁和缓刑的年龄	
否	0	30 岁以上	0
是	4	18～29 岁	3
2. 过去在州或联邦成人监狱被关押的次数		17 岁以下	6
		9. 使用酒精情况	
0 次	0	从不	0
1～2 次	3	偶尔	1
3 次以上	6	较少	2
3. 过去受缓刑或假释监督的次数		较多	3
0	0	经常	4
1 次以上	4	10. 使用毒品情况	
		从不	0
4. 过去因缓刑或假释监督被撤销而导致监禁的次数		偶尔	1
		较少	2
0	0	较多	3
1 次以上	4	经常	4
5. 在过去 12 月中参加工作的时间		11. 是否较多与犯罪倾向的人交往	

续表

7 个月以上	0	否	0
5～7 个月	1	是	5
5 个月以下	2	12. 逮捕类型	
6. 过去犯重罪（判监禁 1 年以上的罪）的次数		未被逮捕	0
		因违警罪	2
0	0	因轻罪	4
1 次	1	因重罪	8
2 次以上	4	13. 是否有敌对态度	
7. 判重罪之逮捕年龄		否	0
24 岁以上	0	较难合作	2
20～24 岁	1	有	5
19 岁以下	4		

分类标准：17 分以上高度危险；9～16 分中度危险；8 分以下低度危险

参考文献

1. 何为民主编：《罪犯改造心理学》，法律出版社 2002 年版。

2. 段晓英主编：《罪犯改造心理学》，广西师范大学出版社 2010 年版。

3. 孔一：《犯罪及其治理实证研究》，法律出版社 2012 年版。